著 ぶせな
BUSENA

〔究極進化版〕最強のFX1分足スキャルピング

はじめに

2008年10月、私はわずか1か月で1000万円を超える含み損を抱えました。いざ損切りをするときは、手が震え、冷や汗がダラダラと出てきたのを覚えています。いよいよ損が確定してしまうとき、大きな恐怖に襲われました。その後、しばらくは立ち直れず、FXを続けようかやめてしまおうか、迷いました。冷静さを取り戻すまで時間はかかりながら、「ここで夢をあきらめたら一生後悔するのではないか？」という思いがありました。今思えば、これがよかったのでしょう。

そして、覚悟を決めました。「短期間で大きな資産を築くには、やっぱりFXしかない、もう一度チャレンジしよう」と……。

そして、スキャルピングを徹底的にやろうと決意したのが、2009年の年明けです。それからは、これまでの人生で、ひとつのことに対して一番集中して勉強した時期です。おそらくこの先、これ以上何かに没頭することはないでしょう。それくらい本気でした。人間、本気になればできるものです。死ぬ気でやるとはこのようなことだと、今では実感しています。

それから15年以上にわたって利益をたたき出してくれているのが、これから本書で紹介する「1分足スキャルピング」です。私自身が構築したものですが、このルールは今でも私を救ってくれます。勝てない時期やメンタルがつらいときでも、ルールを信じてトレードを続けていると、なぜか調子が戻り、しばらくすると、また勝てるようになっているのです。期待値に収束しているのでしょうが、このルールのおかげで、この本を書いている今も累計トレード利益を更新し続けています。

そのルールを、はじめて1冊の本にまとめたのが2017年でした。そのときは逆張りのみでしたが、それから7年間トレードしていく過程で、順張り手法もルール化することができたので、今回の改訂で順張り手法を大幅に加筆しました。これで、**順張りと逆張りが融合した最強のスキャルピング手法**

が構築できました。精神論やアノマリー的なことには、あまり触れていません。トレードですぐに利益を出すには、エントリーからイグジットまでの、具体的でテクニカルなルールが必要です。

本書には、このルールを、あますことなく、すべて書きました。そのため、お読みいただいたそのときからすぐに実践できる内容になっています。スキャルピングは、数秒から数分後を予測するものですが、何ら難しいことはありません。淡々と行なえて、コツをつかめばトレードするたびに資金が増えていく、本当に楽しい手法です。ぜひ、本書を実際のトレードをイメージしながら読み進めてみてください。

特に意識したことは、すべてに「理由」を書いた点です。**「なぜそこでエントリーすると勝てるのか」「なぜここで反転しやすいのか」「なぜ様子見するのか」という、「なぜ？」をしっかり説明しています。**ルールだけ伝えても、「なぜ？」という疑問がある限り、みなさんが実践することができないと思うからです。

「ここでエントリーしてください」「このチャート設定にしてください」とだけ読んだところで、そのよさや期待値はまったくわかりません。これでは、実践しようと思えないはずです。そこで、ルールの土台になっている相場の具体的な仕組みを、事細かく説明しています。そのために、これだけのページ数になってしまったのですが、端折(はしょ)ることなく説明したので、このルールにすべき理由がすべておわかりいただけて納得し、実行に移すことができると思います。

また、この手法は、たったひとつのやり方ではなく、おのおので好きなパターンに応用することが可能です。それは、「なぜ？」を解消するための理由を書いているからです。仕組みを理解することで、いろいろな手法に応用できるでしょう。みなさんが好きなやり方と組み合わせてください。そうすることで、さらに改善することができるかもしれません。そして一度だけではなく、二度三度と読み返してください。最初は、点と点の理解だとしても、何度か読むうちに、それが線につながるはずです。

実は、本書で解説するトレード手法は、テクニカル分析の基本中の基本を組み合わせたものです。剛腕トレーダーは、ビギナーが知らないようなツールを駆使し、複雑なシグナルをはじき出していると思うかもしれません。実際はそうではありません。とてもシンプルで、テクニカル分析の基本を活用しているにすぎないのです。**基礎的な知識を頭に入れ、それらのどの部分を活用するか、というのがFXで利益を上げるコツです。**

基礎的な知識といっても、量が多いのでそのすべてをトレードに生かすことはできないでしょう。私がどの知識をどうルール化し、活用しているのかを説明しています。1分足のどの部分に着目し、基本的な知識をどのように実際のスキャルピングに生かしているのか、参考にしていただけると幸いです。

本書を読んでくださったみなさんが、トレードで大きな利益を上げることを願っています。

2024年3月　ぶせな

※本書は2017年11月発売『最強のFX 1分足スキャルピング』を大幅改訂したものです。

CONTENTS

はじめに

CHAPTER 1
短期間で億超えを実現する「正しいスキャルピング」とは？

01 **FXには夢がある** …… 18
プレッシャーの何倍もの価値がある生活
FXはとにかく稼げる
後悔しないこと

02 **ハイリスク・ハイリターンのための覚悟をする** …… 21
損益変動を激しくする25倍のレバレッジ
利益も損失も変動幅が大きく刺激的

03 **「億」を稼ぐ思考回路に今から切り替えよう** …… 23
人は「こうなりたい」と考えている姿になる

04 **なぜスキャルピングは短期間で大金を稼ぐことが可能なのか** …… 24
超短期売買だからといって視点を狭くしない
最も利益が早く積み上がるトレードスタイル
トレードの期待値がすぐに結果となってあらわれる
取引回数の多さはチャンスの多さ
数pipsを取るのが目的のトレード手法

05 **実践的な6つの特徴** …… 28
メリットとデメリットを確実に頭に入れておく
6つのメリット
5つのデメリット
そのトレードを1000回行なうと想定する

06 同じスキャルピングでもやり方は十人十色 …… 36
模倣から自分だけのやり方へ
作り上げてきた手法を公開

CHAPTER 2

リスクを抑え勝率を上げる「逆張りトレードルール」

07 スキャルピングに必要なチャート設定 …… 40
MT4で移動平均線とエンベロープを表示させる
インジケーターとパラメーターの設定
エンベロープの設定
移動平均線は価格のすべてをあらわしている
移動平均線は他のテクニカル分析と違う
一般的な移動平均線は「短期」「中期」「長期」
本手法で移動平均線を3本使わない理由
エンベロープは移動平均との乖離幅をはかるのに最適

08 チャートソフトと発注する口座は別々の業者に …… 54
スキャルピングの発注で考慮すべき3つ
スプレッドが開くタイミングが業者ごとに異なる

09 エントリーからイグジットまでの具体的なルール …… 57
「なぜここでトレードするのか」の理由を理解するために
エンベロープを5つのゾーンにする
手法は1分足レベルでの「逆張り」
利食い損切りはプラスマイナス数pips
ゾーン①から⑤まで同じ使い方
連敗を防ぐゾーンの使い方

10 「移動平均線から乖離したら戻る」という原理原則 …… 70
狙うのは移動平均線からのオーバーシュート
相場は押し戻しがあるという概念を理解する

ローソク足はバネと同じで伸びたら縮む

11 攻めの資金管理とエントリー技法 …… 73

トレード手法のレベルを底上げする資金管理の技術

期待値の高い3つの視点

外側のゾーンで利益を伸ばす!

外側のゾーンほど勝率が上がる!

外側のゾーンほどロットを張る!

ゾーン③、④、⑤は大きなチャンス!

ゾーンのより外側ではヒゲを長めに取る

ゾーン③、④、⑤は分割してエントリーする!

同じローソク足で何度でもエントリーしていい

退場するリスクを限りなくゼロにする逆指値の使い方

コツコツドカンがない安心感は大きい

12 様子見ポイントと例外のシグナルで勝率を上げる …… 89

期待値が高い相場、そうでない相場

様子見すべき4つのポイント

例外的にエントリーシグナルになる5つのポイント

逆張りスキャルピング手法のまとめ

CHAPTER 3

1000回勝負してほぼ勝てる「ネックライン」の見つけ方

13 すべてに共通した見方は「ネックライン」 …… 118

価格が動く仕組みがわかる10個のテクニカル分析

10個のテクニカルはネックラインが中心になる

トレードポイントは値が「走る」か「止まる」場所

14 ①サポートライン　②レジスタンスライン …… 121

売買が急増するわかりやすいポイント

トレード前は長い足から見ていき、相場の全体像を把握する

ブレイク後のラインは役割が転換する

ひとつのラインは何度もロールリバーサルが起こる
15 ③トレンドライン …… 126
トレンドラインにあたると反転する
トレンドライン1本で戦略を立てない
角度が違う3本のトレンドライン
起点が違う3本のトレンドライン
基準を「3段階」にする
ブレイク後はサポートとレジスタンスの役割が変わる
サポートライン、レジスタンスラインとの違い
16 ④チャネルライン …… 135
チャネルラインでトレンドの値幅がわかる
アウトラインはトレンドラインと平行に引く
相場はどんなときでも「Nの字」で進む
チャネルラインは「長さ」「角度」「値幅」を意識
チャネルラインはいずれブレイクされる
ブレイク後の値幅はチャネルラインではかると便利
17 ⑤三角もち合い …… 144
そのあとに発生するトレンドが狙い目になる
2種類のレンジ相場
ボックス相場と三角もち合い
レンジ相場の役割はトレンド相場を作るため
異なる時間軸で判断する
もち合いの形が大きいとブレイクも大きくなる
ダマシが多くてもスキャルピングに影響はない
一部分を見るのではなく視野を広くする
18 ⑥フィボナッチ …… 154
フィボナッチの計算方法を理解しよう
人間の心地よい心理状態をあらわしたもの
フィボナッチを引いてみよう
4つの比率がサポート・レジスタンスになる
ヒゲか実体か……正確に引く必要はない

トレンドは23.6%と38.2%に乗っていく
19 ⑦ヘッド&ショルダーズ …… 163
トレンド相場が終わるときのサインになる
ヘッド&ショルダーズはトレンド終了時にあらわれる
ネックラインが最も重要
下降トレンドでは「ヘッド&ショルダーズボトム」
ヘッド&ショルダーズが形成されるストーリー
完成後のネックラインは強いレジスタンスラインになる
トレンド終了時に必ずヘッド&ショルダーズができるわけではない
形が完成すると2倍の値幅が出る
ネックラインは水平とは限らない
押し目や戻しはいずれネックラインの起点になる
異なる時間軸を組み合わせる
20 ⑧波動 …… 172
エリオット波動は5つの上昇波と3つの下降波
N波動を基本とした6つの波動
相場はN字で動くという原理がすべての基本
21 ⑨値幅観測 …… 178
「この辺りまで進むだろう」という目安になる
4つの値幅観測方法
MT4で値幅観測を行なう便利な方法
値幅を達成したらトレンド転換するわけではない
22 ⑩チャートパターン …… 186
チャートパターンは大きく分けて2つある
トレンド回帰型
トレンド転換型
どの形なのかは曖昧でいい
トレンド転換型でいつも反転するとは限らない
ネックラインの2種類の役割

CHAPTER 4
「順張りスキャルピング」でトレンドの波に乗る

23 優位性がある2つの順張り手法の型 …… 202
値が動くポイントでエントリーする順張り
順張りは逆張り目線と反対の局面で行なう

24 オーバーシュート後の逆張り、オーバーシュート前の順張り …… 207
オーバーシュート時の判断
押し目買いと戻り売り
エントリーは上げはじめるまで待つのがポイント
S波動が戻り売りのタイミング

25 移動平均線の傾きにトレンドラインを引く …… 216
トレンドラインを引くときは移動平均線に着目
角度が変わったらトレンドラインも引き直す
移動平均線と平行なら重ならなくてもよい
移動平均線より急角度のラインは長続きしない
戦略の主軸となる移動平均線

26 短期トレンドの法則7つで最強の期待値にする …… 227
7つのチャート分析スキルを組み合わせる
① 舞台が短期トレンドである認識
② すべてのトレンドはN波動になる
③ N波動のイメージで先読みが可能
④ 3段上げと3段下げ
⑤ トレンドの第2波から高い期待値になる
⑥ ローソク足3本押し、3本戻し
⑦ 上位足と同じ方向は期待値が高い

27 利益確定と損切りの方法 …… 258
順張りの利益確定に関する9つのフォーカス
① 利が乗ったらすぐに利益確定する
② ポジションホールド時間

③ ローソク足の長さ
④ 値幅を基準にする
⑤ エンベロープのゾーン到達
⑥ 小さなN波動を想定
⑦ 反対色の足が出たら利益確定
⑧ テクニカル的な節目まで
⑨ アウトラインまで

28 損切りについての考え方 …… 282
損切りを具体化させる3つの方法
① 逆行したら即切る
② 想定が否定されたとき
③ 損切り幅で決定

29 順張りと逆張りの利幅が取れる場面の違い …… 286
意識して順張りと逆張りを使い分けできる
本当に自信が持てる場面まで待てる

CHAPTER 5
頻繁に出現する期待値が高い「勝ちパターン13選」

30 ①5つのゾーンで普通のエントリー …… 292
常に頭の中に置いておくべきこと
エンベロープの5つのゾーンのトレード例

31 ②狙い目は経済指標後に発生する短期トレンド …… 296
指標発表後の安易なトレードは厳禁
短期トレンドで、トータルで利益が出ればいい
短時間で上下に振ってくる値動きがY波動
経済指標はトレードチャンスを与えてくれる

32 ③トレンドは第1波が基準になる …… 305
安値と高値はトレンドの基準になる

トレンドの値幅をある程度予測できる

33 ④第1波が出たら値幅観測をしよう …… 307
値幅観測をする癖をつける
ローソク足1本だけを見ていても何もわからない

34 ⑤移動平均線からトレンド回帰する …… 309
移動平均線はサポートやレジスタンスの役割をする

35 ⑥ネックラインは長い時間軸を見る …… 312
長い足も見ることでより確度が上がる例
N波動をイメージして順張り回転する

36 ⑦3段落ちと第3波でロットを上げてみる …… 317
ロットを上げていくための考え方
いくつもの根拠が重なるポイントはチャンス

37 ⑧チャートパターンを組み合わせる …… 320
エンベロープとヘッド&ショルダーズボトム
ブロードニングで大きく動く前の前兆をとらえる
水平ラインでポイントを絞り込んでいく
Y波動はトレンド前の迷い

38 ⑨フィボナッチによる判断でぴったり止まる? …… 328
急騰・急落時の23.6%、38.2%と3本戻し
フィボナッチを利食いポイントとして使う
フィボナッチ比率で反転するポイントが高まる

39 ⑩押し目や戻りになる修正波の形をヒントにする …… 332
修正波のチャートパターンを認識する
エンベロープとさまざまなテクニカル分析を組み合わせる
修正波は流れを読めばスキャルピングも可能
ブレイクを期待した早期エントリーに注意する

40 ⑪ゆるやかなトレンドは
チャネルラインを引いて上下動をとらえる …… 340
ゾーンに達しないときの逆張り方法

ゆるやかなトレンドこそチャネルラインを引く

41 ⑫小休止の見極めがトレンドの認識につながる …… 344
小休止は通常のチャート分析をする
3本押し、3本戻しの小休止

42 ⑬5分足で順張りスキャルピング …… 350
順張りなら5分足でもスキャルピングできる
ポジションホールド時間も長くして利幅を取る
1分足と比較できるのでタイミングがつかみやすい
1分足とのトレンド形成時間の違いを認識する
1分足ではわからない上昇ポイントが5分足の押し目
5分足ブレイクのタイミングを1分足ではかる

CHAPTER 6

トレードに迷ったときのQ&A集

43 シグナルについての質問 …… 362
Q1 ローソク足は何pips伸びると縮むのか?
Q2 ローソク足の確定は待たなくていい
Q3 スプレッド拡大時は利幅が取れそうなときだけエントリー
Q4 FXは売りと買いに違いはない

44 チャート設定とトレード方法に関する質問 …… 371
Q5 エンベロープのパラメーターを変えてはダメ?
Q6 通貨ペアによりパラメーターを変える必要はない
Q7 エンベロープは移動平均線からの乖離を把握するために見る
Q8 取引業者のレート差は気にしなくていい
Q9 複数の通貨ペアでシグナルが出たらひとつに絞る

45 分析と検証についての質問 …… 377
Q10 エントリーサインがあまり出ないときは?
Q11 トレード回数より期待値の高いトレードを求める
Q12 チャートをスクロールして過去の短期トレンドを検証

Q13　トレンドがないときはチャート分析をしよう
Q14　最低限のファンダメンタルズはチェックしよう

46　実戦を経験して感じるテクニカル的な質問 …… 387
Q15　期待値の高いポイントに絞ってトレードする
Q16　期待値が視覚的にわかるので取引枚数を変える
Q17　ラインにぶつかったらすぐにトレードするわけではない
Q18　超短期のスキャルピングなら利益確定は感覚でもいい
Q19　先読みではなく値動きの可能性をイメージすること
Q20　押し目や戻りは「空間」をヒントにする
Q21　見極めが必要な相場は「ジリ上げ」「ジリ下げ」
Q22　強いトレンドが出ると移動平均線まで戻らない
Q23　乱高下している渦中でトレードをするのは無謀

47　順張りと逆張りの違いに対する質問 …… 403
Q24　5分足は順張りだけで使う
Q25　順張りは自分からシグナルを見つける手法
Q26　逆張りと順張りの目線は頻繁に切り替わる
Q27　相場の仕組みを知っていれば逆張りは怖くない

48　スキャルピングの考え方に関する質問 …… 409
Q28　スキャルピングはギャンブルなのか?
Q29　なぜナンピンはダメなのか?
Q30　常に「考える」ことで「勝ち続ける」ことができる
Q31　いずれ感覚でスキャルピングできるようになる
Q32　私のトレード環境

CHAPTER 7
最大限の利益を引き出す「方法」と「思考」

49　6つの通貨ペアと時間帯の使い分け …… 418
米ドル/円以外でも問題なく勝てる
同じ通貨だけが注目されるわけではない
マイナー通貨ペアはスキャルピング向きではない

ドルストレートとクロス円のトレードの変え方
時間帯によって通貨ペアを変える
ローソク足の連続性と値幅はトレンドごとに見極める

50 守りの資金管理 …… 426
「1日に○%負けたらその日はトレードしない」は正解?
運用資金を10個に分ける
1回のトレードではなく、ひとつのトレンドで損益をとらえる
1回で退場するリスクをなくす
勝つことが前提ではなく、負けることも考えておく

51 相場の流れはすぐに変わる …… 432
億を稼いでも退場するトレーダーは山ほどいる
期待値に収束させるにはトレードに一貫性を持たせる
1回のトレードは瞬間ではなく一連の作業
トレードは事前準備で9割決まる!

52 上級者ほど投資思考が一番重要だと考える …… 435
勝てないときこそ自身の投資思考が試される
1億円より先を稼げるトレーダーになるために

53 最終的にはロットを張るため集中して取り組もう …… 437
ロットが大きければ有利になる
大ロットを想定して真剣に、集中して取り組む

54 過去の大損と大勝が弊害となる …… 439
焦らず1回のトレードを丁寧に行なう
今できることに最善を尽くす

55 失敗して自暴自棄になることだけは避けよう …… 441
「守りの資金管理」が我が身を助ける
自分1人だけだと、周りが見えなくなる

56 攻めと守りの姿勢をバランスよく考える …… 443
短期的に利益を出そうとしない
今がよくてもいずれ負けるときがくる

57 **お金に執着しない** 445
とにかく適切なプロセスを踏んでいく
「稼ぐ」よりも「スキルアップ」を優先する
58 **重要なのは修正するスキル** 447
相場は常に変わるもの
過剰といえるくらい軌道修正する意識を持つ
59 **基本を覚えたらルールを破ることも必要** 449
守:ルールを「守り」、マネをする
破:型を「破り」、あえて他のやり方も学んでみる
離:もとのルールを完全に「離れる」
自分だけのやり方を構築する

おわりに

ブックデザイン：ナカミツデザイン

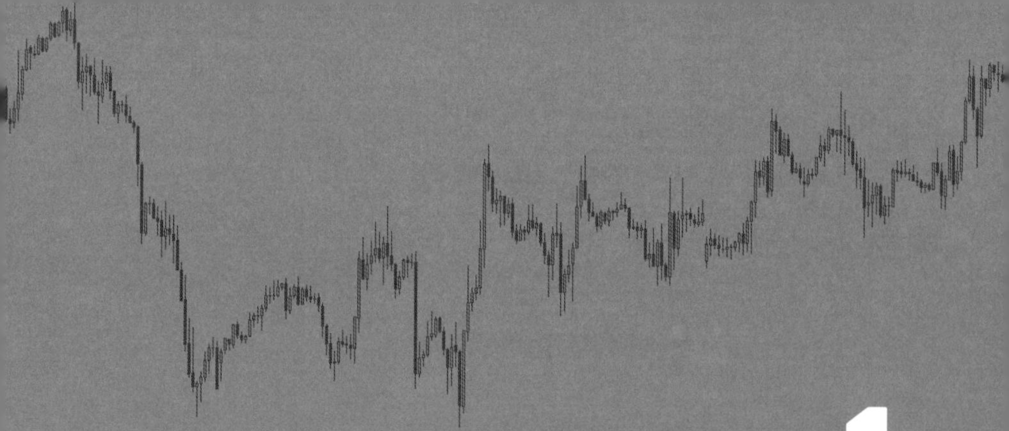

CHAPTER 1

短期間で億超えを実現する「正しいスキャルピング」とは？

01 FXには夢がある

プレッシャーの何倍もの価値がある生活

FXには夢があります。その魅力は、なんといっても無限に稼げることではないでしょうか。私は20年以上FXをやってきましたが、時が経つにつれて、この事実を本当に身に染みて実感しています。

あなたがこの本を手にしているということは、その夢を実現したいからだと思います。20年前、20代半ばであった私もそうした夢を抱いている1人でした。株のデイトレードは少しやっていましたが、鳴かず飛ばずの状態。そのとき、FXを知りました。株のように数千といった銘柄はなく、いくつかの通貨ペアを売買するものです。

たとえば米ドル/円なら、「毎日米ドル/円を見ていれば、売買タイミングはわかるようになるだろう」と考えました。

「コツをつかめば、この先ずっと勝てる。そして取引量を増やしていけば、夢のような利益が可能になる」。そう思いました。

FXで勝てるようになると、どのような生活ができるでしょうか。たとえば、次のようなことが可能になります。

- **会社員では到達できない経済的自由**
- **人に雇われず無駄な会議がない**
- **満員電車のストレスから解放される**
- **好きなものを好きなときに食べる自由な食生活**
- **多くの人が働いている平日に旅行をする**
- **明日も明後日も嫌な予定がない**
- **ネット環境さえあればどこでも仕事ができる**
- **人間関係のストレスがない**

トレードで勝たなければならないというプレッシャーはありますが、このように会社員では経験できないような生活が可能になるのです。その幸福度は、プレッシャーの何倍もの価値があるのではないでしょうか。私はこのような生活にとても価値を感じます。

FXはとにかく稼げる

マネー雑誌やインターネットサイトなどの特集で、「FXで1億円儲けた！」「わずか3年で10億円以上稼いだ方法！」など、けた違いの利益を稼いでいる人の記事をよく目にします。

FXで稼ぐひとつの目安として考えられている金額は「億」です。1億円以上の利益を出した人のことを、「億り人」などと呼んだりします。「本当にそんな人がいるの？」と疑問に思うかもしれませんが、FXが盛んな日本ではたくさんいます。雑誌の取材やSNSから広がるトレーダー同士の交流も少なからずあり、私自身、億を稼いでいるトレーダーを現実に知っています。

なぜFXは短期間でこんなにも儲かるのでしょうか？　その理由のひとつが、本書で紹介していく「スキャルピング」という手法です。スキャルピングは短期間でのスキルアップが可能な手法だからです。また、レバレッジをかけて取引できるため、リスクが高い反面、信じられないような利益も可能になります。つまり、**スキャルピングでひとたび勝てるようになると爆発的に利益が出せる**ということです。ただ、一攫千金的な博打と考えないでください。FXは博打ではなく、れっきとした投資です。正しいやり方を身につければ、なるべくして「億」を稼げるようになります。逆に、間違ったやり方を覚えてしまうと、資産が増えるどころかすぐに大損してしまい、やがては全資産を失うことにもなりかねません。

「ちょっと甘く考えていたな」と感じた人は、この機会に適切な勝ち方を身につけてください。勝つ人は勝ち続け、負ける人はいつまで経っても勝てない世界、それがFXなのです。

後悔しないこと

FXに限ったことではなく、人は行動せずに後悔することがあります。これからの人生、後悔して終わるのは絶対に避けたいと思いませんか。大きく稼げるチャンスがあったのに、それを見逃してしまったとしたら、それはとても残念なことです。

正直なところ、将来的なお金の不安がなくなれば、人生の悩みの大半は解消されるのではないでしょうか。もちろん、お金で解決できないことはたくさんあります。でも、お金があるという安心感は、計り知れないと思います。あなた次第で、この先の将来が満足いくものになるか、そうでないかが決まります。

これまでの人生で、あなたは何かを本気で取り組んだことはありますか？小中高と学校へ行き、大学生や社会人になってから、「これだけは誰にも負けないくらいがんばった」と胸を張っていえることがあるでしょうか。

私は20代半ばからFXに取り組み、数年間は誰にも負けないと自負できるくらい本気で取り組みました。そのときから20年経過していますが、**「あのとき本気でやってよかった」と、今現在、心の底から感じることができています**。あのときの努力のおかげで、今の生活があるのは間違いありません。もし、少しでも妥協して、本気で取り組む時期を先延ばしにしていたら、今もしがないサラリーマンのままだったことでしょう。決してサラリーマンが不幸なわけではありませんが、私にとってはストレスフルで楽しい人生とはほど遠い生活だと思っています。少なくとも、経済的・時間的自由を手に入れることはできないでしょう。

もし、私と同じように思う人がいるならば、人生たった一度だけでもいいので、今から本気で取り組んでください。そして、夢をかなえて幸せな人生を手に入れてほしいと思います。

02 ハイリスク・ハイリターンのための覚悟をする

損益変動を激しくする25倍のレバレッジ

本気でFXをやろうと決意すること、それは、これから日常では経験できない精神状態を味わうことを意味します。FXはハイリスク・ハイリターンの投資です。リスクを正しく理解し、逃げずに上手につき合っていくことが重要です。そうすることで、取ったリスクに対するリターンを得ることができます。

投資の中でも、FXは特に損益変動が激しくなります。それは、「レバレッジが25倍」まで上げられるからです（2024年1月現在）。これは、実際の資金の25倍のお金を動かせるということです。10万円の資金でも、250万円あるものとして取引できるのです。

トレードの経験がある人は、レバレッジについては理解しているものと思います。最大が25倍というわけであって、1倍でも10倍でも好きなレバレッジを設定できます。しかし、ひとたびFXをはじめたら、誰もがそのレバレッジの力に魅了され、高いレバレッジを使ってハイリターンを目指すのではないかと思います。

利益も損失も変動幅が大きく刺激的

レバレッジが高くなると、必然的に損益の変動も大きくなります。元手の25倍のお金を運用しているため、損益変動もそれに見合っただけ大きくなります。

「ある日は10万儲かったが、翌日は20万負けた。そして翌々日は5万負け、その次の日に30万勝った」

ロット（取引枚数）にもよりますが、このような変動は毎日続きます。考えただけでも、サラリーマン生活とはほど遠い世界です。そして、損益変動が大きくなると、必ずといっていいほど喜怒哀楽が激しくなります（ただし、コツをつかむと、こうした大きな損益変動は受け入れられるようになるので、心配しないでください）。もちろん、人それぞれ受ける感情は違います。しかし、一瞬でお金が増えたりなくなったりする感覚は、今までの日常生活ではありえない精神状態になることを意味します。大勝ちして高揚感につつまれる感覚、逆に、大負けして落ち込む日、そしてまた勝ってモチベーションが高い日……これらが交互に襲ってきて、あなたの感情を揺さぶるのです。

たった1日の中でも気分は変動します。午前は、「このままFXを続けたらどれだけ稼げるのだろう」というワクワク感があったとします。しかし夕方には、「このまま負けたらどうしよう……」という不安に襲われたりします。わずか数時間のうちに、ジェットコースターのような喜怒哀楽の変化を感じるのです。

FXを行なううえで、これは避けられません。鋼のようなメンタルを持っている人であれば常に冷静でいられるでしょうが、そんな人は滅多にいません。

私はこの感情を楽しんでいます。なぜ楽しめるかというと、**「期待値の高いやり方を身につけている」**からです。FXは、トレードを繰り返せば繰り返すほど、トータルの収益は期待値に収束していきます。そのため、日ベースでは負けることがあっても、月単位は高勝率で、年単位で見るとほぼ勝てるという自信があるのです。そして、実際にそれに近い結果になっています。損益変動があろうが、トータルで考えれば資産は増えていくものとわかっていれば、メンタルは維持することができるのです。

このように、私は日々、サラリーマンのときには到底味わえなかった経験をしています。さらに、サラリーマン時代より稼げるため、その喜びも大きく、達成感も強いものがあります。それが自信へとつながり、さらに向上心がわいてくるという好循環になっています。

FXを本気でやるにつれて、日常では経験しない感情を味わうことになります。だからこそ、自分だけの投資哲学を築くことができるのです。本気でやった人にしかわからない世界を、あなたもぜひ見つけてください。

03 「億」を稼ぐ思考回路に今から切り替えよう

人は「こうなりたい」と考えている姿になる

あなたがこれから本気でFXに取り組むのであれば、単純に「稼ぎたい」と思うよりも、「億を稼ぐぞ！」というように、金額的な目標を明確にしたほうがいいでしょう。なぜなら、人は、自分が描いているイメージどおりになるからです。「考えたことしか実現できない」といってもいいでしょう。ただ、根拠のない無謀なトレードはしないでください。目標を実現するためには、**ち密で地味な作業をこれから山ほど行なう必要があり、それを乗り越えた者だけが達成できる**ものだからです。

思ってもいないような素晴らしい出来事が次から次へと起こり、よい人生が進むことはありません。逆に、「成功したい」と考え、相応の行動を起こした結果、本当に成功したならば、それは偶然ではなく、なるべくして成功したことになります。もし、「億を稼ぐ」という思考になっていなければ、そこには到達できないでしょう。逆に、当然のように億を稼ぎ、億は通過点くらいに考えてください。すると、なるべくして億に到達します。

たとえば、10億円以上稼いでいるトレーダーがいたとします。周りから見たら、「すごい！」となるかもしれません。しかし本人からしたら、10億円稼ぐ行動を起こし、それを実現しただけなのです。1000万円稼ぐつもりが、**「よくわからないけど10億円稼げてしまった」というまぐれはない**でしょう。なるべくしてなっただけなので、至って冷静なのです。

同じ億でも、プロセスが違います。「なれたらいいな」という願望ではなく、「そうなるのがあたり前」と思っていれば、努力を努力と思わずに自然によい投資行動が取れるのです。人は、考えていることだけ実現できます。早い段階でレベルの高い思考回路に切り替えていきましょう。

04 なぜスキャルピングは短期間で大金を稼ぐことが可能なのか

超短期売買だからといって視点を狭くしない

スキャルピング（“scalping”）は、「頭の皮を剥（は）ぐ」というネイティブアメリカンによる語源があり、文字どおり、薄い皮を何枚も剥ぐように、相場から小さな利益を取っていく方法です。1回の取引は数秒から、長くても数分といった超短時間で、これを繰り返し行なうトレードスタイルです。中には1日に100回以上取引をするトレーダーもいます。

短期売買であるがゆえに、1分足チャートを活用するのが一般的です。しかし、チャートを開いてずっと1分足だけ見ていればいいというわけではありません。長い時間軸を併用し、**大局をつかんだうえで、細かい値動きを1分足でとらえる**ことが必要です。

よく、書籍やSNSで、「1分足以外は見ない」というやり方が紹介されていますが、これを鵜呑（うの）みにしないでください。本当に1分足しか見ないのではなく、長い時間足は当然に頭に入っていて、「エントリータイミングを1分足ではかっているだけ」と解釈すべきだと私は考えています。

ただ、最終的にあなたが独自の手法を築いたとき、1分足しか見ないトレードならそれは正解でしょう。それまでに試行錯誤をし、その結果として1分足だけのよさが理解できているからです。

しかし、スキャルピングのスキルアップをはかる現段階で、時間軸を1分だけに絞ってしまうのは危険です。1分足だけ見て売り買いしていても、やみくもなトレードになるのがオチでしょう。スキャルピングで使う1分足と上位足の見方については、これから説明していきます。

最も利益が早く積み上がるトレードスタイル

スキャルピングは、一度コツをつかむと短期間でものすごい利益を出せるようになる手法です。なんといってもこれが最大の魅力です。1回の獲得pipsは少ないのですが、取引枚数を上げるとそれに応じて1回の利益額は増えます。そして、取引回数の多さがさらに資産増加を加速させます。いずれ、**枚数を増やして何度もサクサクと利益を取るようなイメージ**だと考えてください。

私が1回のトレードで得る利益は、数千円から、多くても数万円です。しかし、数万円の利益を毎回得ているのではありません。相場次第では、数秒から数分で10万円以上の利益になることはありますが、それは大相場のときなどです。取引の多くは1回数千円の利益です。「たったそれだけ？」と感じるかもしれません。しかし、1回の取引で得る利益は少なくても、それを毎日繰り返していくと、月単位で数百回、多い月では数千回にも及びます。仮に、1回の取引利益が5000円だとしても、100回勝てば50万円、1000回勝てば500万円にもなります。**毎月の取引回数を考えれば、1回数千円の利益でも十分なのです。**

このように、取引回数が多いため、利益が早く積み上がるのがスキャルピングです。1回の利益は少ないとはいえ、一般社会では1分足らずで5000円を稼ぐことは不可能です。その意味では、やはり特殊な世界といえます（逆に損することもあるので真剣に取り組みます）。

トレードの期待値がすぐに結果となってあらわれる

スキャルピングは数秒から数分で、トレード結果がすぐにわかります。そのため、トレード手法に期待値があるかどうか、短い期間で検証することができます。1000回のトレードを行なうのに、スキャルピングなら数か月あればできるでしょう。相場次第では1か月かからないときもあります。しかし、デイトレードやスイングトレードだと、1000回トレードしようとするとかなりの期間がかかります。スイングトレードだと1年は超えるでしょう。

スキャルピングは、**検証に必要な量を短期間でこなすことができます。**そのやり方がダメなら次のやり方をすぐに試すことができ、よいものはもっと伸ばすという判断を短期間で行なうことができるのです。

たとえば、コインを投げて裏と表のどちらが出るかを検証するとします。一時的に裏、もしくは表の出る回数が偏るかもしれません。しかし、投げれば投げるほど、表と裏の出る確率は限りなく2分の1に近づきます。これは「大数の法則」というもので、トレードにもあてはまります。500回、1000回とトレードすれば、結果は期待値に収束していきます。この期待値がプラスであることが不可欠ですが、そうか否かを知るためには検証結果が早くわかるほど、時間的に有利なのです。FXをやっている人は本業を持っている人が多いかと思います。できれば時間をかけずに、たしかな手法を検証できるようになれば理想的です。

取引回数の多さはチャンスの多さ

期待値がプラスであれば、取引回数はチャンスの数になります。1000回トレードを行なえば、1000回のチャンスがあることになります。毎日チャンスがあれば、それを逃すわけにはいきません。期待値が高いやり方を構築しているので、やればやるほどトータルでは利益になるのです。「専業トレーダーになって毎日チャンスを手にしたい」、この考えが強くなり、私は専業トレーダーになりました。

数 pips を取るのが目的のトレード手法

スキャルピングの目的は、「トレードを短時間で完結させる」ことではありません。1～5pipsといった薄い利幅を狙う結果、必然的にトレード時間が短くなる、という理解が正しいでしょう。

たとえば3pipsを取るのに10秒もかからないときがある一方で、相場が膠着していると15分かかるときもあります。どちらも目的である3pipsを取って勝ちトレードになります。10秒しかかからないからスキャルピング、15分もかかったからスキャルピングではない、と決めるのはあまり意味がありません。

また、スキャルピングといってもやり方はたくさんあります。ですから、それが**何秒か何分か、そして何pips取れるかは時と場合によります**。スキャルピングはこうあるべきだ、という固執した考えを持ってしまうと、視野の狭いトレードになってしまいます。いつも同じようなやり方が通用するわけではなく、利幅やホールド時間はまちまちでしょう。むしろ、相場によって使い分けることができるようになってください。

とはいえ、スキャルピングは超短時間のトレードです。数pipsのトレードを繰り返し実践し、爆発的に資金を増加させるイメージを持っていってください。

05 実践的な6つの特徴

メリットとデメリットを確実に頭に入れておく

スキャルピングは短期間で稼ぎやすい反面、もし期待値が低いトレードなら、すぐに資金をはき出してしまうリスクがあります。本来あるはずのリスクを伝えず、メリットだけ書いて「スキャルピングは儲かりますよ！」というつもりはありません。それでは、せっかくこの本を読んでくれているあなたにとって、長期的に役に立ちません。本当のことをお伝えし、その対処法を考えていきます。

ここではスキャルピングのメリットとデメリットをそれぞれ見ていきます。注意してほしいのは、**都合よく解釈したりマイナス要素を恐れすぎたりしないこと**です。メリットが少ないのにデメリットだけが大きい、ということはありません。メリットとデメリット、リスクとリターンは、必ず同じだけ存在します。一部分だけにフォーカスし、拡大解釈しないようにしてください。

同じスキャルピングでも、人によって合うやり方は違います。長期的に莫大な利益を得るには、あなた自身で実践しながら、自分のやり方を構築していく必要があります。そのためにも、以下の点は確実に押さえておいてください。

6つのメリット

スキャルピングのメリットは、コツをつかむと短期間で圧倒的な利益が得られることです。それを可能にするのが、スキャルピングの6つのメリットです。他のトレード手法にはない、スキャルピングだけのよい面です。なぜスキャルピングがいいのか、その理由を正しく理解しましょう。トレードルールのさまざまな場面での意味を把握していると、より習熟度が上がります。

「スキャルピングは儲かる」という曖昧な根拠で訓練するよりも、特徴を理解してから経験を積み重ねるほうがいいのです。

① 資金をリスクにさらす時間が極めて短い

FXをやると、なぜ資金の増減があるのでしょうか？　それは、損益が発生するからです。ポジションを持ち、買った価格よりも高く売れば利益、逆に安く売れば損失になります。至ってかんたんな仕組みですが、ポジションを持っているからこそ、損益が変動します。ポジションを1分間持つのと、1週間持ち続けるのでは、リスクはまったく異なります。1週間持っていれば、その間に損益変動があるため、変動リスクが大きいに決まっています。

ここでいうリスクとは、危険という意味ではなく、変動の可能性のことをいいます。リスクが大きいとは、損益の変動幅が大きいと考えてください。あなたが寝ている間に、とんでもない損失になっている可能性もあるのです。ポジションを持っている間は、資金がリスクにさらされているということです。

スキャルピングは、ポジション保有時間が数秒から数分ですから、1回のトレードに対する損益変動のリスクが極めて少ないといえます。もちろんトレード回数が多くなれば、その分リスクを取る回数も増えます。しかし、1回ごとのリスクを分散する効果があり、コツコツと資金を増やす手法といえます。

② 資金効率が圧倒的にいい

FXは、25倍のレバレッジをかけることができます。たとえば、30万円の証拠金でスキャルピングするとします。25倍のレバレッジですから、750万円あるものとして売買ができます。レバレッジを目一杯かけると、1回のトレードで750万円分のトレードができます。10回行なうなら7500万円、100回なら7億5000万円の売買を行なったのと同じです。1か月間、毎日10回トレードしたら、15億円もの資金を動かしたことになります。

これは資金の受け渡しがない証拠金取引であるからこそできることであり、資金効率が圧倒的にいいのです。

③ 精神的負担が少ない

資金が減ると、精神的に悪影響をおよぼします。トレードで勝てず、お金が減っていく現実をつきつけられると、メンタルが崩れていきます。メンタルへの影響は大小さまざまですが、大きなダメージを与えるのが1回のトレードで大損することではないでしょうか。たった1回のトレードで資金全額を失うと、放心状態になり、後悔しか残らないでしょう。全額を失わなくても、1回のトレードで大損すると、やはりメンタルは崩れます。ポジション保有時間が長いと損益変動が大きくなるので、このような可能性は増加します。可能性があるというだけでも、ポジションを持つときにプレッシャーになります。

一方、スキャルピングなら、逆行したら損切りするので、1回のトレードで損益変動は少ないです。つまり、リスクが少ないということです。損益変動が少ないとわかっているので、精神的なプレッシャーもかなり少ないのではないでしょうか。プレッシャーがないとはいえませんが、気楽にトレードできるので長続きするのです。

④ 急激な相場変動に影響されない

FXは、変動が激しいマーケットです。レバレッジもかけるため、ちょっとした値動きで損益が大きく変動します。相場の変動要因が予測できればいいのですが、為替市場は巨大であり、変動要因が多すぎるため、どんな材料で動くのか予想するのは困難です。また、取引時間が決まっているわけでもなく、週末以外24時間いつでもオープンで、常に変動しています。さらに、経済指標や突発的なニュースが発表されると、急変します。

もしポジションを持っているときに急変すると、含み損が急激にふくらむリスクがあります。スキャルピングなら、チャートを見ていないときはポジションを持ちませんから、知らぬ間の相場急変の影響を受けることがなく、安心できます。また、急変したときは、ポジションを持たずに様子見できます。トレードする場面を選べるので、大損するリスクも抑えられるようになります。

⑤ テクニカル分析が機能しやすい

FXは、主にファンダメンタルズ分析とテクニカル分析があります。テクニカル分析は、チャートを使った分析と考えていいでしょう。個人がファンダメンタルズのみでトレードするのは珍しく、ほとんどの場合、チャート分析をもとにトレードします。

一方、相場を牽引するヘッジファンドや機関投資家などの組織は、ファンダメンタルズを根拠にトレード判断する場合が多いようです。しかし、チャートを見ないで売買しているとは思えません。チャートを見れば、基本的なチャート分析をするはずです。したがって、ほぼすべてのトレーダーがチャートでテクニカル分析をしていると考えていいでしょう。多くの人が同じものを見るため、節目や転換点がより意識されます。そのため、テクニカル分析が機能しやすくなります。

⑥ 好きな時間に取引できる

FXがこの20年間で普及し、大衆化した理由のひとつとして、24時間取引できる点が挙げられます。副業やお小遣い稼ぎとして、FXをはじめる方の多くは、日中に本業があるのではないでしょうか。仕事が終わり、帰宅したあと夜間でもトレードできるので、やってみようと思う方は多いでしょう。私も会社勤めをしているとき、帰宅して21時頃から数時間トレードしていました。リアルタイムでチャートを見ることができ、ビギナーの個人だろうがプロの機関投資家だろうが、情報に差はありません。同じ値動きを見てトレードできます。

つまり、どの時間帯でも、世界中のトレーダーと同じ情報をその場で得ることができるのです。夜間でも同じ土俵でトレードでき、かつ市場が大きくテクニカル分析が機能する投資対象は、FX以外に思い浮かびません。時間帯に関係なく、24時間いつでもトレードできるのは、大きなメリットといえます。

5つのデメリット

メリットについて紹介しましたが、FXにはデメリットもあります。先にメリットとして紹介したある事象は、見方を変えるとデメリットになるなど、相反する側面を持つ事象もあります。そのため、デメリットを正しく理解して向き合えば、結果的にはメリットを最大限に享受することにつながります。

たとえメリットを知らなかったとしても、利益を享受できないだけで済みます。しかし、デメリットを知らないままスキャルピングを続けると、取り返しのつかない大損をする可能性があります。つまり、メリットを知らないことより、デメリットを知らないことのほうが極めて危険だと考えてください。

① スプレッドの影響が大きい

スプレッドは、売りと買いの価格差です。業者によって異なりますが、米ドル/円だと0.2pipsとしているところが多いです。買いを入れると、売りよりも0.2pips高いプライスで約定するため、スプレッド分だけマイナスになります。手数料と同じと考えればいいでしょう。

スプレッドは、1回の取引ごとにかかります。1万通貨の買い注文をすると、スプレッド0.2pipsだと20円です。つまり、エントリー直後は、−20円からスタートすることになります。手数料が20円かかるということです。エントリーのたびにこの20円がかかるので、数をこなすほどスプレッド分のマイナスが膨らみます。100回トレードすると−2000円（20pips分）です。また、数pipsで利益確定をするので、利幅に対する手数料の割合はかなり大きいです。利幅が50pipsのトレードだと、スプレッド0.2pipsはあまり影響しません。しかし、利幅1pipsのうち、スプレッドが0.2pipsだと割合はかなり大きくなります。数をこなすスキャルピングでは、極めて不利と言えるでしょう。

② 約定価格がずれる（スリッページが発生する）

スキャルピングでは、買いたい価格になったとき注文ボタンをクリックする成行注文が普通です。そのとき、希望した価格と、実際に約定するものに価格差が発生することがあります。理由は、相場変動が早く、ボタンをクリックしてから注文が通るまでにすでに価格変動が起こっているからです。

また、FXは業者と顧客との相対取引であることから、希望どおりの価格が通らず、FX業者に有利な価格で約定することがあります。これを、スリッページ（スベリ）といいます。

たとえば、スプレッドが0.2pipsの米ドル/円を1万通貨で買い注文したとき、−20円からスタートします。それが、スリッページが0.1pipsあると、本来のスプレッドに加え、0.1pipsぶんだけ不利な注文となるため、−30円からスタートするということです。本来スプレッドが0.2pipsのはずなのにスリッページが多々あると、手数料が無駄にかかります。悪意のあるスリッページは減ってきたものの、相対取引であるがゆえ、客側に有利にスリッページが働くことは、ほぼないと考えたほうがいいでしょう。ただ、あからさまに客に不利にスリッページを発生させるような業者はないとはいえ、ある程度のスリッページはFXの仕組み上、仕方ないと考えてください。

③ 損大利小になりやすい

スキャルピングは、他のトレード手法に比べ取引回数が極端に多くなります。勝つ回数も増えますが、おのずと負けるトレードも多くなります。人間の精神は弱いもので、含み益が出ると利益を逃すまいとすぐに利益確定したくなります。逆に、含み損が出たときは損失を受け入れることができず、損切りできないものです。損切りしないと、プラマイゼロに戻ることもありますが、さらに含み損が拡大する場合もあります。後者の場合、実際に損切りするときにはかなりの損になります。ですから、1回の損切りで大きな損をこうむるのです。

利益確定は小さく、損切りはどかんと大きくなる、いわゆる損大利小になりやすいのです。エントリーして即損切りを求められる場面もあり、トレード回数も多くなるので、少しでも損切りをためらうと1回の損失が大きくなることが多くなります。ただ、これは仕組み上のことではなく、人間のメンタルがそうなりやすいというだけですから、克服できる項目です。

④ 無駄なトレードが多くなる

FXは、期待値が高い場面のみでトレードすることが求められます。エントリーからイグジットまで、根拠を持って一貫性のあるトレードを行なわなければなりません。「上下どちらに動くかわからないけど何となくエントリーしてみた」というのでは、スプレッドもかかるので徐々に資金は減っていくでしょう。期待値のあるトレードではないからです。しかし、1回あたりの取引時間が短く、しかも回数が多い手法だと、「ちょっとエントリーしてみようかな」という気持ちになりやすくなります。チャートを見ているのに、トレードしたくてウズウズすることもあるでしょう。そうすると、無駄なトレードを行なってしまうのです。

1回の損失は微々たるものですが、こういった無駄なトレードをする癖をつけてしまうと、ことあるごとにエントリーしてしまいます。それが積み重なると、無視できない損失になります。スキャルピングではダラダラと何度もエントリーしてしまう傾向にあるので、注意が必要です。

⑤ メンタル維持が必要

スキャルピングは、エントリーしてすぐに損益が確定します。利益が出たときは「儲かった」という事実が確定されるため、喜びは大きいものです。逆に、損失がその場で確定すると、悔しさや後悔などの負の感情があらわになるかもしれません。「今日はトレードしなければよかった」と思うこともあるでしょう。そこで、何とかして今日のうちに損失を取り返したいという気持ちになるのは、自然なことです。

しかし、その気持ちは相場とは無関係であり、結局は無駄なトレードにつながります。さらに損失を招き、メンタルが大きく崩れることになります。その日は負けを何とか受け入れたとしても、翌日はどうでしょうか？　昨日の損は今日取り戻したいですよね。そうすると手数が多くなり、期待値の高いトレードができなくなります。さらに負けた翌日……もはや負けは認められません。そうなると、冷静なチャート分析などできませんから、さらに損失を出してメンタルがもっと崩れていきます。こうならないよう、メンタル維持が必要なのです。

スキャルピングは1日ごとに損益が確定されるので、毎日トレードするときに前日の負の感情を引きずる可能性が高くなります。負けても翌日には立て直し、あらたな気持ちでトレードしましょう。

そのトレードを 1000 回行なうと想定する

これからスキャルピングで成功したいと考えているのなら、いろいろなやり方を試行錯誤していくはずです。そのときに、メリットとデメリットをどのように取り入れるか、これが非常に重要になってきます。

そこで、これからあなたが行なう1回のトレードを、1000回繰り返し行なうと想定してください。そうすると、**本当にその１回のやり方が適切かどうかわかるはず**です。無駄なトレードを行なったり、リスキーなポジションを持つとして、それが1回なら損益に大きく影響しないから問題ないと考えるかもしれません。

しかし、感情にまかせて無駄なトレードをしてしまう癖がつくと、何度も行なうようになります。それを1000回行なうと、ものすごい金額の損失になる可能性があります。

「今回だけはナンピンして何とか助かりたい！」

その1回はプラマイゼロに戻ってなんとか助かったとしても、果たして1000回連続で助かるでしょうか。このようなトレードは、言うまでもなく危険です。このような危険ではあるものの負けを取り返せるトレードを覚えてしまうと、同じような局面で必ずナンピンするようになります。「前回も助かったのだから今回も助かるはずだ」、こう考えるのではないでしょうか。

しかし、1000回ナンピンしたら、どこかで大損することは火を見るよりも明らかです。強引なやり方でその日は勝ったとしても、それを繰り返すうちに撤退を余儀なくされるような損失に見舞われれば、冒頭に掲げたような夢は絵空事に終わってしまいます。

トレード損益はいずれ期待値に収束していきます。期待値のあるトレードを1000回行なえば、1回の損切りはすぐに取り戻すことができるのではないでしょうか。**トレード回数が多いからこそ、期待値のあるトレードをしなければなりません**。今からやろうとしているトレードを、1000回行なう自信はあるのか？　これを常に問いただしてください。「答えはNoだけど今回だけはトレードする」では、いずれ大損します。

06 同じスキャルピングでもやり方は十人十色

模倣から自分だけのやり方へ

スキャルピングに限らず、デイトレードもスイングトレードも、万人に通用する手法はありません。あるトレーダーには合うやり方でも、違うトレーダーにはまったく合わないのは当然です。投資経験や資金量、メンタル、お金に対する価値観、性格など、すべて合致するわけがないからです。

初心者にありがちなのが、勝っている人の手法をそのまま真似しようとすることです。ただし、真似するのは悪いことではなく、むしろよい行動です。模倣は上達の初期ステップだからです。しかし、心のどこかで「楽をして手法を手に入れたい」「手っ取り早く利益を得たい」という怠惰があるなら、それはとても危険です。

このような考え方では、たとえ勝てるやり方を知ったとしても、その手法を使いこなすことは絶対にできません。勝てるやり方をインプットしたら、アウトプットしながら自分に合うように変えていくことが大切です。いずれ自分だけの手法になっていくはずです。FXの勝ち方は、**入り口は同じだとしても出口戦略は異なるのが普通**です。

作り上げてきた手法を公開

さて、次のCHAPTERから、私が実際に日々トレードしているやり方をあますことなく紹介していきます。ただし、私の手法は数多くある相場の勝ち方において、ほんの一部にすぎません。これ以外にも勝ち方は星の数ほどあります。そのように考えながら読み進めてほしいと思っています。

本書で紹介するものは私自身が利益を出しているやり方ですが、もしかしたらあなたには合わないかもしれません。私がこれまでのトレード人生で、偶然このような手法にたどり着いただけです。手法は試行錯誤を経て自然に構築できるので、人から教えてもらうものではないことを理解しておいてください。

本書の手法は、まず逆張りを説明し、それから必須となるテクニカル分析を、次に順張りを解説しています。トレードルールや、シグナルを発見するための手順をこれだけのページ数に落とし込んでいますが、いきなり出来上がったものではありません。20年前から毎日コツコツとトレードしている中で、ちょっとした気づきや知識を身につけ、トライアンドエラーを繰り返して構築してきたものです。

最初は移動平均線から乖離したとき、どのような動きをするかに着目し、そこからさまざまなインジケーターを使い、エンベロープに落ち着きました(使うインジケーターは後述します)。5つのゾーンのパラメーターも、長い期間を経て決めたものです（5つのゾーンはチャート設定で説明します)。それから逆張りNGのポイントでは順張りができると気づき、トレンドフォローも取り入れました。

そして、逆張りと違い、順張りはこれからどのようにトレンド方向へ進むのかのイメージができなければ勝てないと理解できました。**逆張りは動いたあとの反転を狙うので、動くまで待てばいいだけです。順張りはこれから動くときにエントリーします**。ですから、動きはじめる前にエントリーする必要があるのです。そのために、さまざまなテクニカル分析を組み合わせ、引き出しを少しずつ増やしていったのです。本書の手法は、ある日突然出来上がったものではないということです。

これからお伝えするやり方で、あなたが最短で勝つための「気づき」のようなものを得ることができれば光栄です。私の知識とやり方を、あなたのトレード人生のたたき台にするつもりで読んでほしいと思います。最初は模倣でも、いずれあなただけのやり方を構築してください。

CHAPTER 2

リスクを抑え勝率を上げる「逆張りトレードルール」

07 スキャルピングに必要なチャート設定

MT4で移動平均線とエンベロープを表示させる

これから私が活用しているチャート設定をすべて紹介していきます。リーマンショックのあと、2009年から試行錯誤して構築したトレードルールのチャートです。それから15年間、修正しながら使い、現時点で確定したチャート設定です。最初にチャート設定を行ない、ルールについては後述します。

使うチャートソフトは、メタトレーダー4（以後「MT4」）です（MT4はメタクオーツ社が開発したチャートソフトです）。MT4を使う理由は、ラインが引きやすいことと、インジケーターが充実している点です。使用するインジケーターは次の2つです。

① 移動平均線（Moving Average）
② エンベロープ（Envelope）

私がFXをはじめたのは20年ほど前ですが、当時、インジケーターが充実していることで有名なチャートソフトがMT4でした。このあと設定する「エンベロープ」を備えていて、かつチャネルラインをストレスなく引けるチャートソフトでした。現在でもチャネルラインをはじめとしたラインツールが充実しており、その名残で今も使い続けています。

トレンドラインはどこの業者のチャートソフトも使えるでしょうが、CHAPTER3でもお伝えする私が多用するチャネルラインは、現在も採用していない業者が多くあります。ラインを複製し、同じ角度で移動することで、チャート分析に磨きをかけられることもよい点です（ラインの引き方はCHAPTER3で紹介していきます）。チャート分析がスムーズにできるのでおすすめですが、MT4でなければダメだというわけでもありません。これから説明するチャート設定と同じものができれば、どの業者のチャートソフトを使用してもいいでしょう。

MT4を採用している業者は国内で数社ありますが、私が使っているのは「JFX」のデモ口座です。JFXの口座を開設すると、MT4は無料で使えます。JFXのMT4には発注機能がないためチャート分析専用ですが、本手法はMT4では発注しないため問題ありません。また、JFXのMT4は私と同じチャート設定がかんたんにできる仕様なのでおすすめです（415ページのQ32で詳しく説明しています）。私のブログでも紹介しているので、よろしければ参考にしてください。

インジケーターとパラメーターの設定

次に、チャート設定を完了させるためのインジケーターのパラメーターを説明していきます。パラメーターとは、インジケーターの各種設定のことです。

図2-1 MT4で通貨ペアと移動平均線の設定をする

まず、MT4を立ち上げます。左上の「気配値表示」から米ドル/円を選び

ます（図2-1）。通貨ペアは米ドル/円で説明していきますが、米ドル/円に限らず他の通貨ペアでも同じ設定になります。なお、どの通貨ペアをトレードするかは後述します。

チャートのローソク足の色や背景色は、特に決まりがないので好きな色を使ってください。この本では印刷で見やすいようにローソク足を白黒、背景色を白で統一して説明していきます。

次に、移動平均線を表示させます。「ナビゲーター」より、「Moving Average（＝移動平均線）」を選択します。Moving Averageは2種類あるので、注意してください。「インジケーター」→「トレンド」→「Moving Average」を選択します。「インジケーター」→「Examples」→「Custom Moving Average」のほうではないので、間違えないようにしてください。

図2-2　移動平均線のパラメーターを設定する

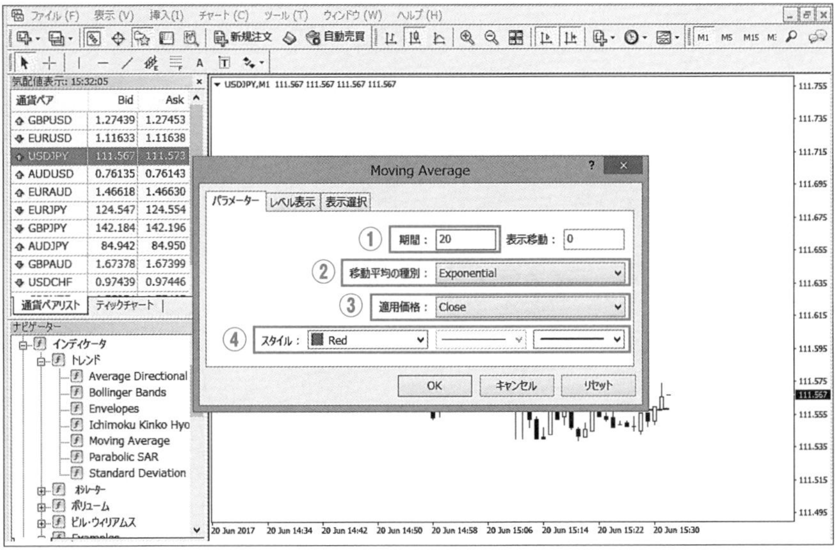

移動平均線のパラメーターは次のとおりです（図2-2）。

① 期間を「20」にします。

② 移動平均の種別を「Exponential」にします。

③ **適用価格を「Close」にします。**

④ **スタイルは、移動平均線の色と、線の太さになります。好きなものを選択してください。ここでは、赤を選択します。入力がすべて終わったら、OK を押してください。**

これで移動平均線の設定は完了です。

エンベロープの設定

次に、エンベロープを設定します。移動平均線と同様に、ナビゲーターから「Envelopes」を選択します（図2-3）。パラメーターは次のとおりです（図2-4）。

図2-3　ナビゲーターからエンベロープを選択して設定する

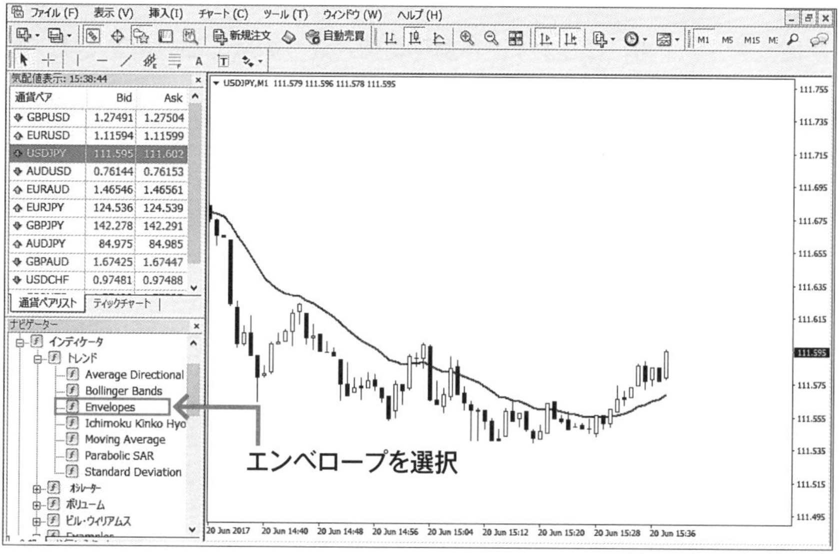

① **移動平均線と同じです。**

期間：20

移動平均の種別：Exponential

適用価格：Close

図2-4　エンベロープのパラメーターを設定

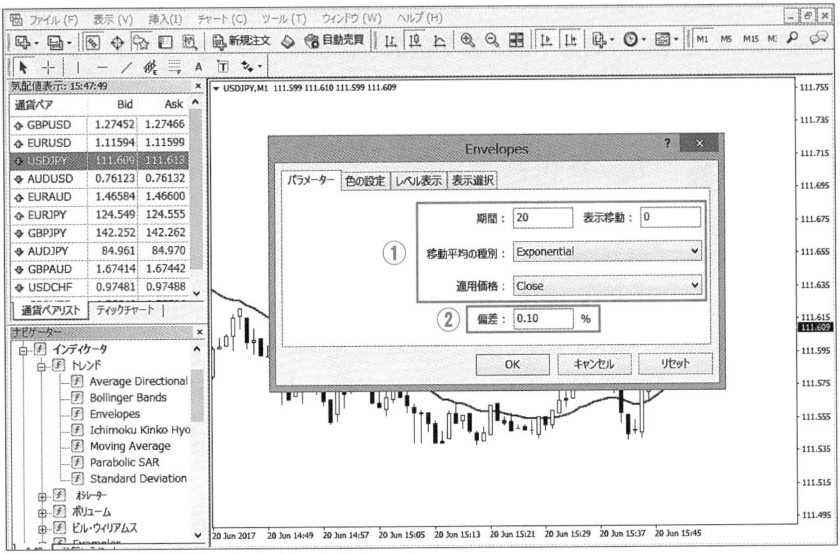

② **偏差を「0.1%」にします。移動平均線と違うのは、この偏差です（偏差については後述します）。**

次に、色の設定をします（図2-5）。移動平均線と同様、好きな色と線でかまいません。ここでは、青を選択します。選択したら、OKを押してください。設定すると図2-6のようになります。

真ん中の線が移動平均線で、その上下にエンベロープが表示されました。偏差を0.1%としましたが、移動平均線から0.1%の価格差で、上下に表示されているということです。

次に、エンベロープを5つ追加していきますが、偏差の数字を5種類変えるだけです。偏差以外のパラメーターは先ほどの設定と同じです。偏差を、それぞれ以下の数値にしてください。なお、色と線の種類は好きなものを選択してかまいません。

0.15%　0.2%　0.25%　0.3%　0.4%

図2-5 エンベロープのライン色を設定

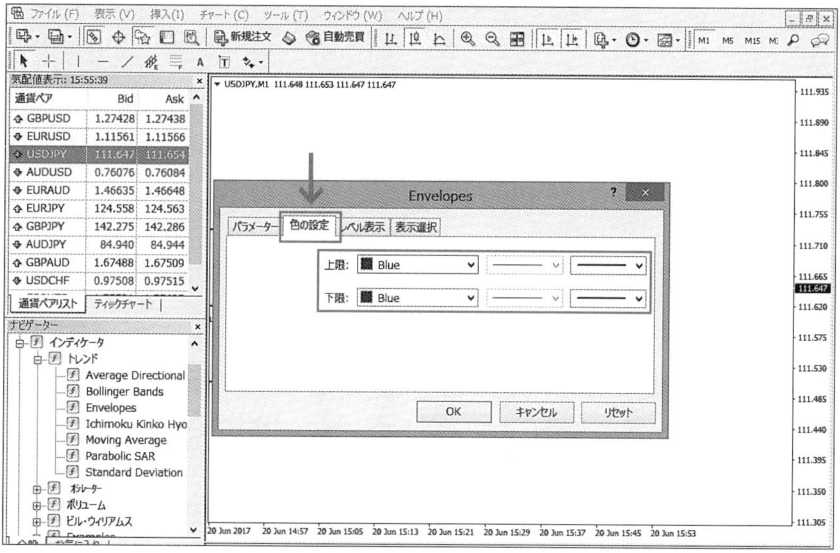

図2-6 移動平均線をはさみ込むように設定されたエンベロープ0.1%

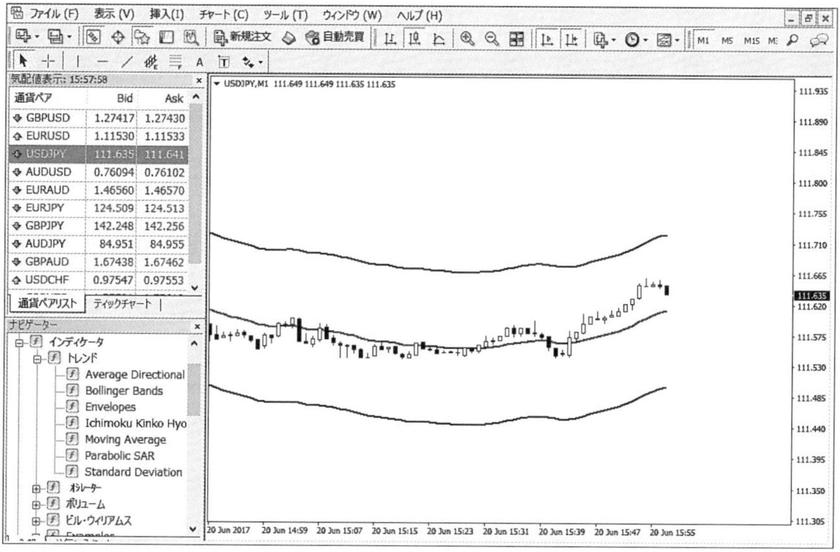

最初に0.1%を設定したので、合計6つのエンベロープが設定できました。つまり、エンベロープの偏差は次の6つになります。

① 0.1%
② 0.15%
③ 0.2%
④ 0.25%
⑤ 0.3%
⑥ 0.4%

完了すると図2-7のチャートになります。もし、上下の画面外にエンベロープが隠れてしまう場合は、**チャートの右端の目盛り部分を左クリックしたまま上下に動かす**と、チャートの縮尺を変更できます。

チャート設定は以上です。逆張りはもちろん、順張りも同じ設定です。本書の最後まで、この「1本の移動平均線+6本のエンベロープ」を使用します。

図2-7　移動平均線を中心に上下に6つのエンベロープを表示

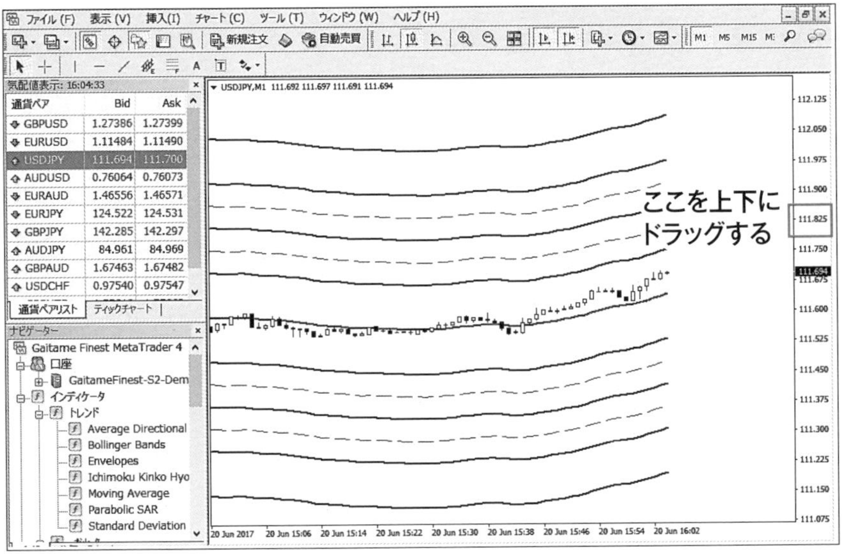

6本のエンベロープを表示したので、偏差ごとの間に空間ができます。それを「ゾーン」と呼ぶことにします。図2-8を見てください。移動平均線が中心にあり、エンベロープが移動平均線を包み込むような設定です。6本のエンベロープを出しましたから、ゾーンが上下5つずつになります。移動平均線より上に5つの空間、下に5つの空間です。ローソク足がどのゾーンに到達しているかで、移動平均線からどれだけ乖離しているかを視覚的に把握することが可能になります。移動平均線と上下5つのゾーンというチャート設定がすべての土台になります。ローソク足がゾーンのどこにあるのか、常に意識しながら読み進めてください。

図2-8 移動平均線とエンベロープの設定が完了したチャート

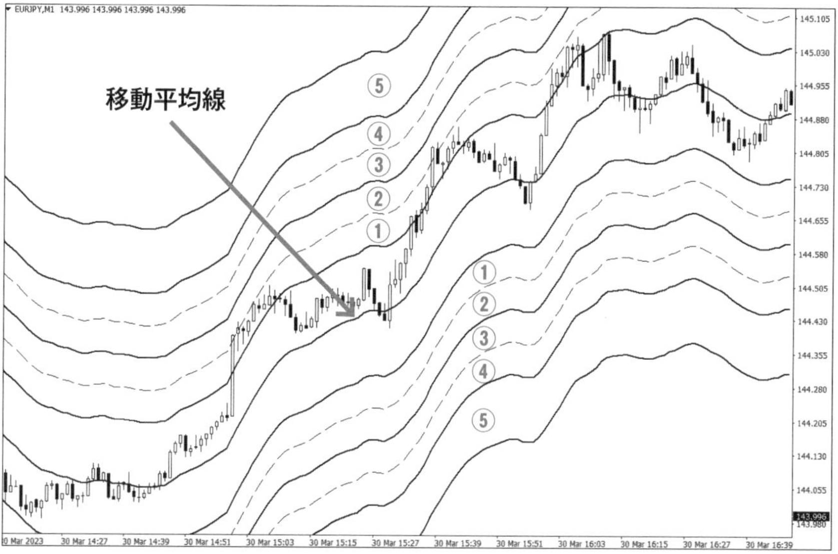

これから売買ルールを説明していきますが、その前に、移動平均線とエンベロープの特徴を理解しましょう。ただ使い方だけを説明されても、インジケーターのよさがわからないからです。

移動平均線は価格のすべてをあらわしている

移動平均線は、一定期間の終値の平均値をつなぎ合わせて線にしたものです。先ほどの設定では、移動平均線の期間を20にしましたね。これは、ローソク足20本分の「終値の平均値」になります。どういうことか、図2-9を見てください。

チャートの最先端にある移動平均線は、過去20本のローソク足の終値の平均値ということです。これは1分足ですから、過去20本は直近20分のローソク足ということです。ローソク足が1本確定するごとに、計算に新しいローソク足と古い（20分前）ローソク足が入れ替わります。この平均値をつなぎ合わせたものが移動平均線です。

移動平均線をチャートに表示することで、ローソク足だけで見るよりも、相場の流れがわかりやすくなります。ローソク足は、いわば棒グラフです。例えば1分足であれば、ある1分の間に相場がどのような動きをしたのかを正確に判断するために使います。

一方、移動平均線は、いわば線グラフです。ローソク足1本1本の細かい動きではなく、20分間などの一定期間内での相場の動きが一目でわかるよ

図2-9　移動平均線とエンベロープの設定が完了したチャート

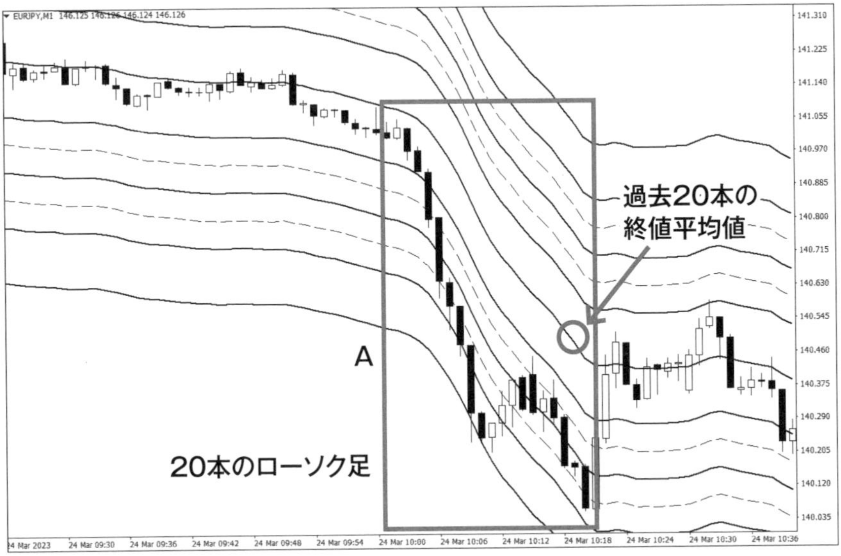

うに作られたものです。つまり、ローソク足は相場の現在値、移動平均線は過去を含めた相場の平均値をあらわしています。移動平均線を表示することにより、現在と過去を比較できるので相場がどうなっているのか読み取ることができます。

なお、移動平均線の計算方法は、3種類あります。

① 単純移動平均＝Simple Moving Average （SMA）

文字どおり、ある一定の期間の終値を単純に平均した数字で作られている移動平均線です。

② 加重移動平均＝Weighted Moving Average（WMA）

5日加重移動平均線の場合、直近の終値を5倍、1日前の価格を4倍、2日前の価格を3倍……というように計算しています。こうすることで、単純移動平均よりも、過去の価格の影響を小さくするといった分析ができるようにしています。

③ 指数平滑移動平均＝Exponential Moving Average（EMA）

5日の場合、最初の日は5日SMAとし、2日目以降は前日の値に当日の値を加えたものです。単純移動平均と比べて、より直近の価格に重点を置いたものになっています。

特別なこだわりがなければ、EMAを使うことをおすすめします。他の移動平均線でもかまいませんが、ちょっとしたタイミングはずれるかもしれません。ただ、基礎さえできれば、少し検証することで、その移動平均線に合わせたルールに仕上げることはできるでしょう。

私自身、「③指数平滑移動平均」（以下「EMA」）を好んで使っています。なぜならEMAが一番トレーダーに使われているからです。多くのトレーダーが使っているということは、みなEMAをとても意識しているということなので、チャート分析においても有効に機能するはずです。そうはいっても、SMAもWMAも同じ移動平均線であり、ほとんど差はありません。ですので、EMAでなければ勝てなくなるということはありません。特に

SMAやWMAを使う理由がないなら、EMAにするという程度です。

また、期間を20に設定しましたが、21や22ではダメでしょうか？　そんなことはありません。期間はどんな数字でもかまいません。数字を1変えるだけでルールが変わって勝てなくなるということはありません。ただ、短期移動平均線でメジャーな数字は、20か25です。25でもいいと思いますが、私はスキャルピングにおいてずっと20を使ってきたので設定もそうしています（本書はスキャルピングですが、デイトレード手法では25を使います）。

移動平均線は他のテクニカル分析と違う

詳しいテクニカル分析のやり方については次のCHAPTERで説明しますが、先に少しお伝えしておくと、テクニカル分析のすべてに共通した点があります。それは、「ライン」を使うという点です。サポートライン・レジスタンスライン・トレンドライン・チャネルライン・三角もち合い・フィボナッチ・ヘッド&ショルダーズ・値幅観測・チャートパターンなど、すべてラインを引くものです。しかし、**移動平均線はラインを引く分析ツールではなく、ローソク足の価格推移そのものをあらわしています**。テクニカル分析の中で、唯一違うツールと考えていいでしょう。

移動平均線は価格そのものをあらわしているので、テクニカル分析と考えないほうがいいのかもしれません。ローソク足そのものをテクニカル分析としないのと同じです。ローソク足の並び方や形で、そのあとの価格を予測するローソク足分析という方法はありますが、ローソク足1本で分析することはできません。

移動平均線は、一度チャートにセッティングしておけば、あとは自動的に更新されていきます。これはローソク足も同じです。他のテクニカル分析はどうでしょうか。自分でラインを引かなければ、情報は引き出せません。

たとえば、トレンドラインを自分で引かなければ、ネックになるポイントはわかりません。移動平均線だけは、価格が動くたびに自動的に更新されます。最初のチャート設定で表示させたままにしておくので、「ネックライン」を見つけるためのツールではないと考えていいかもしれません（ネックラインはネックとなる価格帯に引くラインの総称のことで、後述します）。

一般的な移動平均線は「短期」「中期」「長期」

移動平均線の活用の仕方は、「短期」「中期」「長期」の3本の移動平均線を表示することです。中には1本や5本を表示する人もいるでしょう。ただ、相場は「短期トレンド」「中期トレンド」「長期トレンド」というように、3つのトレンドであらわされるのが一般的です。この3つに合わせ、移動平均線も3本を表示することが一般的かもしれません。

本手法で移動平均線を3本使わない理由

本手法は1分足で短期の20EMAのひとつだけ使います。あとはエンベロープの5つのゾーンです。中期と長期の移動平均線は表示しないのか、疑問に思うかもしれません。中期と長期の移動平均線を使わない理由は、エンベロープを使うからです。本手法のベースとなる考え方は、「移動平均線から乖離したときの反転を狙う」です。その乖離幅をエンベロープではかるのが、一番期待値が高いからです。

そもそも、エンベロープとは移動平均線と同類のツールです。移動平均線と一定の値幅をキープし、常に同じように推移します。つまり、移動平均線の役割を、エンベロープの5つのゾーンが担っているといえます。逆張りスキャルピングには、移動平均線そのものを3本表示するよりも、**短期移動平均線（20EMA）とエンベロープの5つのゾーンが最適である**、ということです。エンベロープは、移動平均線から乖離幅をキープして表示しますが、もともと「移動平均線」が中心になっています。そのため、移動平均線をよりわかりやすくしたものと考えてよいでしょう。デイトレードやスイングトレードには当てはまらない本スキャルピング手法特有の見方ですが、「1分足逆張りスキャルピング」にはもってこいの使い方です。

移動平均線の役割は次のようにいえます。

■ **相場の流れ（レンジとトレンド）や乖離具合を把握する**

そして、移動平均線以外のテクニカル分析（次のCHAPTERで説明する10個のテクニカル）は次です。

■ **エントリーポイントとなる節目（ネックライン）を見つける**

このように、移動平均線と他のテクニカルで、役割の違う分析方法を組み合わせてエントリーポイントを絞っていきます。ここではまだ理解できないと思いますので、このまま読み進めてください。後ほど詳しく解説します。

エンベロープは移動平均との乖離幅をはかるのに最適

次に、エンベロープについて詳しく見ていきましょう。

エンベロープは、日本語で「封筒」や「包み込む」という意味です。その名のとおり、移動平均線の上下に一定の乖離幅を持たせて表示する「線」です。いわば、移動平均線を上と下で、常に包み込んでいる線になります。チャート設定のパラメーターは、偏差を除いて移動平均線と同じでした。移動平均線が上昇していけば、まったく同じ角度でエンベロープも上昇していきます。つまり、移動平均線と常に同じ動きをします。偏差が乖離幅ということです。偏差0.5%なら、ローソク足の価格から±0.5%の位置でエンベロープが推移します。

図2-10を見てください。エンベロープは、移動平均線に近づいたり、離れすぎたりすることはありません。偏差0.5%のエンベロープは常に0.5%の価格差をキープしたまま、いわば平行移動しています。ですから、移動平均線からの乖離率をどの部分ではかっても同じになります。割合ですから、価格が下がれば乖離幅は狭くなり、価格が上がれば乖離幅は大きくなります。

図2-10　移動平均線との価格差をキープしたまま推移するエンベロープ

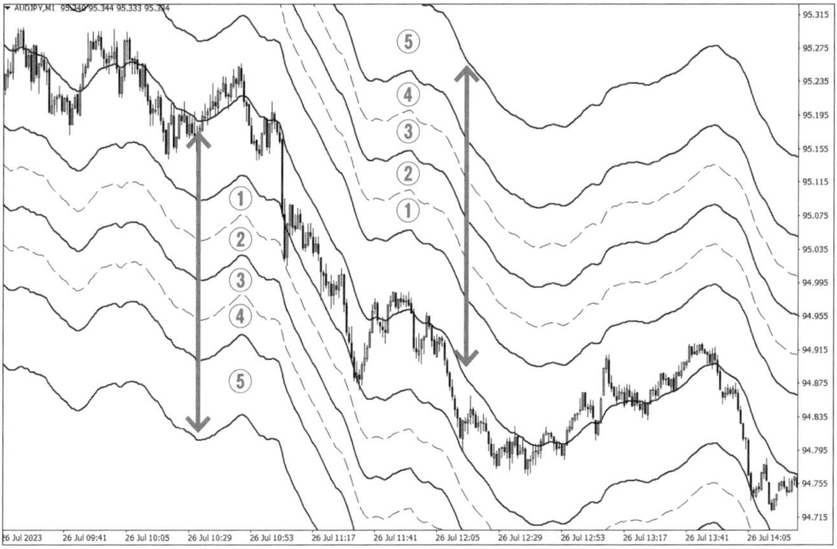

エンベロープのよさは、「移動平均線との乖離幅」がパッと見てすぐわかるところです。設定でエンベロープを6本表示しましたが、1本ではなく5つのゾーンになるように表示することで、移動平均線との乖離幅が「視覚的に」わかります。

この「視覚的に」という点が、とても重要です。チャートを見たときに、**人はまず目に入る情報を取り入れようとします**。チャートには出ていない行間を読むような分析をしなければならないと、とても大変ですよね。

ですが、エンベロープを表示しておくことで、かんたんに相場環境がつかめるのです。これが、長く続く秘訣でもあります。労力を使う手法では、それが勝てるやり方だとしても、疲れて嫌になってしまうものです。ですから、効率よくかんたんに、一目でチャートから情報を得られるかどうかが重要なのです。

なんども触れますが、「移動平均線との乖離幅」は、逆張りスキャルピング手法の根本方針になります。これから詳しく紹介するので、ルールを読んでから、なぜこのチャート設定がいいのか、改めて考えてみてください。

08 チャートソフトと発注する口座は別々の業者に

スキャルピングの発注で考慮すべき3つ

チャートソフトはMT4を使いますが、実際に発注を行なうのはMT4ではありません。つまり、チャート分析はMT4を、発注は別の業者を使います。MT4はデモ口座で十分だとお伝えしましたが、それは別の業者に注文するためです。

なぜMT4で注文をしないかというと、MT4の「注文機能」はスキャルピング向きではないからです。スキャルピングの注文で重要な点は次の3つです。

① **スプレッド**
② **スリッページ**
③ **約定力**

MT4は、デフォルトで備えているインジケーターの数が膨大で、設定の自由度が高く、本手法で重要なラインツールの操作も優れています。チャート分析には適しているのですが、実際の注文機能は、あまり競争力がなく、スキャルピングに大切な上記3つの項目は、MT4よりも国内業者のほうが断然いいです（あくまでも個人的な印象です)。なので、チャートはMT4を使いますが、証拠金を預けて実際に発注するのは国内業者にしています。

国内の大手業者なら、上記3つを満たしている業者は多くあります。大手業者ならあまり大差はないので、どこでもいいと思います。ただし、万人に完璧な業者はないので、たくさん口座を開いて使いこなし、比較してみるといいでしょう。そのうえで、相性がいい業者を使ってください。

なお、おすすめ業者はJFXで、私のブログで紹介しています。私と同じインジケーターが使え、チャート設定が即座にできるという特典もあるのでチェックしてみてください（予告なく変更する場合もあります）。チャートはJFXのMT4で、発注はJFXのソフト（マトリックストレーダーという取引システム）で主に行なっています。ただ、決まりはないので好きな業者で問題ありません。

スプレッドが開くタイミングが業者ごとに異なる

スキャルピングは、数秒単位の薄利トレードを繰り返すので、1回あたりのスプレッド、スリッページ、約定力の影響が大きいです。中でも、**スプレッドの拡大は注意すべき**です。経済指標発表時や高安値ブレイク時は、スプレッドが一時的に開くことがよくあるのですが、開くタイミングが業者により異なります。

たとえば、A業者で一時的にスプレッドが拡大しているとき、それを知らずにエントリーすると、スプレッド拡大分は損失となります。一方、B業者ではその間スプレッドは拡大していないときがあります。経済指標は、あらかじめ何時何分に発表などと時間がわかっているので、どの業者もスプレッドは拡大します。しかし、高安値ブレイク時は業者によって拡大する、しないがあり、またスプレッド拡大のタイミングが異なるなど、スプレッドの扱いが異なります。ここが差になってくるのです。

スキャルピングは数pipsを取るやり方なので、スプレッドが広いと勝てるものも勝てなくなります。**スプレッドが拡大していない業者を選んでエントリーすることも重要になります**。エントリーのたびに、「スプレッドをチェックするなんてできない」と感じる人もいるでしょう。でも、安心してください。このようなときに拡大する、という業者の癖はわかりやすく、やがて気にならないようになります。ですから、数社のFX業者で口座開設し、スプレッドの開き具合をチェックするのもいいでしょう。おすすめはJFXと述べましたが、1社だけで大丈夫なわけではありません。JFXと他の数社も開設し、比較してみてください。

なお、スプレッドが拡大するときのスキャルピングの考え方については

365ページのQ3でも触れています。

そして、1分足スキャルピングのコツをつかむまでは、発注もデモ口座で試してみることをおすすめします。ほとんどの業者は、デモ口座を用意しています。自信がつくまでは、まずはデモトレードで操作画面に慣れ、トレードスキルも磨いていってください。

09 エントリーからイグジットまでの具体的なルール

「なぜここでトレードするのか」の理由を理解するために

ここからは、具体的なトレードルールを見ていきます。

最初にすべてのトレードルールを紹介しますが、「なぜそこでエントリーするのか」、また「自分だったらここではエントリーしない」などのように、疑問に思うことがほとんどだと思います。しかし、私がエントリーするときはそれなりの理由があります。機械的にトレードポイントを覚えるよりも、「なぜここでトレードするのか」という理由を理解するようにしてください。

次のCHAPTERで、トレードポイントになる理由を詳しく説明していきます。ですから、本CHAPTERでルールを説明し、次のCHAPTER以降でこのルールが「なぜ機能するか」について書いていきます。次のCHAPTER以降を最後まで読んだあと、本CHAPTERのトレードルールに戻って繰り返して読んでもらえば、トレードルールを納得してもらえるものと思います。

エンベロープを5つのゾーンにする

まず、設定したエンベロープを見やすくするために、5つのゾーンに分けます。図2-11のチャートを見てください。移動平均線を中心として、上下に5つの空間がありましたね。

この①から⑤までの空間（ゾーン）が重要です。ローソク足が、移動平均線からどれだけ乖離しているかを、5つのゾーンでチェックします。これが私のルールの基本で、この「ゾーン」を基にエントリーをしていきます。ゾーン①、②、③、④、⑤は、これから頻繁に出てきますが、逆張りスキャルピング手法で最も重要なものだと考えてください。

図2-11　エンベロープを5つのゾーンに分けて認識する

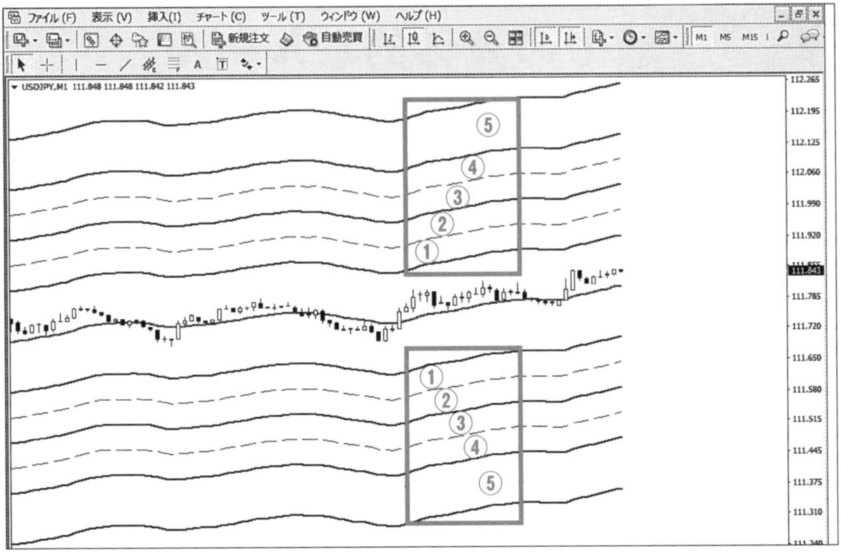

図2-12　「売り」と「買い」のエントリーのタイミング

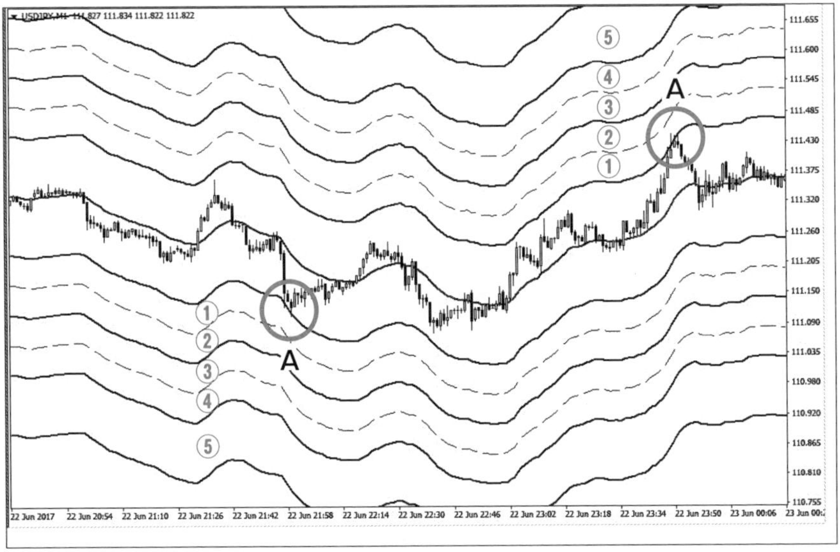

相場はレンジ→トレンドの繰り返しです。これは日足でも15分足でも、そして1分足でも同じです。**本書の手法は、逆張りも順張りもレンジ相場で**

はなく、トレンド相場のときにエントリーしていきます。

まず、レンジのときは、図2-11のチャートのように、移動平均線の上下を行ったり来たりして方向感がありません。そして、トレンドが出はじめる、もしくは一過性の値動きがあると、移動平均線から乖離しはじめます。移動平均線から、ローソク足が離れていくということですね。図2-12のチャートを見てください。Aのところで、移動平均線から乖離してゾーン①に入っています。

このように、トレンドが出はじめるとエンベロープのゾーンに入ります。そして、ゾーンに入ったら、エントリーチャンスの到来です。

手法は1分足レベルでの「逆張り」

エントリーの際、他の時間軸のトレンドは考慮せず、1分足のみで逆張りのエントリー判断をしていきます。

では、エントリータイミングを見ていきましょう。

トレンドが出はじめると、ローソク足が移動平均線から乖離し、ゾーン①に到達します。これは図2-12のチャートのAで確認しました。このようにゾーン①に入ったら逆張りエントリーをします。移動平均線より下のゾーンに入ったら買い、上のゾーンに入ったら売りということです。図2-12の左側のAは「買い」、右側のAは「売り」のポイントになります。

ただし、ゾーンに入ったらすぐにエントリーするわけではありません。いつエントリーしてもOKですよ、というサインであり、すぐにエントリーしなさい、という意味ではないということです。実際のエントリータイミングは、「反転を確認してから」になります。

この反転は「ヒゲ」で確認します。ヒゲとは、ローソク足の上下にある線のことです。高値と安値を示すのですが、ローソク足によってはヒゲがないものもあります。図2-13でヒゲがどういうものか確認してください。

ローソク足は、陽線と陰線の2つがあります。始値より終値が高ければ陽線、安ければ陰線になります。上ヒゲの頂点は、ローソク足の最高値になります。ですから、終値と高値が同じ価格だと上ヒゲは出現しません。

図2-13　ローソク足の上ヒゲと下ヒゲを示す

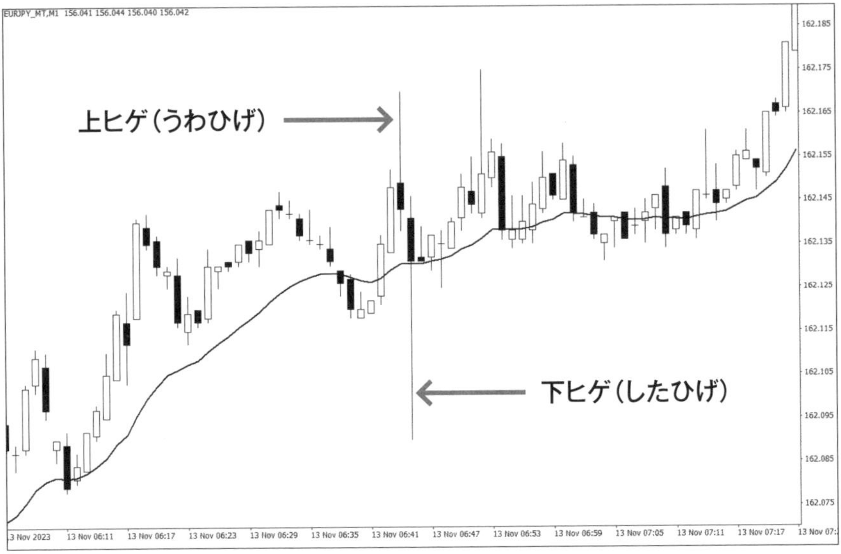

同様に、最安値と終値が同じ価格だと下ヒゲがないローソク足になります。確定したローソク足にヒゲがない場合、次のローソク足で反転したらエントリーします。おそらく、始値から数秒から長くても数十秒で反転するはずです。

では、さらに詳しいルールを見ていきましょう。**図2-14**は違う場面でローソク足を拡大した1分足チャートです。

まず、ローソク足がゾーン①に入ったので、エントリーの準備をします。そして、このチャートのように、ヒゲが出現した瞬間に「買い」で入ります。ローソク足の確定を待ち、次の足の始値で入ることはしません。**ヒゲが出た瞬間に、ローソク足の実体が動いている段階で入るのです**。ヒゲを待っている間にローソク足が確定し、結果として次のローソク足でエントリーすることはあります。

なぜヒゲの出現を待つのか、つまり、なぜ反転を確認してからエントリーするのでしょうか？　ゾーン①に到達した瞬間にエントリーすれば天底をとらえることができ、利益を伸ばせそうな気がするかと思います。しかし、こ

図2-14　反転は「ヒゲ」で確認する

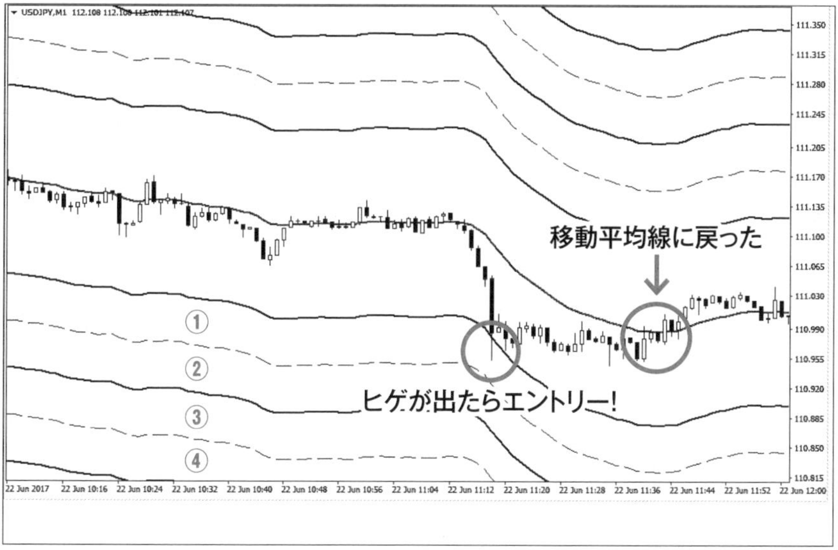

れは危険です。ゾーン①に入ったということは、ローソク足がまだ伸びはじめた段階です。トレンドが推進している途中ですから、伸びているときヒゲを確認せずにエントリーすると、そのまま逆行するリスクがあるのです。これではトレンドに逆らってエントリーすることになります。

ゾーン①に入り、そのままゾーン②や③に到達し、ようやくゾーン④でヒゲが出るかもしれません。この間わずか数秒のときもあるでしょう。もしゾーン①でエントリーしていたら、数秒で相当な含み損を抱えることになります。そこで、**ローソク足が伸び切って止まり、反転する瞬間まで「待つ」**ことが重要になります。そうすることで、ゾーン④まで引きつけてエントリーすることができます。

図2-14のチャートは、ヒゲが出現したのがゾーン①であった、というだけです。ローソク足がゾーン①に入ったら必ずエントリーするわけではないので注意してください。エントリーするのは、**ゾーン①に入り、かつ、ヒゲが出たときです。**

このように、**ゾーンに入っても、エントリータイミングは常にワンテンポ**

遅れるもの、と覚えてください。上昇の場合、上昇している最中に「売り」をやってはダメということです。上昇して下げはじめたら売ります。逆に下降トレンドの場合は、下落している最中にロングするのではなく、下落が止まり、上げはじめたら買います。順番としては、「ゾーン①に入る→エントリーの準備→ヒゲを確認→エントリー」という流れです。

利食い損切りはプラスマイナス数pips

次に、決済のタイミングです。ゾーン①でエントリーしたときの目安は、プラスのとき（利益確定）も、マイナスのとき（損切り）も、数pipsが目安になります。2pips前後と考えてください。**正確に2pipsではなく、目安としてとらえてください。**数秒〜数十秒単位のスキャルピングなので、決済は数字で決めるべきではありません。あくまでも、プラス方向へ伸びたらすぐに決済する、逆に、逆行したら損切りを即行なう、というイメージです。それは、1.5pipsでも2pipsでもかまいません。1pipsに満たないことも多いです。

このあたりは少し経験を要しますが、チャートを見て判断します。いつも2pipsと決めてしまうと、相場とは関係なく数字でトレードすることになってしまいます。エントリーはチャートで判断したのにイグジットは数字で決めるのは変ですし、2pipsに到達する前に反転してしまったら元も子もありません。エントリーからイグジットまで、すべてチャートを見て判断するようにします。

また、FXには必ずスプレッドがあります。そのため、エントリーしたら必ずマイナスからスタートします。損切りの場合、スプレッドを含めてマイナス2pipsなのか、スプレッドは含めないで−2pipsなのかなど、疑問が出てくるかもしれません。

しかし、数字で決めるから疑問になるのであり、**スプレッドに関係なく、逆行したらすぐに損切りする**と理解してください。業者によりスプレッドは異なりますし、通貨ペアによっても大きく変わってきます。利食い損切り幅の2pipsは、あくまでも目安になります。なお、目安2pipsは、ゾーン①での数値です。ゾーン②〜⑤については目安を変更します（74ページで説明します）。

さて、これでゾーン①でトレードが完了しました。ゾーン①でエントリーしたポジションを決済すると、ローソク足の動きは次のうちどちらかになります。

■ **移動平均線に戻る**
■ **ゾーン②に到達する（トレンドが継続する）**

それぞれ戦略が異なるので、順番に見ていきましょう。

まず、「移動平均線に戻る」場合のルールを説明します。図2-15のチャートを見てください（図2-14と同じものです）。ゾーン①のシグナルのあと、ローソク足が移動平均線に戻っています。移動平均線に戻るということは、トレンドがいったん終了して「レンジ相場」になる場合と、下降トレンドの場合なら、一時的な「戻しポイント」になる場合があります。どちらにしても、そこから同じルールで再開します。

そしてゾーン①に到達したら、これまで説明したルールどおりトレードします。ゾーン①に到達してヒゲが出現したらエントリーですね。決済の目安は数pipsです。

この手法は、「移動平均線からの乖離」が基本になります。移動平均線に戻ったというのは、起点に戻ってきたことを意味します。乖離したら戻り、また乖離するという繰り返しになります。

次に、移動平均線に戻らずにゾーン②に到達した場合を見ていきます。

たとえば、図2-16のような相場です。ゾーン①で1回目のトレードが完了し、移動平均線に戻らずに下落すると、トレンド継続になりますね。

1回目が完了し、その後ゾーン①の安値をブレイクしてゾーン②に到達しました。ここで、下ヒゲが出たときに再び逆張りで「買い」エントリーをします。相場は安値を更新して一時的に反転（少し上昇）し、また安値を更新して反転（少し上昇）します。これが相場の基本的な仕組みです。エンベロープのゾーンは、この反転するタイミングを示してくれます。

エントリータイミングはヒゲの出現なので、ゾーン①と同じ考え方です。ゾーン②に到達し、ヒゲが出現したらエントリーします。ゾーン②に入ったら同じように即エントリーするのではなく、ヒゲの出現を待ちます。このヒゲ

図2-15　ゾーン①に到達後、移動平均線に戻る

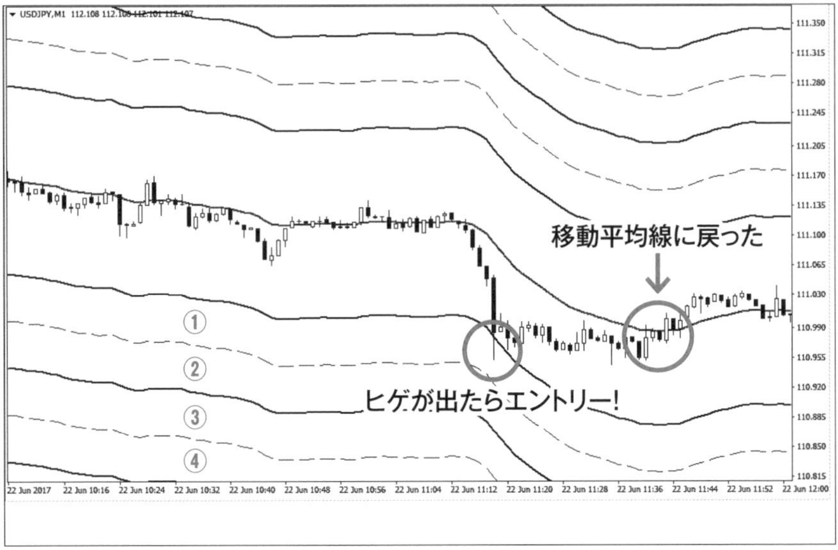

図2-16　移動平均線に戻らずにゾーン②に到達する

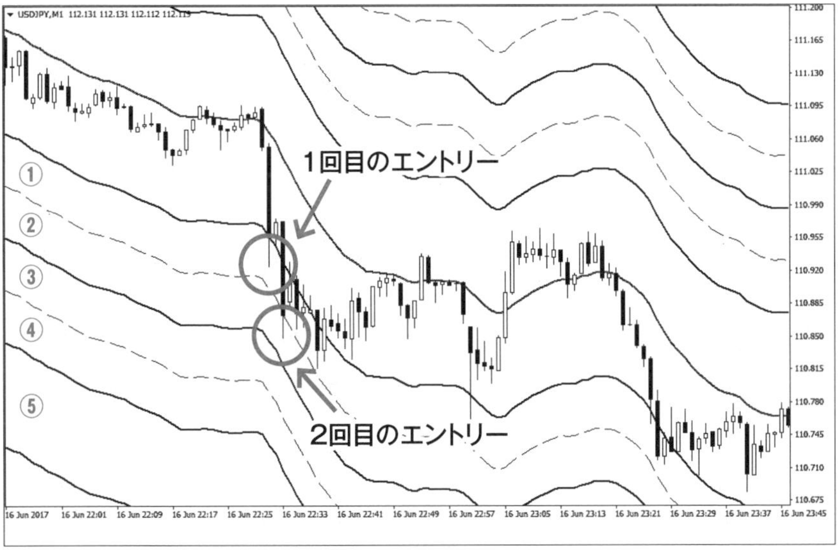

の出現を待たず、下げている途中にエントリーすると、**ゾーン②を突き抜けゾーン③に行くこともあるため、反転のサイン（ヒゲ出現）を必ず待ちます。**

では、ゾーン②でトレードが完了したあとを考えてみましょう。トレードしたあとの価格は、移動平均線に戻るか、ゾーン③に到達するかのどちらかになります。したがって、以後の流れはゾーン①のときと、同じになります。

図2-17のチャートを見てください（図2-16と同じチャート）。ゾーン②でトレードが完了したあと、移動平均線に戻っています（Aのポイント）。そのため、また1からスタートです。つまり、Bのゾーン①でエントリーを開始します。そして、Cで移動平均線に戻り、Dではまたゾーン①でエントリーをするのです。「移動平均線から乖離してまた戻る」、この繰り返しになるということを頭に入れておいてください。

図2-17 ゾーン②でトレード完了したあと移動平均線に戻る相場

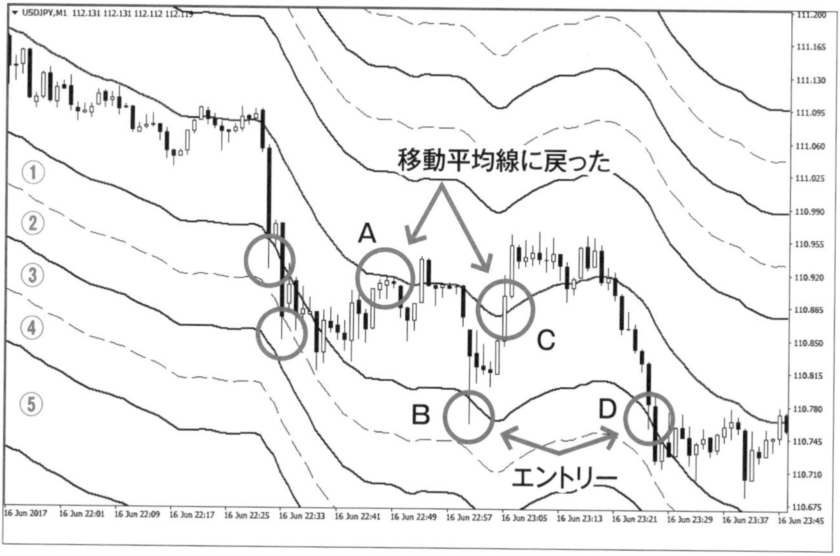

ゾーン①から⑤まで同じ使い方

ゾーン③以降も同じ考え方です。ローソク足をさらに拡大して見てみましょう。図2-18を見てください。この相場では、上ヒゲが出現してシグナルが発生したゾーンが①→③→⑤と進んでいます（A、B、Cの箇所）。ヒゲが出るまで待つので、ゾーンを飛ばすこともよくあります。あくまでも、**ヒゲが出るのを待つのが重要であり、ゾーンにきたからすぐにエントリーするのではありません。**何度も触れますが、大切なので強く意識してください。

ゾーン①→②→③→④→⑤のように、きれいに反転する相場のほうが珍しいのです。「外側のゾーン＋ヒゲ」が条件になり、実際にどのゾーンでエントリーシグナルになるかは、相場次第になります。

図2-18 ヒゲが出るまでゾーンを飛ばすこともある

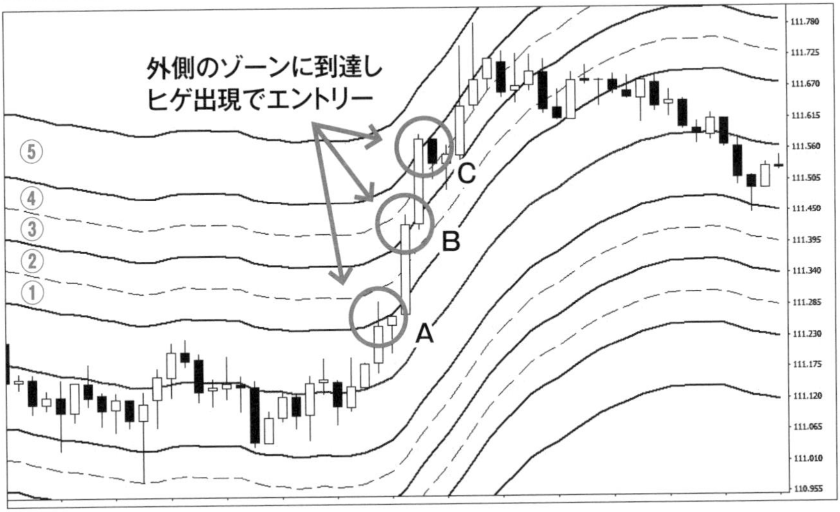

ここで、図2-19の矢印の箇所を見てください。ゾーン⑤ですが、直前の丸印でゾーン⑤のシグナルがあるので、矢印の箇所はシグナルではありません。しかし、長い上ヒゲになっているので、ここでエントリーしていれば利益になると思いませんか？　しかし、「同じゾーンでは再エントリーしない」がルールです。そのため、ここは見送ります。

ゾーン⑤まできたら、あとは移動平均線に戻るまで待つのです。ゾーン⑤まで到達するということは、相場が荒れて乱高下している状態なので、リスクもそれなりにあります。移動平均線に戻り、次のチャンスを待つのを基本とします。

もしトレードするなら、ゾーンだけで判断するのではなく、他のテクニカルの根拠が必要になります。その場合の策として、CHAPTER3では「ネックライン」を引くなどして、他のテクニカル分析と組みあわせて総合的に判断する方法を紹介します。同じゾーンで何度もエントリーするのは応用ですから、ここではまず基本を覚えてください。

以上が、エントリータイミングの条件です。

図2-19　ゾーン⑤まできたら移動平均線に戻るまで待つ

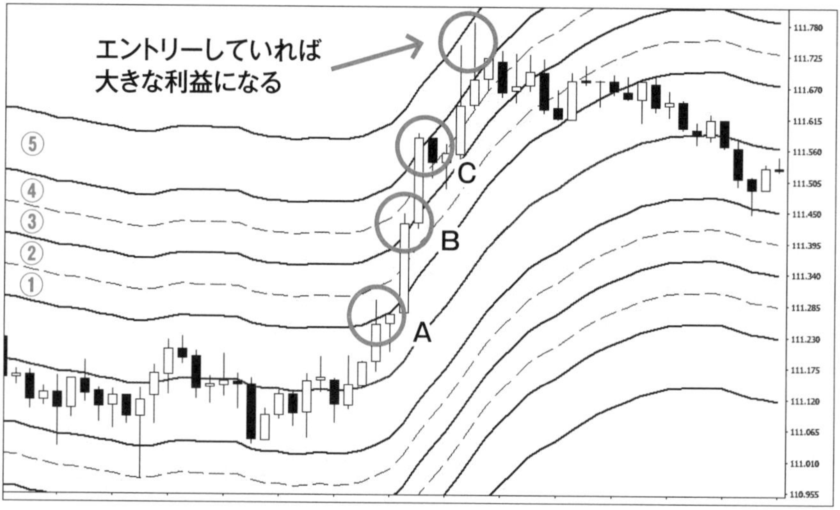

連敗を防ぐゾーンの使い方

図2-20ではゾーン①でトレードしたあと、ローソク足が何本もゾーン①をジリジリ推移しています。このような同じゾーンの中で下げていくジリ下げのときは、最初の1回だけしかトレードしません。次のゾーンに到達するまで待ちます。**同じゾーンで何度もエントリーしていると、このようなジリジリ相場のときに必ず連敗します**。仮に、このチャートでゾーン①に入ったローソ

ク足1本ずつにエントリーすると10連敗くらいになりかねず、これは防がなければなりません。そして、このような形でジリジリ動くことはよくあります。

図2-20 ゾーン①にとどまっているときはエントリーしない

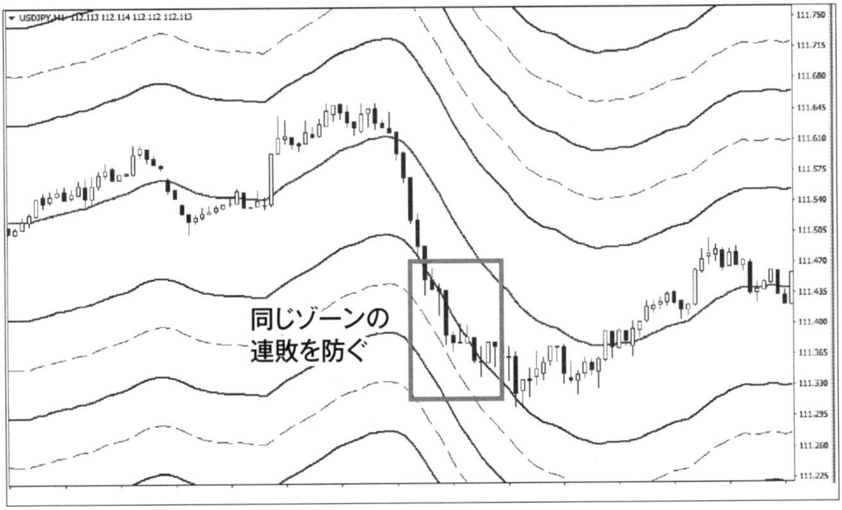

図2-21は、上昇トレンドです。A、Bの箇所を見ると、ゾーン①に到達したあとも押し目がなく、ジリジリと上昇していることがわかります。もしゾーン①ですべてショートエントリーしていると、かなりの負けトレードになることは明らかです。本手法は、移動平均線から乖離したときに逆張りをします。決済をした次のローソク足が高値を更新したからといって、オーバーシュートしているとは限りません。**移動平均線から乖離しすぎたときの一時的な反転を狙う**、という点は忘れないでください。

損切りして取り返したいからといって、同じゾーンで何度もエントリーすることは危険です。エンベロープだけを判断基準にすると、このような相場は苦手な場面になります。ただ、こういったジリジリ相場のときでも逆張りは可能で、94ページや397ページのQ21で説明します。

ゾーン①でトレードしたあとは、移動平均線に戻る、もしくはゾーン②に到達するまで待ってトレードする、のどちらかです。同じゾーン①にある場合に、何度もエントリーすることはないという基本を覚えておいてください。

図2-21　ジリジリ上げる1分足の短期トレンド

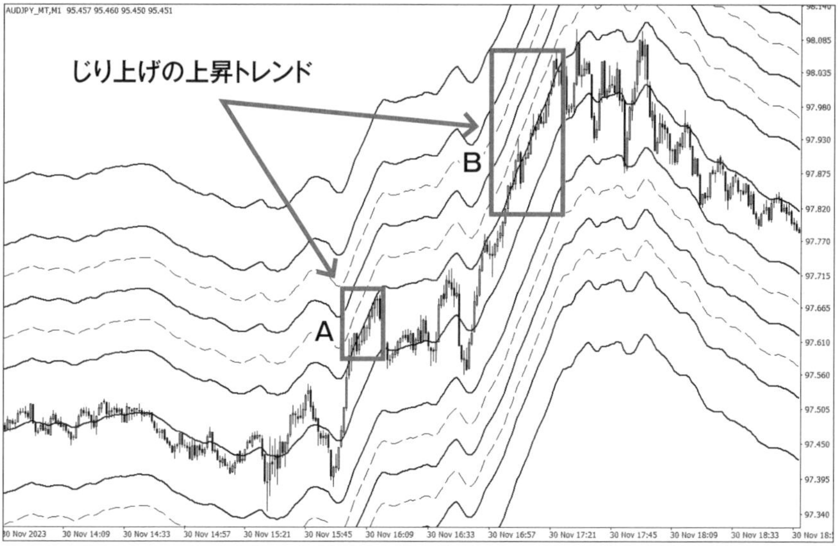

図2-22　ゾーン②でエントリーしたらゾーン①ではエントリーしない

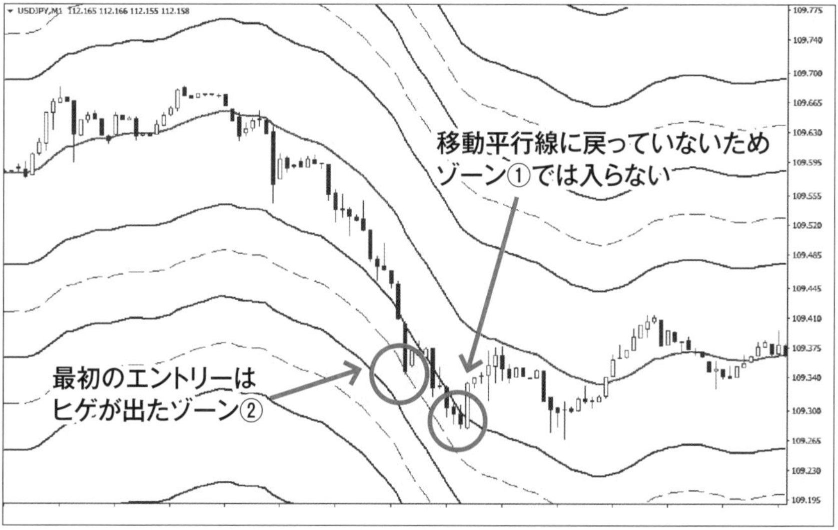

図2-22のチャートでも同じです。ゾーン②でトレードしますが、そのあと移動平均線に戻っていないため、ゾーン①に戻ってもエントリーしません。

10 「移動平均線から乖離したら戻る」という原理原則

狙うのは移動平均線からのオーバーシュート

この手法の土台は、「移動平均線から乖離したら戻る」という考え方です。波は寄せては返しますが、それと同じです。ときには大波が押し寄せますが、しばらくすると落ち着き、また静かな海が戻ります。

トレンドが発生すると、移動平均線から乖離しはじめるのですが、一時的に反転します。この一時的な反転が押し目や戻りになります。そしてまた乖離し、反転を繰り返します。これが「相場の波」といわれるもので、この反転するタイミングを狙うのが逆張り手法です。

図2-23を見てください。ユーロ/円の上昇トレンドです。トレンドとはいえ、一方向へ上げているのではなく、A、B、Cの箇所で押し目をつけていることがわかります。逆張りでは、こういった一時的な反転を狙っていきます。

図2-23 押し目をつけながら上昇していく短期トレンド

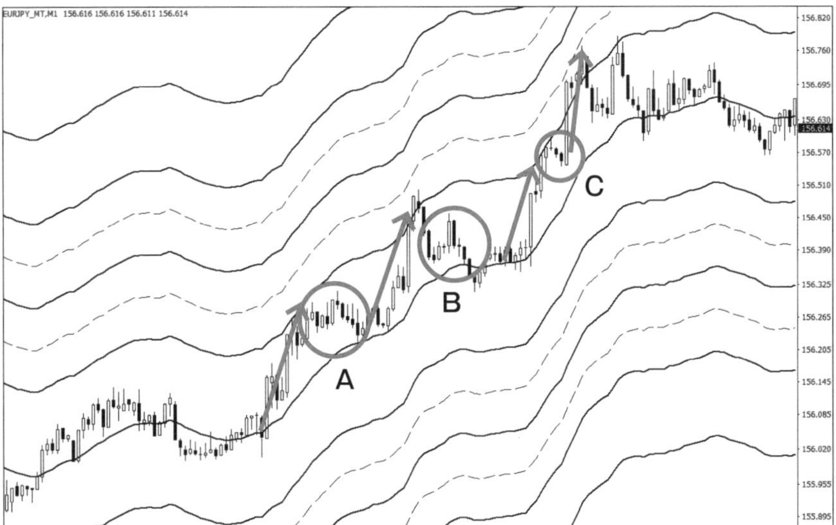

トレードが数秒になるのは、Cのような浅い押し目で負けないためです。A、Bを見ていると、ゾーンに到達したら移動平均線に戻るまでポジションをホールドしたほうがよさそうに見えますが、その場合のポジションホールド時間は数十分になります。

押し目の値幅すべてを狙うのではなく、あくまでも**移動平均線からオーバーシュートして反転する瞬間**を狙うのが本手法です。ですから、移動平均線まで戻るまでポジションをホールドすることはしません。

もし、相場に押し戻しがなければ、本手法のような逆張りは通用しないでしょう。しかし、相場は一方向へ進み続けることはなく、必ず押し戻しのような一時的な反転があるものです。それが相場の仕組みであり、それはこの先も変わらないでしょう。

相場は押し戻しがあるという概念を理解する

このように、手法の根底となる仕組みを理解しているからこそ、逆張りに自信を持てるのです。ただ単に、エンベロープのゾーンに入ったから逆張りをするというだけでは、あまりにも根拠が少なすぎます。それでは、エンベロープが機能するかどうかで損益が決まってしまい、勝ち続ける手法とは思えません。ちょっと相場が変化しただけで、エントリータイミングもかみ合わなくなります。

聖杯といえるインジケーターが存在しない以上、判断をすべてインジケーターに委ねているようでは、トレードで勝ち続けることはできないのです。

まず、「移動平均線から乖離したら戻る」という概念が土台にあり、次に、エントリータイミングをエンベロープではかると考えてください。つまり、重要なのはエンベロープではなく、概念です。土台である概念がしっかりしていれば、基本のルールに自信が持てるのはもちろん、**ルールを逸脱したケースでも応用が可能になります。**

次のCHAPTER以降、必要な知識とともに応用編も説明していきますが、「相場は押し戻しがある」という概念をしっかり理解できていなければ、ルールを逸脱することに不安を覚えるでしょう。
すがる思いでエンベロープを使うのではなく、たまたま使っている程度で考えてもいいと思います。移動平均線からの乖離を見るのに、エンベロープが見やすかったという程度です。「他にいいインジケーターがあれば、エンベロープは使わなくてもいい」という考えすらあります。それは、「相場は移動平均線から乖離したら戻る」という概念が最も重要だからです。

ローソク足はバネと同じで伸びたら縮む

移動平均線から乖離して反転するといっても、なかなかイメージしにくいかもしれません。そこで、ローソク足を「バネ」として考えてみてください。バネは伸びたら縮むように、バネの大きさがトレンドの大きさです。大きなトレンドなら値幅が出て、乖離幅も大きくなります。その分、反転も大きくなります。**大きなバネほど長く伸びる反面、縮み方もより大きく**なることと同じです。

これはどの時間足でも同じです。1分足なら伸びたローソク足は1分の中の動きということになります。1時間足なら1時間かけてローソク足が伸びている（トレンドが出ている）ということになります。1時間足は1分のローソク足が60本です。60本のバネが重なって、1時間足という1本のバネを形成しています。このように、相場はマルチタイムでとらえるとイメージしやすいのです。

ただし、伸びたバネは100%縮むわけではありません。限界を超える力が加わると伸びたまま戻らないように、トレンドが強いと戻らないことがあります。伸びたら縮む確率のほうが高いのですが、バネが壊れるという表現は変かもしれませんが、ときには伸びたまま硬直してしまうことがあります。あくまでも、通常の相場では伸びたら縮むもの、と考えてください。
また、タイミングによっては、ローソク足が縮む少し前で損切りをしてしまうこともあるでしょう。見方は合っているものの、数秒のタイミングのズレにより、利益確定できたものが損切りになってしまうこともあります。
いずれも相場に100%はないことを意味し、逆行したときの損切りは絶対に行なうべきだという教えにもなります。

11 攻めの資金管理とエントリー技法

トレード手法のレベルを底上げする資金管理の技術

これまで説明したトレードルールだけでも期待値は高いのですが、これに資金管理とちょっとしたエントリー技法を加えることで、全体としてトレード手法のレベルがぐんと上がります。紹介してきたルールでトレードし、100万円勝てるとしたら、ここに資金管理を加えることにより、それが120万円にも150万円にもなっていきます。すると、同じ相場でも最大限の利益を追求できるようになります。

これらを実現するための5つのポイントを順番に見ていきましょう。

1 利食い損切り幅を変える
2 勝率を認識する
3 取引枚数を変える
4 ヒゲの長さを変える
5 分割エントリーで乱高下に対応する

期待値の高い3つの視点

トレード全体に言えることですが、角度の違った期待値の高い視点を組み合わせることで、強固なひとつの手法になります。ポイントは次の3つです。

① 利食い損切り幅
② 勝率
③ 取引枚数

すべて、エンベロープの5つのゾーンと連動した資金管理方法です。どんな相場でも最大限の利益に変えてしまう、いわば魔法の資金管理方法です。

ぜひ活用してください。

外側のゾーンで利益を伸ばす!

まず、「①利食い損切り幅」についてです。

ゾーン①では、決済の目安は±2pips前後でした。では、ゾーン②から⑤についてはどうすればいいのか、見ていきましょう。

本手法の土台となっているのは、移動平均線からの乖離です。乖離したら反転しますが、ゾーンによって反転の値幅が違います。乖離すればするほど、その反転する力も強く、値幅も出るようになります。そのため、**ゾーン②から外側に行くに連れて、利食い幅を伸ばし、同時に損切り幅も大きくします。**図2-24を見てください。

図2-24 ゾーン①〜⑤の勝率、資金量、利食い損切り幅

	勝率	資金量	利食い損切り幅
ゾーン①	60%	10万通貨	2pips
ゾーン②	65%	20万通貨	3pips
ゾーン③	70%	30万通貨	4pips
ゾーン④	75%	40万通貨	5pips
ゾーン⑤	80%	50万通貨	6pips

ゾーン①では2pipsでしたが、ゾーン②では3pips、ゾーン③では4pipsというように、外側に行くにつれて1pipsずつ伸ばしていきます。移動平均線からの乖離幅が大きいほど反転する値幅も出るため、仮にゾーン⑤のときに2pipsくらいで利食いしてしまうと非常にもったいないのです。

ゾーン①のときは、移動平均線からの乖離はせいぜい10pipsから20pips程度でしょう。反転する値幅も数pipsくらいです。ここで5pipsや6pipsを狙ってしまうと、勝率が相当悪化します。一方、ゾーン⑤になると、移動平均線からの乖離は40pipsから50pipsはあります。短時間でこれだけバネが伸びれば、縮む力と値幅も大きくなります。それに合わせ、利食い幅を伸ばすことが重要になります。

なお、数字はあくまでも目安です。わかりやすくゾーンのひとつ外側に行くたびに1pipsを追加しましたが、正確に1pipsずつ加えていくわけではありません。ゾーン③で5pips、ゾーン⑤で8pipsなどでもいいわけです。「外側のゾーンに到達したら前のエントリーよりも伸ばすんだ」という意識をしてみてください。**実際に何pipsにするかは、そのときの値動きに応じて決めてください。**

図2-25のポンド/米ドルの1分足を見てください。ゾーン①で上ヒゲが出たので、ショートエントリーをします。±2pipsで決済し、その2本後にゾーン⑤で上ヒゲが出たので、ここでもショートです。ゾーン⑤は内側のゾーンよりも利幅が取れるため、6pipsから10pipsくらい目指すといいでしょう。損切り幅も同じように伸ばします。

図2-25 外側のゾーンで利幅と損切り幅を伸ばす

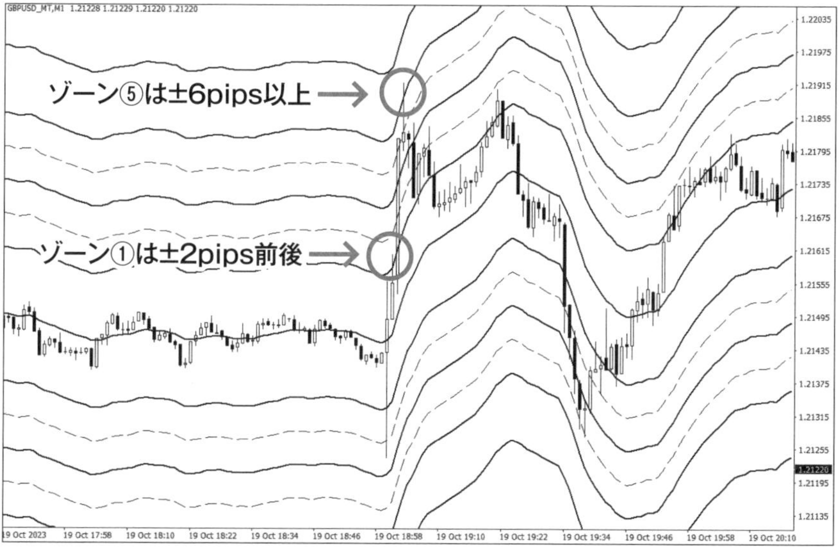

損切り幅も同様に伸ばしますが、「損切りは2pipsのままで、利食い幅だけ伸ばせばよいのではないか？」と疑問に思うかもしれません。実際にトレードしてみるとわかるのですが、ゾーン①での値動きは比較的穏やかで、上下にブレがありません。しかし、外側のゾーンに行くほど、値動きが激し

くなっていきます。乱高下すると、上下のブレが大きくなり、ダマシも増えてきます。いつも2pipsで損切りしてしまうと、すぐに引っかかってしまい、損切り貧乏になってしまうのです。損切りしたあとに、思っていた方向へ反転しはじめるという悔しい思いが増えることになります。「あと数pips我慢していればよかった……」となるよりも、**利食い幅と同様に、損切り幅も伸ばします。こうすることで、乱高下のブレを回避することができます。**

利食い損切り幅は、常に1対1にしておきます。これを、リスクリワード比率といいますが、1対1をキープしておけば、あとは相場本来の反転する確率に期待値は収束します。外側のゾーンほど反転する確率が高くなる、つまり、トレードの勝率が上がることになります。

外側のゾーンほど勝率が上がる!

この勝率については、再び図2-24を見てください。ゾーン①では60%ですが、外側のゾーンに行くほど移動平均線から乖離するため、戻ろうとする力も強くなり、結果として勝率が上がります。

ゾーン⑤では勝率は80%を超えてきます。したがって、**勝率が高いときにしっかりと利食いを伸ばすようにします**。そうすると勝てるときに大きく勝つことができ、その後のトレードに余裕が出てきます。相場と時期により多少前後しますが、私はこの手法で15年以上トレードしていて勝率は変わりません。「移動平均線から乖離しすぎると戻る」というオーバーシュートから反転する習性が永続的なものなのでしょう。為替市場の変動要因に劇的な変化がなければ、今後もこの習性はほぼ同じと考えています。

外側のゾーンほどロットを張る!

以上のような特徴を理解すれば、外側のゾーンへ行くほど勝率が高く、獲得pipsも大きくなります。さらに取引枚数を増やすことで、爆発的に利益も増えるようになります。図2-26で確認してください。移動平均線から乖離するほど、反転する力も値幅も出るので勝率はより高くなります。

図2-26 外側のゾーンになり勝率が上がるポイント

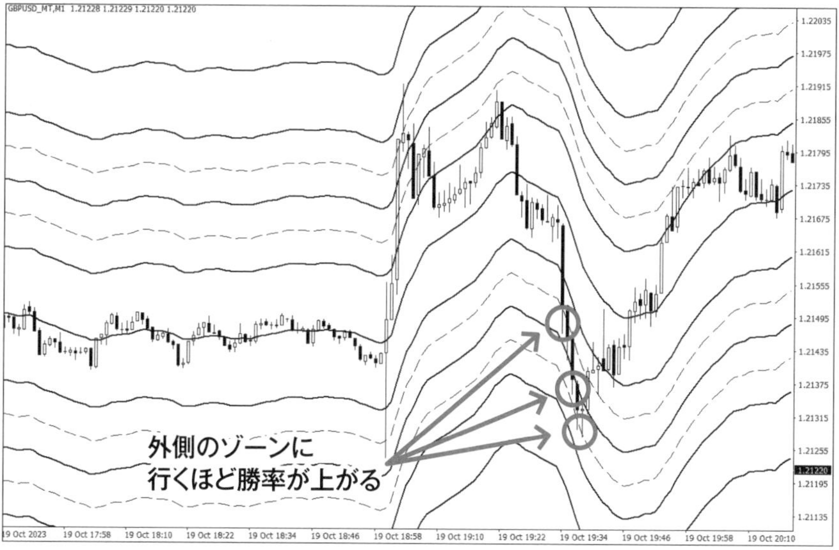

再度、図2-24を見てください。たとえば、ゾーン①で10万通貨を基準とした場合、ゾーン②では20万通貨、ゾーン③では30万通貨というように、ゾーンごとに10万通貨ずつ増やしていきます。**ゾーン①から⑤まで、最大5倍の枚数を張ることを目安**に考えてください。

ただし、ゾーン①で10万通貨、ゾーン⑤が100万通貨のように、差をつけすぎてしまうのはあまりおすすめしません。なぜかというと、倍率が大きすぎるとゾーン⑤の全体に対する割合が大きくなってしまうからです。そうなると、ゾーン①や②でトレードしてもほとんど利益に貢献せず、結局ゾーン④や⑤でトレードした分だけが利益になります。これではルールそのものを、「ゾーン④と⑤に到達したときだけエントリーする」としたことと変わりありません。ゾーン①、②、③は枚数が少なくて勝っても儲からないから、トレードしなくても同じということになります。しかし、ゾーン①、②、③はコンスタントに儲けるという観点から重要なのです。

一方、ゾーン①で10万通貨とし、ゾーン⑤で15万通貨までしか増やさないと、シグナルが一番多いゾーン①の利益だけが全体に対して割合が大きくなります。せっかく外側のゾーンへ行くほど勝率も上がり、pipsも抜けるので、もう少しメリハリをつけてロットを増やしたほうがいいでしょう。過去の経験則から、**ゾーン①から⑤まで、5倍の差をつけるのが一番儲かります。**

とはいえ、絶対に5倍にしたほうがよくて、4倍や6倍ではダメなのでしょうか？　そんなことはありません。たとえば4倍や6倍にしても、相場にもよりますが収支はあまり変わらないでしょう。ただし、10倍を超えていると差がありすぎます。かといって、キリのいい数字でないと現実的に注文するときに計算が難しくなります。その意味でも5倍がおすすめです。

このように、場面に応じてロットを変えることに抵抗がある人も多いと思います。倍にするのは怖いかもしれません。そのような人はすべて同じロットでもいいと思います。同じロットで、いろいろなゾーンでトレードをして、感覚をつかんでください。いずれ、ゾーンによりロットを変えると一番儲かると理解できると思います。最終的には、倍率は自分自身で決めるといいでしょう。

私の場合も、どんな相場でも図2-24のロットを死守しているかというと、そんなことはありません。たとえば、ボラティリティが低く、ゾーン⑤へ到達することがないような時期は、ゾーン①から③のロットを増やすなどしています。その時期の戦う土俵がゾーン①から③とわかれば、ここで稼げるような資金管理を行なうわけです。

このロット調整は、経験を積み重ねることでわかるようになると思います。最初からできないのは当然なので、焦らずに日々トレードを行なっていきましょう。

ゾーン③、④、⑤は大きなチャンス!

「攻める資金管理」の特徴をまとめてみましょう。外側のゾーンへ到達するほど、次の3つが可能になるのがポイントです。

①「利食い損切り幅」を伸ばしてpipsが抜ける
② 反転する力が強まり「勝率」が上がる
③「取引枚数」を上げて利益額が増える

つまり、期待値の高い3つの項目が組み合わさると、大きく稼げるチャンスといえます。私は勝率が70%を超えてくるゾーン③より外側に来たときに、「大きなチャンス到来」と考えています。いわゆる「おいしい相場」です。実際に、これまでに大きく稼いだ日はゾーン③④⑤のサインが出た日が多いです。3本の矢の教えのように、**同じときに3つが組み合わさると、面白いほど勝てます。**

もちろんすべてのエントリーで勝つことは不可能なので、逆行したら損切りしなければなりません。期待値が高いからといって、損切りせず無茶なトレードをすればいずれ大損します。

1回ではなく、100回や1000回トレードしたときに期待値に収束していくものです。

たとえば、ゾーン③から⑤の間で1000回トレードしたと想定してみてください。勝率が高く、700回以上は優に利食いすることができます。さらに、この700回以上の勝ちトレードはpips幅も抜けますし、ロットも増やすポイントです。損切りは300回程度あるかもしれませんが、1000回のトレードを終えて私は大きな利益が出ているイメージがありありと想像できます。

図2-27 ゾーン③、④、⑤は大きく稼げるチャンス

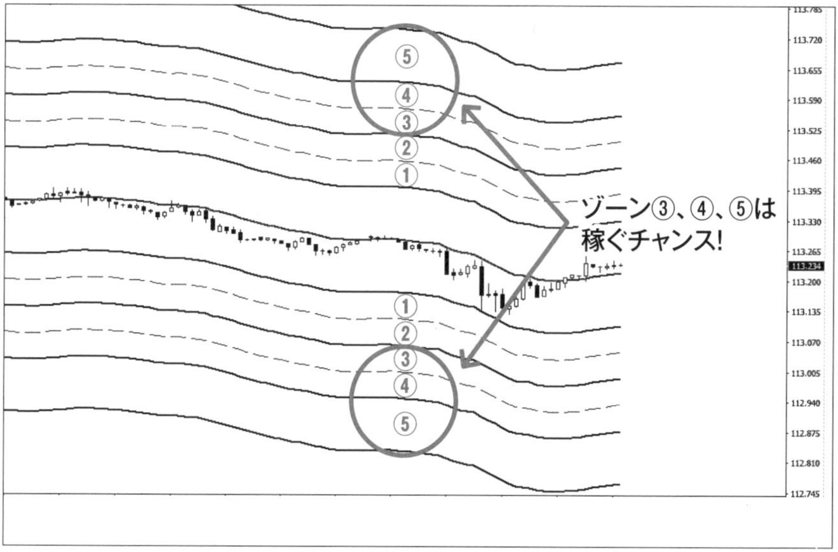

ゾーン③、④、⑤は、この手法で一番勝てる土俵といえます。図2-27で、ゾーン③、④、⑤に到達したときに大きく利益確定するイメージをしてみてください。それを実戦で確かめ、1分足逆張りスキャルピングで勝つ感覚をぜひ実感してください。

ゾーンのより外側ではヒゲを長めに取る

価格がゾーンに入ってエントリーするとき、反転を確認することが重要で、これを「ヒゲ」の出現で確認しました。では、どのゾーンでもヒゲが出たら即エントリーしていいかというと、そうではありません。ゾーンが外側になるほど相場は乱高下しているはずなので、上下のブレが大きくなります。

たとえば、ゾーン④に到達したときにヒゲが出現して即エントリーするとします。実は一瞬のヒゲはダマシで、エントリーした直後にさらに逆行してしまうケースがあります。相場が乱高下するほど数pipsのダマシは増えるものです。

そこで、**ゾーンのより外側でエントリーするときは、ヒゲの長さを長めに取ります**。より外側とは、ゾーン①よりもゾーン②のほうをヒゲを長めに取る、ゾーン④のほうをさらに長めに取るというイメージです。移動平均線から乖離しているということは、相場が乱高下しているからです。ヒゲを長めに取ることで、ダマシを防ぐことができます。長めといっても「何pips」と決まっているわけではないので、次のように覚えてみてください。

■ **ゾーン①、②は1ティック**
■ **ゾーン③、④、⑤は2ティック**

ティックというのは1回の値動きです。つまり、ゾーン①、②だとヒゲが出た瞬間（1回分の反転）ということになります。ゾーン③、④、⑤では2ティックなのでヒゲが出て（1回分の反転）、さらにもう1回分ヒゲが伸びる（2回分の反転）のを確認してからエントリーします。

たとえば次のような相場をイメージしてください。急騰しはじめ小休止してまた急騰、小休止してさらに急騰してゾーン⑤に入ったとします。この間、わずか10秒だとします。この小休止したときにわずかなヒゲが出たとすると、小休止が2回あったのでヒゲは2回出現したことになります。

ヒゲが出た瞬間にエントリーしてしまうと、急騰している最中に売りで入ってしまうためすぐ損切りになります。そうではなく、2ティック反転するのを待つことで、このような負けを防ぐことができます。ヒゲが少々長くなる分、ド天井で入ることはできませんが、ゾーン③、④、⑤は値幅が出るので問題ありません。それよりも、短いヒゲでエントリーしてダマシにあうほうが損失は大きくなります。

図2-28は、下落したときの相場です。ゾーン③より外側へ来ると上下のブレが大きくなるので、ヒゲを長めに取るようにしましょう。

図2-28　ゾーン③より外に行く場合はヒゲを長めに取る

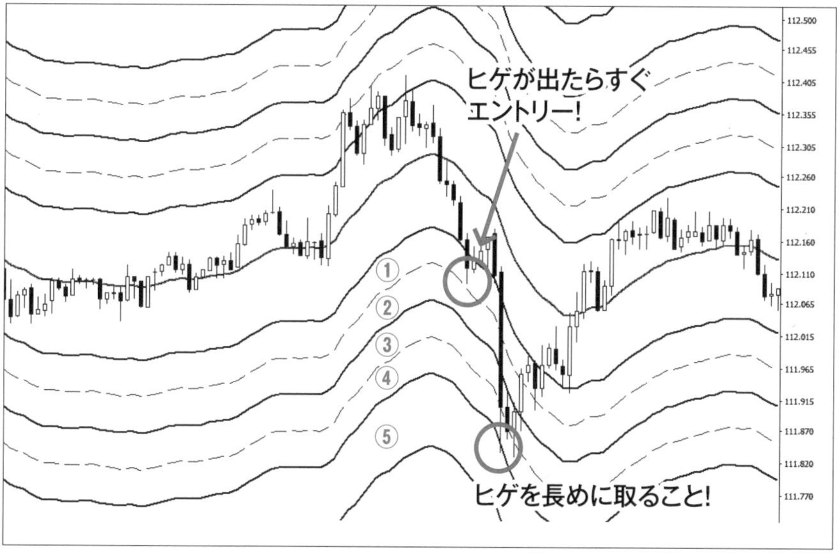

ゾーン③、④、⑤は分割してエントリーする!

次に、分割してエントリーする方法を覚えましょう。ゾーンが外側に行くほど上下のブレは大きくなります。そのため、ピンポイントで上下のヒゲを見極めるのが難しくなります。エントリーして逆行し、すぐに逆行する可能性が高くなるのです。ただし、逆行したからといってすぐに損切りしていたら次のローソク足で反転してしまうこともあるでしょう。1秒後に反転するかもしれません。そうすると天井や底で損切りすることになり、悔しいトレードになります。

そこで、1回でエントリーするのではなく、**小さなロットを数回に分けてエントリーし、時間差を作ります**。そうすると、エントリーポイントが均(なら)され（平均化され）、無駄な損切りを減らすことができます。これを**分割売買**といいます。

図2-29はユーロ/円1分足の下降トレンドです。正確なシグナルかどうかは別として、丸印の箇所でゾーン⑤を突き抜けたとき、長い下ヒゲでエントリーするとします。1回でロングすると、次の陰線かその次の陽線の下ヒゲで損切りになるでしょう。なぜなら、エントリーしてから逆行しているからです。しかし、損切り後は陽線が3本出ており、15pipsくらい戻しています。ですから、損切りしたあとに戻るという悔しい結果になります。

そうならないよう、最初のエントリーで1回目を入り、数十秒したら2回

図2-29　分割エントリーして価格を平均化させるポイント

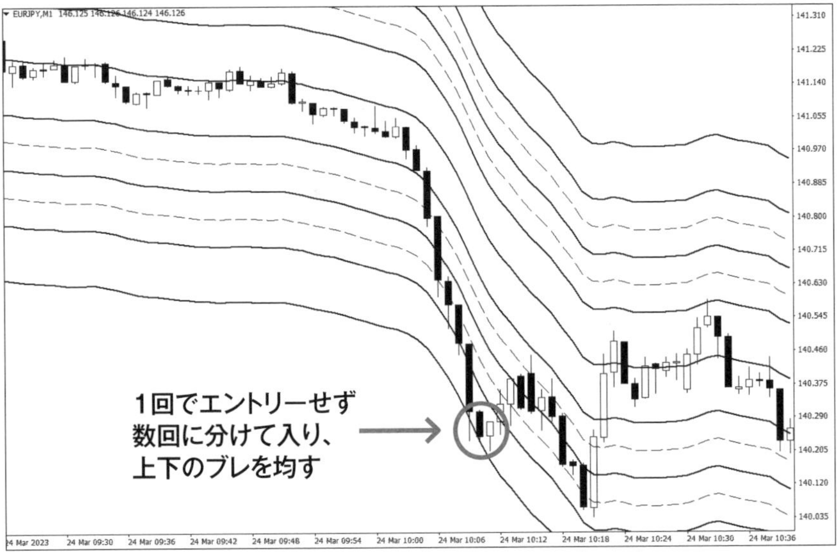

目、次のローソク足で3回目をロングするなど分割エントリーするといいでしょう。ゾーン⑤ですから、ロット数の目安はゾーン①の5倍です。ゾーン①を10万通貨でエントリーしていたら、10万通貨を5回に分けて分割売買し、合計50万通貨のポジションにするイメージです。

この相場では、**1回目のエントリー後は少し逆行する点に注意が必要**です。2回目のエントリー後も逆行し、含み損が少し増えるかもしれません。ただ、エントリーポイントを均すための計画的な分割エントリーですから、恐れずに実行します。5回の分割を計画したなら、5回しっかりエントリーし、それでも逆行するようなら損切りをします。外側のゾーンでは損切り幅も広くするので、すぐに損切りにかかることはないでしょう。

乱高下しているときに、下ヒゲをピンポイントでとらえるのはかんたんではありません。ゾーン③、④、⑤まで来るとチャンスなので分割売買して平均値を均し、ブレに対応します。

図2-30はユーロ/円の1分足下降トレンドですが、図2-29とは違う場

図2-30　乱高下する局面で分割エントリーできるユーロ/円

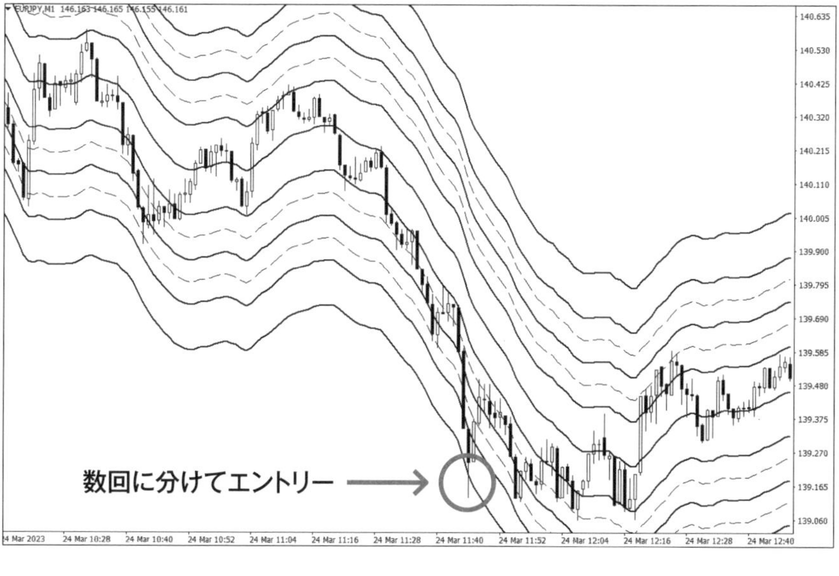

面です。分割エントリーをしますが、長い下ヒゲが最安値になっているので、**1回目のエントリーから含み益になる**はずです。図2-29では、1回目と2回目のエントリー後は含み損になっていたので、1回目のエントリー後の含み損益が違う点に注意してください。

図2-30では2回目や3回目の分割エントリーは含み益が出ている最中に後発で入るポジションです。ですから、建玉の平均値が高くなって不利になります。1回目にすべてのポジションをロングしておけば最大の利益額になるかもしれませんが、それは結果論です。ゾーン⑤は乱高下する局面ですから、上下に大きくブレます。**良くも悪くも分割売買してブレに対応する**ということです。

違うゾーンで考えてみます。たとえばゾーン③に到達したとき、ロットを3倍にします。ゾーン①が10万通貨だとしたら、ゾーン③は3倍の30万通貨でした。このとき、30万通貨を1回でエントリーするのではなく、10万通貨ずつ3回に分けて入ります。エントリーを3回に分割して入ることになります。理由は上下のブレを均すためというのは先述したとおりです。

ゾーン③、④、⑤では相場が乱高下していて、さらに短期的に大きな値幅が出ます。このようなときはティック回数が大幅に増え、わずか1秒の間でも数pipsもの上下動があります。エントリーした瞬間に1pips ～ 2pips逆行することも多々あります。もし、すぐに損切りをしてしまうと、損切りした1秒後などに反転して思惑の方向へ戻す場合があり、悔しい場面です。反転するという目線は正しいのに、わずか1秒足らずの判断で損切りになるわけです。

これを防ぐために、1回エントリーしたら、たとえば5秒後にもうワンショット入れ、さらに5秒後にもうワンショットを入れるなどします。これで、合計3回エントリーしたので、ポジションは30万通貨になります。数秒ずらすことにより、上下動のダマシを防ぐことができるということです。2ショット目と3ショット目を時間的にずらすことで、上下動を均すことができるのです。これがプラスに働くこともあれば、マイナスに働くこともあります。

「30万通貨を1回で入っておけばよかった」と思うかもしれませんが、その逆もあります。30万通貨を1回で入ったあと、損切りしてから反転してしまうことです。どちらがいいか天秤にかけるわけですが、**長期的に期待値が高いのは分割してエントリーするほうです。**

その理由はとてもかんたんです。そもそもゾーン③、④、⑤は反転する確率が高いからです。思い出してください。ゾーン③の勝率は70%、ゾーン④は75%、ゾーン⑤では80%を超えてきます。分割エントリーしたことにより、たとえ平均値がマイナス方向になったとしても、利食いできる回数が断然多くなります。

分割エントリーの考え方も、ぜひ覚えてください。もちろん、分割して全ポジションを入れたあとに、そこから逆行したら損切りは行ないます。損切りも少し大きくなりますが、それ以上に利益のほうが多いので安心してください。そもそも期待値が高いポイントだからです。

図2-31　分割エントリーして平均値を均しブレに対応する

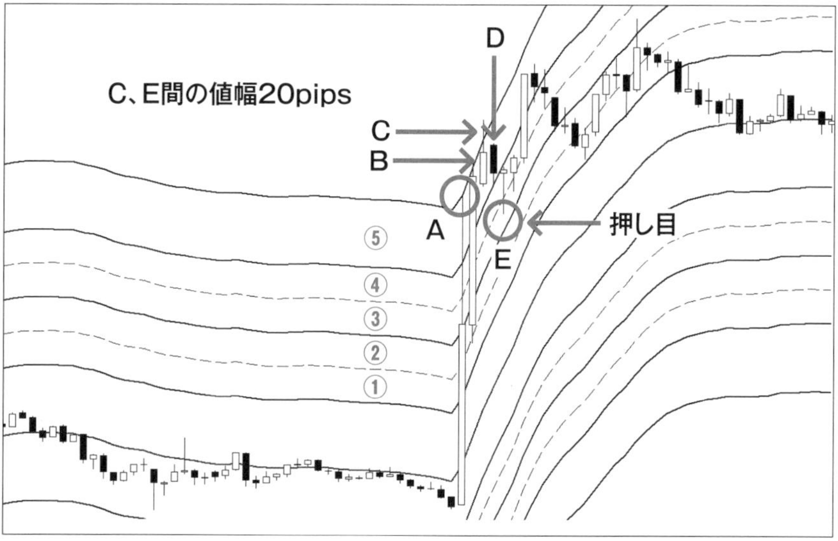

実際に、チャートを見てみます。図2-31を見てください。Aで突然上昇しました。何かニュースが出たのでしょう。このようなとき、エントリーを躊躇することがあります。躊躇したときは見逃してもかまいません。Aでヒ

ゲが出て、2ティック待って長いヒゲを確認できたらエントリーしてもいいでしょう。ロット数はゾーン①の初期ロットでもいいでしょう。ゾーンにより段階的にロットを上げていくのは、段階的にトレンドが進んでいるときです。いきなりゾーン⑤に到達し、最大ロットを張るのは怖いシーンです。

さて、今回重要になるのは、B、C、Dです。結果的に数分かけてEの押し目を作りましたが、もしBでエントリーしてCで損切りしていれば、悔しい結果になりますね。そこで、分割エントリーをします。最終的には下げて利益確定はできるのですが、ゾーン⑤は上下に振られるポイントです。そこで、**分割売買するとエントリー価格が均され、損切りをしなくてすみます**。

たとえば、Bで2ショット、Cで2ショットでもいいでしょう。Bで1ショット入れ、10秒ずつ残りの4ショットを入れてもいいです。やり方に正解はないので、分割して約定値を均す方法も、スキルのひとつとして覚えておいてください。

決済するときも、Eまで下落するとはあらかじめわからないため、**まとめて利益確定するのではなく分割して決済してもいい**でしょう。

たとえば、全部で5ショット入れたとして、1ショットずつ数pipsずらして決済してもいいですし、10秒おきに決済してもいいでしょう。決済約定値も均すことができます。C、E間は20pipsあるので、すべてのポジションが利益確定できます。

方向性が正しければ、天井で損切りするなどの悔しい思いをしなくてすみます。仮にEまで落ちてこないで逆行した場合、全ポジションをまとめて損切りすると損失額が大きくなります。分割決済で、2ポジションは利食い、3ポジションは損切りなどに抑えれば損失額は小さくなります。**損切りの約定値も均す**ということです。

なお、分割売買をするインターバルは数秒でもいいですし、数十秒や1分おきでもかまいません。1回目をエントリーしてから2回目、3回目のエントリー間隔は相場に応じて決めてください。このあたりは任意の判断になります。ただ、ポジションは数分以内でイグジットする場合がほとんどなので、インターバルは長くても1分程度です。1分を超えて数分おきにエントリーするのは、よほどの値幅が出る大相場くらいと考えてください。

同じローソク足で何度でもエントリーしていい

ちなみに、図2-31のAのヒゲは長いです。一度エントリーして利食いしたあと、また上昇したあとに下げはじめれば再エントリーできます。「1本のローソク足につき1回しかトレードしない」というルールはありません。**1分のうちに何度も上下動しているなら、何度もエントリーしてかまいません。**今回のように突発的にローソク足が伸びたときは、1分の間に何度も上下動することがあります。同じローソク足で何回もトレードするパターンも想定しておきましょう。

退場するリスクを限りなくゼロにする逆指値の使い方

スキャルピングの場合、トレード回数が毎月数百回、多いときで1000回を超える月もあります。ときには損切りを躊躇してしまう場面も少なからずあるかもしれませんが、その1回が命取りになり、口座資金がなくなるようでは困ったものです。**この1回の大損を防ぐ方法があります。それは「逆指値」を使うこと**です。

損切り幅について説明しましたが、損切りはゾーン⑤でも6pipsから10pips前後です。スリッページやちょっとしたクリックの遅れを入れても、大型の乱高下相場を除き10pipsを超える損切りは、ルール上はほとんどありません。そのような損切りを心がけてください。20pipsくらいの損切りはたまにあるかもしれませんが、それが頻発してはいけません。

では、損切りを躊躇してしまった場合はどうでしょうか。−20pipsどころか、そのまま逆行すれば、−30pipsや−50pipsもありえます。損切りを躊躇するということは、突発的に相場が動いたとか誤発注など、想定外のケースが多いです。一度ためらうと、どこで損切りすればいいかわからなくなり、ちょっとしたパニックに襲われる可能性が高くなります。結果、価格が戻るのを祈るだけで、ルールなどもはやないと同じです。そのような局面で、仮に−50pipsのときに自らの意志で損切りを実行することは、とても難しいものです。

こんなとき、損切りを躊躇しても、**自動的に損切りしてくれる機能があれば便利**です。それが、「逆指値注文」です。これは、「含み損が何pipsになったら自動的に損切りしてくれる」という注文方法です。たとえば、逆指値の設定を−15pipsに設定しておけば、損切りを躊躇して含み損が拡大しはじめても−15pipsになった瞬間、勝手に注文されるためポジションがなくなります。ポジションは勝手に決済されるのですが、これ以上の含み損が増えることがないので、どんなにメンタルが崩れて損切りが遅れようが、最大損失が−15pipsになります（−15pipsになると自動損切りが発動して発注がかかるので、実際の約定価格は−15pipsを数pips超える場合があります)。

コツコツドカンがない安心感は大きい

通貨ペアにもよりますが、私は逆指値を使う場合は20pipsを目安に設定をしています。これで、どんな変なトレードをしようが、コツコツドカンでの大損が事実上なくなります。この安心感は計り知れないほど心理的にいい影響を与えてくれます。大損がなくなるので、あとは**本来の目的である利益の追求に専念することができる**のです。

ただし、日常的に損切り設定を使うことはおすすめしません。仮に5pipsなど、いつも自動損切りを設定したとします。そうすると、どんな相場でも損切り幅が5pipsと決められてしまい、臨機応変に対応する考えが身につかず、まったくトレードスキルは向上しません。逆指値はあくまでも保険の意味合いですから、万が一のために大きめの数字（−20pipsなど）を設定するようにしましょう。保険ですから、使わなければそれに越したことはないのです。いつも自分で損切りできるのが一番いいことです。

12 様子見ポイントと例外のシグナルで勝率を上げる

期待値が高い相場、そうでない相場

トレードは勝てる土俵で行なうべきです。実践しているやり方の期待値が高い相場、そうでない相場、これを把握することが大事です。**リアルタイムで動いている相場が、勝てる土俵なのか、そうでないのかを認識できるだけでも勝率はかなり上がります**。勝てる土俵でトレードすることで、何年トレードを行なっても期待値に収束していくからです。

エンベロープのゾーンは、どんな相場でも機能するわけではありません。通常の相場なら、移動平均線から乖離すると反転する力が働きます。しかし、通常ではない相場のときはエンベロープは機能しなくなるので、そんなときは様子見をしたほうがいいです。それがどういう相場か見ていきます。

様子見すべき４つのポイント

① 経済指標発表直後
② 要人発言や政治経済イベントの日
③ 高安値などの節目をブレイクするとき
④ 参加者が少ないなど流動性が保てないとき

①の経済指標発表直後は、指標発表後の数秒で価格が急騰や急落したりします。指標の数字で動くため、**いっさい予測できないランダムな値動き**です。経済指標は発表の時間が決まっているので、あらかじめ準備することができます。欧州時間は17：00、ニューヨーク時間なら21：30などです。毎日トレード前にチェックして、経済指標の時間を忘れないようにしましょう。

②の要人発言や選挙などのイベントの日も、経済指標と同じ考え方です。各国の要人が**発言するたびに急騰急落する**ので、ゾーンは機能しません。イ

ベントがある日は一日中相場が乱高下することもあります。そのような日もゾーンで判断するのは危険です。

③の高安値などの節目をブレイクするときに様子見するのは、**ブレイクがどれだけ強いかわからない**からです。ゾーン①に入ったと思ったら、あっという間にゾーン⑤に値が飛ぶこともあります。節目ブレイクは売買が交錯した結果、壁を突破するようなものです。壁を突破したら、その勢いがすごければ、すぐに20pipsや30pips動きます。1分で50pips以上動くときもあるでしょう。こういう場合、どこで反転するかわからないので、エントリーはスルーします。ブレイクせずに反転した場合は、ヒゲを確認してからエントリーするのは問題ありません。ブレイク直後の逆張りが危ないということです。

図2-32の米ドル/円1分足を見てください。148.00円がレジスタンスラインだったのですがAで勢いよくブレイクしています。Aでゾーン②に入っているので、上ヒゲが出たらショートシグナルです。しかし、ここをショートしていると、損切りの可能性が高そうです。ブレイクしてゾーン④まで到

図2-32　レジスタンスラインのブレイクで長い陽線が出る米ドル/円

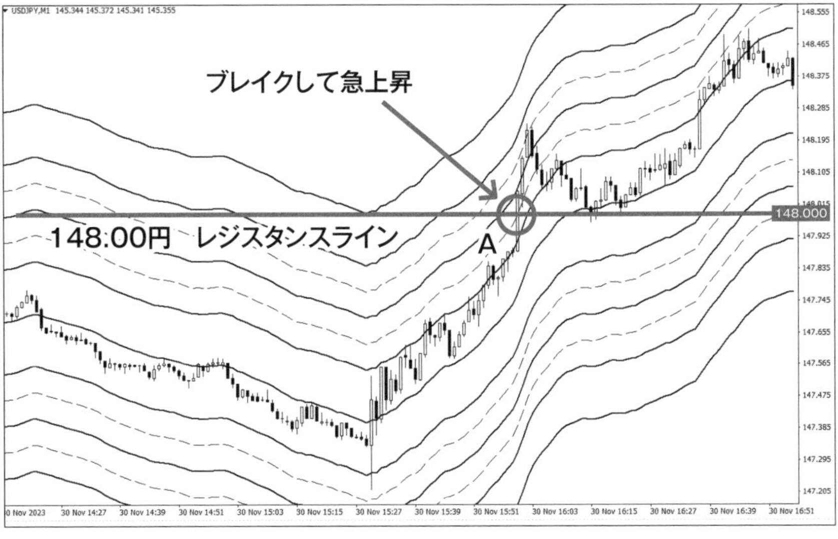

達しています。

もしかしたら、Aでブレイクせずに反落していた可能性もあります。しかし、大きくブレイクする可能性がある場面ではいつもどおりに逆張りをするのではなく、様子見をするのがいいでしょう。Aでは3分で35pipsの上昇となりました。少し損切りが遅れてしまうと、10pips20pipsなどすぐに逆行します。レジスタンスラインをブレイクした直後は様子見が基本です。

④の参加者が少ないなど流動性が保てないときは、機関投資家が夏休みやクリスマス休暇の時期などです。機関投資家の参加者が少ないと、**ちょっと大きめの注文が入るだけで、それと同等の反対注文がなければ価格は飛びます**。確実に流動性が保てない時期があらかじめわかるものではありませんが、8月と12月後半は注意したほうがいいでしょう。

その他にも、中長期的にレンジ相場になって膠着した時期などは、トレンドが発生するまで参加者が少ないときもあります。これは日々のマーケットに関するニュースを見ていればわかるので、相場の地合いを感じ取るようにしましょう。毎日トレードしていれば、なんとなく相場が薄いかそうでないかがわかってきます。

例外的にエントリーシグナルになる5つのポイント

次に、例外的にエントリーシグナルになるポイントを見ていきます。例外といっても、相場全体の例外ではなく、あくまでも上述した逆張りルールにおける例外です。ルール上エントリーは禁止ですが、値動きは本当に多種多様で、あらゆるローソク足の形があります。ですから、すべてシグナルどおりにならないのが相場です。移動平均線の乖離とエンベロープの5つのゾーンだけが常に機能するわけではありません。様子見ポイントだけどここはエントリーしてもいいのではないか、という場面は発生するものです。

そこでエントリーしないと、**みすみす利益を逃すことになり、もったいないです**。もちろん期待値が低いところでエントリーしても意味がないので、私がこれまでトレードしてきて、形式的にルール化はできないけどこういう場面は利益が出せる、と感じる期待値の高い局面です。

ここでいう例外は、**エンベロープのゾーンに関係なくエントリーすること**を意味します。たとえば、ゾーン①でエントリー後は、移動平均線に戻る前に同じゾーン①でシグナルは発生しません。ゾーン②に到達するか、移動平均線に戻るか、どちらかを待つのが基本ルールでした。ここでは、同じゾーンで再エントリーしてもいいということです。たとえば、ゾーン②でエントリーしたあと、すぐにゾーン②で再エントリーするなど、です。エンベロープの5つのゾーンを見つつ、ゾーンを死守するわけではありません。その5つの例外を見ていきます。

① 長いローソク足が出たとき
② ジリ高、ジリ安相場で規則性があるとき
③ N 波動を描いたとき
④ 値幅を達成したとき
⑤ ネックラインにぶつかったとき

順番に見ていきますが、①、②はすぐにご理解いただけると思います。③、④、⑤は次のCHAPTERで説明しているテクニカル分析をお読みいただくと、さらに理解が深まると思います。ですので、次のCHAPTERを読んだらまたこの部分を読み返してください。

① 長いローソク足が出たとき

図2-33は、ユーロ/円1分足の下降トレンドです。買いシグナルが1から3まで発生しています。1はゾーン②、2はゾーン④、3はゾーン⑤ですから、1、2、3と通常のシグナルでトレードできます。そして、3の次のローソク足（3と4の間のローソク足）は、同じゾーン⑤ですから、シグナルではありません。

そして、そのあとの4のローソク足が、例外で買いシグナルとなるローソク足です。4はゾーン⑤をはみ出しているので、本来はシグナルではありません。3でゾーン⑤に到達しているので、3のあとは移動平均線に戻るまで待つのがルールです。しかし、4は長いローソク足です。1、2、3と比べたとき、明らかに長いですね。

図2-33 長いローソク足が出て買いシグナル発生のユーロ/円

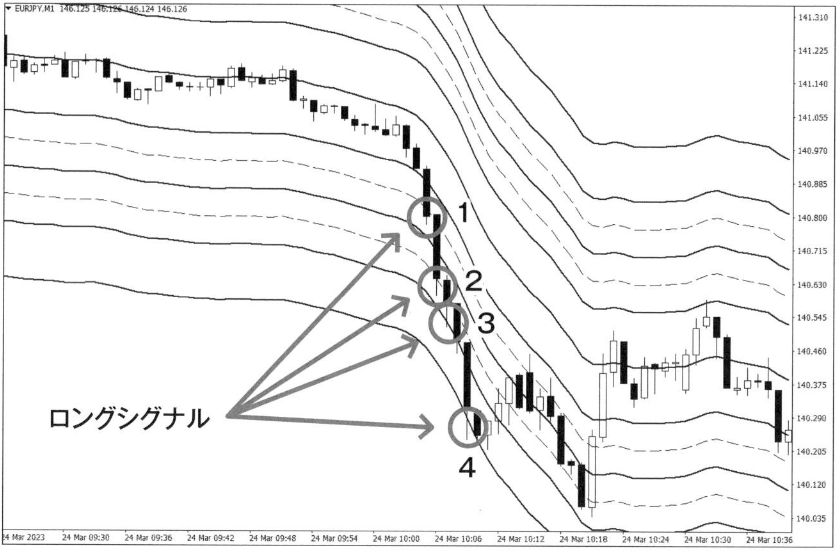

ローソク足は、長ければ長いほどもとに戻る習性があります。ですから、**長いローソク足が出たときは、移動平均線に戻らなくてもローソク足が縮む可能性が高い**と判断します。エンベロープのゾーンで判断するではなく、ローソク足の習性そのものをトレードに生かすと考えればいいでしょう。

4のローソク足は、1から4の下落中で一番長い陰線です。4は、たまたまゾーン⑤を突き抜けましたが、ゾーン⑤で下ヒゲが出たとしたらそこで買いエントリーします。仮に4のあと、次のローソク足か、それとも何本かあとのローソク足でもかまいませんが、同じくらいの長さかそれ以上の陰線が出れば、エンベロープのゾーンにかかわらず買いエントリーしてもいいでしょう。ゾーン⑤が続いていても、長いローソク足が出ていれば逆張りしていいということです。

なお、ローソク足の長さに何pips以上といった基準はありません。それまでのローソク足よりも明らかに長いとき、反転のチャンスだと考えてください。図2-33は1から3のローソク足よりも4のほうが長いですね。さらにゾーン⑤まで到達しているため、反転の可能性が高いと判断します。もしゾーン⑤だとしても、それまでのローソク足のほうが長い場合はエントリーしません。

② ジリ高、ジリ安相場で規則性があるとき

上昇トレンドのとき、仮にゾーン①でシグナルが発生してトレードしたとします。そのあと移動平均線に戻る前に、同じゾーン①でシグナルが発生しても様子見とするのがルールでした。高値を更新して上ヒゲが出たとしても、同じゾーンでシグナルは発生しませんでしたね。ゾーン①でトレード後に高値を更新したときは、より外側になるゾーン②（もしくはゾーン③④⑤）まで待たなければなりません。

なぜ様子見にするかというと、高値を更新しているときにショートするのは、完全な逆張りになるからです。オーバーシュートする前に逆張りすると、トレンドに逆行することになります。ゾーン①から見て、**より外側のゾーンに到達したことでオーバーシュートを確認します**。ですから、ゾーン①でトレード後、まだゾーン①にあるというのは、オーバーシュートと判断できません。

しかし、オーバーシュートせずに反落することもあります。図2-34は米

図2-34　ジリ高トレンドで上昇する米ドル/円1分足チャート

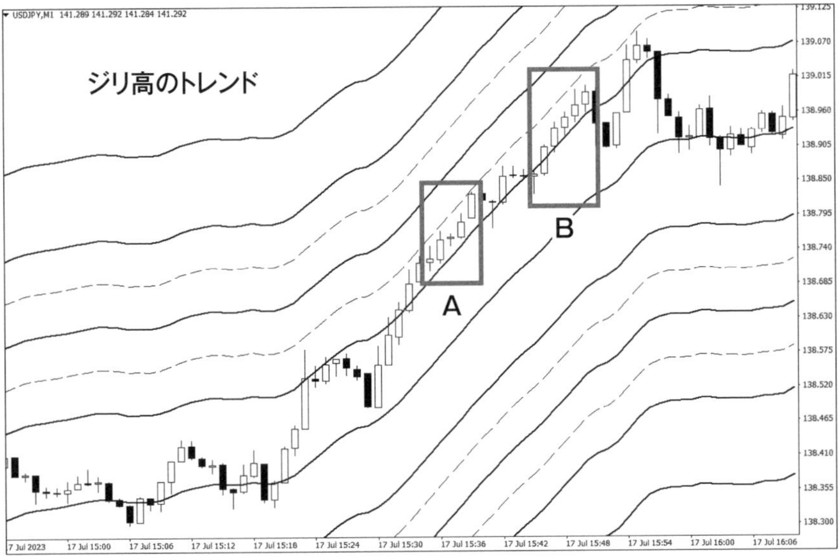

ドル/円1分足の上昇トレンドです。AからBにかけての上昇を見ると、オーバーシュートすることなく、しかし高値をジリジリと切り上げているトレンドです。このような上げ方をジリ高といいます。長いローソク足がありませんし、ゾーン①のまま推移しているので、シグナルが一度も発生しません。しかし、すべて様子見をしているとトレードになりません。

そこで、ジリ高の**規則性を発見し、それがわかったら逆張りをします**。その理由は、ジリ高相場は規則性が出やすいからです。AからBにかけて高値と安値を切り上げる角度に着目します。急激に切り上げたり、突然ストンと下落することがなく、同じような値幅の少ないローソク足が並んでいます。そうすると、エンベロープに角度ができ、その角度が直線のように継続します。このエンベロープの角度が規則性になります。図2-35は、発見したエンベロープの角度に沿ってラインを引きました。

図2-35　規則性のあるジリ高トレンドにチャネルラインを引く

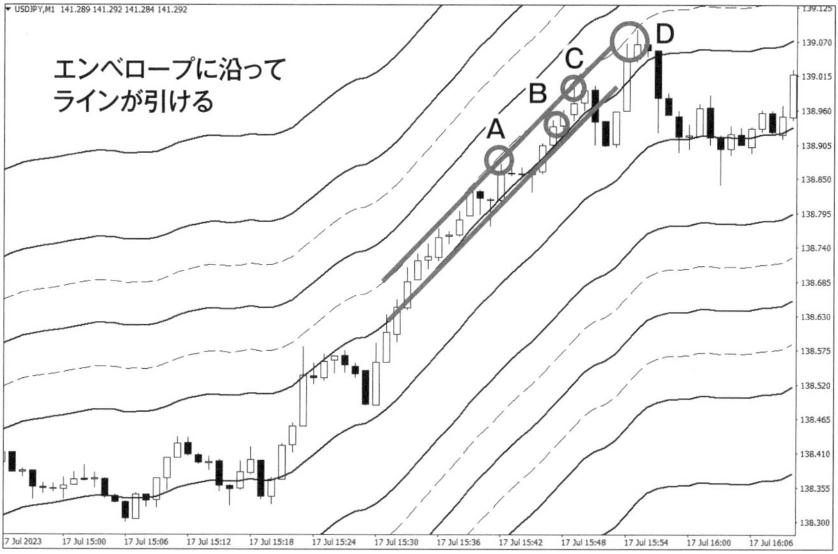

安値側、高値側に並行した2本のラインを「チャネルライン」といいます(チャネルラインは次のCHAPTERで詳しく説明します)。**チャネルラインが引けるということは、高値と安値の切り上げ方に規則性がある**ことを意味します。

では、どこから逆張りショートしたらいいでしょうか？　それは、トレンドの後半部分です。「ジリ高かもしれない」と思っても、チャネルラインが引けるまで待たなければなりません。引けたときはトレンドの前半は終了しているので、必然的にトレードするのはトレンドの後半になります。「規則性がわかったら逆張りをする」と述べたのは、トレンドの前半では規則性は発見できないからです。

具体的には、A、B、C、Dあたりがショートできるポイントです。本来は移動平均線に戻らずに同じゾーン①を推移しているのでシグナルではありません。しかし、ジリ高の規則性を発見し、チャネルラインが引けたので逆張りしてもいい箇所になるのです。

なお、ジリ高の相場は利幅がそこまで取れないので注意が必要です。トレンドは、オーバーシュートするほど反転します。ジリ高トレンドだと、そもそも**オーバーシュートしておらずローソク足も短い**です。ですから、反転する値幅もわずかです。1pipsから2pipsの利幅を取るようにしてください。1pips未満になることもあるので、欲張らずに利が乗ったらすぐに利益確定する相場です。Bでは、おそらく1pips未満になるでしょう。もし次のローソク足で高値を更新したら、すぐに損切りするつもりでエントリーしましょう。

また、ジリ高トレンドはゆっくり動いています。値幅が出ませんから、イグジットするまで数分かかることがあります。オーバーシュートから反転する相場は、値動きも早く、数秒でイグジットすることも多いですが、ジリ高トレンドはスピード感のない相場ですから、トレードもスローテンポになります。

次に、下降トレンドを見てみましょう。**図2-36**はポンド/米ドルの1分足下降トレンドです。ゾーン①に入り下ヒゲが出たときに買いシグナル1、そのあとゾーン②に入り買いシグナル2が発生しています。そのあと移動平均線に戻るか、もしくはゾーン③に入るまでシグナルは発生しません。ですから、Aのポイントはゾーン②なので様子見をする場面です。安値を更新し、長いローソク足が出ていても、買い2のシグナルでゾーン②はエントリー済みなので、ルール上は様子見します。

図2-36 下降トレンド発生で買いシグナル発生のポンド/米ドル

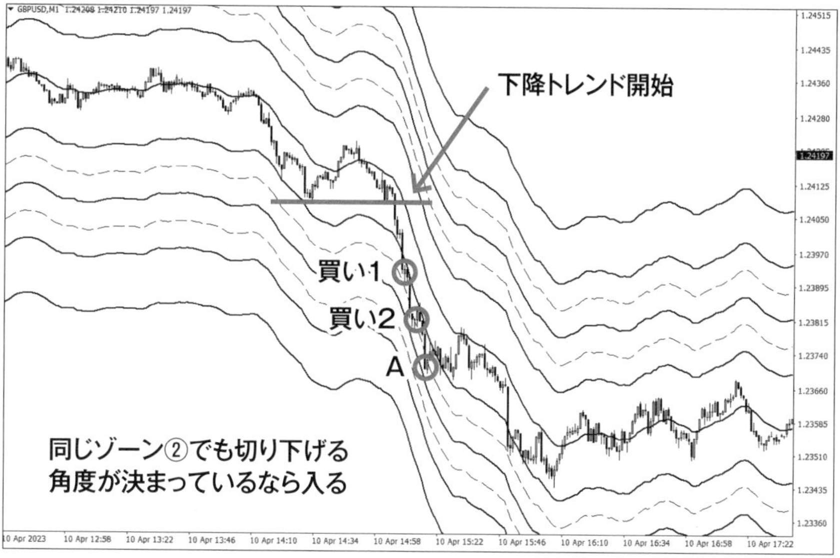
下降トレンド開始
買い1
買い2
A
同じゾーン②でも切り下げる
角度が決まっているなら入る

図2-37 規則性がでてチャネルラインが引ける下降トレンド

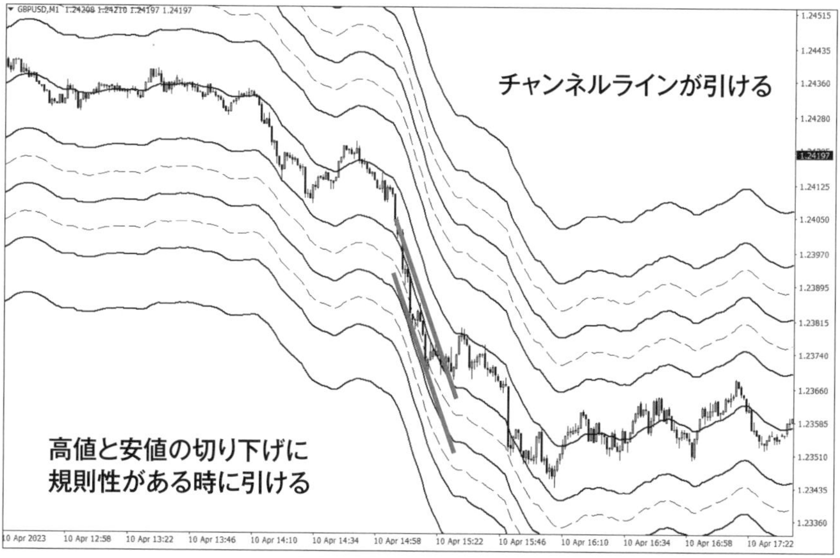
チャンネルラインが引ける
高値と安値の切り下げに
規則性がある時に引ける

しかし、買い1と2が終わったときに、エンベロープに角度がついていることに注目してください。**高値と安値を切り下げる角度がおおよそ決まったので、規則性が出たと判断**でき、Aでもその流れが継続するイメージができます。

図2-37のようにチャネルラインが引けるので、安値側のラインにタッチして反発する可能性が高くなります。同じゾーン②とはいえ、規則性があるときは逆張りできます。したがって、図2-36のAは、チャネルラインにぶつかりロングできるということです。下落するとエンベロープも当然下がっていきます。このとき、下げる速度とエンベロープが切り下がって追いついていく速度が同じだと、同じゾーンで推移していきます（安値側のラインをアウトラインといい、次のCHAPTERで説明します）。

③ N波動を描いたとき

N波動は、古典的なテクニカル分析のひとつです。相場は一方向へずっと進むことはなく、「上げたら下げる」という動作を繰り返します。この動きを線でとらえるとNの字になることから「N波動」と言います。この軌跡を描いたのが図2-38です。

図2-38 N波動を描く豪ドル/円1分足の下降トレンド

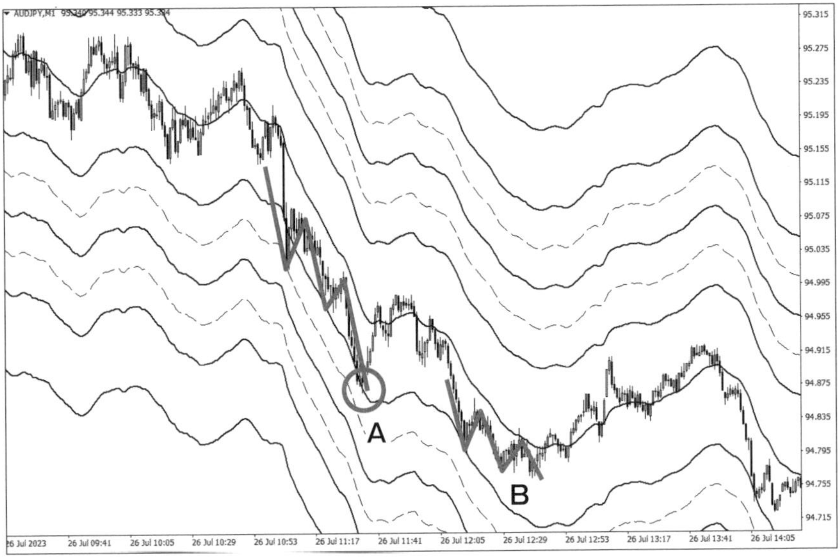

トレンドもレンジも値動きの特性や形は違うものの、同じことがいえます。特にトレンドはひとたび流れが出ると、上昇なら上昇するだけと判断され、一方向へ進むと思われがちですが、上昇してもそのまま進むのではなく、必ずどこかで下落して押し目をつけ、小休止があります。そして、また上昇して高値を更新していきます。**トレンドの長短や時間軸にかかわらず、すべてのトレンドに当てはまる**と考えていいでしょう。1分足の短期トレンドにも当てはまり、下降トレンドなら、下げたら必ず上昇して戻りをつけ、トレンド回帰してまた安値を更新していきます。

再び図2-38を見てください。下降トレンドが発生し、下げても戻りをつけ、また下落して安値を更新します。N波動は形で見れば一目瞭然ですね。トレンドがはじまり、最初にゾーン①で買いシグナルが発生しますが、以降は移動平均線に戻らず、かといってゾーン②に到達することもありません。ですからこのトレンドは、ルールどおりだとシグナルが最初の1回しか発生せず、あとは見ているだけになってしまいます。かといって、根拠もなく、そろそろ戻るだろうと相場観だけでロングするのもよくありません。それではルールも何も関係なくなってしまいます。

ここでN波動のプロセスを意識することで、シグナルが発生しなくてもロングができるようになります。N波動は前半部分では認識できません。トレンドが進み、戻りをしっかりつけてまた下げるという値動きが何度か出ると認識できます。

したがって、N波動の最初のほうは、どんなNの字になるのか着目するようにします。1度戻りをつけ、さらに2回目の戻りがあると、その下降トレンドの形があらわになってきます。そこで、**Aにきたときは N 波動がすでに形成されているので、「そろそろ戻るのではないか」という想定ができます。**直前までに2回戻りをつけているので、Aでも同じようにいったん戻るという判断です。図2-37で見たように、チャネルラインを引いても流れを把握することができるので、N波動が出たら引いてみるのもいいでしょう。前半部分の流れが継続しているという前提が必要ですから、N波動の後半でNの字を意識できるはずです。

次のCHAPTERで説明するエリオット波動は、下降トレンドの場合、「下降5波+上昇3波」をひとつの形としてとらえる分析方法です。N波動はそのうちの一部分であり、エリオット波動を分解した値動きになります。

図2-38で着目してほしい点は、Aが下降5波の最後になることです。第1波で下げ、第2波が戻り……というように、Aに到達するまでに5段階の動きがありますね。Aにきたとき、次は上昇3波になるので、戻りはそれなりに大きなものになります。下げ幅よりは小さいですが、オーバーシュートから数pipsだけ戻るというようなものではなく、下降トレンドがいったん終了したあとの戻り、と考えてください。オーバーシュートからの反転狙いの逆張りは、あくまでもトレンドが継続中で、そのうちの一時的な反転を取りにいきます。**Aは一時的な反転ではなく、下降トレンドがひとまず終了し、上昇3波が出る場面**です。いわば、トレンドの流れそのものが変わるときです。

したがって、数pipsで利益確定するのではなく、かなりの利幅が取れる場面です。エンベロープのゾーン①を上抜け、移動平均線近くまでホールドしてもいいでしょう。そうすると、5pipsから場合によっては10pips近く狙えます。Aはゾーン①でしたが、もしゾーン②や③で下降5波が認識できたら、移動平均線近くまでホールドして利幅を取ってみてください。ただ、ポジション保有時間は、数秒ではなく数分と長くなります。**オーバーシュートからの反転を狙う本来のエンベロープのルールとは根拠が違うので注意してください**。トレンドそのものが終了し、その反転を狙います。

さて、BでもN波動が出ていますが、下降5波が出ているとはいえ値幅が出ておらず、形が小さいです。ゾーン①にも到達していませんから、反転も利幅が狙えるものではありません。ゾーン①にタッチしていないからダメなのではなく、形が小さくて規則性が判断しにくいからです。

図2-39は、ポンド/円1分足の上昇トレンドです。Aは、エンベロープに到達していませんが、図2-38のBよりもN波動の形が大きいことに着目してください。高値と安値の切り上げがきれいで、形が大きいので把握しやすいですね。ですから、エンベロープのゾーンはあまり気にせず、Aでショートの判断をしていいでしょう。Aは上昇5波のポイントですから、移動平均線あたりまでホールドして利益確定できます。

今回はAがゾーン①の内側なので、そこまで利幅は狙えません。トレンドの角度がゆるやかで、上昇するときの伸びが小さいため、5波のあとの反落も小さなものになるからです。

図2-39　トレンド発生して上昇5波を描くポンド/円1分足

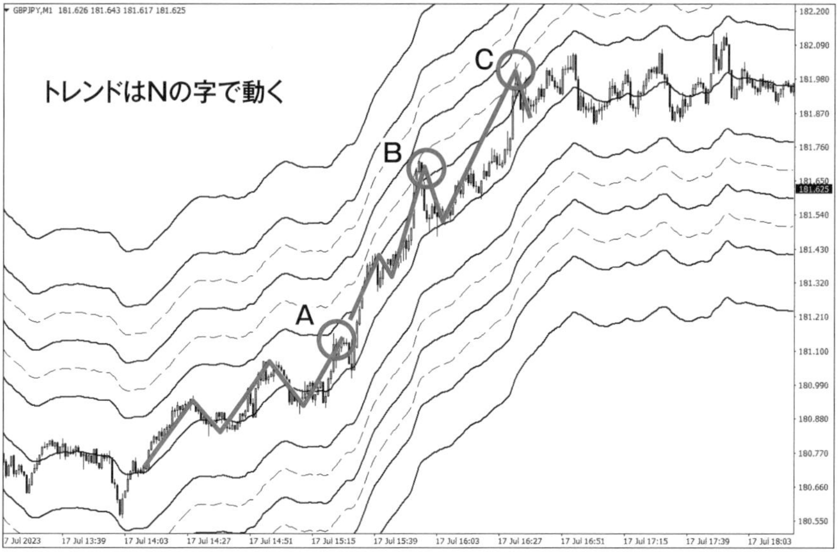

では、BやCの利幅はどうでしょうか？　Aよりも利幅は多く取れそうです。なぜか考えてみましょう。まず、Aのトレンドよりも角度が急です。トレンドの時間はAとB、Cは同じくらいです。しかし、値幅が違います。Aのトレンド値幅の倍は出ているでしょう。上昇するときの勢いがあります。Bではゾーン②にタッチしているので、通常のルールどおりシグナルが発生します。それに加え、Bの手前で押し目をつけていることに気づけばN波動がイメージできます。

さらに、Bのあとに押し目をつけて移動平均線まで戻り、再上昇してCまで到達しています。Cは上昇5波が完成し、さらにゾーン②の通常のシグナルも発生しています。**根拠が2つ以上あるので、期待値は高い場面だと判断できます**。エンベロープのルールだけでなく、エリオット波動の上昇5波も根拠になります。

ですから利幅が大きく狙えます。エンベロープだけだと、数pipsの利益確定を目指しますが、上昇5波のあとはいったん短期上昇トレンドが終了と判断できます。オーバーシュートからのちょっとした反落ではなく、移動平均線近くまでホールドしていいポイントです。数分間ホールドし、最大で10pips近く狙えます。

なお、すべてのトレンドでN波動が必ず出るわけではありません。トレンドにはさまざまな種類があり、上昇5波にならないこともあります。**図2-40**はポンド/円1分足の上昇トレンドです。第1波の上昇は勢いがあり、急騰のような上げ方です。途中で押し目をつけますが、移動平均線にタッチせず、そのまま高値更新してAまで上げています。

図2-40　N波動の後半が伸びずに失速する上昇トレンド

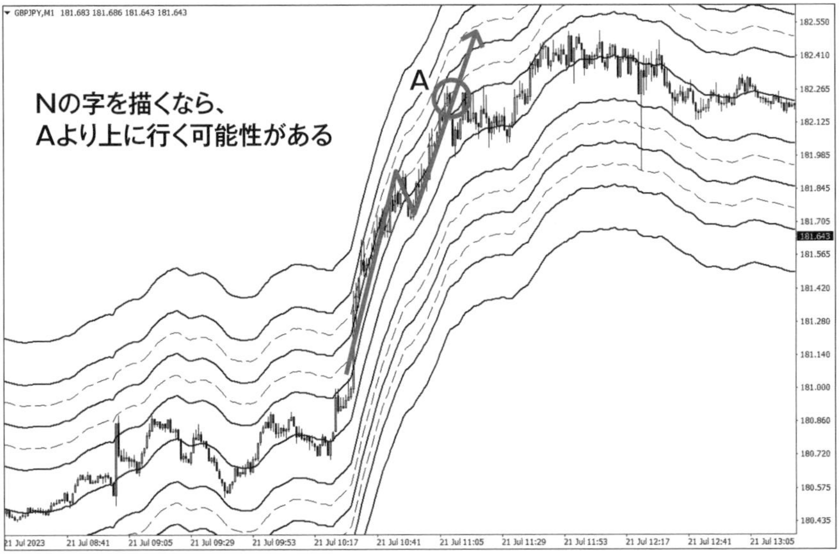

Aで反落していますが、ここでショートできるかというと、ピンポイントでエントリーするのは難しいでしょう。**なぜならN波動が完成していないから**です。何をもってNの字とするのか、定義がないので難しいところですが、第1波と同じくらいか、それ以上の値幅が押し目から出るのが通常といえます。Aのポイントだと、押し目からまだ値幅が出ておらず、足りない印象です。きれいなN波動なら、Aよりもっと上に行くはずですから、Aで

ショートして移動平均線あたりまでホールドするのは、N波動を根拠とするトレードでは現実的ではありません。Nの字の値幅の伸びが悪いときは様子見しましょう。

図2-41の下降トレンドも同様です。Aで短期下降トレンドが発生し、Bまで戻りをつけています。Aが第1波、Bが戻りですから、Bから下降トレンド回帰するイメージができます。しかし、下げる力が弱く、Nの字の伸びが悪いです。ですから、逆張りでロングするのは難しいでしょう。Bから下げ、ゾーンに到達して通常の買いシグナルは発生しますが、その1回だけエントリーし、N波動を根拠とした買いは難しい場面です。すべてのトレンドでN波動が使えるわけではないので、注意してください。

図2-41 戻りをつけてから下げる速度が落ちる下降トレンド

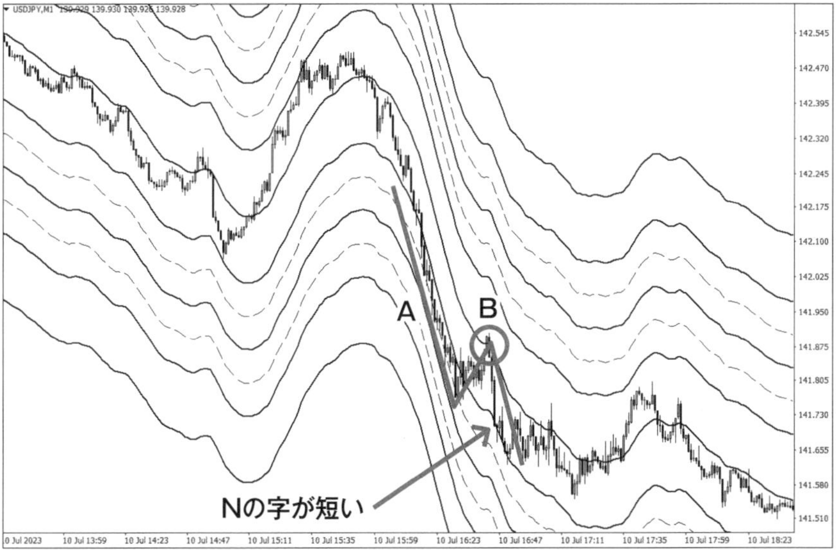

④ 値幅を達成したとき

値幅とは、高値と安値の価格差のことです。目立った高値と安値があると、チャート上でその価格帯が意識されます。高値があればレジスタンスに、安値はサポートになるように、です。トレンドが発生すると高値と安値ができ、その価格差も意識されます。チャート分析を行なっていると、レジスタンスからサポートまで、どれくらいのpipsがあるのか気になりますよね。トレンドの勢いなどにより毎回値幅は異なります。この価格差を使った分析方法を「値幅観測」といいます。詳しくは次のCHAPTERで説明するので、ここでは逆張りエントリーの例外を理解し、あとから読み返すと理解が深まると思います。

実際に見てみましょう。**図2-42**はユーロ/円1分足の上昇トレンドです。Aからトレンドが発生してBまで上昇しました。そして、Cまで押し目をつけました。押し目をつけると次は上昇トレンドに回帰していきます。Cにきたときに、**Aが安値、Bが高値とわかるため、この値幅を取ります。この値幅と同じだけCからの上昇部分を出るとするのが値幅計算**です。

図2-42　短期トレンド発生で値幅が取れる1分足チャート

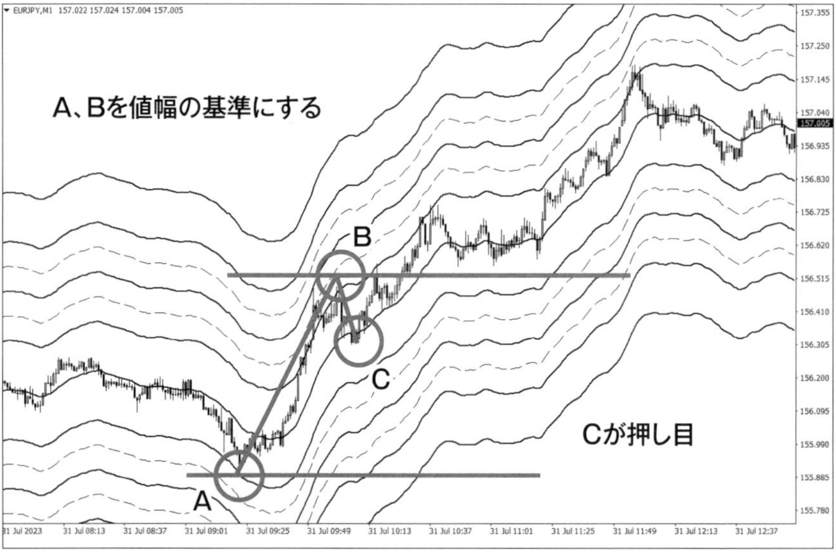

図2-43を見てください。Cから上昇トレンド回帰し、A、Bと同じ値幅を達成するのがDのポイントです。つまり、「A、Bの値幅＝C、Dの値幅」になります。基準の値幅を達成すると推進が終わり、一時的にでも下落しやすいのです。ですから、Dでショートしてもいいということです。Dはエンベロープのゾーン①に到達していませんから、シグナルは発生していません。

しかし、A、Bの基準となる値幅がC、D間で出ているので、値幅を達成して反落すると予測しショートすることができます。

図2-43 押し目をつけて値幅を達成する短期上昇トレンド

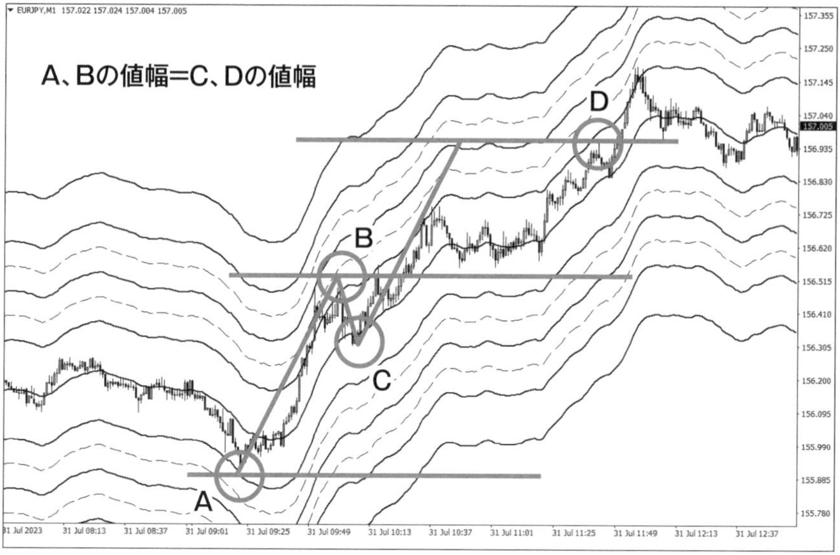

値幅で重要になるのが、「どこの高値と安値の価格差にするか」という点です。本手法は1分足の短期売買ですから、1分足で発生したトレンドで値幅を取ります。N波動で見たように、トレンドが発生すると第1波から第5波まで上昇5波が出るのが通常です。きれいに5波が出ないにしても、上昇のあとは押し目ができるので、ひとつはN波動ができると考えていいでしょう。このN波動の、**トレンドが推進する部分の値幅が、押し目をつけたあとの推進の値幅の基準になります**。この値幅の取り方を「N計算」といいます。値幅観測では、4つの方法（V計算、NT計算、N計算、E計算）があり、そのうちのひとつです（次のCHAPTERで詳しく説明しています）。

なお、N計算はN波動と密接な関係があります。名前が同じNですからおわかりと思いますが、Nの字が基準になっています。図2-44を見てください。図2-43と同じユーロ/円のチャートです。値動きのプロセスをあらわすと、N波動が連続しており、3つの上昇部分があります。これをエリオット波動では推進波といいます。押し目をつけた小休止を下降2波とカウントすると、上昇5波になります。本手法は逆張りをするので、推進波がいったん終わったところでショートします。1の値幅を基準とするため、1の高値でショートするのは難しいです。1の上昇はどこまで進むか実戦中はわからず、1の値幅は事後的にわかるからです。押し目をつけて2の上昇が出はじめると1を基準にできるため、値幅を取れるようになります。つまり、値幅計算でエントリーできるのは、2か3の推進波の高値付近ということです。

図2-44　N波動が連続している1分足チャート

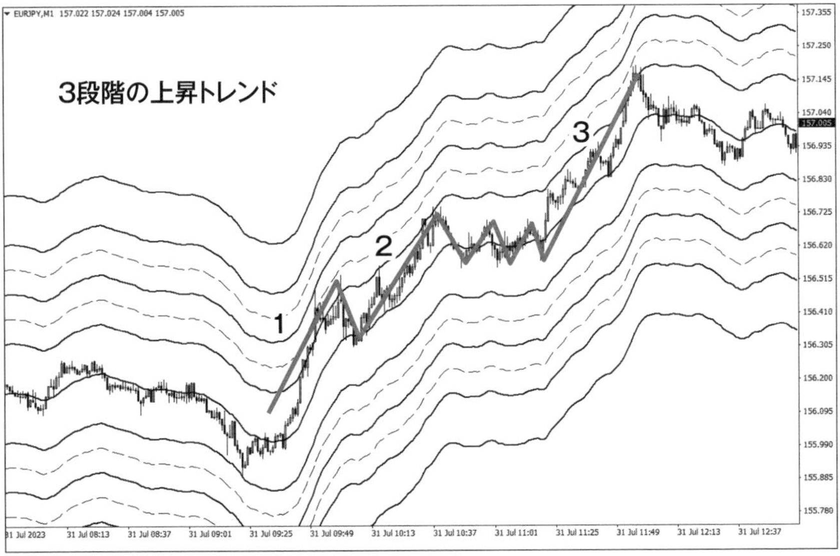

また、チャネルラインを引き、ラインがぶつかるポイントでエントリーすることもできます。図2-45は図2-43と同じチャートです。トレンドのはじめから終わりまでひとつのチャネルラインで流れをとらえていることがわかります。図2-44で見たように、このトレンドは上昇5波が出ています。押し目も2回つけているので（4と5のポイント）、短期トレンドのプロセスがすべてあらわれています。

トレンドのスピード、角度、値幅などの情報はチャネルラインを見ればわかるということです（何度も述べていますがチャネルラインについては次の

CHAPTERで説明します)。

図2-45 チャネルラインで逆張りポイントがわかる上昇トレンド

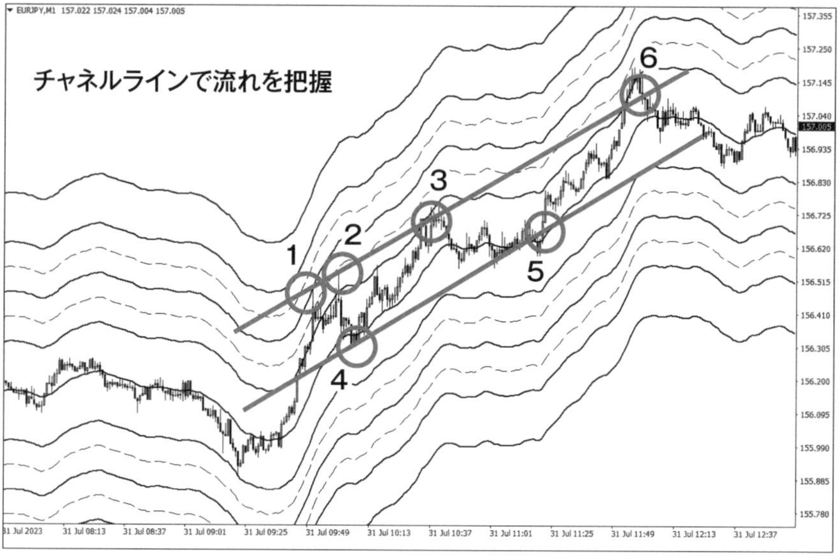

1、2、3の丸印を見ると、高値の切り上げる角度が同じとわかります。ですから1、2、3のあと、1を起点にしてラインが引けます。それを4に合わせて並行に引いたのがチャネルラインです。そうすると5や6が予測できます。1、2、3、そして6も通常のシグナルが発生していますが、6の場面で仮にエンベロープのゾーン①に到達していなければ、チャネルラインにタッチでショートしてもいいでしょう。

本来、ゾーン①に到達しないとシグナルではありませんが、1、2、3と機能しているチャネルラインの上限にタッチしたら、いったん反落を予測してショートしてもいい場面です。6の丸印の1本手前のローソク足を見ると、チャネルラインタッチのポイントでわずかに反落しているのがおわかりでしょうか。ここで1回ショートをして、6のゾーン②で次のトレードをしてもいいでしょう。もちろんタイミングによっては損切りになるので、逆行したら損切りします。

なお、このチャネルラインの引き方は、上述した例外②のジリ高ジリ安で引いたチャネルラインと見方が少し違うので注意してください。ジリ高ジリ安のチャネルラインはローソク足1本1本の規則性に着目しました。トレンド全体ではなく、トレンドの一部分の上昇や下落をチェックします。

一方、図2-45のチャネルラインでは、**トレンド全体の流れをとらえる引き方をしています**。ラインを引くためには、上昇と押し目が何度か必要になります。ですから、値幅が広くなりチャネルラインの長さも出てきます。同じチャネルラインとはいえ種類が違うので注意してください。

別のトレンドで見てみましょう。図2-46はポンド/米ドルの1分足です。Aから下降トレンドが発生し、何度も移動平均線付近まで戻りをつけつつ、下落していることがわかります。これらの軌跡を描くとN波動になり、N波動が連続するとエリオット波動になります。値幅を取るには、まず第1波が必要です。BからCまで戻しているので、Cから下げはじめたとき、A、Bが第1波として値幅の基準になるとわかります。

次は、**Cから下降トレンド回帰したときに、A、Bと同じ値幅をCからはかる**だけです。そうするとC、Dという値幅が測定できます。つまり、「A、

図2-46 N計算で値幅を取るポンド/米ドル1分足の下降トレンド

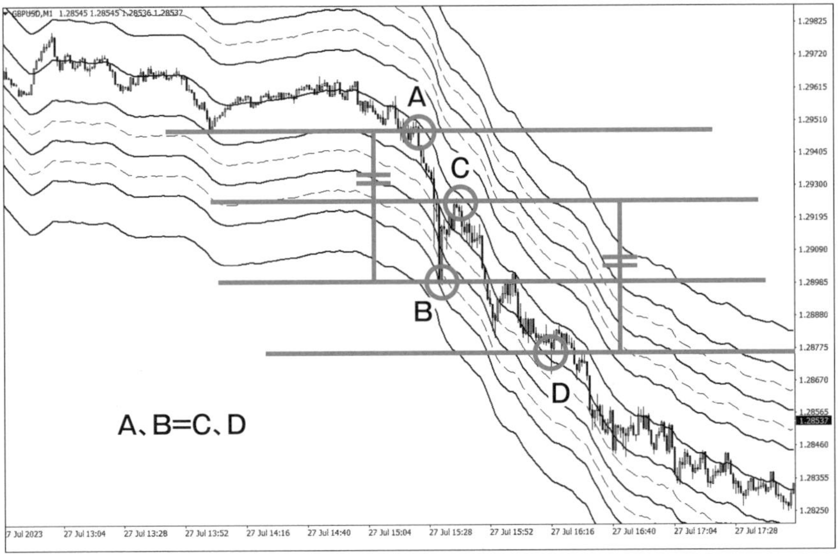

B＝C、D」になります。上昇トレンドが下降トレンドになっただけで、上述のN計算と同じです。Dにきたとき、値幅達成で反発を想定し、逆張りのロングができます。ここでは、Dはゾーン①に入っているので通常のシグナルも発生します。根拠が2つ（エンベロープ+N計算）あるため、ゾーン①とはいえロットを上げるなど強気でエントリーしてもいいでしょう。

次に、N計算と違う観測方法を見てみます。図2-47は図2-46と同じチャートです。A、Bの基準になる値幅は同じですが、この値幅を持っていく場所が違います。ここではA、Bの値幅をBを起点に同じだけ取ります。N計算のときは図2-46のCを起点にしました。Bは第1波の安値です。安値をブレイクしてどれだけ値幅が出るかをはかることができます。A、Bの値幅をBから同じだけ取るとCが観測できます。つまり、「A、B＝B、C」ということです。**この観測方法をE計算といい、値幅観測では最大の値幅を取る方法です。**

トレンドにおいて、下落する値幅が大きいほど価格は下がります。そのときN計算ではトレンドの途中で値幅達成しますが、E計算のほうが値幅は広くなるので、より下の価格で値幅達成します。

図2-47　E計算で最大の値幅が取れる1分足下降トレンド

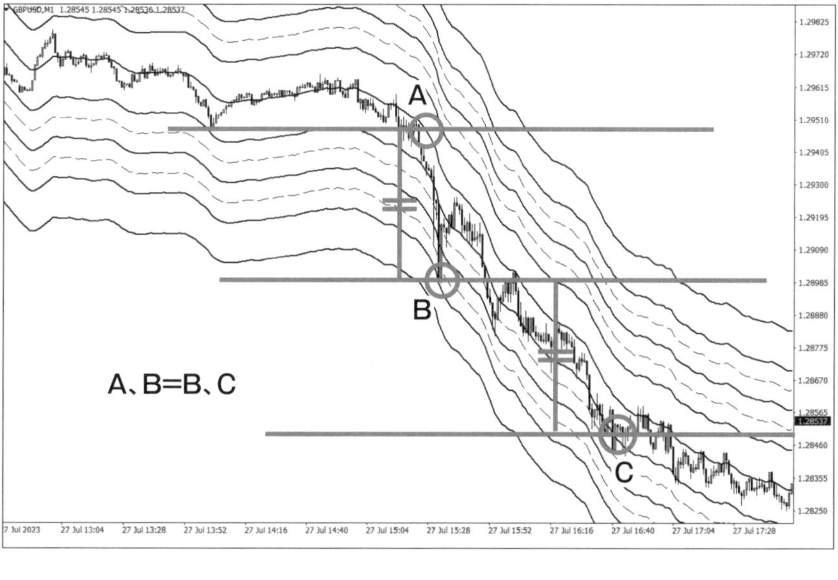

実戦では、Cに到達したとき、エンベロープのゾーン①に入っているので通常のシグナルが発生します。それに加え値幅達成をしているので、反発する根拠が2つ（ゾーン①+E計算）あります。ここもゾーン①とはいえ、ロットを上げるなど強気で攻めてもいいでしょう。

なお、Cで値幅達成ポイントを少しオーバーしています。Cの価格帯に引いた水平ラインを見ると、いったん下抜けていますね。ですから、値幅達成でロングしたら損切りになり、「損切りしたらすぐにゾーン①のシグナルが出るので無駄ではないか」と感じるかもしれません。たしかにCの水平ラインは下抜けていますから、値幅達成してさらに下落するように見えます。しかし、ぴったりと値幅を達成するのではなく、多少のブレはあります。値幅達成まで届かないこともあれば突き抜けることもあります。ですから、あとづけのチャートを見て判断できるものではなく、リアルタイムで値動きを見て**ヒゲの出方やプライスのスピード感などからエントリーするか決めるようにします。**こういうエントリー方法もあるというだけであり、絶対に入らなければならないわけではありません。反転するか怪しければ様子見してください。実戦で何度もトレードし、こういった判断力を養ってください。

また、Cで下抜けていますが、Cの丸印の直前のローソク足は、何本か水平ラインで反発しています。通常のゾーン②のシグナルも発生しているので、そこでロングしていれば利益確定できるかもしれません。値幅達成というサポートラインがあるので、そこにぶつかって**何度も反発するイメージができれば、同じゾーンだとしても何度もロングしていいでしょう。**

Cといっても1本のローソク足ではなく前後に10本ほどローソク足があるので、どの足でエントリーするかにもよりますし、リアルタイムでどう判断するかが大切です。ゾーンに入ってヒゲが出たらエントリー、という通常のシグナルは、ピンポイントで1本のローソク足に限定できます。しかし、値幅達成は1本のローソク足に絞ることはできず、通常のシグナルとは異なるので注意が必要です。逆に、エンベロープ以外で例外のシグナルでスキャルピングすると、どのローソク足でエントリーするのかを深く考えるようになります。チャート分析が深くなり、観察力や洞察力が大幅にアップするので、ぜひ例外のシグナルでもトレードしてください。

⑤ ネックラインにぶつかったとき

ネックラインとは、サポートラインやレジスタンスラインなど、テクニカル的に意識され、節目となる価格帯に引いたラインです。サポートラインとレジスタンスラインのことだと考えてください。サポートラインといっても、そのラインがずっと支持帯になっていたのではなく、前日はレジスタンスになっていたかもしれず、一概に支持帯とはいえません。

ラインはブレイクすると機能がまったくの反対方向へ転換するため、何度もブレイクしているラインはサポートラインともレジスタンスラインとも判断がつきません。そこで、テクニカル的に意識されているラインを、サポートとレジスタンス含め、**本書では「ネックライン」と呼びます**。場所によってはサポートラインに見えることも、レジスタンスラインとして機能することもあります。

ネックラインは節目なので、**反転するかブレイクするか、値動きが明確になるポイントです**。つまり、トレードチャンスになります。反転するならネックラインにぶつかって一時的に逆方向へ進みます。ブレイクするならネックラインを超えて一気に値幅を出すとか、ネックラインを超えてトレンドが発生するなどします。逆張りスキャルピングでは、反転するタイミングで逆張りを狙います。

図2-48はポンド/米ドルの1分足です。チャート前半はボラティリティがない値動きでしたが、突然急騰し、上昇トレンドが発生しました。急騰する前にネックラインが引いてある前提です。チャート分析をしてネックラインを見つけておけば、急騰しても焦ることはないでしょう。

急騰したときはゾーン⑤に入って上ヒゲが出ているので、Aの手前で売りシグナルが発生しています。急騰からAまでで1回エントリーできれば、場所はどこでもいいでしょう。ここでトレードしたあとは、ゾーン⑤でトレードしているので、移動平均線まで待つのがルールです。

しかし、ネックラインを引いておき、ぶつかったときに上ヒゲが出れば、エンベロープのゾーンと関係なくショートしてもいいでしょう。実際、Aでネックラインにぶつかってから陰線が2本出ています。もしショートしてい

図2-48 ネックラインにぶつかり一時的に反落する1分足

れば、ゾーン⑤で移動平均線からかなり離れた位置にあるので、大きな利幅が期待できます。Aの手前で1回エントリーしているからといって、移動平均線まで待っていると機会損失になりもったいないですね。

では、ネックラインはどのように引けばいいでしょうか？　1分足だけではAが抵抗帯になるなどわかりません。そこで、**1分足から見て上位足のチャート分析を済ませ、ネックラインを見つけておく**のです。

図2-49は図2-48の1分足と同じ場面の5分足です。実は、1分足のAの価格帯は直近の高値になっていました（Bのポイント）。Bより前は上昇しており、Bで上に行けずに反落しています。ですからBはレジスタンスになっています。それから急騰してBにぶつかっているので（1分足のAのこと）、抵抗帯にあたって一度反落するという流れが想定できます。このように、上位足を分析してネックラインを先に引いておきます。

ただし、上昇トレンドがネックラインにぶつかったからといって、必ず反落するわけではありません。1分足でスキャルピングをするときは、図

図2-49　5分足でネックラインを確認するポンド/米ドル

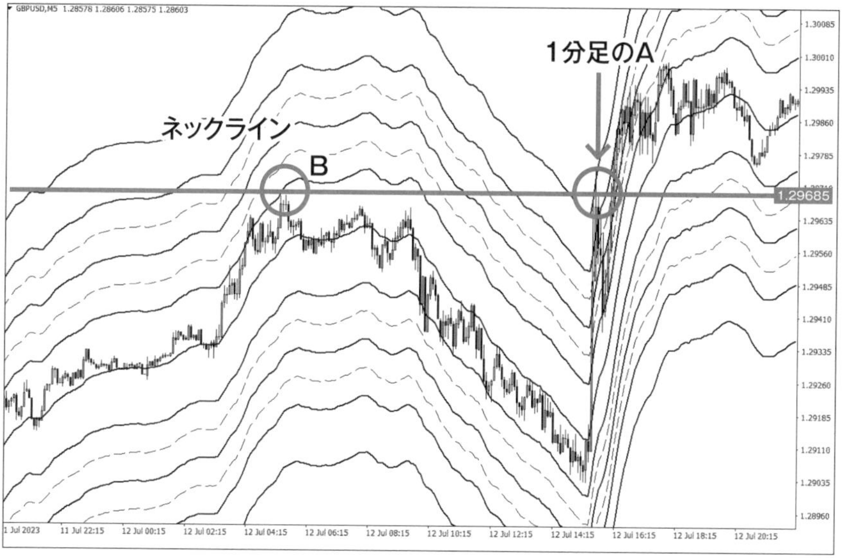

2-48のAで、ネックラインにぶつかって上ヒゲが出ることを確認してください。ネックラインをブレイクすると、さらに急騰する可能性もあるからです。上抜けするかもしれませんが、もし反落すれば利幅が取れる場面です。上ヒゲを確認してからエントリーすると、取り逃したと感じるかもしれません。しかし、天井でエントリーするのは無理なので、**反落した事実をきちんと見てから（上ヒゲを確認してから）エントリーします**。上ヒゲの分は捨てることになりますが、そのあとの下げ幅と比べると、微々たるものです。

次に、ネックラインで反転せず、ブレイクした相場を見てみます。逆張りをすると危険とわかる場面です。図2-50はポンド/円1分足です。Aの価格帯にネックラインがあり、ブレイクと同時に急騰しています。図2-48のポンド/米ドルでは、急騰したあとにネックラインで止まりました。一方、図2-50のポンド/円は、ネックラインがブレイクの引き金になったといえるでしょう。ネックラインという節目を上抜けさせるために、一気に買い注文が入ったのでしょう。ネックラインの役割が違う点に注意してください。

では、このネックラインはどのような節目だったのでしょうか。上位足で

図2-50　ネックラインを上抜けして急騰するポンド/円1分足

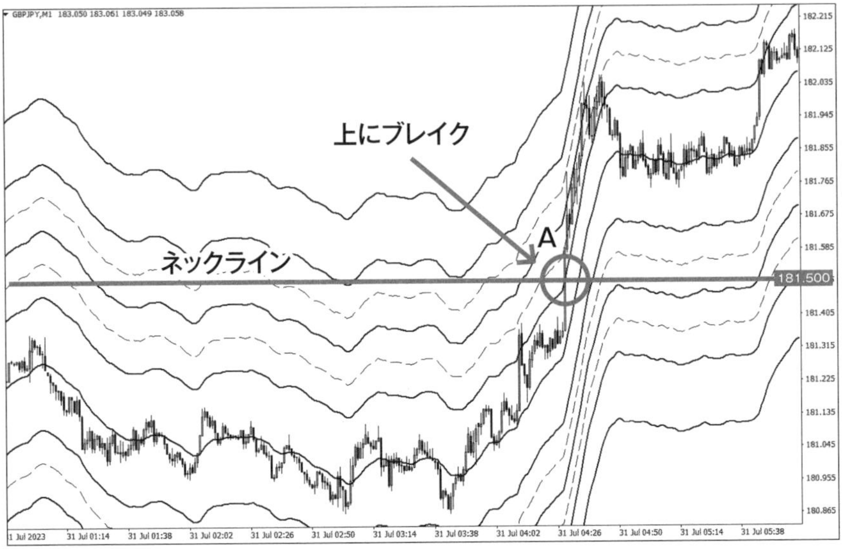

確認してみます。図2-51を見てください。図2-50の1分足を含めた5分足チャートです。実は、Aに来る前から上昇トレンドが発生していました。しかもかなり強いトレンドです。ネックラインの価格帯はBとCで、2回反落してレジスタンスになったところです。Cのあとは押し目をつけるためにもみ合いになっていて、上昇から押し目をつける形がきれいですね。ですから、次にトレンド回帰するのはB、Cのネックラインをブレイクするポイントと考えるのは当然の流れです。

みなが同じことを考えるので、1分足のAに近づいたとき買い注文が殺到し、大きく上抜けをしたのでしょう。

図2-50の1分足では、Aでエンベロープのゾーン①にも入っていて、通常のシグナルが発生しています。しかし上述の理由から、エントリーは避けたほうがいい場面です。エンベロープとネックラインという2つの根拠はたしかに厚い壁になります。なかなか破られないかもしれません。しかし必ず反転するのではありません。逆に、ブレイクしたときは**大きな壁を突き抜けるため、そこからトレンドが発生する可能性**もあります。様子見すべき4つのポイントで書いたように、高値や安値をブレイクする局面と同じと考えて

図2-51　上昇トレンドから押し目をつけてブレイクするポンド/円

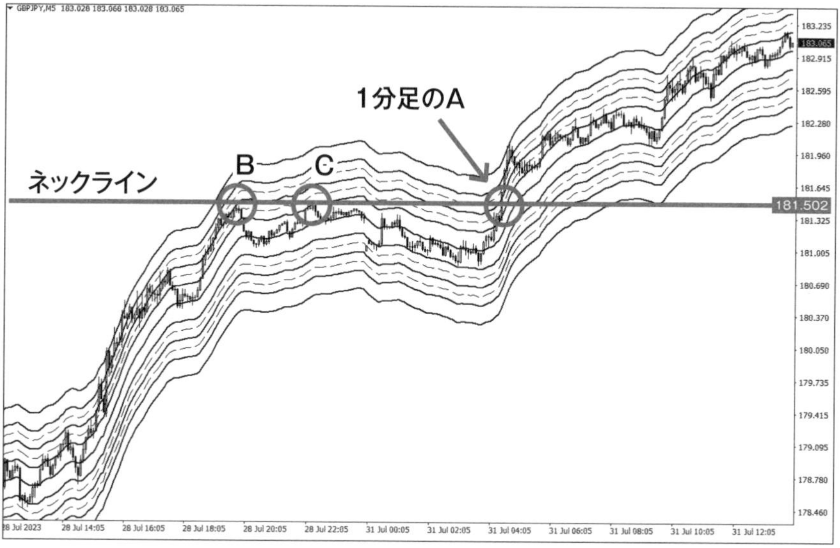

ください。上ヒゲを確認せずに、上げている最中に逆張りするのは危険だとわかります。

逆張りスキャルピング手法のまとめ

　さて、ここまで逆張りスキャルピングの基本的なルールを見てきました。エンベロープのゾーンは、どんな相場でも同じようにシグナルが発生するので、誰が見てもシグナルとわかりますし、それに従ってトレードするのはかんたんだと思います。

　一方、**資金管理や分割エントリー、様子見や例外ポイントは相場に応じてその場で判断する**必要があります。トレーダーごとに判断が異なります。それを組み合わせてトレードするのが実戦になります。この実戦ができるようになってください。

　本手法のポイントをまとめておきます。

① エンベロープを５つのゾーンに分ける

② ゾーン到達で逆張りエントリー
③ ゾーンによりヒゲの長さを変える
④ テクニカル分析と組み合わせる
⑤ 外側のゾーンほど利食い損切り幅を伸ばす
⑥ 外側のゾーンほどロットを上げる
⑦ 移動平均線からの乖離を意識
⑧ 逆指値を使って大損をなくす
⑨ 様子見する４つの場面を認識
⑩ 例外となる５つの相場で応用

ここまでが基本となる逆張りスキャルピングのルールです。そして次のCHAPTERで説明するテクニカル分析を組み合わせ、さらに期待値の高い逆張りスキャルピングに仕上げていきます。さらにそのあとのCHAPTERで順張りを説明します。組み合わせた実戦のトレード例と解説は、CHAPTER5で説明します。

CHAPTER 3

1000回勝負してほぼ勝てる「ネックライン」の見つけ方

13 すべてに共通した見方は「ネックライン」

価格が動く仕組みがわかる10個のテクニカル分析

このCHAPTERでは、トレードの確度をさらに上げるためのテクニカル分析を見ていきます。これらのテクニカル分析を組み合わせると、スキャルピングは本当に勝てるものだと心から理解できると思います。

「テクニカル分析を組み合わせる」といっても、難しい指標をエントリーのフィルターにするという話ではありません。学ぶべきは、「相場の仕組みそのものを知る」ためのテクニカル分析です。相場の仕組みがわかれば、なぜ価格が動くのか、すべて理解することができます。そうするとトレードポイントが明確に見えてくるのです。

テクニカル分析は、ちょっと知っている程度で活用できるものではありません。存分に精度を上げて、はじめてトレードで「勝ち続ける」状態になると考えています。**なるべくして億を稼ぐ人になるには、何度も検証して自分が鉄板といえるポイントをいくつも見つけることです。**一時的に勝つのであれば移動平均線とエンベロープだけで十分です。しかし、あなたはこれから何十年と相場とかかわっていくつもりですよね。そうすると、予想外の相場が何度も起こります。

そのようなときに、判断材料が多いほど戦略を立てる引き出しが多くなるため、冷静な判断ができ、安定して勝ちやすくなります。一時的に勝つのではなく、勝ち続ける必要があります。そのために、テクニカル分析の基本的な知識が必要なのです。

本CHAPTERでは、期待値の高いポイントを毎日発見できるような10個のテクニカル分析を説明していきます。

① サポートライン
② レジスタンスライン
③ トレンドライン

④ **チャネルライン**
⑤ **三角もち合い**
⑥ **フィボナッチ**
⑦ **ヘッド&ショルダーズ**
⑧ **波動**
⑨ **値幅観測**
⑩ **チャートパターン**

口座を開設してトレードを少しでも行なったことがある人は知っている項目が多いと思います。知っている箇所は読み流す程度でいいでしょう。また、トレードをやったことがないような初心者でも理解できるような基本をすべて説明しているわけではありません。一度も注文をしたことがない人や、口座開設をしたことがない人は、本書以外の入門書でも学ぶなど、わからない箇所があれば自ら調べながら読み進めてください。

なお、10個のテクニカル分析と逆張りスキャルピングのシグナルを組み合わせたトレード例については、CHAPTER5で説明します。その前のCHAPTER4で順張りスキャルピング手法を説明し、逆張りと順張り、そしてテクニカル分析を組み合わせたトレードをCHAPTER5で紹介していきます。**逆張りと順張りのシグナルは表裏一体**であり、順張りで利益確定する場面で逆張りのシグナルが即発生するなど、切り離せない関係にあります。また、テクニカル分析の見方は、逆張りと順張り手法で異なることはないので、トレード例は同時に両方の観点から見たほうがいいです。このあとの本書の流れを理解しておいてください。

10個のテクニカルはネックラインが中心になる

「10個もあるの？」と思うかもしれません。しかし、この10個のテクニカル分析は、スキャルピングにかかわらず、絶対に覚えておいたほうがいいものです。まさに相場が動く「仕組み」であり、FXの基本といえます。私からすれば、この10個のテクニカル分析を知らずして、よくテクニカルトレードをやっているな、とさえ感じます。もっというと、仕組みを知らないのに勝てるはずはないのです。それだけ基本中の基本であり、非常に重要です。逆を言うと、この10個を知っていれば深いチャート分析が可能になるということです。効率よく経験を積むことが可能になり、実践と検証を繰り返してどんどんスキルが上がるはずです。

テクニカル分析を個々に10個覚えるのは、少し面倒に感じてしまうかもしれません。そこで、効率よく利益に直結できる見方を紹介します。それは、**個々に覚えようとするのではなく、テクニカル分析の「共通点」を見つけることです**。たとえば、①のサポートラインと⑨の値幅観測は、まったく違うテクニカル分析です。しかし、最終的に着目するポイントは同じです。また、**①から⑩までのすべての共通点は、「ネックライン」を見つけることです。**

トレードポイントは値が「走る」か「止まる」場所

ネックラインとは、名前のとおりでネック（障害、しこり）になるライン（線）です。FXの場合、「意識される価格帯」「節目になる箇所」といえます。そして、相場の仕組みとして共通していえることは、次の2つです。

- **価格はネックラインで走り出す**
- **価格はネックラインで止まる**

ネックラインは、特に意識すべきポイントです。たとえば、物が壁にあたれば跳ね返ることもありますし、壁を壊してさらに勢いよく突き進むこともあるでしょう。つまり、**反転するか、値が走るかのどちらかの可能性が高い場所**になります。価格がネックラインまできたとき、反転するか、それともブレイクする（値が走り出す）か、ということです。

ネックラインを見つけるために①から⑩の分析をする、と考えてください。たとえば、①と⑥を無理矢理合わせようとするのではなく、ネックラインを見つけるために①から⑩の見方をそれぞれしてみる、といった感じです。ネックラインが親となり、細分化して子どもが①から⑩まであるイメージです。なお、ネックラインはすべての時間足で有効なテクニカル分析です。各テクニカル分析の基礎を覚えるつもりで読んでください。

14 ①サポートライン ②レジスタンスライン

売買が急増するわかりやすいポイント

①サポートラインと②レジスタンスラインについては、同時に見ていきます。

サポートラインの基本的な引き方は、安値同士を結んで水平に引くだけです。名前のとおり、価格をサポートする、支持するラインになります。レジスタンスラインは、サポートラインの反対です。たとえば、サポートラインが安値同士を結ぶラインなのに対し、レジスタンスラインは高値同士を結ぶ、という読み替えになります（本書で説明するサポートライン、レジスタンスラインは水平ラインのことをいいます）。

サポートラインにあたると価格は反発しやすくなります。なぜ反発するのかというと、買いポジションを持っている人にとっては絶対に下抜けしてほしくない価格帯であり、少なからず買い注文が入るので、それが壁になるからです。壁に対していつも反発するのではなく、突き抜けて下抜けすることもあります。突破したい人たちと死守したい人たちの攻防戦となり、結果としてどちらかの圧力が勝つのですが、売買が急増するポイントなので、勝った勢力は自分が行きたい方向へさらに進もうとします。つまり、**サポートラインとレジスタンスラインは価格の壁となる「ネックライン」**と考えてください。

ネックラインで値が止まるという判断を一番行ないやすいツールが、このサポートラインとレジスタンスラインです。そして、ひとつのサポートラインを形成する安値のポイントが3つ4つと増えていくほど、そのサポートラインが価格を「支持」する力は大きくなります。これは同時に売買がさらに激しくなることも意味します。

トレード前は長い足から見ていき、相場の全体像を把握する

トレードルールで使う時間軸が1分だからといって、1分足しか見ないわ

けではありません。すべての時間軸でチャート分析をする必要があります。なぜなら、サポートラインやレジスタンスラインはどの時間足でも共通であり、どこにどういうラインがあるかは1分足だけではわからないからです。そのため、最初に長い時間軸を見て、そこから順番に期間を短くして見ていくといいでしょう。トレードをはじめる前に、**週足→日足→4時間足→1時間足→15分足→5分足→1分足と順番に見て相場全体の流れを把握**しましょう。そのうえで、サポートラインやレジスタンスラインを引くようにしてください。

「木を見て森を見ず」ということわざがありますが、これと同じように、1分足という短い時間軸（＝木）ばかり気にして、相場全体の傾向（＝森）を見ていない、という状態では、深いチャート分析ができず長期的に勝っていくことは難しくなります。1分足で「ここは大きなブレイクになりそうだ」と見えても、1時間足では見落としてもいいほど機能しそうもないラインかもしれません。また、その逆もあるでしょう。面倒くさがらずに、すべての時間軸を順番に見て、全体像を把握する癖をつけましょう。

ブレイク後のラインは役割が転換する

では、サポートライン、レジスタンスラインの具体的な活用の仕方について見ていきます。ラインにぶつかって反転しやすいということは説明しましたが、反転せずにブレイクしたあとの話をします。反転せずにブレイクする（突破される）と、その後は**サポートとレジスタンスの役割が転換し、このことを「ロールリバーサル」**といいます。

図3-1を見てください。Aがサポートラインです。時系列で考えると、まず、Bの安値ができたので、ここにラインを引くとCまでがサポートラインになります。安値がBだけのようにひとつしかない場合、正確にはサポートレベルラインといいますが、本書ではすべてサポートラインで統一しています。

Cで反発せずに下にブレイクしたので、ここでサポートラインの役割は終了します。それと同時に、レジスタンスラインに役割転換をします。そのため、DとEではレジスタンスになって反落していることがわかります。この

図3-1 ブレイク後にラインの役割が転換する「ロールリバーサル」

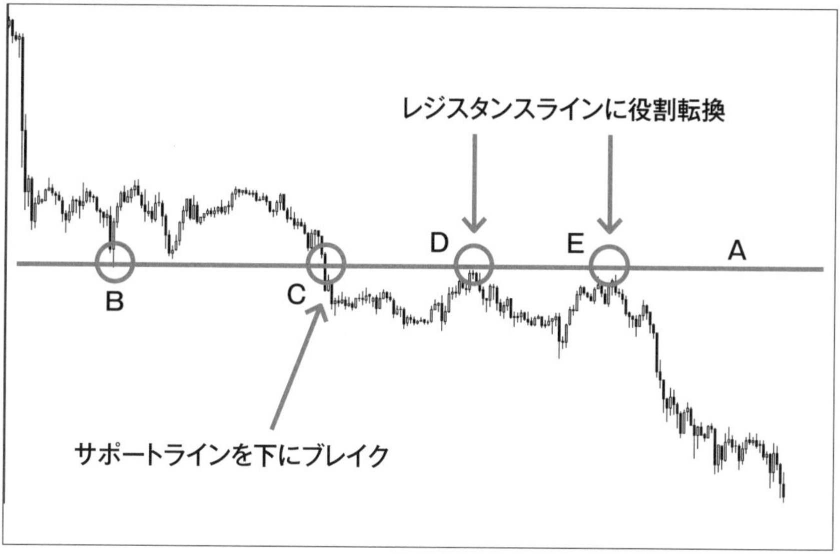

ように、下落している相場では、サポートラインをひとたび下抜けすると、サポートラインはレジスタンスラインに役割転換（ロールリバーサル）します。

Cで下にブレイクしたとき、ここでラインの役目が終わったと考えて、チャートからラインを消したくなるかもしれません。しかし、この時点ではまだラインを消さないようにしましょう。ブレイクしたあともラインが再び機能する「ロールリバーサル」を想定しておくためです。

この相場の流れをジグザグの線にすると、図3-2のようになります。丸の箇所がすべて同じ価格帯で、ロールリバーサルになったポイントです。Aはサポートラインからレジスタンスラインになり、ネックラインでもあるということですね。このネックラインを中心に、相場が形成されました。**ネックラインを見つけることができれば、相応のトレード戦略が立てられるでしょう**。逆に、ネックラインをまったく把握していないと、この箇所で勝ちトレードができるかどうか不安になりますし、トレードしたとしたらそれは根拠のないものになってしまいます。

図3-2 ロールリバーサルのポイントでネックラインを見つける

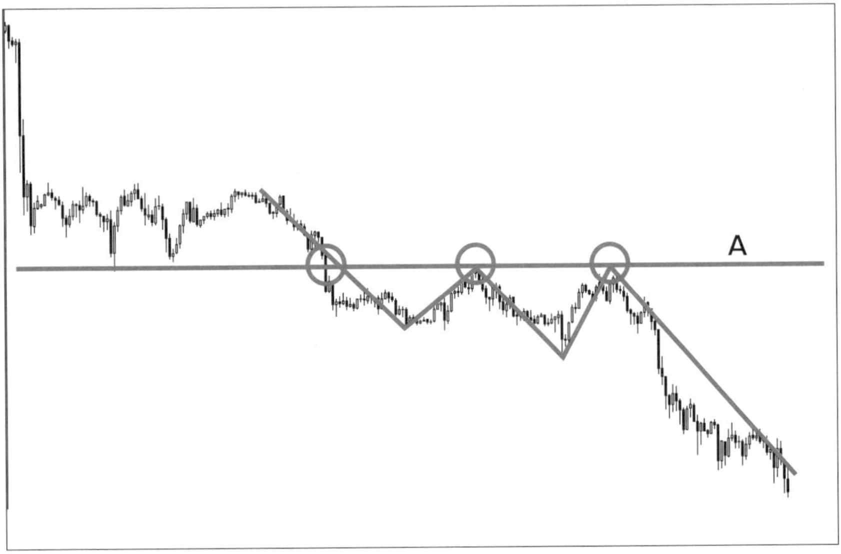

ひとつのラインに何度もロールリバーサルが起こる

サポートライン、レジスタンスラインをブレイクすると、役割が転換することは理解してもらえたと思います。さらに、この転換は一度だけしか発生しないというものではありません。何度でも起こる場合があります。

図3-3を見てください。Aが安値の価格帯で、水平ラインを引いてサポートラインができます。Bで下にブレイクしています。このとき、サポートラインがレジスタンスラインに役割転換をしています。Cに至るまで何度もレジスタンスになり、Cではレジスタンスラインを上にブレイクしています。そうすると、このレジスタンスラインが今度はサポートラインに転換します。

このように、**水平ラインが、サポートライン→レジスタンスライン→サポートラインのように何回も役割が転換する**ことがあります。Bのときに、サポートラインを下にブレイクしたからといって、「もうこのサポートラインを出している意味はない」と水平ラインを消してしまうと、そのあとの流れがわからなくなるので、注意しましょう。

図3-3 何回も役割が転換する水平ライン

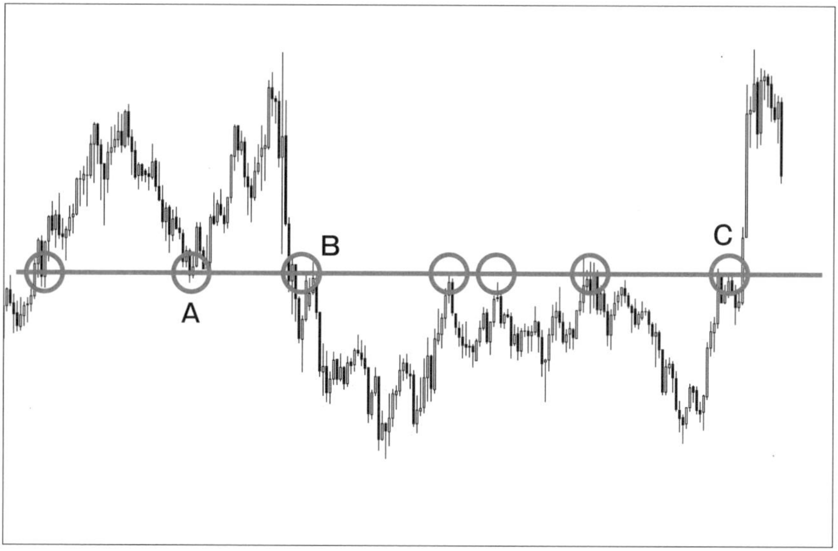

また、BとCの間に注目してほしいのですが、何度も反転している箇所は、次にブレイクしたときに大きな値幅を伴う可能性が高くなります。Cを見るとわかるとおり、押さえつけられていた期間が長くなるほど、そのパワーは溜まっていき、いよいよ突破するとその勢いはすさまじいものになります。高安値ブレイク時は、逆張りに注意することは書きましたが、まさにこのようなときのことをいいます。

なぜトレードNGポイントがあるのかも、このようなテクニカル分析と組み合わせると、どんどん理解できると思います。逆に順張りではチャンスになりますが、それは次のCHAPTERから説明します。

15 ③トレンドライン

トレンドラインにあたると反転する

ここでは、相場の基本を押さえておきましょう。FXの相場は、「レンジ相場→ブレイク→トレンド相場」と推移します。この繰り返しだけです。つまり、相場にはレンジかトレンドしかありません。難しく考えず、**「今がトレンドとレンジのどちらなのか」を考えるだけでいい**といっても過言ではありません。

また、上昇トレンドの相場からいきなり下降トレンドの相場になることや、レンジ相場からブレイクを経ずにいきなり強いトレンドが発生することは通常はありません。

さて、トレンドラインは相場の流れ（トレンド）を把握するためにとても有効なツールです。ポイントは「斜めに引く」ことです。なぜかというと、**チャートの価格は斜めに動いているから**です。トレンドが発生するにしても、ローソク足が直角に連続することはありません。直角ということは一方向へ進み続けることになりますが、そんな相場はありませんね。高値（安値）を切り上げ（切り下げ）ながら、チャートは形成されます。相場が斜めに進み、それに合わせてラインも斜めに引くからこそ波がつかめるのです。上昇トレンドでも一方向へ上昇し続けることはなく、上下動を繰り返しながら結果として斜めに上昇していきます。

図3-4は豪ドル/米ドルの上昇トレンドですが、一方向へ進むことはなく、高値と安値を切り上げながら進んでいます。上げたら下げて押し目をつけ、チャートは右斜め上に進んでいますね。斜めに安値を切り上げているので、トレンドラインが引けます。

このように、上昇トレンドの最中でも一時的に価格が下がります。FXで

図3-4　トレンドラインで反発する上昇トレンド

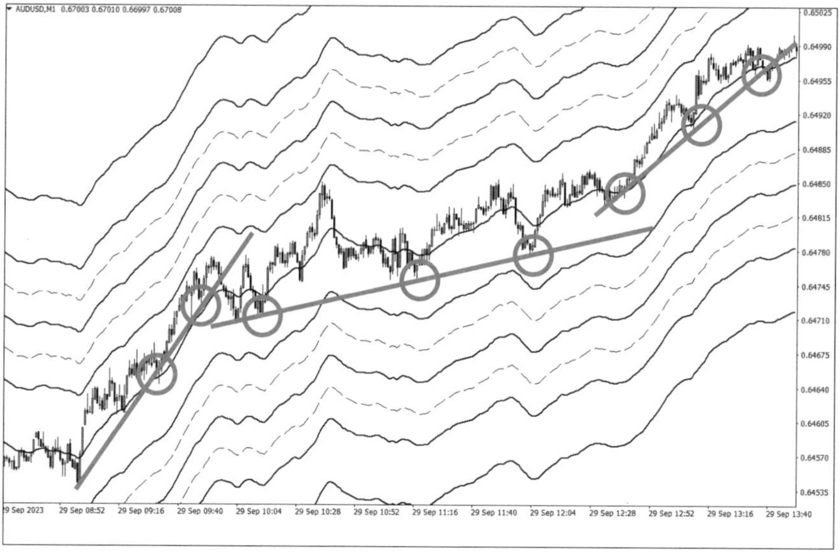

は、この一時的に下がる場面を、**絶好の買い場だと待ちかまえているトレーダーがとても多くいます**。なぜなら、上昇トレンド中の一時的な下げ局面では、このあと上昇して高値を更新していくと判断されるからです。

しかし、ひとつ問題があります。それは反落したときに押し目をつけて上昇していくとわかっていても、いつ、どの価格で買えばいいのか、目安となる基準がないことです。そこで、トレンドラインを引くことで、「トレンドラインにあたったら買おう」と意識できるようになります。あなただけではなく、世界中の多くのトレーダーがトレンドラインを引いて価格が落ちてくるのを待っているため、トレンドラインに価格があたると、売買高が急増する傾向が非常に強くなるのです。

ただし、トレンドラインで必ず価格が反転するわけではありません。ひとつのトレンドが永遠に続くことはないからです。トレンドラインで反発するのか、それとも抜けていくかを見極めることが重要です。どちらにしても売買が急増するポイントなので、意識して見るようにしましょう。実際にエントリーするかどうかは、それぞれのトレーダーによるルールの違いがあります。

図3-5 トレンドラインはいずれブレイクされる

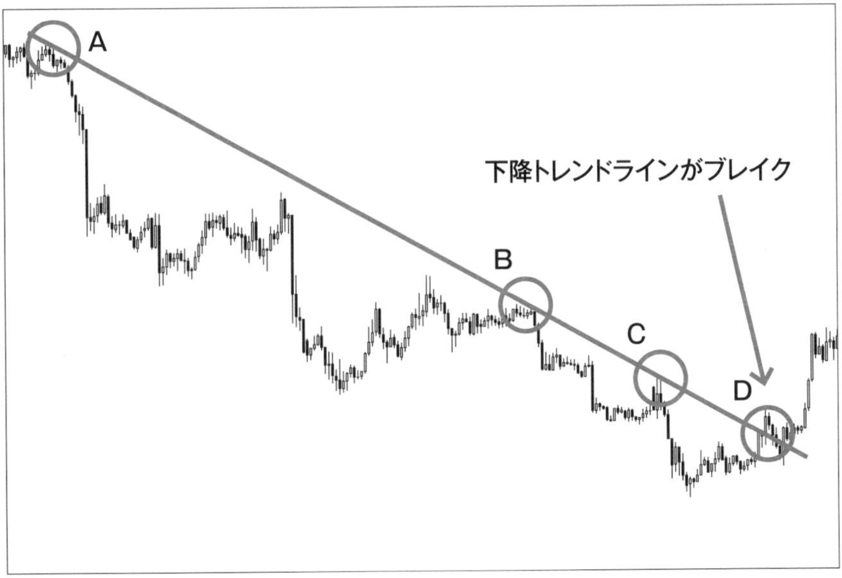

図3-5を見てください。A、Bを結ぶと下降トレンドラインが引けますね。Cでも反落していますが、Dでは上にブレイクしています。下降トレンドラインにあたったからといってすぐに売り注文を出すと負けてしまうことがわかります。

トレンドライン１本で戦略を立てない

このように、トレンドラインはいずれブレイクします。図3-5ではDでブレイクしましたが、リアルタイムで見ていると反転かブレイクかはわかりません。下降トレンドのとき、ローソク足がトレンドラインにあたったら「売り」という戦略は、下降トレンドに乗るという意味では決して間違いではありません。ラインにあたって何度も反落していると、また反落すると考えるかもしれません。しかし、いつ上にブレイクするかわからないので、トレンドライン1本だけで戦略を立てるのは少し危険です。

トレンドラインを引く目的は、エントリーポイントを見つけることは当然ですが、**それよりも優先すべきことは相場の流れを把握すること**です。流れがわかるから、自信を持ってエントリーできるようになります。もちろんトレンドラインにぶつかったポイントが、エンベロープのゾーンなら逆張りできますが、エントリーポイントだけを見つけようとすると視野が狭くなるので、注意が必要です。反転やブレイクなど、大きく反応する可能性のあるポイントだという認識があれば問題ありません。

角度が違う3本のトレンドライン

では、相場の流れを把握するために、より効果的なラインの引き方を見ていきます。実際のトレードでは、何本も引いて相場を分析することが重要ですが、ポイントになるのは「3本のトレンドライン」です。引き方は次の2種類があります。

① 起点が同じトレンドラインを3本引く
② 起点が違うトレンドラインを3本引く

図3-6は起点が同じトレンドラインです。Aを起点として①、②、③のトレンドラインが引かれています。

まず、Aから発生したトレンドが①を下抜けしているのですが、下抜けしたからといって即座にトレンドが終了するわけではありません。①のトレンドラインを下抜けしても、その後は角度のゆるいトレンドラインが引けるようになります。そして、②のトレンドラインも下にブレイクしますが、すぐに下落するのではなく、③のトレンドラインを引くことができます。**通常のトレンドは、このように段階的に進んでいきます。それを3つの角度に分けると把握しやすい**ということです。

同じチャートに、水平のレジスタンスラインとサポートラインを引いてみると、Aで上昇トレンドが出たあと、レンジになっていることがわかります(図3-7)。上昇トレンドラインを下にブレイクしたからといって、すぐに下降トレンドがはじまるのではありません。上昇トレンドのあとは、レンジ→下降トレンドの流れになるのが自然です。

図3-6　起点が同じトレンドラインを3本引くパターン

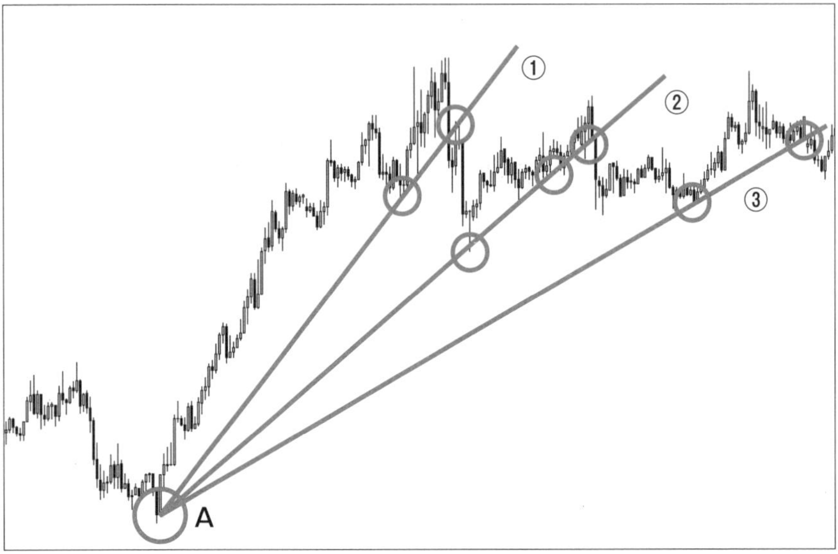

図3-7　同じチャートにレジスタンスラインとサポートラインを引く

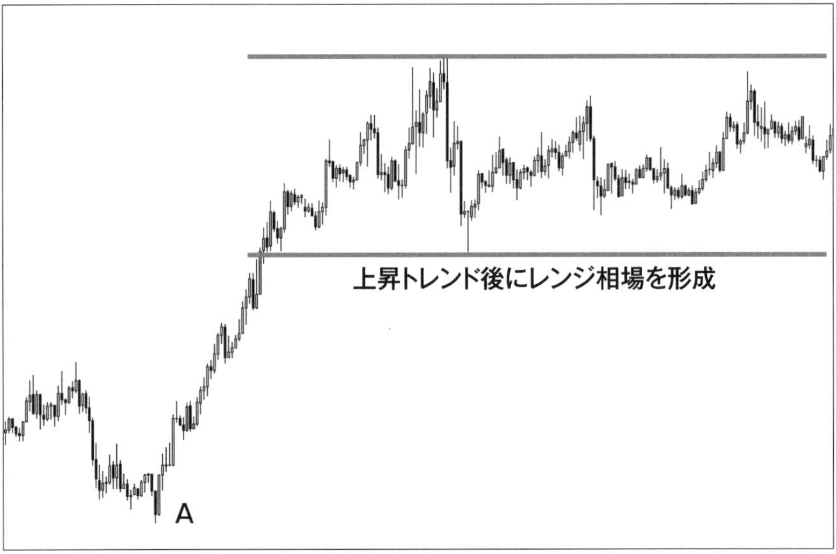

図3-7では上昇トレンドのあとレンジを形成していることがわかります。ラインの引き方により相場の見方がかなり変わると思いませんか？　このよ

うに、いろいろなラインを引いて相場環境を把握することはとても大切なのです。

起点が違う3本のトレンドライン

次にトレンドラインの起点が違うパターンを見ていきます。

図3-8を見てください。①→②→③の順番でトレンドラインが引けますが、起点がそれぞれ違うのがわかると思います。A、B間のトレンドラインは、トレンドが開始したラインです。その後、トレンドが継続することでB、C間のトレンドラインとなり、最後はC、D間でトレンドラインが引けます。

このように、トレンドが継続するとどこかでトレンドラインの起点が変わり、トレンドラインの角度も①→②→③の順番で急になっていきます。**トレンドが継続するときは、段階的にトレンドラインの角度が強くなる**と覚えてください。

図3-8 トレンドが継続すると起点が変化し、角度が強くない

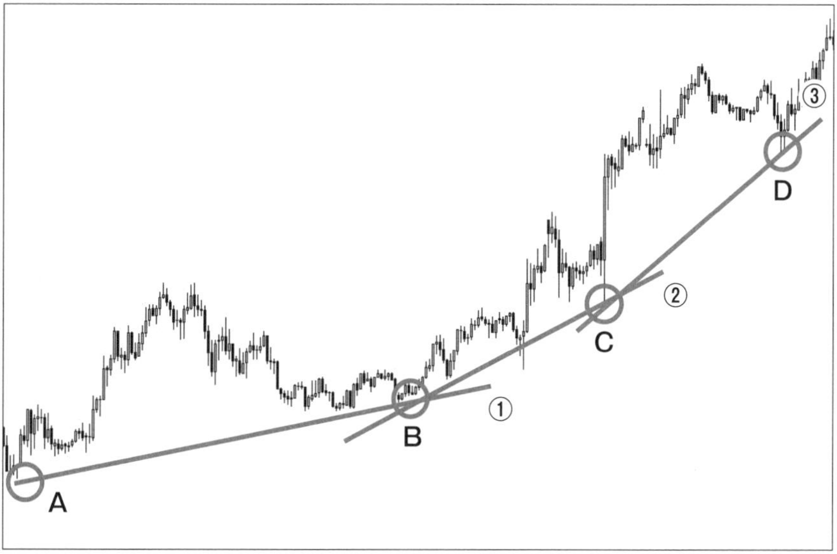

基準を「3段階」にする

起点が同じ場合も違う場合も、トレンドラインは3本でした。また、角度が変わる回数も3回です。**トレンドが発生してトレンドラインを引く場合、この「3回」「3段階」を基本にしてください。**

では、3回しかないかというと、そんなことはありません。例えば、3段階目のトレンドが出ることなく、トレンドが終了する場合もあります。この場合は3段階目が出なかったのでトレンドが継続する力が弱いと判断するといいでしょう。逆に、3段階目のトレンドラインに乗り、さらにそこから急上昇して4段階目のトレンドラインが引けると、トレンドの力が強いと判断できます。同時に、急激なトレンドは長続きしないので、一時的な反転が近いと想定することもできるようになってきます。

相場の流れを3段階で把握することを基本とし、これよりもトレンドラインが多いか少ないかで、トレンドの強弱を判断することをルールのひとつとすることもできます。私の経験上、この「3」という数字は、どの時間軸にトレンドラインを引いても同様に機能します。ラインを引く際の基本の考えとして、おすすめしたい数字です。

トレンドラインに限らず、相場では基準を作るといいでしょう。基準を作るからこそ、逸脱したときに対応できるようになります。基準があれば、そこから逸脱したら様子見をするなどといった対応ができます。

ブレイク後はサポートとレジスタンスの役割が変わる

上昇トレンドラインの場合、押し目でトレンドラインにあたると反発し、さらに上昇していくことが想定できます。そして、いずれトレンドラインをブレイクし、下抜けします。そして、いったんブレイクすると**サポート（支持）になっていたトレンドラインの役割が転換**し、レジスタンスになります。

図3-9を見てください。A、Bを結んでトレンドラインが引けますね。Bは価格がここから下落しないように、ラインがサポートしているポイントです。その後、Cで下に抜けました。今度はCが意識され、トレンドラインよ

り上に行けない状態です。これは、トレンドラインの役割が転換し、価格が上に行かないようレジスタンス（抵抗）になったからです。

このように、**サポートラインとレジスタンスラインのロールリバーサルと同じで、トレンドラインも同様な役割転換が起こります。**上昇トレンドラインをブレイクすると、買いポジションを持っていたトレーダーが手仕舞いし、それと同時に新規の売り注文が入るので、売り圧力が急増するポイントになるからです。

図3-9 上昇トレンドラインがサポートからレジスタンスに変わる

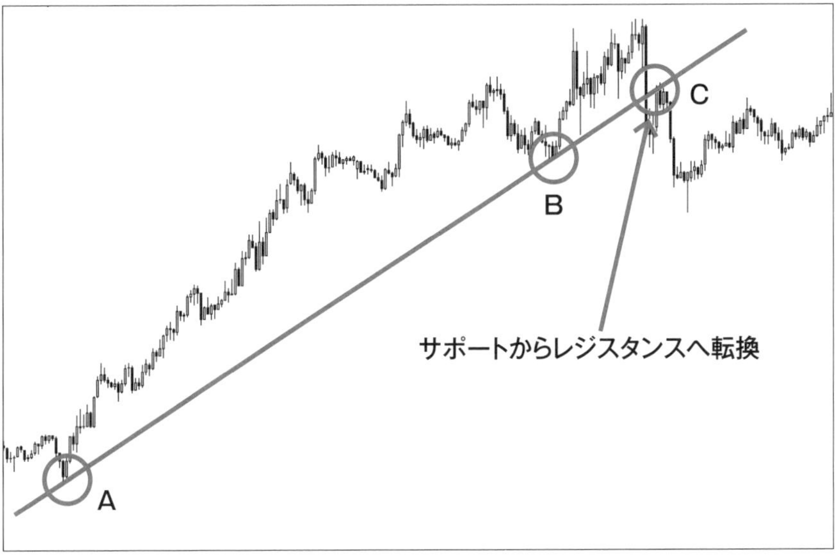

図3-10は逆のパターンです。A、Bが形成されると、下降トレンドラインが引けますね。Cでブレイクするとトレンドラインの役割はレジスタンスからサポートに変わります。そしてDではサポートのポイントになっています。

図3-10 下降トレンドラインがレジスタンスからサポートへ転換

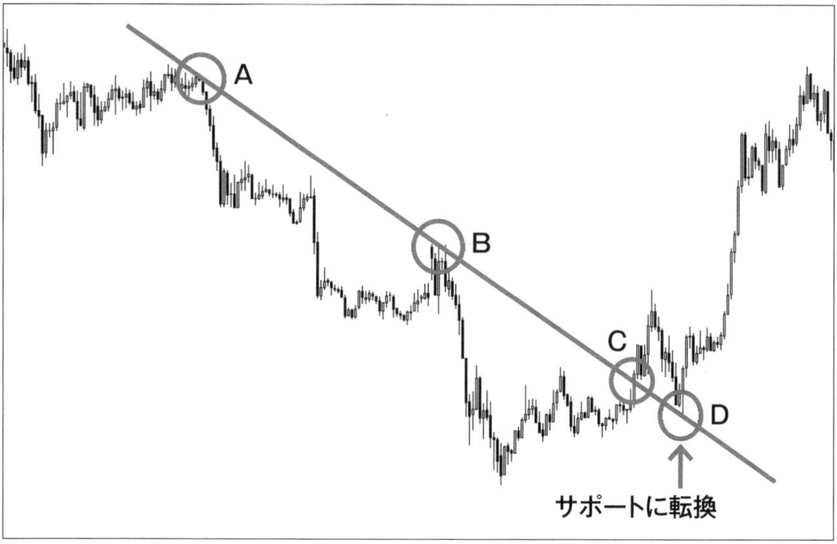

サポートライン、レジスタンスラインとの違い

注意すべき点は、「支持する」「抵抗する」価格帯が、サポート・レジスタンスラインと、トレンドラインでは違うことです。サポートライン、レジスタンスラインは、どれだけ時間が経過しても、ラインが水平だという性質上、常に同じ価格帯になります。一方、トレンドラインは斜めに引くため、**時間の経過とともにトレンドラインとローソク足がぶつかる価格が移動**していきます。

たとえば、上昇トレンドラインが引ける場合、そのラインに価格がぶつかるときは、前の起点よりも価格は上のはずです。ラインは右肩上がりですから、次に価格がラインにあたるときは、今よりもチャートでは上になり、価格も上になるということです。

16 ④チャネルライン

チャネルラインでトレンドの値幅がわかる

チャネルラインを作るためには、2本の平行したラインを引きます。下降トレンドでは、まず高値同士を結び、トレンドラインを引きます。そして、このトレンドラインと平行のラインを引き、ローソク足の安値側に移動します。この2本のラインを合わせて「チャネルライン」といいます。

引いた2本のラインは平行なので、ラインの傾き（角度）が同じになります。「チャネル」とは、道筋・ルート・手段という意味です。名前のとおり、相場の波がわかる2本のラインになります。

図3-11を見てください。A、Bを結ぶと、下降トレンドラインが引けます

図3-11　チャネルラインは2本の平行ラインを引く

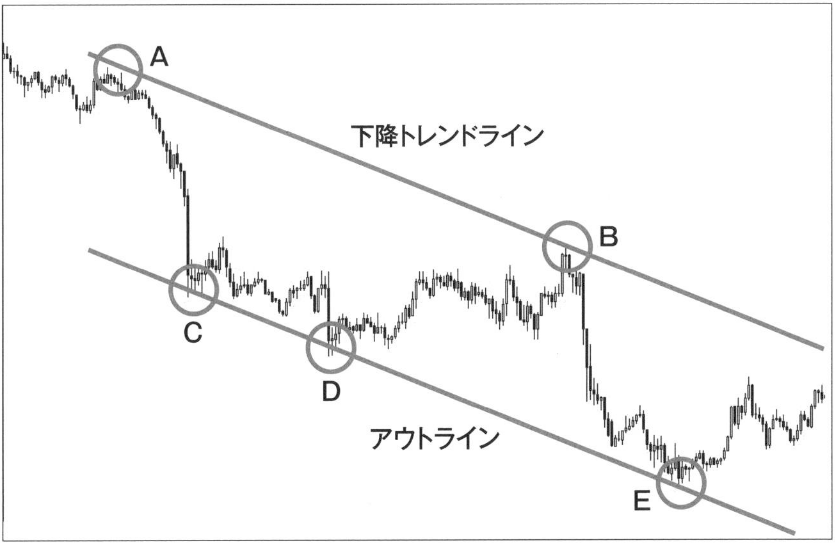

ね。それと平行にラインを引き、安値側に移動することで、チャネルラインになります。C、D、Eでぴったり反発していますが、これは偶然ではありません。トレンドには、必ずといっていいほど**決まった上下動の波があり、一定の値幅をキープして進んでいきます**。すべてのトレンドがこのようなきれいなチャネルラインになるわけではありませんが、多くのトレンドは、チャネルラインが引けると考えてください。上昇トレンドの場合は、逆になります。

なお、チャネルラインの引き方は182㌻の値幅観測の箇所でも説明しています。

アウトラインはトレンドラインと平行に引く

トレンドラインと平行に引いたラインのことを、「アウトライン」といいます（図3-11参照）。トレンドラインがトレンドの起点だとすると、アウトラインはトレンドが反転するポイントです。相場は上下動を繰り返しながら進んでいくので、どこかで反転しながら進みます。その反転するポイントを、チャネルラインではかることができます。

1本のトレンドラインだけだと、安値もしくは高値の片方しか見ないようになってしまいます。たとえば、上昇トレンドの場合は安値同士を結ぶので、ローソク足の安値ばかり気にして、高値は意識して観察していないのではないでしょうか。トレードで勝つためには、トレンドが上昇、下降のどちらであろうと、**高値と安値両方の動きを意識的に見なければなりません**。逆張りの場合は反転するポイントを見つけていくので、特に重要になります。

図3-12では、チャートの外側にA、B、Cの3本のラインを引いています。このように、ローソク足の外側にラインを引くことで、価格がどこで止まっているのか把握することができます。そして、これをトレンドライン、アウトラインと組み合わせることで、全体の流れが一目でわかるようになってきます。このチャートにトレンドライン、アウトラインを引き、チャネルラインにしてみます（図3-13）。

チャネルラインを引くことで、トレンドとレンジの相場環境が、視覚的に鮮明になってきます。高値と安値の上下動の波のサイクルや、トレンドの値

図3-12　ローソク足の外側にラインを引き流れを見る

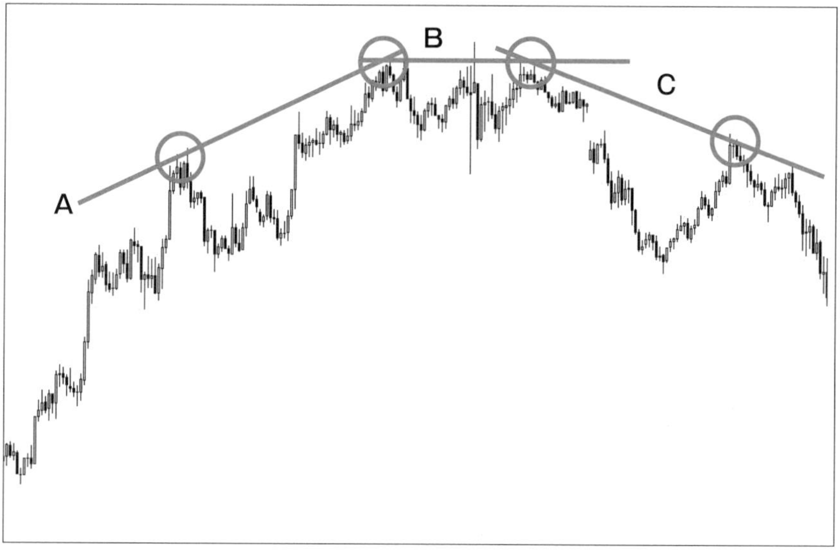

図3-13　チャネルラインで相場環境が視覚的にわかる

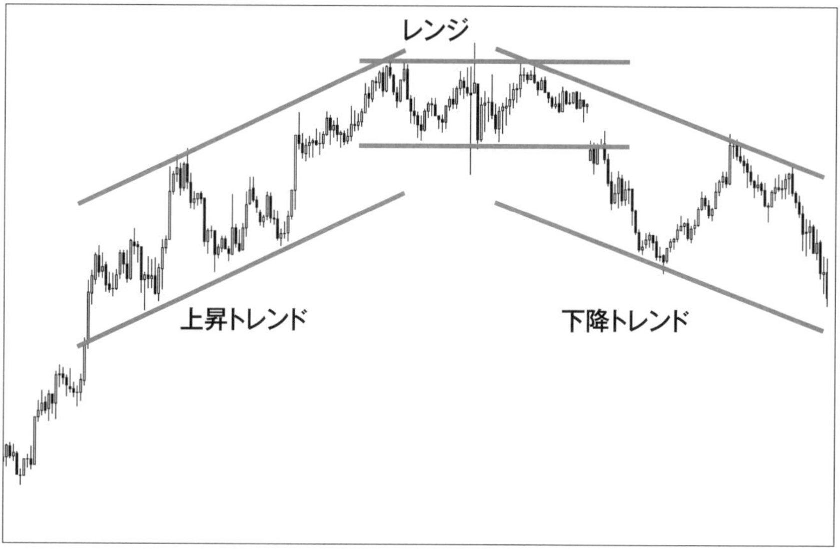

幅までわかるようになり、それがネックラインの発見につながってくるのです。日々、チャネルラインを引いて相場の波をとらえるようにしていると、驚くほどトレンドとレンジのサイクルがわかってきます。

相場はどんなときでも「Nの字」で進む

次に、なぜチャネルラインが機能するのかについて考えてみたいと思います。「なんとなくトレンドラインとアウトラインが引けたからチャネルラインができた」というものではありません。安値と高値がたまたま同じ角度で進行しているのではなく、相場はチャネルの軌跡をたどりながら動く習性があります。**その習性とは、「相場はNの字で進む」というもの**で、これを知っているとチャネルラインが機能する理由がよく理解できると思います。

相場には、レンジ相場とトレンド相場がありました。レンジ相場のときは、安値→高値→安値→高値と一定の間隔で価格が上下しているので、これを直線であらわすと「Nの字」になります。

図3-14　「Nの字」で動く相場をチャネルラインでとらえる

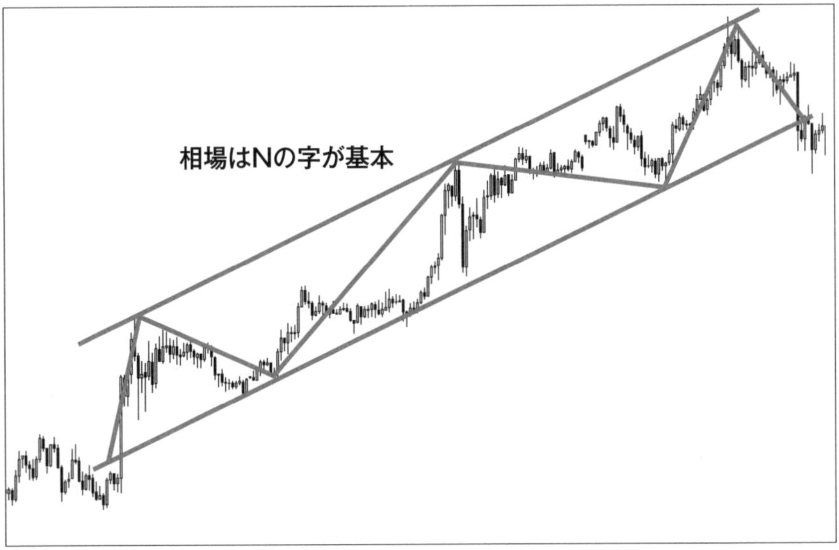

一方、トレンド相場の場合は、ブレイクしてローソク足が長く伸びたり、一時的な急騰や急落があったりするので、「Nの字」をイメージしにくいかもしれません。しかし、どんなに強いトレンドでも、最終的にはNの字で形成されます。

図3-14を見てください。上昇トレンドで連続した上下動をしていますが、「Nの字」がいくつも重なって、チャネルラインを形成していることがわかります。

これは、どんなに強い上昇トレンドでも、**一方向へ上がり続けることはなく、必ず押し目をつけながら上昇していく**という相場の習性があるからです。上昇したら小休止のために一時的に下落し、その後また上昇していく、という繰り返しです。下降トレンドの場合も同様で、下げたら一時的に反発し、戻りをつけます。そして徐々に安値を更新しながら下落していくものだと覚えてください。

たとえば、上昇トレンドのトレードをイメージしてみます。上昇しているということは、売りよりも買いの圧力が強くなっています。つまり、買いポジションを持っているトレーダーが多数いるわけです。そして、直近の高値を超えると、含み益がある程度増えます。そうすると、「いったん利益確定をしておこう」と考えるトレーダーが手仕舞いをし、一時的に売り注文が入るので反落します。しかし、上昇トレンドの最中なので、この下げを押し目だと判断するトレーダーが多く、再度買い注文が多く入ります。この上げ下げが「Nの字」になるのです。そして、このNの字ができるので、チャネルラインが引けるという流れです。

このNの字で動く仕組みを、「N波動」といいます。N波動については172ページ「⑧波動」で詳しく説明していきます。チャネルラインが引けることには、このようにきちんと理由があるのです。N波動は、逆張りだけでなく順張りでもよくマッチします。トレード例は後述するので、仕組みを覚えておきましょう。

チャネルラインは「長さ」「角度」「値幅」を意識

ここまでの説明で、チャネルラインの引き方と、大きな流れをつかむイメージは理解できたかと思います。次に、もう少し詳しい活用方法を見ていきます。

エントリーポイントを見つけるためには、ラインを引くだけでなく、そこから戦略を立てないといけません。チャネルラインを引くうえで私が意識しているポイントは次の3つです。

① チャネルラインの長さ
② チャネルラインの角度
③ チャネルラインの値幅

相場は24時間動いていて、刻々とチャートを形成しています。その都度チャネルラインを引きますが、まったく同じチャネルラインというのは、まずないと考えてください。同じ相場がない以上、チャネルラインの長さ、角度、値幅は必ず異なります。それぞれの意味合いは次のようになります。

① 長さ → ラインが長ければ長いほど、支持 or 抵抗の力が強くなり、ブレイク後の反動も大きい
② 角度 → 急なほどそのトレンドへ進む力が強いが、長くは続かない
③ 値幅 → 値幅が広いほどそのトレンドが強く、長く続く

たとえば、図3-15のチャートを見てください。チャネルラインAとBがあります。Aはチャネルが長くて角度がゆるやかで、値幅もあります。Bのチャネルは短く、角度が急で値幅が狭いですね。3つのポイントがそのままあてはまっています。このように、Aというチャネルラインの中に、別のBというチャネルラインを引くこともできます。むしろ、**相場はチャネルラインだらけといってもいいでしょう。**大小さまざまなチャネルラインを組み合わせることで、値が止まるポイント、もしくは走り出すポイントがわかるようになってくると思います。

チャネルラインAを木の幹、チャネルラインBを枝だと考えてください。太い幹があって、細い枝があるイメージです。チャネルラインも幹や枝と同様で、細くて角度が急だと長くは続きません。幹が太ければ太いほど、その

図3-15　大きいチャネルラインの中にも小さなチャネルができる

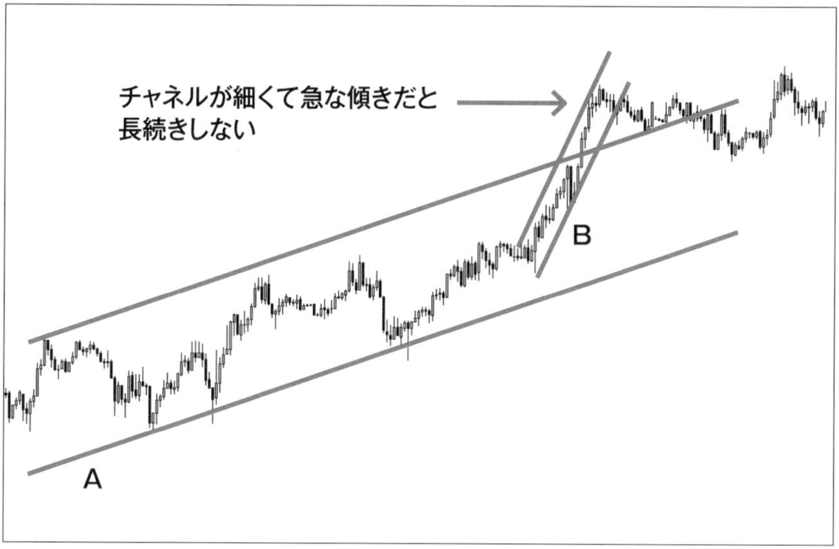
チャネルが細くて急な傾きだと
長続きしない
B
A

木は大きいのです。細い枝は長くなると途中で曲がるか折れるので、あまり長くはなりません。細いチャネルラインも、長くは継続しないということです。

このように、3つの特徴を意識してチャネルラインを引いてみると、よりわかりやすくなってきます。

チャネルラインはいずれブレイクされる

チャネルラインを引くと、相場環境を把握しやすくなる半面、そのチャネルラインの中だけでトレードをしがちになります。たとえば「上昇トレンドラインにあたったら買い、アウトラインにあたったら売り」という単純な戦略だけでは、視野が狭くてトレードも小さくなってしまいます。これでは、根拠が少なく安定して勝てないでしょう。なぜなら、チャネルラインはいずれブレイクされるものだからです。

図3-16を見てください（図3-15と同じチャートです）。Aで反発してからもチャネルラインの中で推移していましたが、Bでいったん反落したあとすぐに上にブレイクしています。トレンドが発生してもいずれ終わるので、チャネルラインが永遠に機能することはないということがわかると思います。

また、あるトレンドが、突然勢いを強めて高値と安値を切り上げる角度が上がることもあります。そうすると、チャネルラインの角度が変わるなどします。ですから、**ひとつのチャネルラインはブレイクをしながら、先ほどの3つ（長さ、角度、値幅）を修正し進んでいきます**。チャネルラインが引けたら、それだけに固執せず、次はどう修正していくのかを考えるといいでしょう。

図3-16　いずれ上下どちらかにブレイクしていく

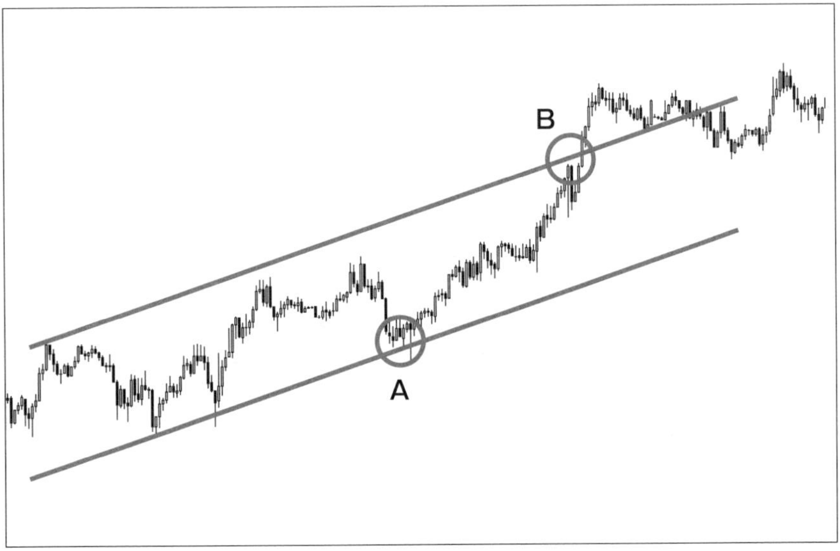

ブレイク後の値幅はチャネルラインではかると便利

チャネルラインをブレイクすると、そのチャネルラインの倍の値幅が出ることがよくあります。それは、「相場は達成感があるまで進む」という習性があるからです。

図3-17のチャートを見てください。Aのチャネルラインを上にブレイクしたあと、レジスタンスがサポートになって上に跳（は）ねています。どこまで上値更新したかというと、1回目がAのチャネルラインの倍（Bの値幅）になります。Bで2倍を達成し、いったん反落してトレンド回帰し、さらに2回

目の上昇でAの値幅の3倍を出してCに到達しています。このように、**トレンドの達成感をチャネルラインの値幅を基準にしてはかることができます。**

すべての相場がこうなるわけではありませんが、チャネルラインをきれいに引くことができれば、そのチャネルラインの値幅を基準にしたトレードが可能になります。エントリーや利益確定の目安にできるので、エンベロープや他のテクニカルと組み合わせると期待値が高くなります。

図3-17 ブレイクでチャネルラインの倍の値幅が出ることが多い

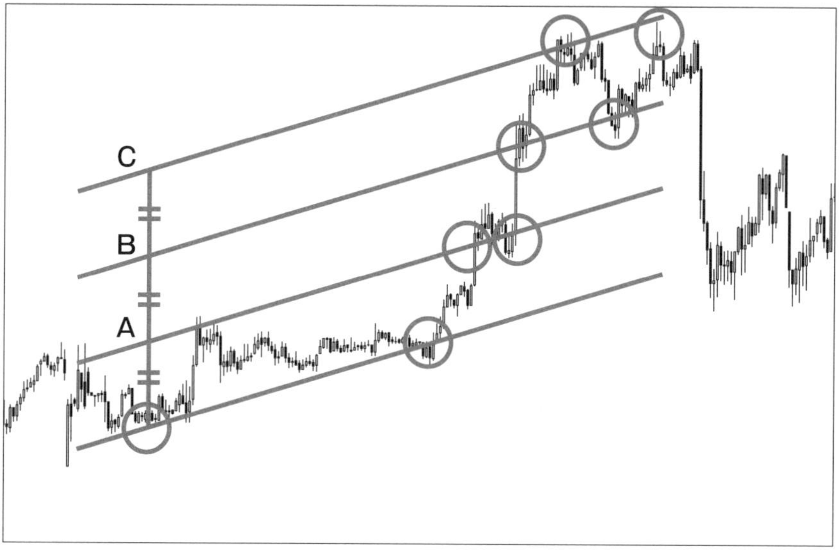

私も毎日チャネルラインを引いていますが、不思議なことに、トレンドが出るとチャネルラインが機能していきます。チャネルラインをもみ合いの値幅として考えてみてください。チャネルラインがブレイクしたら次のステージに入ったことになりますね。**価格がどこまで進むかという想定をするとき、もみ合い幅の倍がとりあえずの達成ポイントになります。**

結果、チャネルラインをブレイクすると、倍の値幅が出やすくなるというわけです。価格が止まるポイントやブレイクするポイントが「ネックライン」になりますが、チャネルラインも同様だといえます。ぜひ覚えてください（詳しい値幅観測は178ページで説明しています）。

17 ⑤三角もち合い

そのあとに発生するトレンドが狙い目になる

相場が変動するサイクルは、レンジ相場→ブレイク→トレンド相場でした。その中でも1分足スキャルピングで一番利益を出しやすいのが、値幅が大きくなりやすいトレンド相場です。トレンド相場は、レンジ相場からブレイクして発生するため、レンジとブレイクを理解することが重要になります。

なお、レンジ相場は「もち合い相場」ともいわれ、レンジ相場そのものは1分足スキャルピングには向いていないのですが、「三角もち合い」を理解すると、**そのあとに発生するトレンドで効果的に利益を出すことができる**ようになります。ですから、レンジ相場をしっかりと認識することが大切ということです。

2種類のレンジ相場

一定の間隔で上昇と下落を繰り返し、同じ値幅を行ったり来たりしていて、方向感のない状態が「レンジ相場（もち合い相場）」です。レンジ相場では、一定の価格まで下げたら買われる、上げたら売られる、というように、値幅が限定的で売り買いの圧力が均衡するときに発生します。トレンド相場の前には必ずレンジ相場が形成され、「相場の大半がレンジ相場」といわれるくらい頻繁に発生しています。

ここから、これまで説明してきたサポートライン、レジスタンスライン、トレンドラインを使って、2種類のレンジ相場を見ていきます。なお、レンジ相場はいつまでも継続することはなく、**いつか必ずブレイクするので、どちらにブレイクするのかを見極めること**が重要です。レンジの推移を観察し、上にブレイクするパターンと下にそうなることの2つを考えておくと、焦らずにトレードできます。

ボックス相場と三角もち合い

図3-18はA、Bの2本のラインがあり、Aがレジスタンスライン、Bがサポートラインです。それぞれ、丸のポイントが抵抗帯・支持帯で、一定のレンジ内で何度か上下しているのがわかります。同じレジスタンス・サポートラインで2度3度と反転し、どちらにも抜けずに相場が行き詰まっている状態です。A、Bどちらも水平ラインなので、レンジ幅がそのまま横に移動していくイメージです。このレンジ幅は、四角い箱型に見えることから、「ボックス相場」ともいいます。

図3-18 水平ラインを引いてあらわになるボックス相場

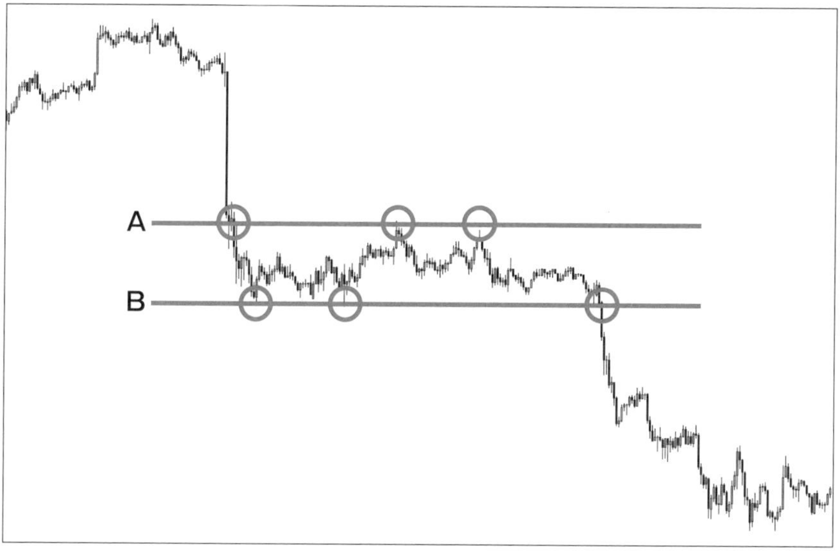

一方、サポートライン、レジスタンスラインのように水平ラインではなく、トレンドラインがレンジ相場を形成する場合があります。トレンドラインは、ローソク足の高値（安値）を切り上げていく（切り下げていく）とき、斜めに引けるラインのことでした。そのため、ボックスの形にはならず、図3-19のように「三角形」になります。

「2種類のレンジ相場」とは、使うラインが水平ラインとトレンドラインの

図3-19 斜めのラインを引く三角もち合い

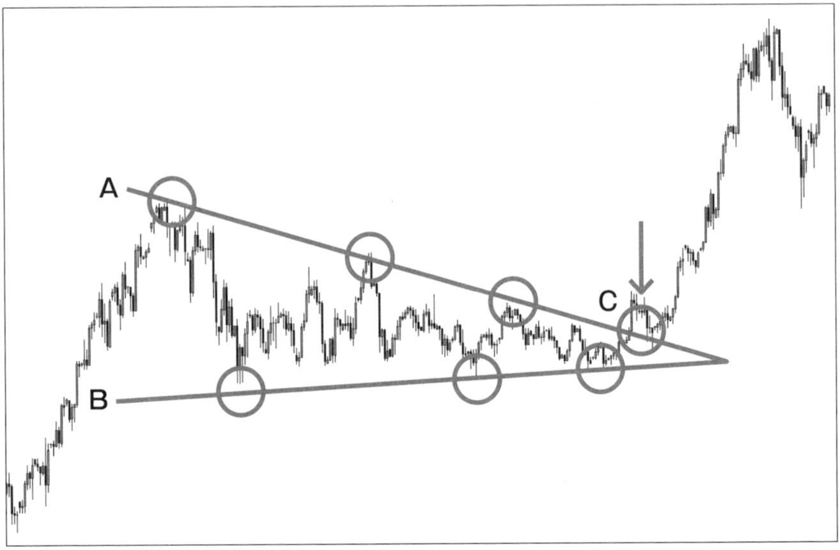

どちらか2つになるからです。ラインを引くとき、水平に引くか、それとも斜めかという違いです。この2つを使い、レンジを認識します。

再び図3-19を見てください。Aが下降トレンドラインで、Bが上昇トレンドラインです。この2本を合わせると三角形になりますね。この形を「三角もち合い」といい、レンジ相場を見分けるうえでとても重要です。

三角もち合いは、ボックスよりも分析が難しい形ともいえます。なぜかというと、形が三角なので見落としやすいからです。ボックス相場の場合は水平ラインなので、常に真横にラインを引けばいいだけです。しかし、三角もち合いの場合はラインが斜めなので、毎回角度が違い、意識していないととても見つけにくいのです。反面、ボックス相場よりも早い段階でトレンドを把握することができ、トレードの準備も早く行なえます。

見分けるコツは、ローソク足の高値だけ、安値だけでなく、両方をチェックすることです。チャネルラインでも説明しましたが、**高値と安値の両方を見ることで、相場の上下動が把握できます**。三角もち合いも同じで、高値と安値を見るようにしていれば、おのずと三角もち合いのラインを引くことができるようになります。

そして、三角もち合いには、主に3つのパターンがあります。

- **上昇トレンドライン（斜め）＋ レジスタンスライン（水平）**
- **下降トレンドライン（斜め）＋ サポートライン（水平）**
- **上昇トレンドライン（斜め）＋ 下降トレンドライン（斜め）**

1本が斜め（トレンドライン）であれば、もう1本が斜めでも水平でも三角もち合いになるわけです。他に角度の違う上昇トレンドライン同士の三角もち合いなどもありますが、主にこの3つです。どれもラインの角度による違いだけです。このパターンは上にブレイクしやすいとか、違いはあまり考えなくていいでしょう。どのパターンであれ、上下どちらにもブレイクしますし、「こっちにブレイクしやすい」という偏見の目で見ないほうがいいです。共通することとして、レンジ幅が徐々に狭くなっていき、最終的に、**ローソク足の行き場がなくなり三角形の先端に行くとブレイクする**、と考えておけばいいでしょう。三角形の先端がブレイクの前ブレとなります。レンジ相場が次第に窮屈になってくると、たまっていたパワーを放出するかのように一気にブレイクします。

レンジ相場の役割はトレンド相場を作るため

為替市場において売買高が急増して価格が動くのは、トレンド相場のときです。また、1分足スキャルピングで利益を上げやすいのはトレンド相場が大半です。そのためトレンドの発生は見逃せません。

「レンジ相場→ブレイク→トレンド相場」のサイクルを思い出してください。トレンド相場が発生するのは、レンジ相場がブレイクするからでした。**トレンド相場の前には必ずレンジ相場が存在します**。相場の大半はレンジ相場、ということは説明しましたが、トレンド相場で力を放出するためにレンジ相場で力をため込んでいるのです。

異なる時間軸で判断する

三角もち合いとブレイクは、どの時間軸のチャートでも同じ見方になります。ブレイクするラインや価格帯がネックラインになります。そして、より機能するネックラインを見つけるには、**ひとつの時間軸だけで判断するのではなく、異なる時間軸を組み合わせて判断する**といいでしょう。

たとえば図3-20のチャートを見てください。2つの三角もち合いがあります。左側は下降トレンドラインとサポートラインのもち合い、右側は下降トレンドラインと上昇トレンドラインの組み合わせです。このチャートだけで見ていると、どちらも三角もち合いを抜けてブレイクという流れがわかります。たしかに、三角もち合いを発見できれば何かしら戦略は立てられそうです。

図3-20 三角もち合いを抜けると大きくブレイクする

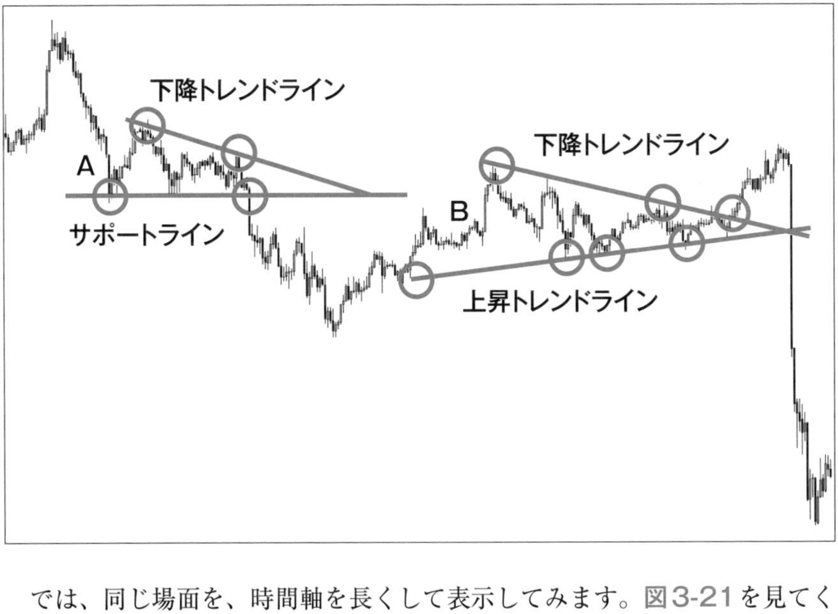

では、同じ場面を、時間軸を長くして表示してみます。図3-21を見てください。A、Bの三角もち合いは、先ほどの図3-20のチャートと同じものです。しかし、それより大きな三角もち合いがありますね。Cの下降トレン

ドラインとDの上昇トレンドラインを引くと、A、Bを囲うようにして大きな三角もち合いを発見できました。A、Bだけを見てトレードしていると、小さな枠の中で右往左往しているだけになるかもしれません。もっと大きな流れも把握し、長い時間軸と短い時間軸を組み合わせて判断したほうが、確度は高くなります。

図3-21 時間軸を長くして三角もち合いを確認してみる

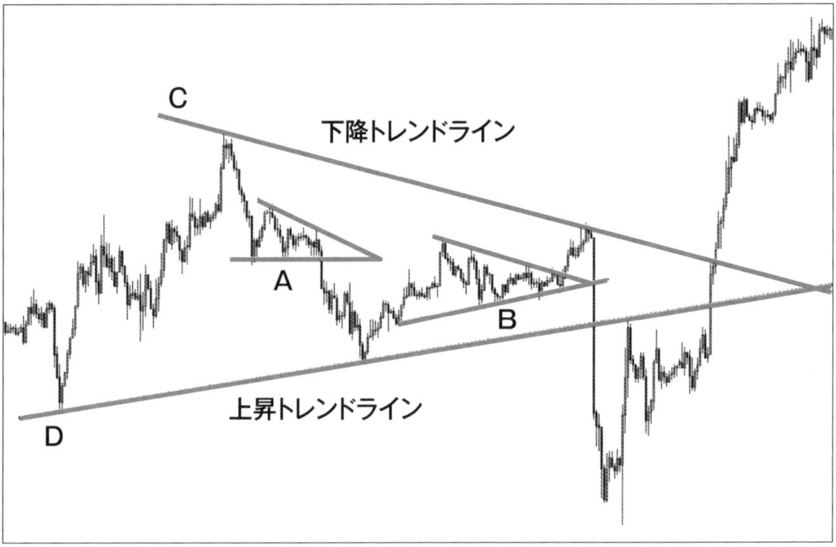

一概にどの時間軸が重要とはいえませんが、1分足含め、すべての時間軸を見るといいでしょう。型にはまったラインを引くのではなく、いろいろな時間軸で分析をして、その日の相場に合わせてトレード戦略を立てるようにしてください。そうすると、確度の高いネックラインを見つけることができます。

今回の場合、Bの三角もち合いをブレイクしたあと、それよりも強いネックラインC、Dが形成されたという相場環境がわかります。Aの三角もち合いをブレイクしたあとも、チャートを追って観察していればBに入る前にDの上昇トレンドラインが引けます。そして、Bがブレイクされたあと、Cの下降トレンドラインが引けました。A、Bの役割が終了したあとはC、Dの三角もち合いにバトンタッチしているということがわかります。

もち合いの形が大きいとブレイクも大きくなる

トレンドラインが長くなると、三角もち合いの形が大きくなります。そして、三角もち合いが大きいと、ブレイクも大きくなります。図3-21のチャートではA、Bが小さい三角もち合いでしたが、C、Dのトレンドラインを結んだ三角もち合いは大きかったですね。ブレイク後の値幅を見るとA、Bよりも大きいことがわかります。

また、三角もち合いが形成されてからブレイクするまでの時間も見てください。A、Bよりも何倍もの時間をかけて形成され、ブレイクしています。**もち合いの時間が長いほどブレイク後のトレンドも大きくなります。**レンジの時間が長ければ長いほど、力が蓄積されます。図3-22は図3-21と同じチャートですが、大きな三角もち合いのブレイクに注目してください。

このように、三角もち合いからのブレイクは、レンジ相場の値幅（大きさ）と時間の長さに比例します。これを基本として覚え、違うパターンがきたらいつもと違うので様子見するなどと考えることができます。もち合いが小さいのにブレイクが大きければ、「何かニュースが出たのではないか」と

図3-22　三角もち合いが大きいとブレイクも大きくなる

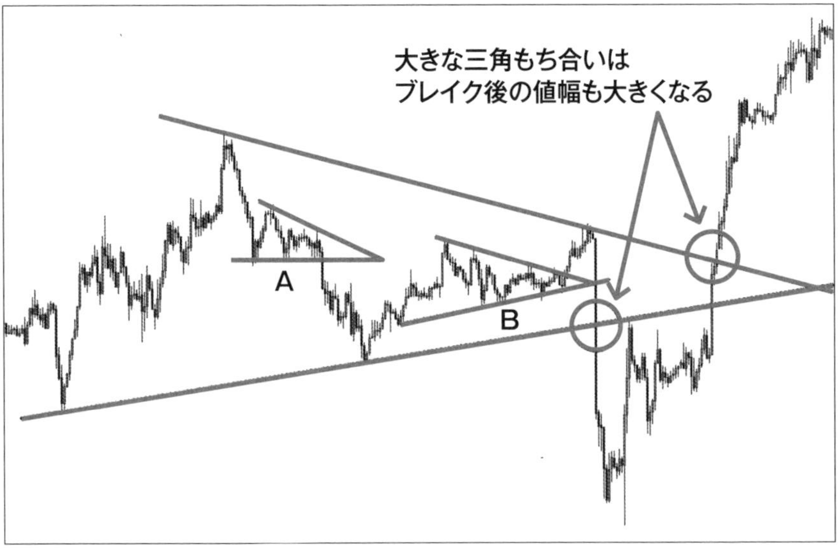
大きな三角もち合いは
ブレイク後の値幅も大きくなる
A
B

すぐに切り替えることができますし、基本を理解しているからこそ、それを逸脱したときにも対応できるようになります。ブレイクするときは、エンベロープのゾーンに到達することが多いので、エントリーしていいものか見極める必要があります。トレンドが発生するまでの環境をしっかりと認識しなければなりません。

ダマシが多くてもスキャルピングに影響はない

ダマシとは、その方向へ行くと見せかけて、すぐに反転してしまうことです。一度方向性を決めて進もうとしたものの、そっぽを向いてやっぱりやめた、と言っているようなもので、ブレイクしてもトレンドが出ずに反転してしまいます。ボックス相場でも三角もち合いでも見方は同じです。

図3-23を見てください。Aのポイントでは、レンジからきれいにブレイクしています。しかし、Bではブレイクしかけましたが、結局ブレイクポイントを上下動してダマシになりました。こうしたダマシは頻繁に起こるものと覚えておいてください。1日の中でも何度も発生する日常的なものとしてとらえてください。

図3-23　ダマシは頻繁に発生する

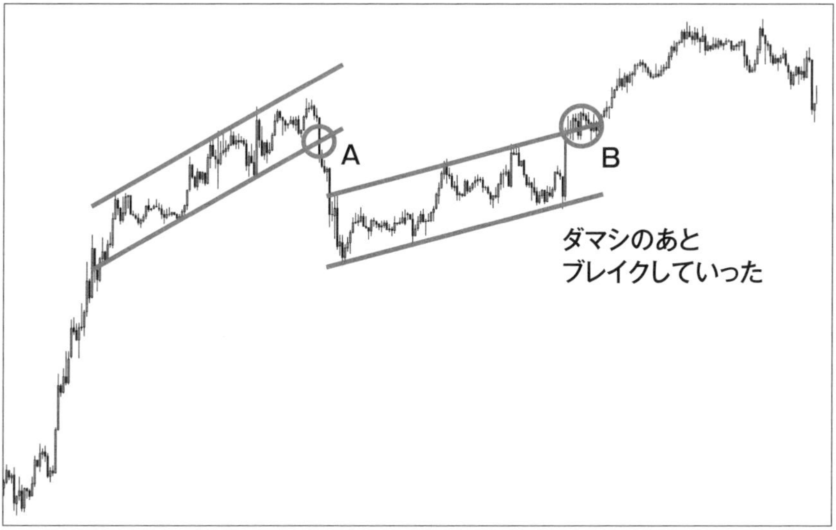
A
B
ダマシのあと
ブレイクしていった

では、ダマシがあるとトレードで勝てないのかというと、そんなことはありません。特に、1分足スキャルピングは、あまりダマシの影響を受けません。それは、ブレイクするポイントでは、**エントリーを見送ることと、そもそものトレード時間が短いから**です。ダマシであろうとなかろうと、ブレイク時は静観するのが基本なので、ダマシの影響を受けないのです。また、ダマシがあったとしてもすでに利益確定しているか、利益確定できずに含み損になったとしてもすぐに損切りするので影響がないのです。

結局、ダマシがあるかどうかなど、事前にわかるはずがありません。1分足のスキャルピングにおいて、動いているローソク足からダマシを判断することは難しいので、このようなときはトレードそのものを見送り、勝てる土俵になるまで待つようにします。

また、仮にブレイク後に一時的な反転を見越してトレードしたとしても、スキャルピングは数pipsから数十pipsといった小さい利幅を狙うトレードなので、ダマシでブレイクに失敗したなどは損益に影響はありません。ブレイク失敗の判明前に、すでに決済を終えていれば問題ないわけです。結果的にダマシになったとしても、時間軸が短いトレードスタイルほど、損益への影響は少なくなります。

一部分を見るのではなく視野を広くする

図3-23は、Bでダマシになりました。実は、違う見方をするとダマシではないのです。図3-24を見てください。これはラインの取り方を変えただけです。図3-23でダマシになったポイントは、上昇トレンドのアウトラインではなく、水平のレジスタンスラインが機能していることがわかります。形も三角もち合いですね。きれいにロールリバーサルしていて、N字を描いてブレイクしています。もしレジスタンスラインを引いていれば、正しい戦略を立てられた可能性が高くなります。

このように、ラインひとつで相場環境の見方が変わり、それがトレード戦略へ大きな影響を与えます。自分が引いたラインだけが正しいのではなく、

図3-24　ラインひとつで相場環境の見方が変わる

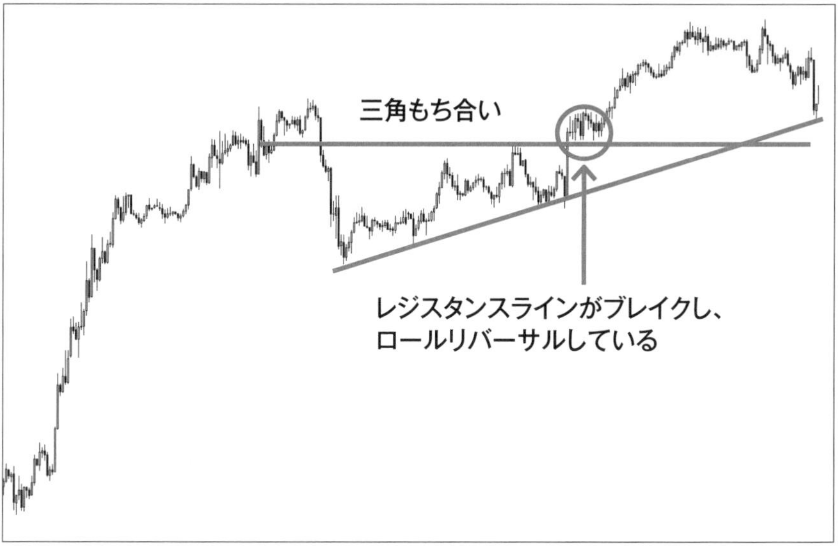
三角もち合い
レジスタンスラインがブレイクし、
ロールリバーサルしている

「他の見方ができないか」「違う可能性はないか」など、常に謙虚な姿勢でチャート分析をしましょう。**ライン分析では、とにかく多くのラインを引くことが大切**です。最初からこのラインと決めつけず、いろいろ引いては消し、試してください。それが確度の高いネックラインを見つける正しい方法です。

18 ⑥フィボナッチ

フィボナッチの計算方法を理解しよう

フィボナッチは、価格の「支持帯」と「抵抗帯」を予測するテクニカル分析のひとつです。トレンドが発生したときに効果を発揮し、ネックラインを見つけるためにとても有効なツールです。

フィボナッチとは実在した人の名前で、12～13世紀の中世時代に有名だったイタリアの数学者レオナルド＝フィボナッチに由来しています。

次の数字の並びを見てください。

「1, 1, 2, 3, 5, 8, 13, 21, 34, 55, 89, 144, 233, 377……」

永遠と続くこの数列をフィボナッチ数列といいます。この数列には特徴があり、ある数字と次に続く数字を見てみると面白い関係にあります。たとえば次の2つの法則です。

まずひとつ目は、連続する2つの数字の合計が次の数字になるものです。

■ 1 ＋ 2 ＝ 3
■ 3 ＋ 5 ＝ 8
■ 5 ＋ 8 ＝ 13

これが永遠と続いているのです。そして2つ目は、限りなく次のような数字になるという原則です。

■ その数字を 1 つあとの数字で割ると 0.618 になる
■ その数字を 2 つあとの数字で割ると 0.382 になる
■ その数字を 3 つあとの数字で割ると 0.236 になる

たとえば、次の計算のようになります。

- 144 ÷ 233 = 0.618
- 13 ÷ 34 = 0.382
- 55 ÷ 233 = 0.236

そして、0.236、0.382、0.618という倍率を、「フィボナッチ比率」と呼びます。とても不思議ですが、この数字が為替市場で機能するのです。

フィボナッチは世界中の大多数の投資家が見ているテクニカルツールです。日本ではトレンドラインのような「ライン」がメジャーで、フィボナッチを使っているトレーダーは少ないかもしれません。しかし、自然の摂理に則っているのか、不思議なものでフィボナッチが機能することがよくあります。私はFXをはじめて20年が経ちますが、**投資心理を織り込んだマーケットは往々にして自然の摂理に基づく**と感じます。自然と押し目や戻しポイントをフィボナッチで判断する習慣がつきました。

人間の心地よい心理状態をあらわしたもの

このフィボナッチ比率は、木の枝分かれ、ひまわりの種の配列など、自然界にも見られます。また、ピラミッドやモナリザなど、多くの歴史的建造物・芸術作品にも見出すことができます。大多数の人が見て、美しいと感じるものですね。この比率は、**人間にとって心理的に「心地がいい」とされる数字といわれています**。集団心理を織り込んだマーケットを一種の芸術作品と考えると、フィボナッチ比率が働きやすいといえます。

相場においても、こうした数字が「心理的」もしくは「テクニカル的」に支持帯や抵抗帯になっているというのは不思議なことです。しかし、押し目や戻りポイントをはかる、ポジションを持つ、手仕舞いするなど、トレードで利益を上げるための売買根拠を求めているのは他でもない人間です。そこには集団心理が入り込み、心地よいと感じるフィボナッチ比率が働くのは、実は自然なことなのかもしれません。

フィボナッチを使った相場の見方には、「フィボナッチファン」「フィボナッチエクスパンション」など10種類近くの方法があります。ラインの引き方による違いだけで、フィボナッチ比率を使うことは共通しています。

私はネックラインを一番見つけやすい、「フィボナッチリトレースメント」を採用しています。フィボナッチリトレースメント以外はメジャーでなはいので本書では割愛します。リトレースメントは「引き返す」「後戻りする」という意味です。「押し目」や「戻り」と読み替えてみてください。相場は一方向へ進むことはなく、必ず「押し目」や「戻り」を作る習性があるため、あらかじめフィボナッチリトレースメントを引くことで反転する可能性がある価格帯が予測できます。なお、ここからは本書でフィボナッチといったらリトレースメントのことと理解してください。

フィボナッチを引いてみよう

フィボナッチ比率が機能するのは、トレンドが発生したときです。そのため、**フィボナッチはトレンドが発生する前ではなく、トレンドが発生したあ**

図3-25 MT4でフィボナッチ比率を表示したチャート

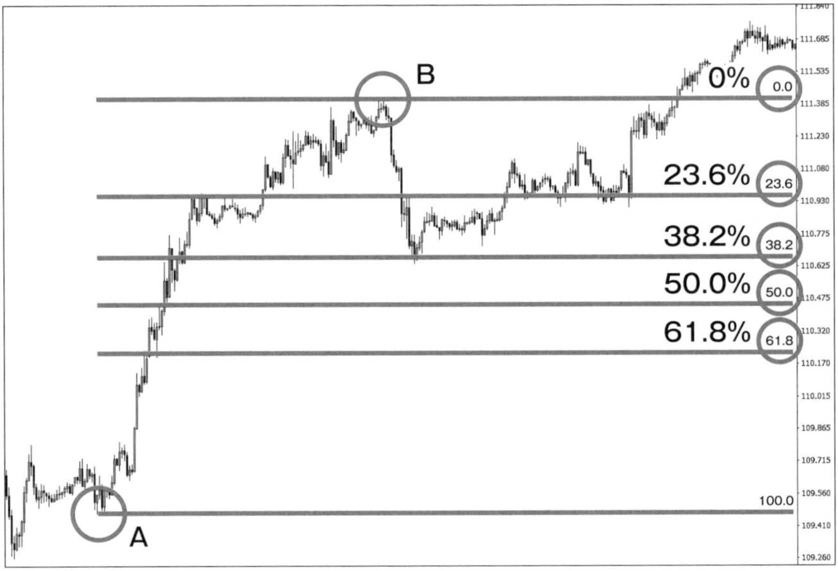

とに引きます。トレンド発生前に引くことがないのは、トレンド中にできた高値と安値が必要だからです。トレンドがないと高値や安値ができません。まず、これを押さえてください。

図3-25のチャートを見てください。上昇トレンドの場合の引き方です。最初にそのトレンドの安値と高値を見つけます。Aが安値、Bが高値です。そして、MT4など「フィボナッチリトレースメント」を設定できるチャートソフトでAからBを結ぶとフィボナッチ比率が自然に表示されます。MT4の場合は、チャートの右側に表示されます。AからBの値幅に対して、高値Bからの戻り比率が23.6%、38.2%、50.0%、61.8%の価格帯に、自動的に水平ラインが表示されるのです。フィボナッチ比率は、高値と安値の値幅に対しての比率ということです。下降トレンドの場合は逆で、高値から安値に向かって引きます。

4つの比率がサポート・レジスタンスになる

マーケットでは、トレンドが発生したあと「半値押し」「3分の1戻し」と

図3-26 サポートラインとして機能するフィボナッチ比率

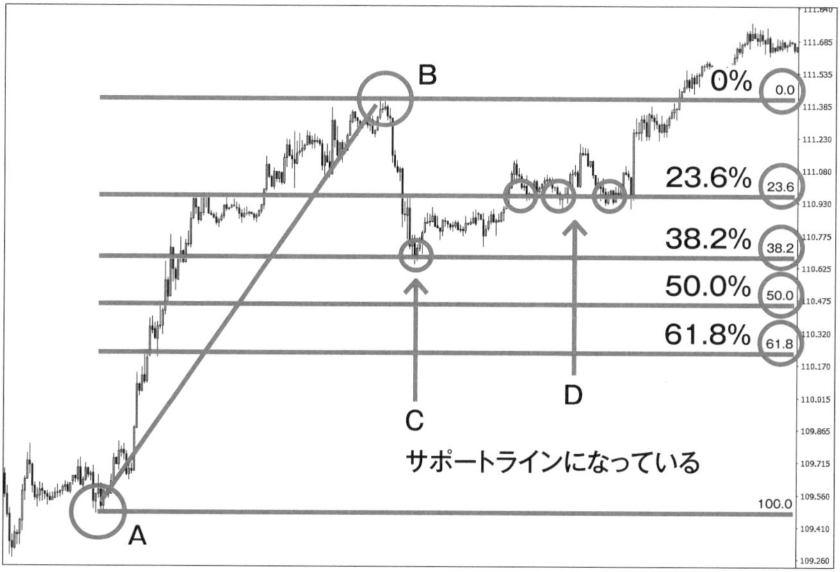

いった言葉がよく使われますが、フィボナッチでは、**「23.6%」「38.2%」「50.0%」「61.8%」の比率がとても重要視されます。**フィボナッチを使う投資家はこの4つの比率を特に意識するため、価格がこれらの比率に近づくと、サポートやレジスタンスになることが多くなります。

図3-26のチャートを見てください。図3-25と同じチャートですが、CとDがサポートラインとして機能していることがわかります。Cはフィボナッチ比率38.2%、Dは23.6%です。適当に安値から高値を結んでフィボナッチを引き、偶然この比率で反発しているわけではありません。下落してくれば、C、Dがサポートラインとしてさらに意識される想定ができます。

トレードの世界で使うフィボナッチ比率は、この4つの比率（23.6%、38.2%、50.0%、61.8%）が重要です。逆に、これ以外の比率はあまり重要でないため、覚えなくてもいいでしょう。

ヒゲか実体か……正確に引く必要はない

フィボナッチを引くとき、起点をローソク足のヒゲに合わせるのか、それとも実体に合わせるか、最初は迷うと思いますが、**どちらが正しいという正解はありません。**サポートライン、レジスタンスライン、トレンドライン、チャネルラインも同じ考え方です。

たとえば安値の起点をヒゲにし、高値を実体に合わせ、ヒゲ→実体でフィボナッチを引いたとします。しかし、23.6%で反応がないとき、フィボナッチがまったく機能していないと決めつけてチャート上からラインを削除するのではなく、ヒゲ→ヒゲや実体→ヒゲなど、起点や高値を変えて引き直してみてください。

私の場合、ローソク足の安値の下ヒゲと高値の上ヒゲを最初に結ぶようにしています。こうすることで、最安値と最高値の最大値幅を基準とし、この値幅からどれだけ押したのか、戻したのか判断することができ、これがルーティンになっています。ただし、ヒゲ→ヒゲが毎回機能するわけではありません。長い下ヒゲや上ヒゲが出ると、実体の場合に比べ値幅は大きく異なるので、ヒゲ→ヒゲを引いてからヒゲ→実体などを試すようにしています。

トレンドは 23.6%と 38.2%に乗っていく

フィボナッチは、トレンドが発生したときの高値と安値の値幅に対して、高値からどれくらいの割合逆行したか（押し・戻しが発生したか）という分析方法です。先述したように、使う場面をトレンド発生時に絞ることにより、効果的に利用できるようになります。

相場はレンジ相場→ブレイク→トレンド相場のサイクルでした。トレンド相場でもジグザグを描きながら進んでいきます。図3-27のチャートは下降トレンドのときです。

AからBにかけて強いトレンドが発生し、Cが戻りポイントになりました。フィボナッチ比率は23.6％です。ここで一時的な反発（戻り）が止まり、トレンド回帰して下落しています。その後はBの安値をブレイクしています。最終的にNの字で価格が進みました（図3-28）。相場は必ずNの字で進むことも思い出してください。

図3-27　フィボナッチ23.6%が機能する例

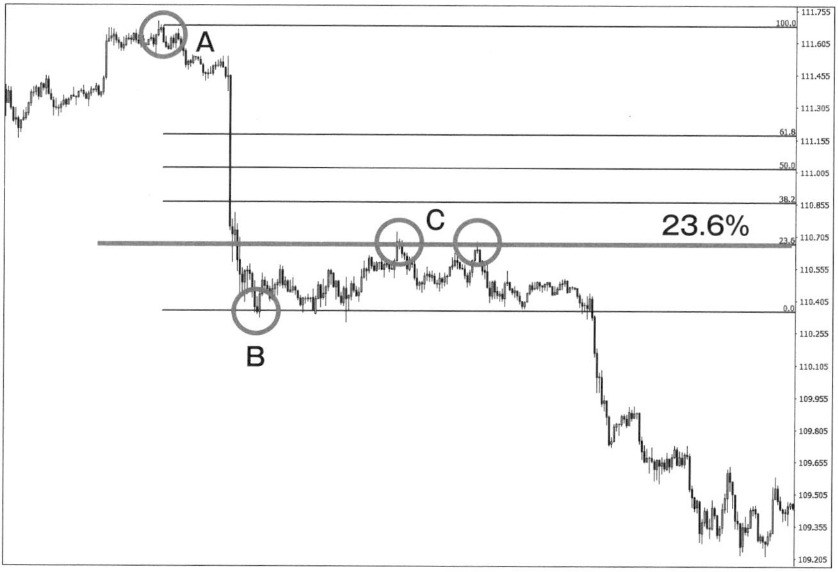

図3-28 フィボナッチ比率を意識して「Nの字」で動く相場

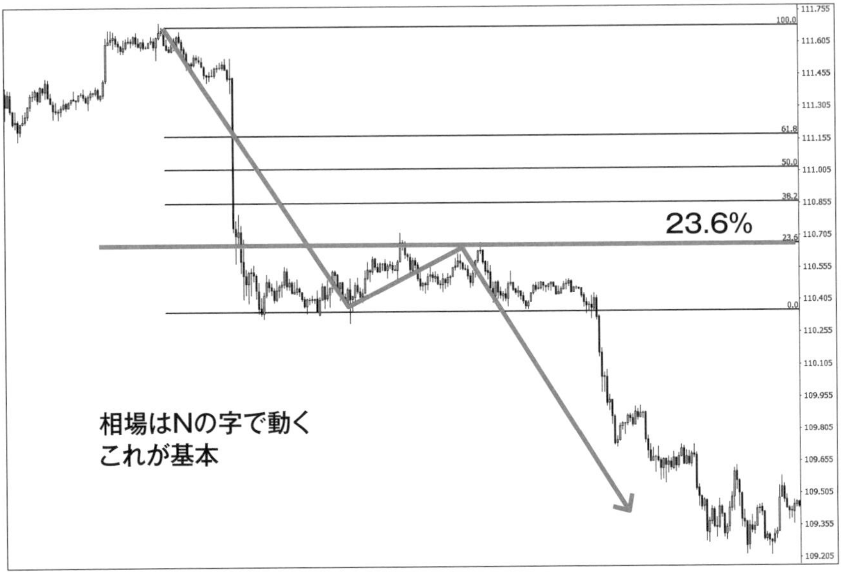

トレンドが発生すると相場はNの字で進むので、小休止のあとトレンド回帰したら直近の安値（もしくは高値）を抜けてきます。つまり、戻り（押し目）を予測するだけでなく、**実際に23.6%などのフィボナッチ比率で反転したときは、トレンド回帰して安値（高値）をさらにブレイクする確率が高くなる**という想定ができます。これには先に説明したように、心理的に「心地のいい」数字であることが働いているのかもしれません。人間の心理的に、「そろそろトレンド回帰するのではないか」と思いはじめる価格帯がフィボナッチに合いやすいということです。

図3-28のチャートでは、戻しポイントになったフィボナッチ比率は23.6%でした。ここで覚えておいてほしいのは、トレンド回帰する場合は23.6%だけでなく、38.2%も機能しやすいという点です。Nの字を見るとわかりますが、きれいなN字は浅い押し目・戻りになります。トレンド方向への売買が強いため、少しでも押し目や戻りをつけると、どんどん注文が入るからです。

図3-29のチャートはA、Bを結び、38.2%がサポートになってトレンド

図3-29　トレンドが強いと23.6%と38.2%が強く意識される

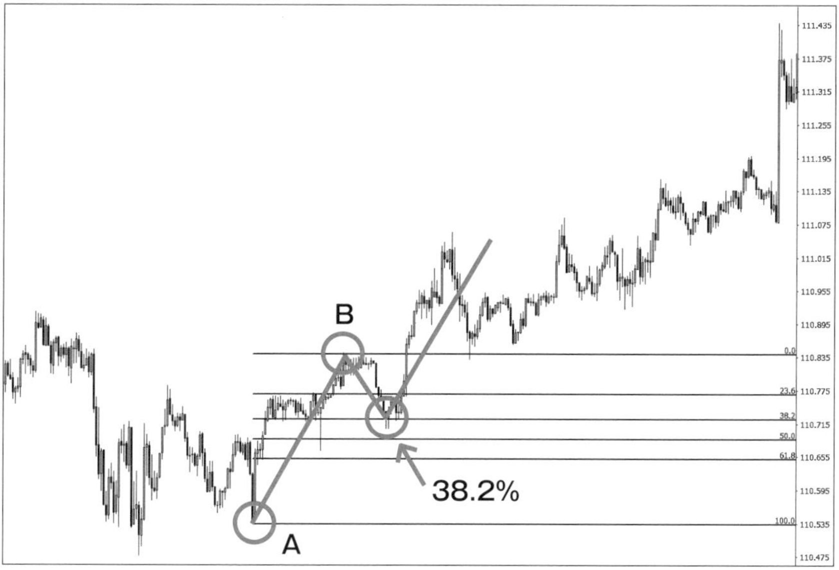

図3-30　高値が異なってもフィボナッチ比率が機能する

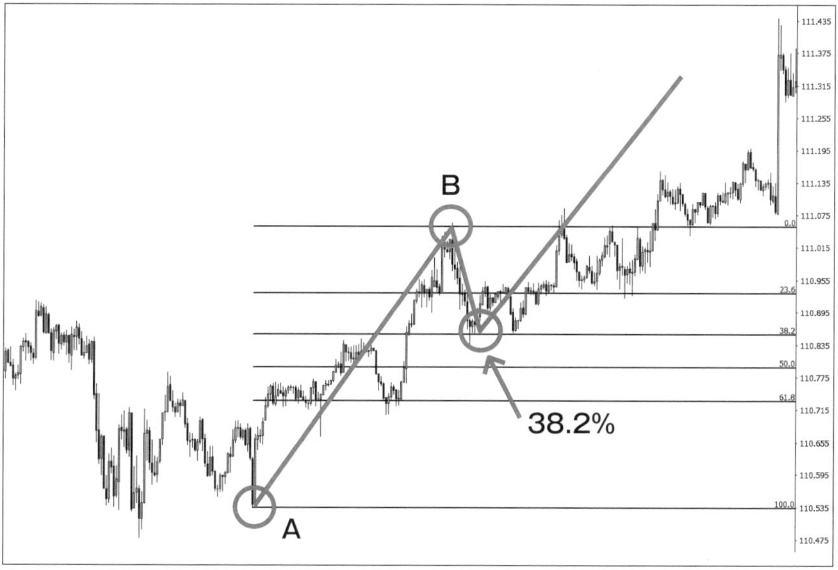

回帰していることがわかります。きれいなNの字を描いていることもわかりますね。そして、次の図3-30も同じチャートですが、フィボナッチの起点となる安値Aは同じですが、高値Bは違います。先ほどよりもさらに大きなN字で、38.2%でトレンド回帰しています。このように、トレンドが強いと23.6%と38.2%が押し目・戻しとなって、さらにトレンドが継続することが多いことも押さえておきましょう。

ただし、トレンドは永遠に継続するわけではないので、23.6%や38.2%で戻してもブレイクに失敗してトレンドが終了することもあります。また、50.0%や61.8%まで押しても、そこからすごい勢いでトレンド回帰することもあります。あくまでもトレンドは23.6%と38.2%に乗りやすいという程度に考えて、判断材料に取り入れてみてください。

19 ⑦ヘッド&ショルダーズ

トレンド相場が終わるときのサインになる

為替市場は、レンジ相場→ブレイク→トレンド相場というサイクルで動いています。そして、ある相場から別の相場に移行するときに、チャートは特徴的なパターンを形成することがあります。このパターンを知っていると、これからどんな相場になるのか容易に想定できるため、トレードが圧倒的に有利になります。

ヘッド&ショルダーズは、そうした重要なチャートパターンのひとつで、トレンド相場が終わるときによく見られる形です。ヘッド（頭）とショルダーズ（両肩）があり、チャートの形が人間の上半身に似ていることから、

図3-31 ヘッド&ショルダーズの基本形

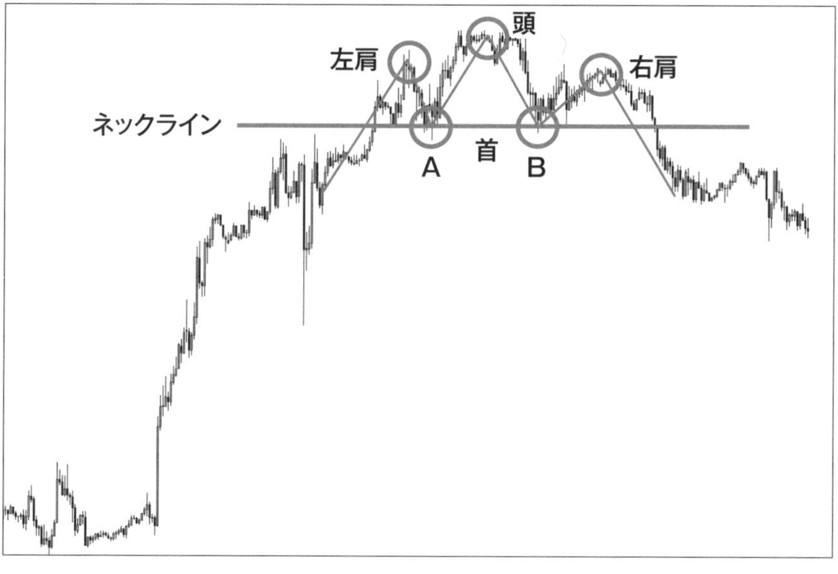

このような名前がつけられています。また、仏像が3体並んでいるようにも見えることから日本では「三尊」ともいわれます。

ヘッド&ショルダーズは**明確なネックラインがあらわれるため価格が止まるか走るか、とても予測しやすい**という特徴があります。1分足チャートと組み合わせるとスキャルピングの判断がとてもやりやすくなるので、おすすめしたいテクニカル分析です。

図3-31のチャートの肩の部分をつなぐとショルダーライン、首の部分がネックラインです。120ﾍﾟｰｼﾞで「ネックライン」はネックとなる価格帯という意味だと書きましたが、ネックには日本語で「首」という意味と「しこり、障害になる点」という2つの意味があります。

ヘッド&ショルダーズはトレンド終了時にあらわれる

ヘッド&ショルダーズを有効活用するために、絶対に覚えておかなければならない大前提があります。それは、**ヘッド&ショルダーズは、「トレンドが終了するとき」に形成される形**ということです。トレンドが継続するか、終わるのか、ポイントを絞って相場を見ることができるため、この大前提を知っているだけでも効率よくチャート分析ができます。刻々と動くチャートを見ながら、ヘッド&ショルダーズができそうだと思ったら、トレンドが終わるのか、それともトレンド回帰するのか、気持ちの準備をしておくべきです。

再び図3-31でヘッド&ショルダーズの形を見てみましょう。ヘッド（頭）と2つのショルダー（肩）で構成されていて、形成後（右肩でチャートがネックラインを下抜けしたとき）は上昇トレンドが終了していることがわかります。

ネックラインが最も重要

利益を出すために最も重要で覚えておきたいのがネックラインです。なぜ重要かというと、このネックラインはサポートやレジスタンスラインになるからです。ローソク足がネックラインにぶつかると、「反発、反落、ブレイク」という動きが顕著になるということです。逆張りだけで考えると、ネックラインにぶつかったときはすべてチャンスになるわけではありません。様子見したほうがいい場合もあります。しかし、**後述する順張りを組み合わせると、ネックライン付近はかなりのチャンスになります。**逆張りで様子見の箇所は順張りでチャンスになるからです。

あらためて図3-31を見てください。A、Bで価格が反発し、ネックラインがサポートラインになっています。そしてヘッド&ショルダーズは、この右肩部分のサポートラインを下抜けすることで形が完成します。このラインは最後のサポート（支持帯）となるため、売買が急増して相場が変わるポイントになります。1分足スキャルピングでもエントリーサインが出た箇所がヘッド&ショルダーズのネックライン付近であることはよくあります。

下降トレンドでは「ヘッド&ショルダーズボトム」

これとは逆向きで、下降トレンドが終了するときに見られる形を、ヘッド&ショルダーズボトム（逆三尊）といいます。なお、ヘッド&ショルダーズで説明したことは、ヘッド&ショルダーズボトムにおいて、すべてその逆があてはまるので、読み替えてください。上昇トレンドで通じることは下降トレンドでも同様の見方をすることと同じです。

ヘッド&ショルダーズが形成されるストーリー

ヘッド&ショルダーズは、相場が動くとすぐにできるものではなく、売りと買いの売買が交錯した結果できるものです。チャートパターンは、たくさんのローソク足が集まって形成されます。1分足だと、最低でも1時間前後はかかります。少なくとも10分や20分では形成されません。

相場は、「Nの字」で進むという仕組みを思い出してください。上昇トレンドの場合、価格が上がりはじめて高値を更新すると一時的な反落があり、そこが押し目となってトレンドに回帰していきます。トレンドに回帰するということは、直近の高値を更新するはずです。しかし、高値を更新できないときがあります。それが右肩となり、下落してショルダーとネックラインができます。図3-32のチャートで価格がCにきたときをイメージしてください。現在は上昇トレンドですが、このとき2とおりの想定ができます。

① 最高値（頭のてっぺん）を更新していくパターン
② 高値更新できずに、ネックラインを下抜けするパターン

図3-32　Cの右肩ができるかどうかはわからない

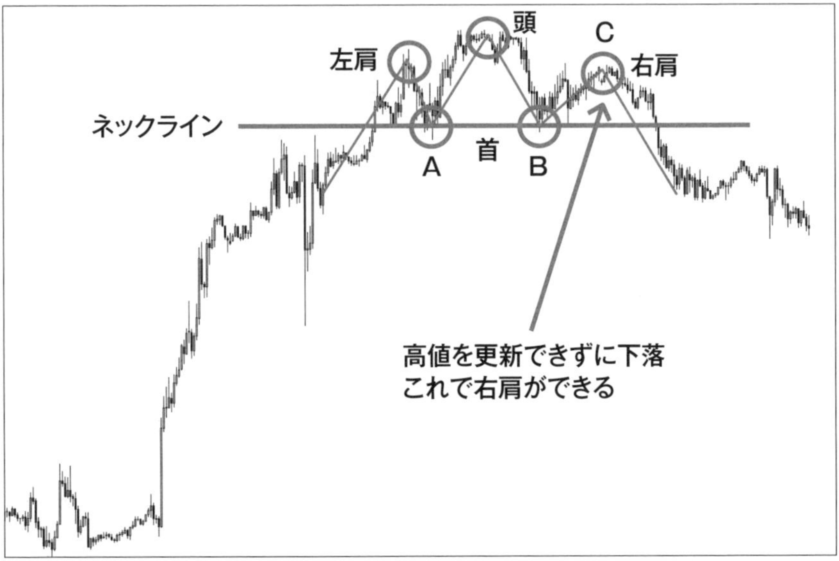

あとづけのチャートでは結果的に出来上がったヘッド＆ショルダーズを見ているからその形がわかりますが、実際のトレードではCの右肩ができるかどうかわからないということです。ただし、1分足スキャルピングの利点は数pipsを取るだけでいいので、長いローソク足で価格が反応するポイントを見つけておけばいいわけです。

今回の場合、Bで反発したあと、Cで上に行くか、それとも下に行くかわかりませんがショルダーになりうるポイントなので、価格が反応して数pips程度の反落が想定できます。もちろんヘッド＆ショルダーズ完成後もネックラインが明確なので、トレードの目安にすることができ、チャンスはさらに増えていきます。これを1分足で観察しますが、ヘッド＆ショルダーズがどの時間軸で形成されているかはそのときの相場次第です。たとえば、15分足でヘッド＆ショルダーズが形成されそうなとき、それを1分足で観

察しながらトレードすることになります。

完成後のネックラインは強いレジスタンスラインになる

価格がネックラインを下抜けするとヘッド&ショルダーズが完成します。完成するまでネックラインはサポートラインの役割でしたが、**下抜けするとロールリバーサルになり、今度はレジスタンスラインになります。**

ヘッド&ショルダーズは、トレンド終了時にあらわれるパターンなので、このレジスタンスは、より強い売り圧力になるものです。単なるレジスタンスラインではなく、長らく続いてきた上昇トレンドがいよいよ終了したことを意味するからです。

トレンド終了時に必ずヘッド&ショルダーズができるわけではない

このように、ヘッド&ショルダーズ（ボトム）は上昇（下降）トレンドが終了するときのチャートパターンです。しかし、トレンドが終了するたびに必ずヘッド&ショルダーズが形成されるわけではありません。トレンドが終了する際のサインのひとつにすぎず、これが形成されないとトレンド転換しない、ということではありません。

ただし、ヘッド&ショルダーズの信頼度は高いものがあります。なぜかというと、たった1箇所で偶然に形成されるものではなく、ローソク足数十本から数百本という長い時間をかけて形成されているからです。ヘッド&ショルダーズの形が作られるということは、**ひときわ長い時間を要した分、多くのトレーダーも見ているので機能しやすくなります。**

また、上昇トレンドの天井付近でヘッド&ショルダーズが形成されたからといって下降トレンドになるとはかぎらず、下降トレンドになる場合もあれば、横ばいになる可能性もあることに注意が必要です。ただ、どちらにしても、上昇トレンドが終了する可能性が高いことは間違いありません。

形が完成すると2倍の値幅が出る

ネックラインを下抜けてヘッド&ショルダーズが完成すると、ヘッドとネックラインの2倍の値幅が出るのが一般的です。

図3-33を見てください。ヘッド&ショルダーズボトムのネックラインが形成されたあと、Bの値幅の2倍が出ています（A=B）。つまり、「Aの値幅＝Bの値幅」です。形が完成したあとも、次はどこまで値が進んで、どこで値が止まりやすいのか予測できます。

図3-33　完成するとヘッドとネックラインの値幅の2倍が出る

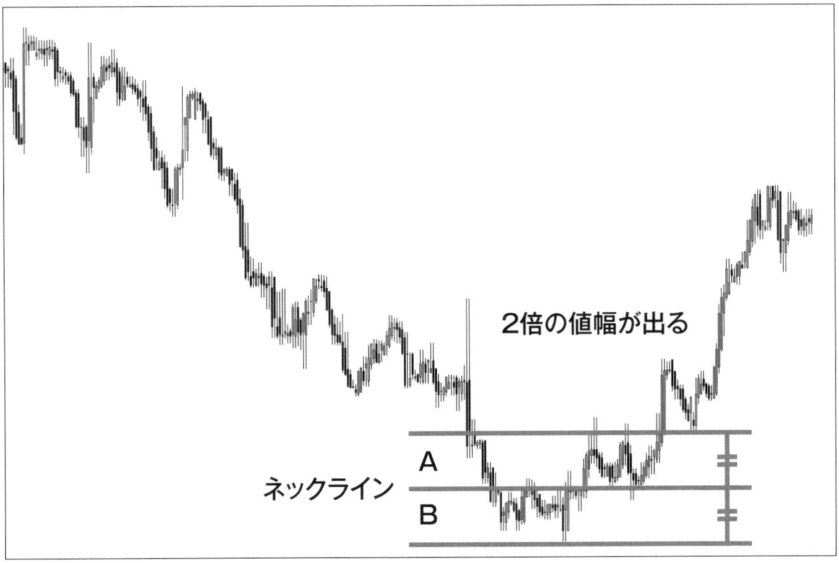

図3-34のチャートを見てください。四角で囲んだポイントは値幅を達成したポイントで、かつレジスタンスラインとサポートラインがあります。つまり、ネックラインということです。ここは売買が交錯して乱高下しやすいポイントです。上ヒゲと下ヒゲが多いのがわかると思いますが、スキャルピングで数pips取れるチャンスになります。

ネックラインは水平とは限らない

ヘッド&ショルダーズにおけるネックラインは常に水平とは限りません。トレンドラインを引くイメージで、高安値に合わせると斜めになる場合もあ

図3-34 値幅を達成しラインで止まったところがチャンス

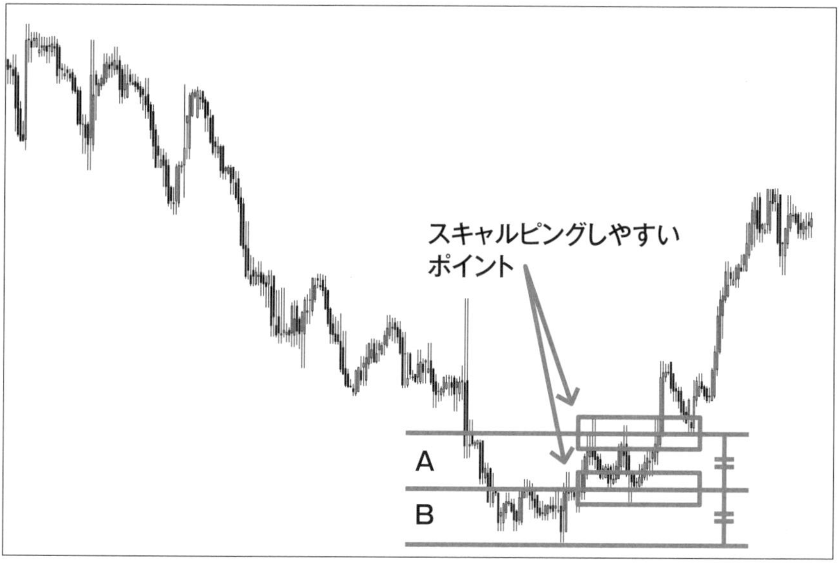

ります。結果として水平になる場合と斜めになるときがありますが、**斜めのラインは水平ラインのときより見落としやすいので、注意が必要**です。

図3-35のチャートを見てください。この相場はいろいろな情報が引き出せるので、順番に見ていきます。

まず、下降トレンドであることがわかります。最安値をつけたあと、ヘッド（最安値の頭になる部分）を作って上昇し、再度下げようとしますが、下げ止まってショルダーのラインができます（Bのライン）。ここで、ヘッドとショルダーを意識できるといいでしょう。さらに下げて安値更新するのか、それとも下降トレンドが終了してレンジ、もしくは上昇トレンドがスタートするのかのどちらかが考えられます。下降トレンドが終わるなら、ヘッド&ショルダーズボトムが形成される可能性が高いと想定できます。ただ、実際にヘッド&ショルダーズボトムになるかどうかは、この時点ではわかりません。

そこで、ショルダーのラインと同じ角度のネックラインを引いてみます。同じ角度、つまり、チャネルラインになります（Aのライン）。そして、実際にAのネックラインで反落したので、この時点でヘッド&ショルダーズ

図3-35 斜めにネックラインを引いてみる

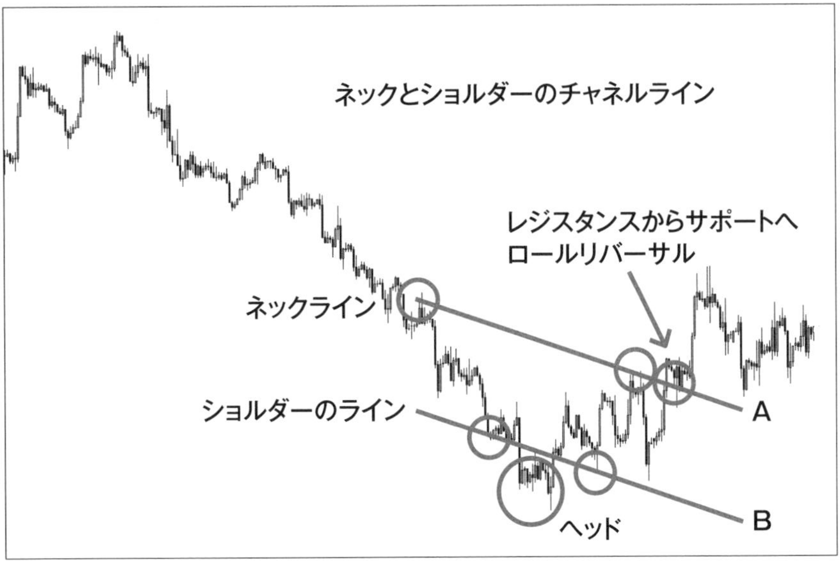

ボトムは未完成ですが、A、Bのチャネルラインが機能したことはわかります。**機能するライン、つまりネックとなるラインを見つけることが何よりも重要**なので、ヘッド&ショルダーズボトムが未完成でも、スキャルピングは可能です。

その後はAを上抜けしてヘッド&ショルダーズボトムが完成しています。Aは下降トレンドラインでレジスタンスなので、ここを上抜けすると、サポートに役割転換します。今回のチャートは「Nの字」を描いて上昇していきました。

押し目や戻しはいずれネックラインの起点になる

このように、ひとつのヘッド&ショルダーズボトムから、いろいろな情報を引き出すことができます。今回だけでなく、どの相場でも情報はたくさん引き出せるので、よく観察するようにしてください。ヘッド&ショルダーズを含め、ネックラインを見つけるコツは、トレンドが発生しているとき（今回は下降トレンド）に戻りがあれば、**「将来的にショルダーやネックライン**

になるのではないか」という見方をすることです。

図3-35のAのネックラインの左端は、下降トレンドの最中の戻しポイントです。また、Bのショルダーのラインの左端もヘッドを除くと戻りの前の最安値ですね。トレンド発生中の小さな「山」や「谷」は、いずれラインを引く起点になるのです。これを頭に入れておくと、ヘッド&ショルダーズが形成される前の段階から、「この価格帯がネックラインになるかもしれない」という予想ができ、先回りして準備できるようになるでしょう。実戦では、こういった山や谷が5つのゾーンのどの部分にあたるのかを意識的に見るようにします。

異なる時間軸を組み合わせる

ヘッド&ショルダーズはひとつの時間軸だけで見るのではなく、時間軸の違いを考慮するとなおいいでしょう。たとえば、日足レベルで1年継続している長期の上昇トレンドがあったとします。あるポイントでは1週間程度の下降トレンドになり、この下降トレンドが終了するとき、ヘッド&ショルダーズボトムが形成されたとします。日足では上昇トレンドなので、絶好の押し目になる可能性が高くなります。つまり、このヘッド&ショルダーズボトムの信頼度は、より高いことになります。

日足などの長い時間軸でトレンド転換するときなど、1分足では後述の順張りのチャンスです。また、オーバーシュートもしやすくなるので、逆張りのトレードも多くなるでしょう。

このように、異なる時間軸を組み合わせて判断することで、テクニカル分析の確度がより高くなります。それは、ネックラインが節目として強く機能することも意味します。

トレンド相場では意識してネックラインを見つけ、スキャルピング全体の勝率を上げていきましょう。

20 ⑧波動

エリオット波動は５つの上昇波と３つの下降波

チャートには、「相場はN字を描いて進む」という一定のリズムがあり、これを「N波動」といいました。相場は一見ランダムに動いているように見えますが、すべてこのN波動で説明ができるほど頻繁にあらわれます。

波動にはいろいろな種類があるのですが、ここでは次の2つに分けて見ていきます。N波動はその中のひとつです。

① エリオット波動
② N波動を基本とした６つの波動

エリオット波動はN字の軌跡を波ととらえ、**「上昇トレンドの場合、５つの上昇波と３つの下降波の合計８つの波でひとつの周期を形成する」**と定義したものです。これが相場のサイクルであり、値動きのリズムになります。

図3-36を見てください。Nの字が連続することで発生する一連の流れがエリオット波動になります。下降トレンドの場合は逆で、5つの下降波と3つの上昇波で、上昇と下降を合わせて8つの波です。まずこの形を押さえてください。

では、トレードでどのように活用できるでしょうか。これが一番大事な点なので詳しく説明します。

まず、長い時間軸、たとえば日足、4時間足、1時間足、15分足において、エリオット波動で相場の波を把握します。トレードを開始したら、必ずすべての時間軸でチャート分析を行なうことが大前提です。そうすると、今の相場環境がトレンドかレンジかがわかります。レンジなら様子見をし、トレン

図3-36　エリオット波動の基本形

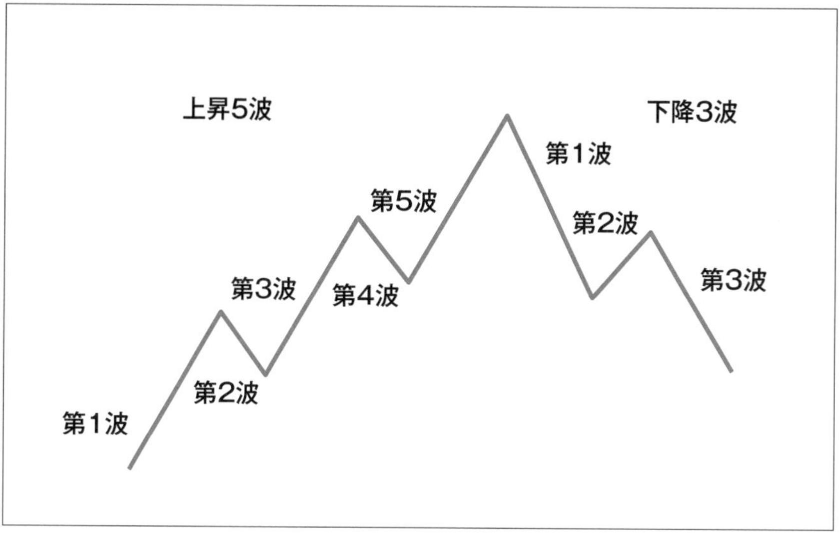

ドなら、どこまで進んでどこで反転するか、ここまで解説したテクニカル分析、以降で解説する値幅観測やチャートパターンを組み合わせて考えます。いろいろな想定ができるはずですから、絶対こうなるといった予想はしないようにします。

まず、相場環境を俯瞰的に把握するようにします。トレンドが発生していれば押し目や戻りがあり、最終的にはN字を形成するので、トレンドの大局がイメージできます。たとえば、「上昇トレンドの途中で第3波が発生したら、次は調整の反落があるかもしれない、その下げは次の上昇トレンドのための一時的な下げだと予測できる」といったように大局をつかむことができます。

そして、大きなチャートの流れを把握した状態で1分足スキャルピングを行なうと、すべてのトレードに強い根拠と自信が持てるようになります。特に、**エンベロープとネックラインが重なったポイントは、勝率が非常に上がります**。1分足スキャルピングに大局の把握はあまり関係ないと思うかもしれませんが、大きく関係します。むしろ、大局が把握できなければ、どんな手法でも勝てないと思います（トレード例は後述します）。

すぎ去ったチャートを分析する「あとづけ」は誰でもできます。しかし、未来の値動きを考えるとなると、途端にほとんどのトレーダーができなくなるのが現実の世界です。エリオット波動は現在進行しているチャートがどのような波なのかを教えてくれます。このあとどう進むのかを早い段階で示唆してくれるのです。それが、根拠の強いネックラインの発見につながるわけです。

N波動を基本とした6つの波動

さて、「一連の流れ」をひとくくりでとらえるエリオット波動に対して、次に解説する6つの波動は、「ひとつの動き」をとらえる見方です。言葉で聞くと難しいですが、チャートを見ていくとわかると思います。それぞれの特徴は図3-37にあるとおりなので、以下に特徴を書いていきます。

I波動は、上昇や下落を1本の波でとらえたものです。I波動が連続すると、V波動になります。

Y波動は、I波動とV波動が連続し、高値更新と安値更新を繰り返して徐々に広がっていく形です。方向性を出したがっていますが、なかなか決まらずに反転してしまうときに見られます。高値（もしくは安値）を更新するので、一見ブレイクに見えるときがあります。また、Y波動は186ページ以下で説明するチャートパターンでいうと、「逆ペナント」「ブロードニング」になります。

P波動は、Y波動とは逆に高値を切り下げると同時に、安値を切り上げて値動きが収束していくパターンです。「三角もち合い」「ペナント」「トライアングル」といいます。三角の先端まで進むと、上下どちらかにブレイクしやすくなります。Y波動とP波動をまとめると、次のようになります。

- **Y波動＝逆ペナント＝ブロードニング**
- **P波動＝三角もち合い＝ペナント＝トライアングル**

おおまかに、こうとらえてください。

図3-37　N波動を基本とした6つの波動

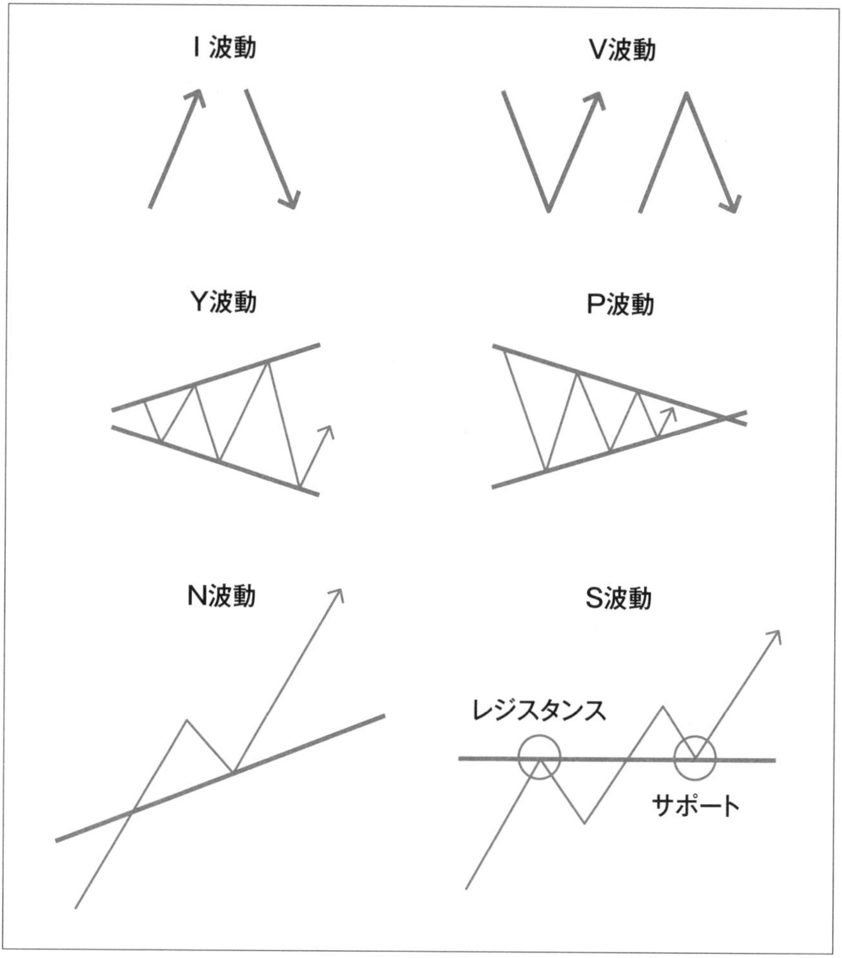

I波動やV波動が連続したり、Y波動やP波動がブレイクしたりすると、最終的にN字になります。この形がN波動で、トレンドは、レジスタンスをブレイクし、押し目や戻りを作りながら、最終的にN波動になります。

N波動が形成されるプロセスでは、ラインをブレイクします。ひとたびブレイクすると、レジスタンスとして機能していたラインがサポートになり、これはロールリバーサルといい、波動では「S波動」といいます。まとめると次のようになります。

■ S波動＝ロールリバーサル＝ラインの役割転換

以上の6つの波動を相場の流れでイメージすると、図3-38-1、2のようになります。I波動が連続し、V波動やY波動、P波動ができます。レンジからブレイクし、トレンドが発生する場面ではS波動が見られるなどして、最終的にN波動になります。そして、N波動が連続してエリオット波動になります。

図3-38-1　6つの波動を相場でイメージする

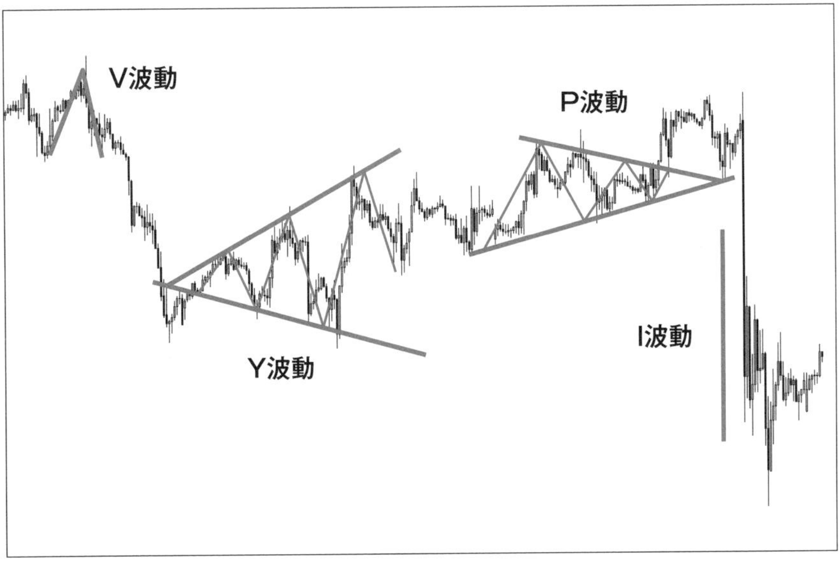

図3-38-2 N波動とS波動

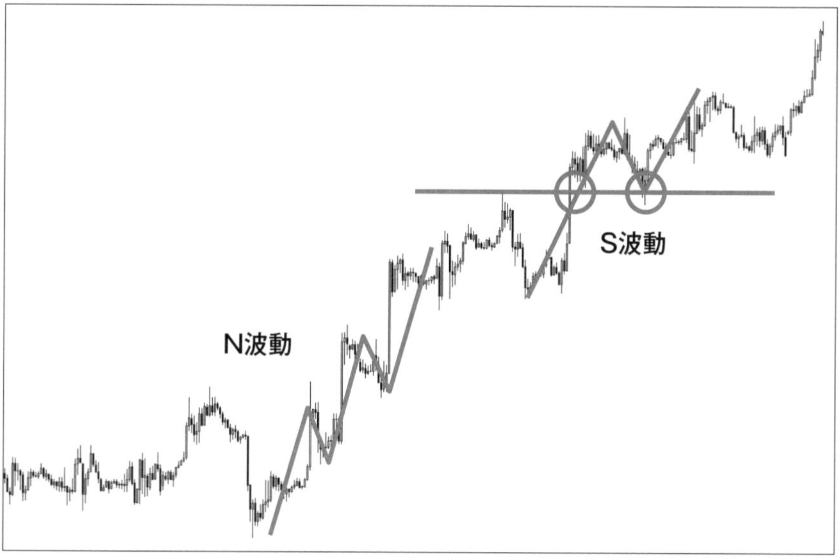

相場はN字で動くという原理がすべての基本

相場の流れを、波動を活用して見るとき、6つの波動やエリオット波動など、どれにあてはまるのかわからないときは、**どの波動にも共通したN波動を基準とし、相場は最終的にN字で動く**と考えることがおすすめです。

レンジ相場のときは、このあとブレイクしたらN波動が出るという準備ができます。また、トレンド発生時なら、どのようなN波動が発生しているかにより、第2波以降の値動きを予測することができます。これは1分足も含め、どの時間軸でも同じ見方です。相場の見方に基準を作ることで、そこから逸脱したときに気づきがあったり、トレードがしやすくなったりするのです。少し難しく感じるかもしれませんが、CHAPTER5のトレード例でN波動とスキャルピングの組み合わせ方は説明していくので参考にしてください。

21 ⑨値幅観測

「この辺りまで進むだろう」という目安になる

値幅観測は、価格がどこまで進むかを計算する方法です。トレンドは達成感が出るまで進みます。また、トレンドは、その流れが否定されるまで継続するものです。トレンドはN波動なので、Nの第1波よりも第3波が極端に短いということはありません。N字になるため押し目のあとにトレンド回帰すると、相応の長さが出てN波動になります。長さが出る、つまり値幅が出るとある程度わかっていれば、「この辺りまで進むだろう」と準備ができますね。この値幅を取る方法が値幅観測というテクニカル分析です。

4つの値幅観測方法

値幅観測をする方法は4つあります。

① N計算
② NT計算
③ V計算
④ E計算

また、値幅を取るには2本のラインが必要であるため、チャネルラインの応用編に位置づけができます。2本のラインが平行だと「一定の値幅をキープ」するため、チャネルラインそのものが値幅の基準になります。チャネルラインと値幅の取り方は後ほど説明します。

4つの名前はアルファベットのため、波動と似ていて多少混乱するかもしれませんが、実践するとすぐに覚えられます。ポイントは**すべてN波動が基準になっていることと、2倍という値幅**です。上昇→下降→上昇の3

つの波の中で、どこの値幅を2倍取るか、という違いだけになります。図3-39は上昇トレンドですが、下降トレンドの場合はその逆になると考えてください。

図3-39　4つの値幅観測（上昇トレンドの場合）

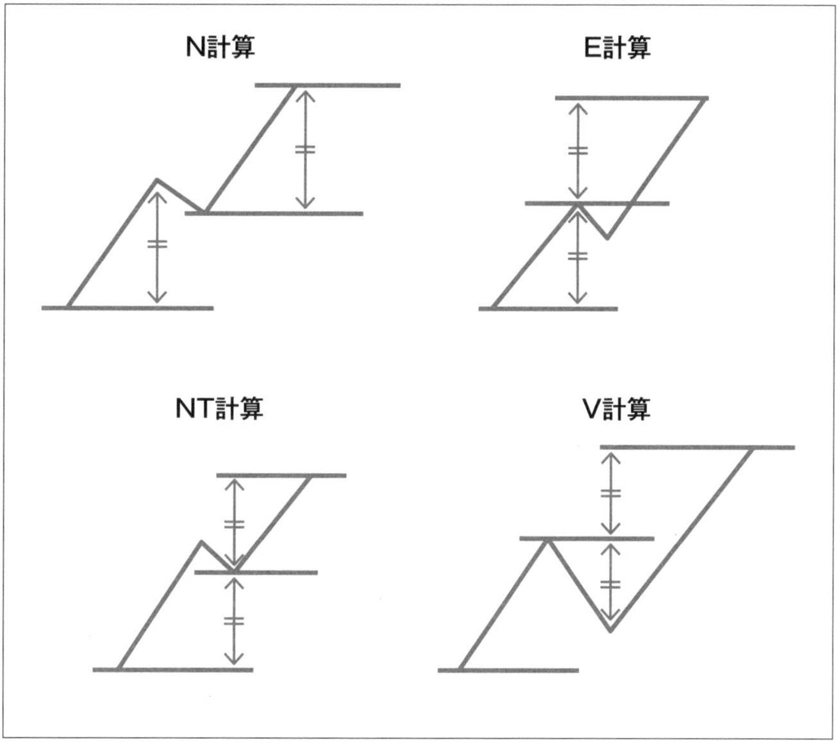

実際のチャートにあてはめるとわかりやすいので、図3-40～図3-43を見てください（4つの例はすべて同じチャートです）。値幅をどこからどう取るかはそれぞれ違いますが、どの計算方法も「基準の2倍」という部分は共通です。

値幅観測するときのコツは、値幅の短い順番でとらえることです。NT計算もしくはV計算→N計算→E計算となっています。たとえば、V計算よりもE計算のほうが値幅は広いので、相場に勢いがあるときはE計算を目安

図3-40　NT計算

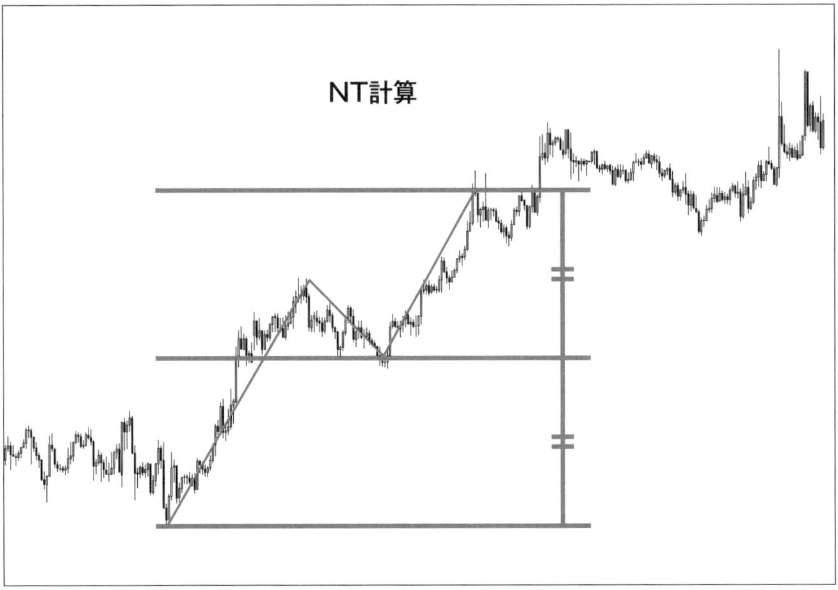

図3-41　V計算

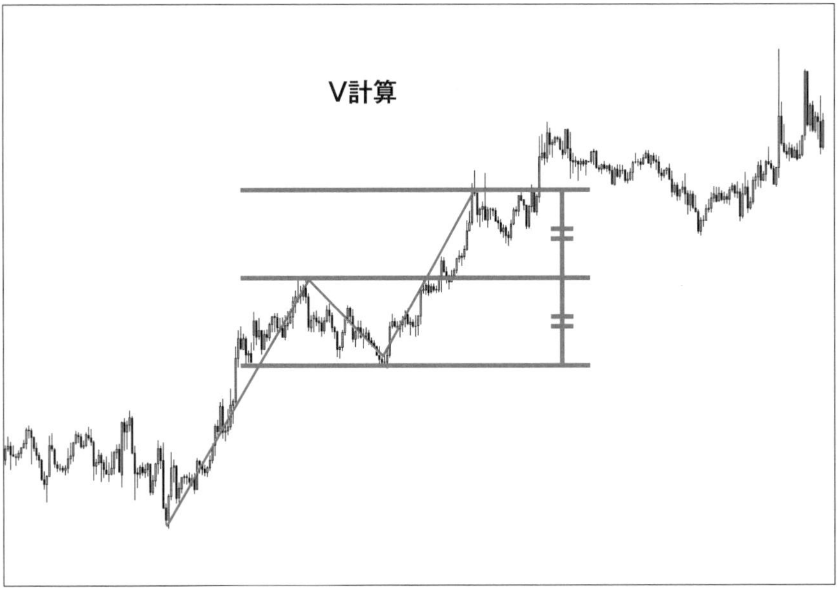

図3-42　N計算

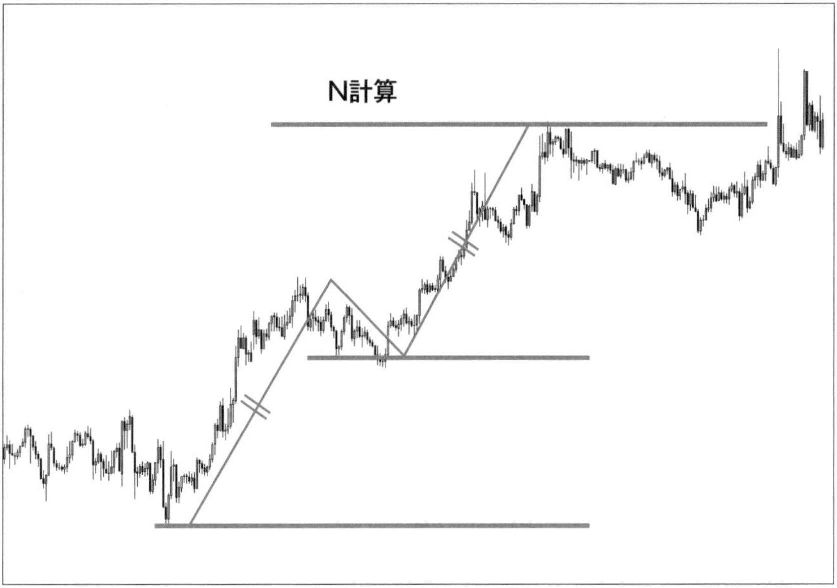

図3-43　E計算

にします。いつも特定の計算方法、たとえばV計算ばかり見ていると、N計算など別の計算方法で見るべき相場のときに混乱してしまい、対応することができなくなります。重要なことは4つの可能性を考え、どの値幅を達成したのか（そうなるのか）、**時間軸の異なるトレンド方向と他のテクニカル指標を組み合わせて総合的に判断すること**です。

なお、基準となる方法をひとつ決めて、トレンドが出たらまずそれを使うのがいいかもしれません。私の場合はN計算を基本とし、最初に必ず引きます。それから他のNT、V、E計算をはかり、またNに戻します。やりやすい方法を任意で決めてください。

MT4で値幅観測を行なう便利な方法

値幅観測を行なううえで、どのように2倍の値幅をはかればいいのでしょうか？　目視でなんとなく2倍だと推測し、そこにラインを引くのでしょうか。そんなことでは毎回ずれてしまいます。また、面倒になって結局やめてしまうでしょう。値幅観測は、チャネルラインの高値と安値が基準になるため、**同じ値幅のチャネルラインを2つ引けば値幅はぴったりはかることができます。**

そして、そのチャネルラインを移動すれば、チャート上どこでも同じ値幅を検証することができます。ひとつ目に引いたチャネルラインと同じように引くのではなく、チャネルラインそのものをコピペしてしまうのが手っ取り早いです。そこで、MT4上でチャネルラインを複製する方法を紹介します。とても便利な機能なので、ぜひ覚えて活用してください。

まず、チャネルラインを引きましょう。図3-44を見てください。MT4の上部にある丸印の箇所をクリックしたあと、カーソルをチャート上に持っていき、チャート上でドラッグするとチャネルラインが引けます。任意の場所にラインを引いたあと、ライン上でダブルクリックして選択し、位置などを調整するといいでしょう。

基準となるチャネルラインを引いたら、上下2本のうち、下のラインをダブルクリックします。そうすると、図3-45のように選択ポイントが3つで

図3-44　チャネルラインの複製方法①

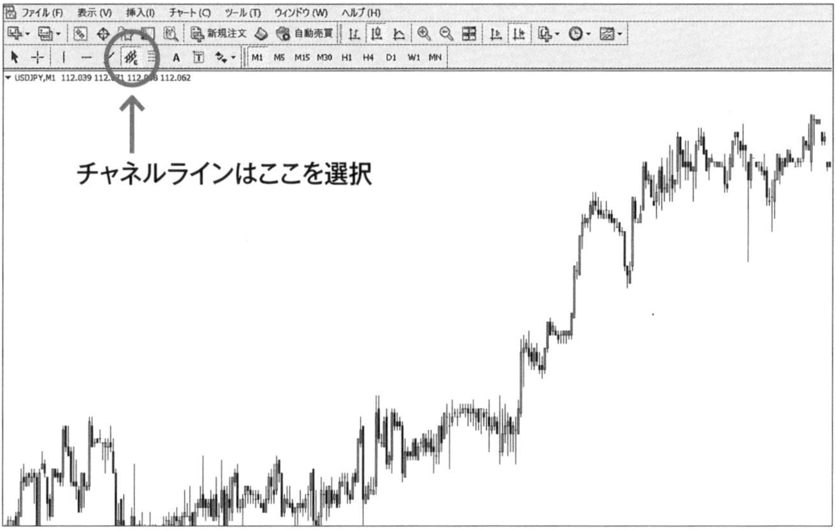

図3-45　チャネルラインの複製方法②

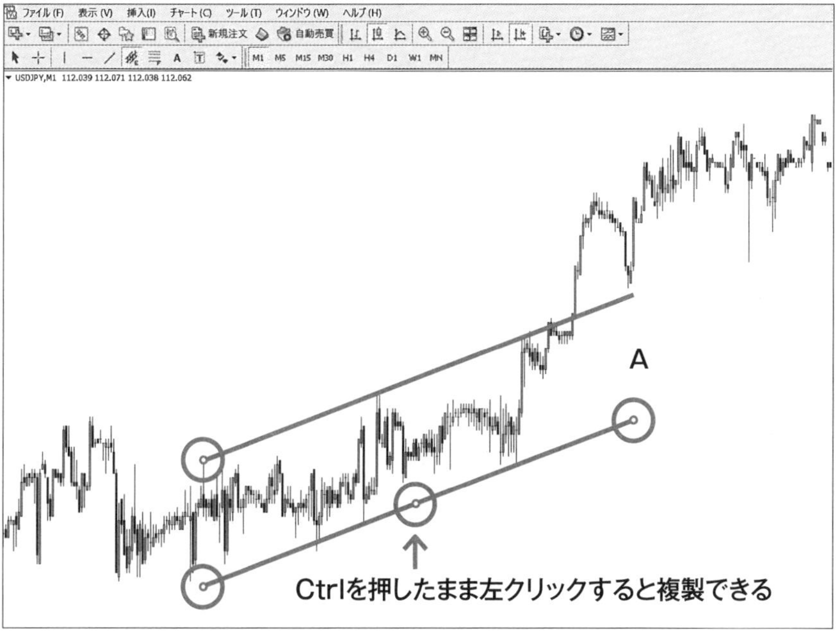

きるので、真ん中のポイントにカーソルを合わせ、「Ctrl」キーを押しながら左クリックすると同じチャネルラインが複製できます。複製されたものは重なっています。ですから見た目では何ら変化がありませんが、複製されているのでマウスを同じポイントでドラッグして移動できます。

これで同じ幅のチャネルラインが複製できます（図3-46）。複製できたらそれを移動し、値幅が取れます。最初にチャネルラインを引いて相場に合わせた値幅を取り、そのチャネルラインを複製していろいろな箇所で値幅観測を検証できるようになります。

たとえば、図3-45のCtrlを押したまま左クリックを数回やると、クリックした分だけ複製できています。5回クリックしたら、そのチャネルラインは5つ複製できています。

図3-46　チャネルラインの複製方法③

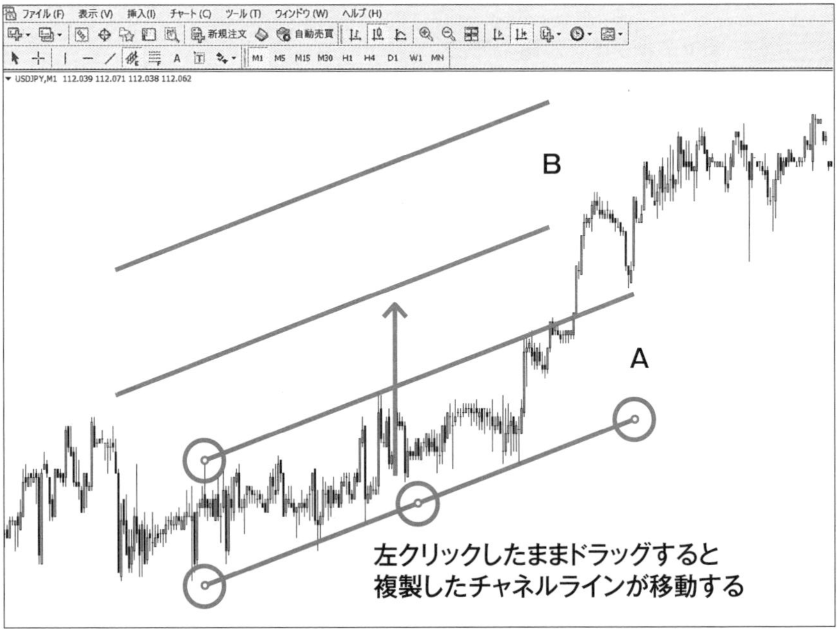

値幅を達成したらトレンド転換するわけではない

ここで注意したいのは、値幅を達成したら必ずトレンドが反転するわけではないということです。いったん反応する（反落・反発する）ポイントになっても、それが押し目や戻しポイントになって、さらにトレンド回帰してチャネルラインをブレイクすることもあります。反応してもトレンド転換するとは考えないようにしましょう。また、値幅を取ってもまったく反応せずに、スーッと抜けてさらに上昇したり下落したりすることもあります。

ただ、スキャルピングの場合、トレンド転換までしなくても、数pips程度の反応で十分なので値幅観測は大いに活用できます。

22 ⑩チャートパターン

チャートパターンは大きく分けて２つある

チャートパターンは、ローソク足の集合体が特徴的な形に見えるため、その名がつけられたものです。ここで紹介するチャートパターンは全部で10個あります。これらは頻繁に出現するので重要です。三角もち合い（144ページ）やヘッド&ショルダーズ（163ページ）もチャートパターンのひとつです。

チャートパターンが出るとその後の値動きに決まったパターンがあらわれやすく、それは値動きを予測しやすいことを意味します。どれも共通しているのが、これまで見てきたように、「ネックライン」が必ず存在することです。ネックラインがあると、そこがトレードチャンスになるのでポイントを絞って観察でき、効率よくトレードできます。チャートパターンは「トレンド回帰型」と「トレンド転換型」の2つに分けられ、どちらも5個ずつあります。

■ トレンド回帰型

① トライアングル
② ブロードニング
③ ペナント
④ フラッグ
⑤ ウェッジ

■ トレンド転換型

① ヘッド&ショルダーズ（↔ヘッド&ショルダーズボトム）
② ダブルトップ（↔ダブルボトム、シングルトップ、トリプルトップ）
③ ソーサートップ（↔ソーサーボトム）
④ ライントップ（↔ラインボトム）
⑤ スパイクトップ（↔スパイクボトム）

トレンド回帰型とは、そのチャートパターンが出てネックラインができるとトレンド方向へブレイクするというものです。ただし、必ずトレンド回帰するのではなく、その可能性が高いということです。ですから、ブレイクする方向をチャートパターンだけで賭けるスキャルピングをやってはいけません。重要なのは、**チャートパターンが形成されたらネックラインで反発や反落、もしくはブレイクする準備をしておくこと**です。

チャートパターンはラインを引くと発見できるので、本CHAPTERでここまで説明してきたテクニカル分析の延長線上にあるものです。

三角もち合いを発見するためには、まずトレンドラインを引く必要がありましたがそれと同じで、さまざまなラインを引いていると、あるチャートパターンが発見できるようになります。一度に覚えようとすると少し大変かもしれません。**コツは水平ラインと斜めのラインを引くこと**です。そうすれば、チャートパターンとネックラインを見つけることができます。

最初からチャートパターンを探しても、まず発見することはできません。それよりも、チャートパターンの名前は意識せず、ラインを引いてネックラインを見つけるようにしましょう。そうすることで、「そういえばこの形は三角もち合いだな」というように気づけるようになります。チャートパターンはこれまでの復習になり、また、応用編ともいえます。ここまで紹介してきたテクニカル分析を思い出しながらイメージしてください。

トレンド回帰型

トレンド回帰型はトレンドの中段にあらわれます。このチャートパターンが出ると小休止となります。トレンド回帰のためのもみ合いだと考えてください。トレンドの中段とは、上昇トレンドのエリオット波動でいうと第2波や第4波の押し目になるポイントです。

① 3種類のトライアングル

トライアングルは図3-47のように3種類あります。違いは上昇トレンドラインと下降トレンドラインの角度です。大切なことは名前を区別することではなく、高値（安値）の切り上げ（切り下げ）に気づくことです。ラインを引く習慣をつけておくといいことは、これまでに述べたとおりです。トライアングルは、三角もち合い、波動でいうとP波動です。

図3-47　3種類のトライアングル

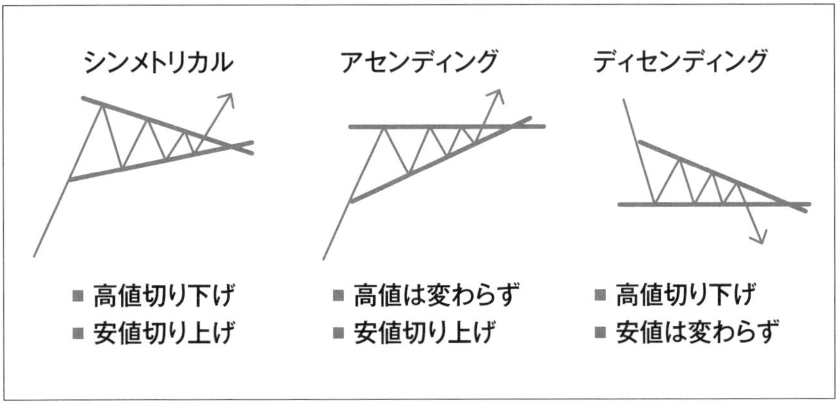

② ブロードニング

ブロードニングはY波動になります。高値と安値を狭めていくP波動とは逆のパターンなので174㌻のY波動の箇所で形は確認してください。

③ ペナント ④ フラッグ ⑤ ウェッジ

ペナントはトライアングルと同じです。フラッグとウェッジは名前のとおり旗とくさびの形をしたパターンです。

図3-48　ペナント、フラッグ、ウェッジ

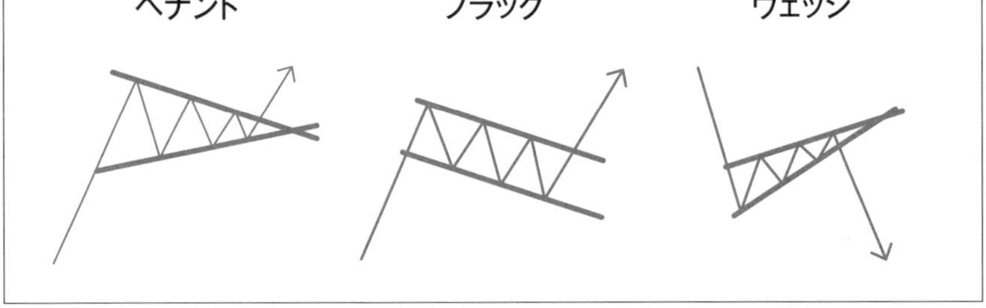

以上のように、トレンド回帰型には、トライアングル、ブロードニング、ペナント、フラッグ、ウェッジの5種類があります。毎回、必ずこの5つのパターンというわけではありません。高値（安値）の切り上げ方（切り下げ方）は微妙に違ってきます。実際のトレードではどの種類のパターンを形成しているか、その名前を当てる必要はないので、単にもち合いを作っているという程度の認識だけでいいでしょう。高値と安値にラインを引き、もみ合いであるとわかれば問題ありません。

トレンド転換型

トレンド転換型はトレンドの天井や底にあらわれ、これらが出ると反転を示唆します。トレンド回帰型のチャートパターンは、上昇トレンドおよび下降トレンドの小休止で形成され、どちらのトレンドでも同じ名前でした。しかし、反転型は天底という名前のとおり、上昇トレンドの場合は天井で、下降トレンドの場合は底で形成されます。そのため、上昇トレンドの天井で形成されるパターンを「トップ」といい、下降トレンドの底で形成されるパターンを「ボトム」といいます。ヘッド&ショルダーズと、ヘッド&ショルダーズボトムを思い出してもらえるとわかりやすいと思います。

① ヘッド&ショルダーズ（↔ヘッド&ショルダーズボトム）
② ダブルトップ（↔ダブルボトム、シングルトップ、トリプルトップ）
③ ソーサートップ（↔ソーサーボトム）
④ ライントップ（↔ラインボトム）
⑤ スパイクトップ（↔スパイクボトム）

この5つもネックラインをいかに見つけるかが重要です。ネックラインがどこで引けるのか、焦点をネックラインにあてると発見しやすくなり実践で活用できると思います。

① ヘッド&ショルダーズ（↔ヘッド&ショルダーズボトム）

ヘッド&ショルダーズは、ヘッド（頭）部分とショルダー（肩）部分で構成されていて、上昇トレンドが終了するときに見られるチャートパターンです。163ページのヘッド&ショルダーズの箇所で確認してください。

② ダブルトップ（↔ダブルボトム）

ダブルトップは2つの山（2つの高値）があり、天井圏を示唆するパターンです。図3-49のように2つ目の山がひとつ目の高値を更新するかしないかの違いで、3種類あります。真ん中に谷ができて、ここがネックラインになり、支持帯のサポートラインにもなります。ネックラインを下抜けすると、ダブルトップの完成で上昇トレンドが終了したと判断されます。

図3-49　3種類のダブルトップ

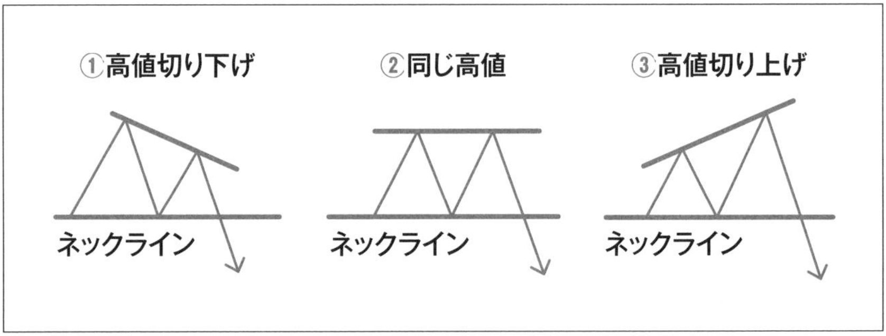

底で形成されるのがダブルボトムです。ネックラインを上抜けすると完成し、下降トレンドが終了したと判断されます（図3-50）。

図3-50　3種類のダブルボトム

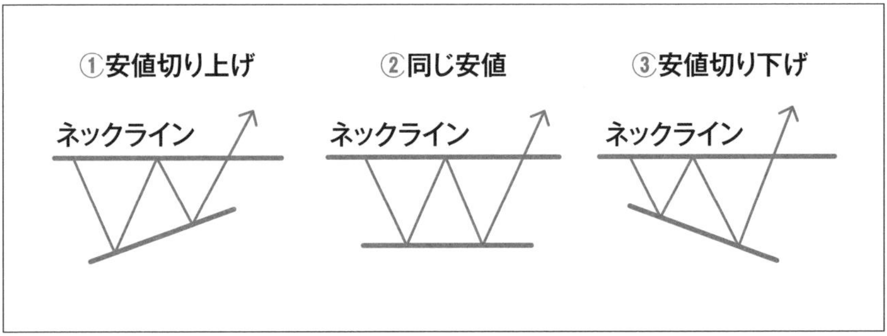

②シングルトップ（↔シングルボトム）とトリプルトップ（↔トリプルボトム）

ダブルトップ（ダブルボトム）の場合、高値（安値）が2つだったのに対し、高値（安値）がひとつの場合を「シングルトップ（↔シングルボトム）」、高値（安値）が3つの場合を「トリプルトップ（↔トリプルボトム）」といいます。ダブルトップ（↔ダブルボトム）と同じく、ネックラインを下抜け（上抜け）すると完成です。ネックラインが重要なので、シングルかダブルか、もしくはトリプルかどうかはあまり重要ではありません。

シングルトップは逆V字型、シングルボトムはV字型ともいい、ネックラインを見つけるのが難しいのが特徴です。チャートの形にもよりますが、ダブルやトリプルに比べ、シングル型は山がひとつなので出来上がってあとから気づくことが多いです。リアルタイムで動いているチャートで、ネックラインそのものをトレードに生かすことはとても難しいものがあります。そこでシングルの場合、形はあまり気にせず、「急激に反転している」と把握すればいいでしょう。相場が急反転しているというのは、ボラティリティが高まることや、トレンドが全否定されることなど、相場で何か起きているかもしれないと注意深くなれますね。

トリプル型は図3-51で確認してください。高値（安値）が3つです。高値（安値）を1→2→3の順番でつけて、ネックラインをブレイクしていきます。ヘッド&ショルダーズも山が3つあるので、実はトリプルトップと同じです。唯一違うのは山の形です。ヘッド&ショルダーズは、真ん中の山が

図3-51 トリプルトップ、トリプルボトム

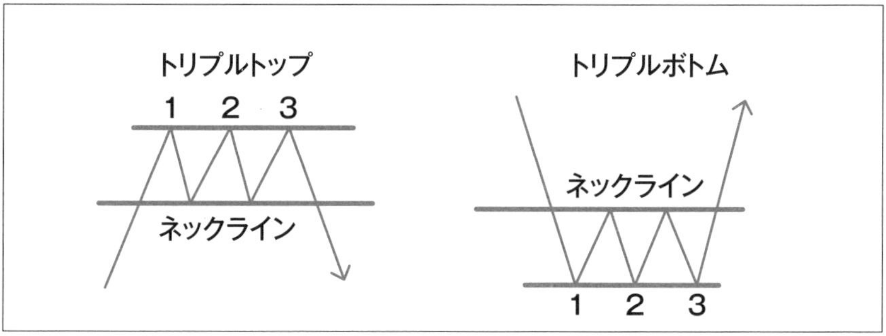

最高値になりますが、トリプルトップは1、2、3のうちどこが最高値でも成り立ちます。図3-51は高値と安値がすべて同じ価格のパターンです。形が少し変形しただけで、ヘッド&ショルダーズは、トリプルトップの一種ということです。

実際のチャートで見てみましょう（図3-52）。

図3-52　トレンドが発生しチャートパターンがあらわれる

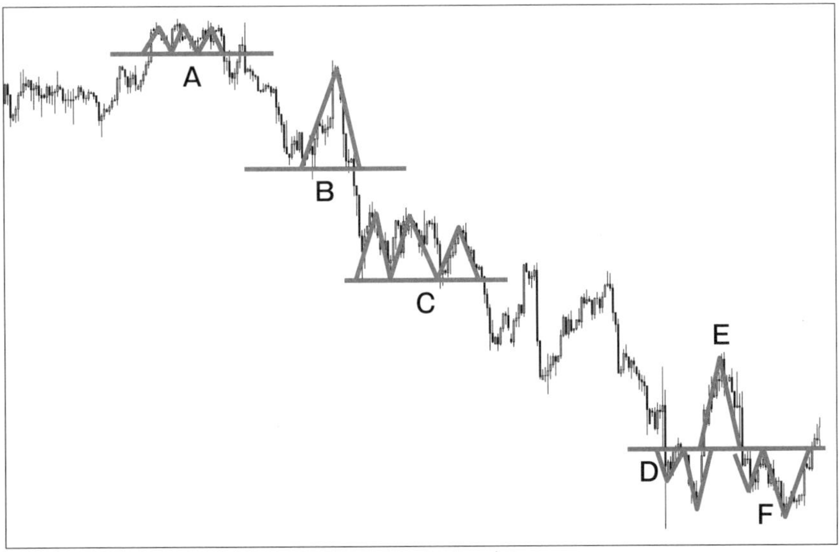

AからFまで、それぞれの形が見てとれます。太い水平ラインは、すべてネックラインになります。

A　トリプルトップ
B　シングルトップ
C　トリプルトップ
D　ダブルボトム
E　シングルトップ
F　ダブルボトム

実は図3-52はトレンドが発生した1分足を任意に抜粋したのですが、考えているよりチャートパターンが多いと思うかもしれません。レンジのときは一定の値幅を取りとめもなく上下していますが、このようにトレンドが出ると押し戻しがあるため、高値と安値ができやすくなります。ローソク足が1本ずつ確定されていくうちに、高値や安値がダブル型などの天底になったりするわけです。

トレンドが出たときは、数十分から数時間で何かしらのチャートパターンができます。これを知っているだけでもチャートを見る目線が変わる気がしませんか。高値と安値を意識してネックラインを見つけると、どこで値が止まるか、もしくは動き出すか判断しやすくなります。これが「相場が読める」ということに他なりません。今よりもトレードが楽しくなることは間違いないでしょう。

どの形なのかは曖昧でもいい

1分足で細かく見ていると、高値があったとしても見方によっては高値といえるのか迷ってしまうことも多いかと思います。毎回、誰が見ても明らかに高値だとわかるような天井のつけ方をするわけではないからです。そのため、「この形はダブルトップだ」「これはトリプルボトムだ」などの定義は気にしないでください。

見方によってはダブルボトムにもトリプルボトムにも見えることがあるので、名前にこだわる必要はありません。**目的はネックラインを見つけることです。**これを見つけると、その価格帯で売買が交錯するとわかりますね。ネックライン付近では値が動くのでスキャルピングできますし、さらに、高値や安値との値幅をはかる、ラインを引くなどし、ネックラインから動いたときの準備もできます。

③ソーサートップ、④ライントップ、⑤スパイクトップ

相場の天井や底をあらわすチャートパターンは、ヘッド&ショルダーズとダブルトップの他、次の3つがあります。

- **ソーサートップ（↔ソーサーボトム）**
- **ライントップ（↔ラインボトム）**

■ スパイクトップ（↔スパイクボトム）

シングル型、ダブル型、トリプル型と考え方は同じです。高値や安値が4つ以上あるなど数が多いだけで、ネックラインの定義は同じです。たとえば、図3-53のソーサーボトムは安値が4つありますが、安値が8つでも丸みを帯びていれば、それもソーサーボトムです。ラインボトムもレンジ幅が1分足で数時間続き、高値と安値が無数にあったとしても水平ラインを2本引くだけでラインボトムになります。ネックラインが発見できれば問題ないと考えてください。

図3-53 ソーサー、ライン、スパイク

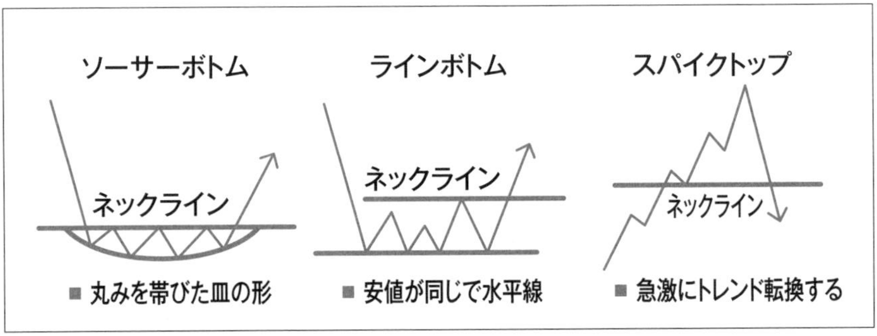

トレンド転換型でいつも反転するとは限らない

トレンド転換型のチャートパターンは5つありました。実際のトレードでは、これらのチャートパターンが出たら、どちらに抜けるのかを観察するといいでしょう。ただし、天底であらわれるといっても必ず反転するわけではありません。

たとえば、ヘッド&ショルダーズが形成されている過程で、ネックラインを下抜けせずに反発し、上昇トレンドに回帰してさらに高値を更新していくことも多々あります。たとえチャートパターンが完成しなかったとしても、それが形成されるかもしれないことを認識することはとても重要です。そうすることで、**売買ポイントになるネックラインがどこになるのか考えるようになるから**です。それが1分足スキャルピングで高勝率のトレードを可能にするのです。

エンベロープのゾーンに入ってからチャート分析をするのでは遅すぎます。事前にチャートパターンを把握しておくことが必要です。先回りしてネックラインを引いておき、エンベロープに到達したとき、それがネックラインに近いのかなどを考慮し、期待値が高いポイントがどこか考えておきましょう。

ネックラインの２種類の役割

ここで、ネックラインについてさらに知っておきたいことがあります。このCHAPTERの最初に、ネックラインの役割は2つあると述べました。

① 価格はネックラインで走り出す
② 価格はネックラインで止まる

ネックラインはサポートラインやレジスタンスラインなど、ラインを総称した言い方でした。同じラインでもある部分ではサポートにもなり、別の箇所ではレジスタンスにもなるため、一概にサポートライン、レジスタンスラインといえません。そのラインが節目となっていることは確かなので、ネックラインと呼びます。そして、2つの役割を言い換えると、次にようもいえます。

① ネックラインをブレイクしてトレンドが発生する
② ネックラインにぶつかってトレンドが終わる

どちらもネックラインが壁になることは確かで、①と②は逆の役割をします。

①は**壁を突破したことにより勢いづき、トレンドが発生します**。図3-54は豪ドル/米ドルの1分足です。Aでネックライン（ここではサポートライン）を下にブレイクし、短期トレンドが発生しました。それまでせ

き止めていたものがなくなったので、勢いが出ました。N波動を描き下落しています。壁を突破したことで、それまで溜まっていた売り圧力が放出されたのでしょう。

図3-54　ネックラインを下抜けして下降トレンドが発生

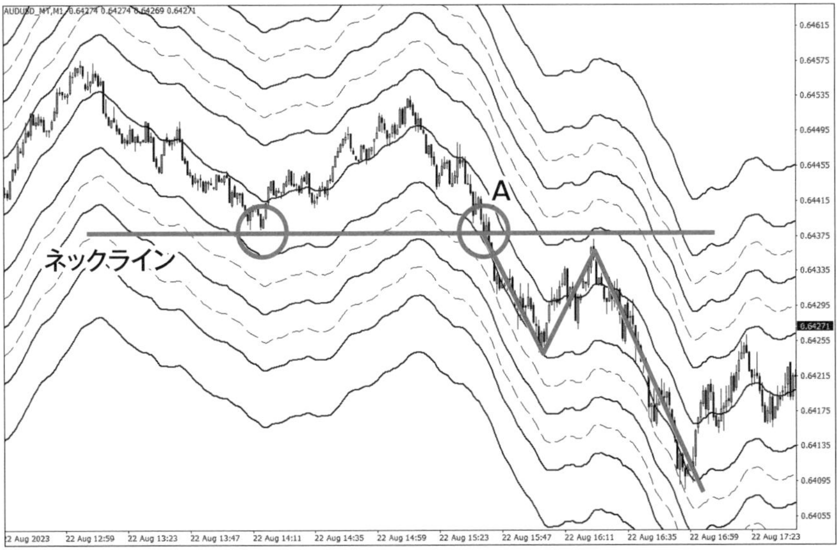

ネックラインをブレイクしてトレンドが発生したら、N波動の前半だけで終わるということはなく、押し目や戻りをつけ、それからトレンド回帰し明確なNの字が出ると考えていいでしょう。それが通常のトレンドだからです。**2段上げ（2段下げ）、もしくは通常の3段上げ（3段下げ）が出てエリオット波動になる**想定ができます。ですから、ブレイクした方向へ強気でスキャルピングできます（順張りになるので次のCHAPTERで説明します）。回転売買し何度も利益確定してください（回転売買とはエントリーとイグジットを繰り返し行なうトレードのことです）。もしくは、数分間ホールドして利幅を稼ぐトレードも可能です。ネックライン前後の逆張りトレードも可能です（トレード例はCHAPTER5で触れています）。どちらにしても、ネックラインをブレイクして発生したトレンドなので、スキャルピングにもってこいの相場です。

次は後者の②を見てみます。**図3-55**はユーロ/米ドルの4時間足です。A、Bの1.1090で2度止められているレジスタンスラインがあります。Cにきたとき、このネックラインが強いレジスタンスになることは想定できますね。ですから、Cに近づいてきたときは、この壁に到達すべくCに向けて買いが強まる可能性があります。

図3-55　1.1090がレジスタンスラインになっているユーロ/米ドル4時間足

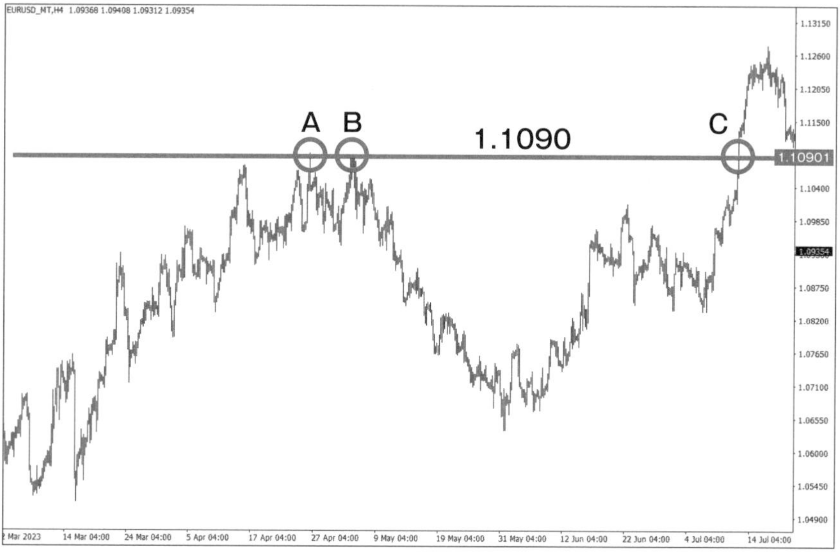

Cのポイントを1分足で見てみましょう。**図3-56**を見てください。1分足のCは4時間足と同じポイントです。まず、Aで急騰したあと、押し目をつけてCまで上昇しました。この上げ方は3段上げですから、偶然出たものではありません。押し目をつけたとき、確実に買いが入っているので、Cのブレイクを目指すべく買いが断続的に入ったのでしょう。高値更新をするためには、その高値まで到達しなければなりませんから、自然なトレンドといえます。そして、いったんCで反落しています。

②の役割として、ネックラインにぶつかってトレンドが終わると書きましたが、ここではトレンドは終わらずにさらにブレイクしていきました。ネックラインで止まっていないじゃないか、と思うかもしれません。たしかに今回は、Cをすぐにブレイクしてトレンド継続しています。

しかしCまで発生したトレンドと、Cから続いているトレンドは別なものと考えたほうがいいでしょう。Cでトレンドが終わり反落する可能性もありました。今回はCを目指して発生したトレンドと、Cをブレイクして発生したトレンドが続いて起きただけです。Cのネックラインが何も意識されずにとおりすぎたわけではないので注意してください。

図3-56　ネックラインに向けて短期トレンドが発生したユーロ/米ドル1分足

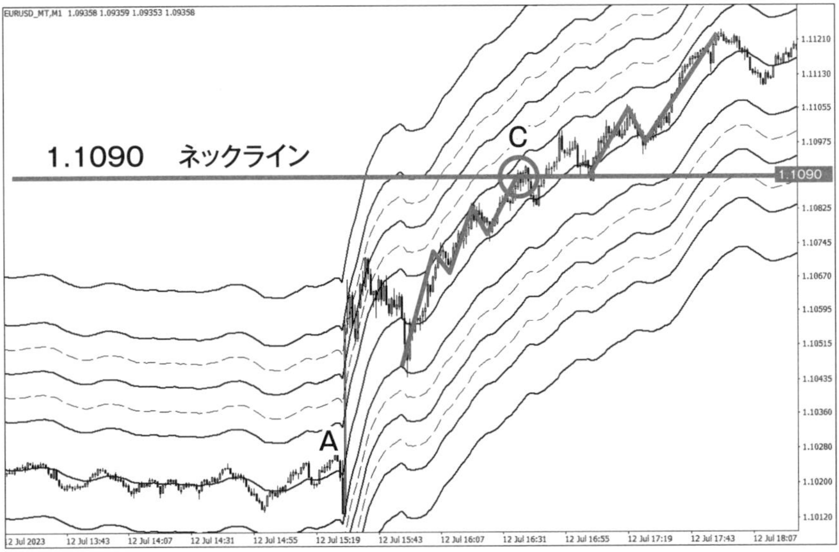

では、ネックラインでトレンドが止まった相場を見てみます。図3-57はポンド/円の1時間足です。A、Bが支持帯になりBから上昇しています。Cで同じ価格帯まで下落してきました。このとき引けるネックラインはA、Bで買い支えていましたから、強い支持帯になると想定できます。なお、ピンポイントの価格、たとえば183.50円がサポートラインになるのではなく、おおよその価格帯になる点に注意してください。183.35円から183.50円にかけて、15pipsほどの価格帯がサポートラインです。また、前後もサポート帯になるでしょうから、183.30円～183.60円あたりで買いが入りそうだと考えておきましょう。さらに広く183.20円～183.70円かもしれませんし、上位足になるほど**サポート帯はピンポイントではなく帯状なので少し大雑把にとらえます**。上位足でヒゲになっている箇所がサポートラインの範囲と考

えればいいでしょう。A、Bの下ヒゲが、おおよそ183.35円から183.50円ですね。

そして、Cで反発して下降トレンドが終わっているので、このネックラインはトレンドを終わらせる役目を果たしたといえます。どんな動きをしていたのか、Cを1分足で見てみましょう。**図3-58**です。

ネックラインに到達するまで強烈な下降トレンドが発生していました。3段落ちに見えます。これだけ強い下げ方だと、どこで止まるか見極めるのに1分足だけではできません。1時間足などの上位足を見てサポート帯になる箇所を探しておきます。ここでは183.35円から183.50円が強いサポート帯になりそうですから、事前にラインを引いておけば実際にこのラインまで落ちてきたとき、「トレンドが止まるのではないか？」という想定ができます。また、「このネックラインまで到達するかもしれない」という見方もできます。**トレンドは節目ではじまり、次の節目で終わる傾向にあるため**、節目を見つけておくことが重要です。

図3-57 強いサポート帯になっているポンド/円1時間足にネックラインを引く

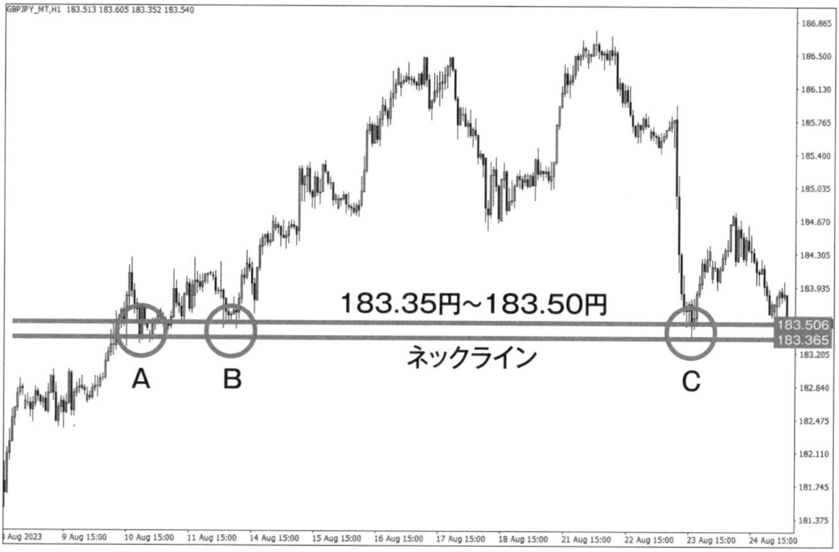

図3-58　1時間足のネックラインでトレンドが止まったポンド/円1分足

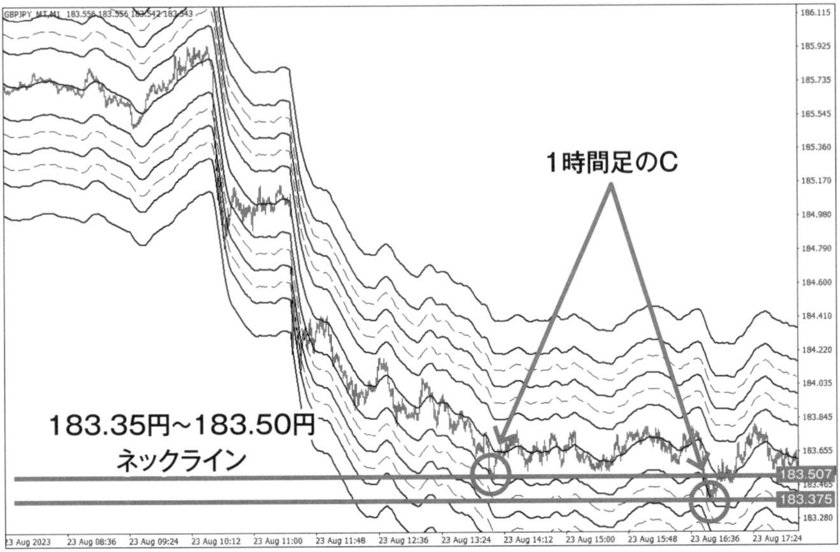

ここまで、ネックラインから発生するトレンド、ネックラインで終わるトレンドを見てきました。ラインを引くとき、どちらの役割になりそうか考えながら引くようにしてください。逆張り、順張りともにネックラインが引けると、トレード判断の材料が大幅に広がります。最も重要な補助ツールといっても過言ではありません。実例はCHAPTER5で詳しく説明するので、このまま読み進めてください。

CHAPTER 4

順張りスキャルピングでトレンドの波に乗る

23 優位性がある2つの順張り手法の型

値が動くポイントでエントリーする順張り

ここからは、前著の執筆時には取り入れていなかった「順張りスキャルピング」のルールを見ていきます。逆張りとは視点が反対になるため、最初は目線の切り替えに戸惑うかもしれません。逆張りしようと思っていたのに、数分で、早いときは数秒後には順張りの目線になる場合もあります。ロングの準備をしていたのに、数秒後にショートをしているなんてこともあります。また、その判断を瞬時に行なわなければなりません。

ですから、トレード中は集中力をキープし、気持ちが途切れないようにします。大変かもしれませんが、なぜそのようなルールになるのか、根拠を理解すればおのずとできるようになります。一言でいうと、**相場の仕組み、値動きの特性を理解すれば、素早い切り替えができるようになります。**

トレードの世界では、その手法が順張りか、それとも逆張りなのかをこだわる傾向にあります。しかし、この2つを定義することは難しく、あるトレーダーが見たら順張りになる手法も、違うトレーダーは逆張りと考えるかもしれません。また、何に対して順方向か、逆方向か、という議論もあります。1分足に対して順方向でも、日足では完全な逆張りになるかもしれません。この場合、順張りともいえますし、日足を重要視するトレーダーなら逆張りになります。どちらが正しいとはいえませんし、間違っていることはないでしょう。

したがって、定義づけするのが難しいのです。本書では、**1分足の短期トレンドに対して順方向、もしくは逆方向になる**と考えてください。仮にショートポジションを持つ場合、日足が上昇トレンドであっても、トレードする1分足が下降トレンドなら順張りです。先述の逆張り手法は、1分足に対してトレンドの逆側にポジションを持ちました。これから説明する順張りは、1分足の短期トレンドに対してトレンドフォローをする手法です。1時間足や日足などの上位足では逆張りになるかもしれませんが、1分足を基準に見てください。

なお、順張りは「値が動きそうなトレンド方向へポジションを取る」という考え方をするといいでしょう。**トレンドが発生しているとき、もしくは、これからトレンドが発生しそうなポイントでエントリー**します。それがどのような場面かを見極めることができれば、順張りは勝てると思ってください。トレンド方向へ値が動きそうなので順張りというだけであり、値が動くポイントを見つけます。

値が動く方向へエントリーする、という箇所を具体的にあらわすと、次の2種類です。

① ブレイクするポイントでエントリー
② 押し目や戻りポイントでエントリー

順張りのエントリーポイントは、エンベロープのゾーンと違い、ピンポイントにシグナルが発生するものではありません。もしかしたらここでエントリーしていいかも、という少し曖昧な場面もあります。あるトレーダーにはシグナルになっても、別のトレーダーから見るとエントリーポイントではないこともあります。突き詰めると、それは値が動くかどうかの判断になります。値が上に動くと思えば買いシグナル、下に動くと予想したなら売りシグナルになります。

ここから値が動きやすい、というテクニカルの根拠は十分に示していくので、エントリーすべきポイントはおわかりいただけると思いますのでご安心ください。すべては、テクニカル分析が根拠となるのです。

さて、どこでエントリーしようが、順張りは上記①と②のどちらかに分類されると考えてください。ですから、エントリーするときに①と②のどちらをやろうとしているのかを考えてみるのです。そうすれば、そのトレードに根拠があるかどうか、ある程度の見極めができるはずです。

順張りは逆張り目線と反対の局面で行なう

順張りスキャルピングのチャート設定は、逆張りとまったく同じです。移動平均線とエンベロープを使います。**順張りは、逆張りでは様子見したほうがいいポイントでエントリーする**と考えてください。「ここから下がりそうでロングするのはちょっと危険だからしばらく様子見しよう」という場面があるとします。上下どちらに進むかまったくわからないから様子見するのとは違います。

むしろ、下がる確率が高そうな場面があったとします。もちろんロングすると危ないですから、ロングはしません。そこで、「下がりそうならショートしてもいいのではないか」という逆転の発想を持ちます。

図4-1は米ドル/円1分足の上昇トレンドです。A、B、C、Eで、通常の逆張りシグナルが発生しています（Cの代わりに同じゾーン②のDでエントリーしても可）。トレンドが上とはいえ、一方向へ上がり続けることはなく、押し目をつけながら上昇します。また、オーバーシュートしたら一時的に反落します。これらのちょっとした反落を狙い、ショートするのが逆張りですね。

図4-1　エンベロープで通常の逆張りシグナルが発生するポイント

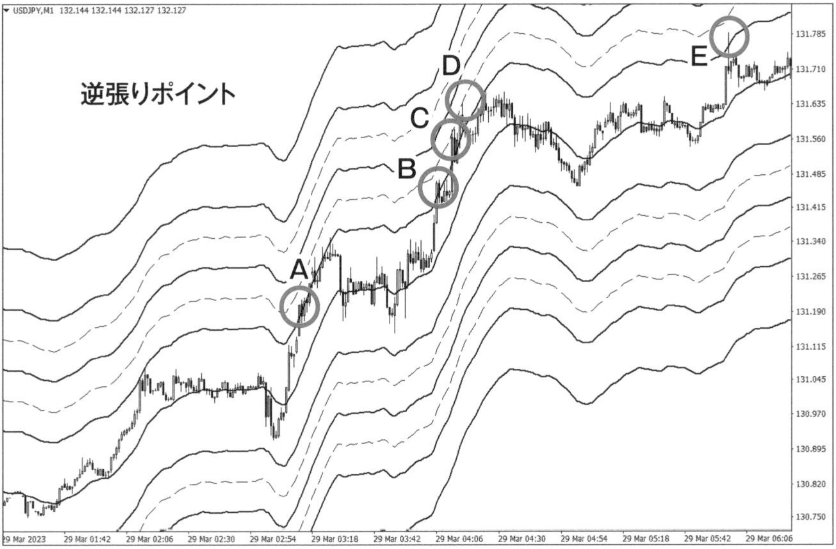

では、見方を変えてチャートを見てみます。A、B、C、D、Eはトレンドが一時的にオーバーシュートし、反転するポイントでした。そうすると次のような考え方ができます。

Bでオーバーシュートし、少しだけ反落します。しかし、上昇トレンドはBで終わったわけではありません。Bで反落したら、CやDのポイントのようにさらにトレンドを強める場合があります。この**トレンド方向へ進むときに順張りをする**のです。

どういうことか、図4-2を見てください。順張りで取れるポイントは、CやFのポイントです。A、Bの価格帯でピッタリ止められているので、A、Bの水平ラインはレジスタンスといえます。同じようにD、Eも同じ価格帯で止められてレジスタンスになっているため、このDEの水平ラインを上にブレイクして上昇トレンド回帰する可能性が想定できます。

そこで、**水平ラインをブレイクするFのポイントで順張りのロングができます**。CやFは移動平均線から乖離しておらず、エンベロープのゾーン①にも到達していませんから、逆張りショートのシグナルは発生しないポイント

図4-2　もみ合いからブレイクして上昇する米ドル/円1分足

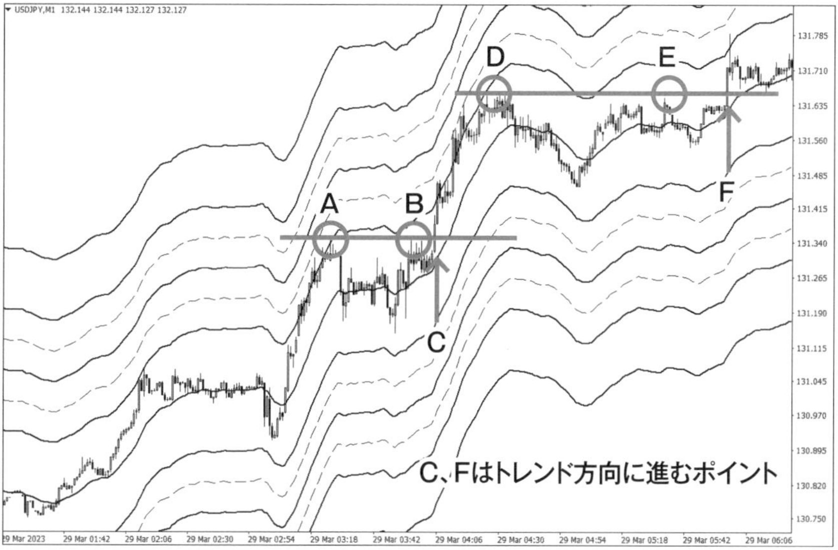

です。逆に、順張りロングしてトレンドに乗れる局面です。逆張りでは危なそうな局面で順張りをする、という逆張りとは反対の目線になります。

この順張りは、①の「ブレイクするポイントでエントリー」する方法です。そして、この上昇トレンドにおいて、順張りエントリーして利幅が取れるポイントは、図4-3のA、B、Cです。上下どちらに行くかわからない場面から、明らかに上に進みはじめたポイントでエントリーします。それが期待値の高いポイントです。

図4-3 順張りシグナルが発生する米ドル/円1分足

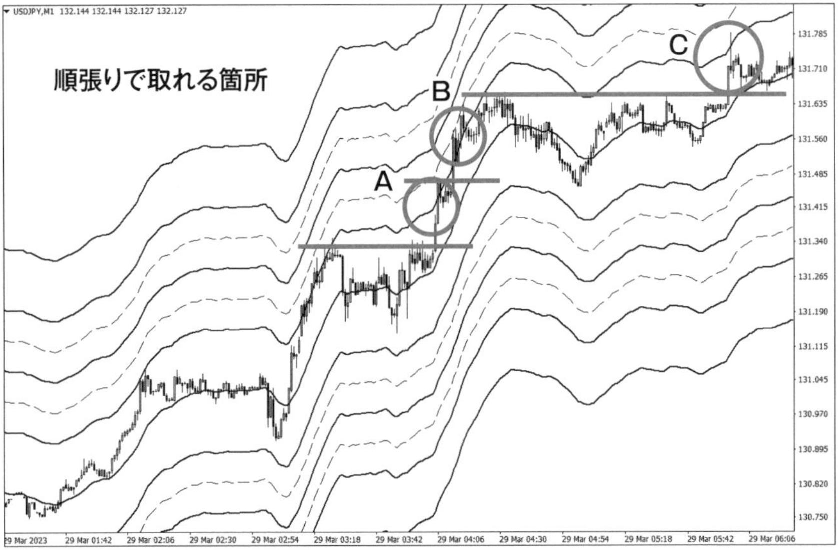

24 オーバーシュート後の逆張り、オーバーシュート前の順張り

オーバーシュート時の判断

別の場面を見てみましょう。図4-4は豪ドル/米ドルの1分足下降トレンドです。最初に逆張りシグナルを確認し、それから順張りの考え方を説明します。A、B、C、Dはすべてゾーン④の買いシグナルです。下落してきたローソク足が下ヒゲを出したタイミングでロングします。これは通常の逆張りシグナルで、オーバーシュートしたときに反転するタイミングをはかってエントリーしますね。トレンド方向へオーバーシュートしてから逆張りするのがポイントです。

図4-4　逆張りシグナルが発生している豪ドル/米ドルの下降トレンド

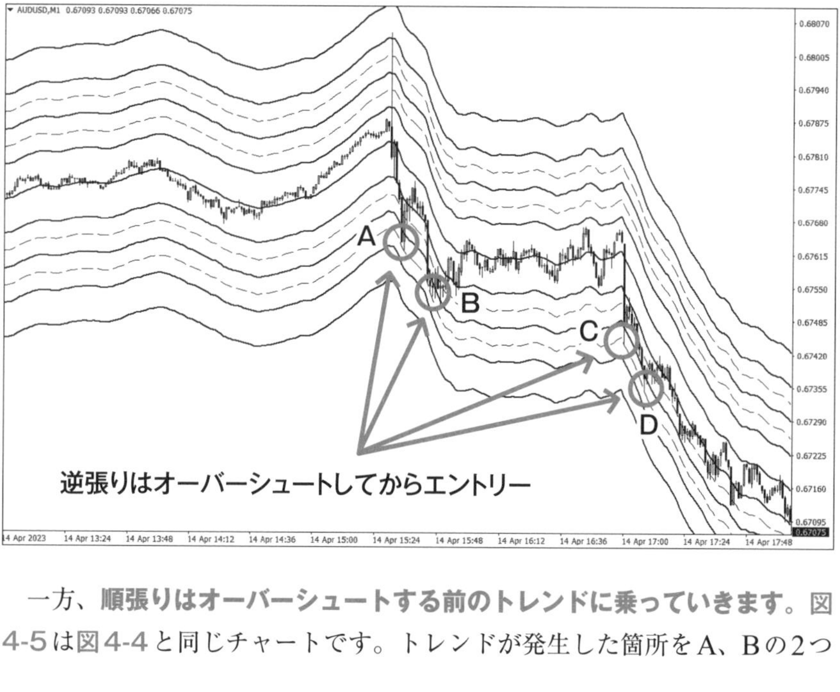

一方、**順張りはオーバーシュートする前のトレンドに乗っていきます。**図4-5は図4-4と同じチャートです。トレンドが発生した箇所をA、Bの2つ

に分けると流れがわかりやすいと思います。Aの場面でショート回転すれば勝てる確率が高そうですね。ショート回転とは、ショートしてイグジットするトレードを何度も行なうことです。ショートして利食い、またショートして利食いをする方法です。Bの箇所も同じくショート回転すれば勝てると思いませんか。

まず、トレンドが発生したときに、それに乗っていくイメージを持つといいでしょう。逆張りのときは、オーバーシュートするまで待つので、先にトレンドをイメージするのは難しいかもしれません。発生したトレンドで柔軟に対応するイメージです。順張りではオーバーシュートする前にエントリーしていくので、この先のトレンド発生が条件です。AやBのようなトレンドをイメージするといいでしょう。実際にそうなったら、「ショート回転のスキャルピングで稼ぐぞ」という具体的なトレードも思い浮かべることができます。

図4-5　トレンド発生時に順張りできる箇所を示す

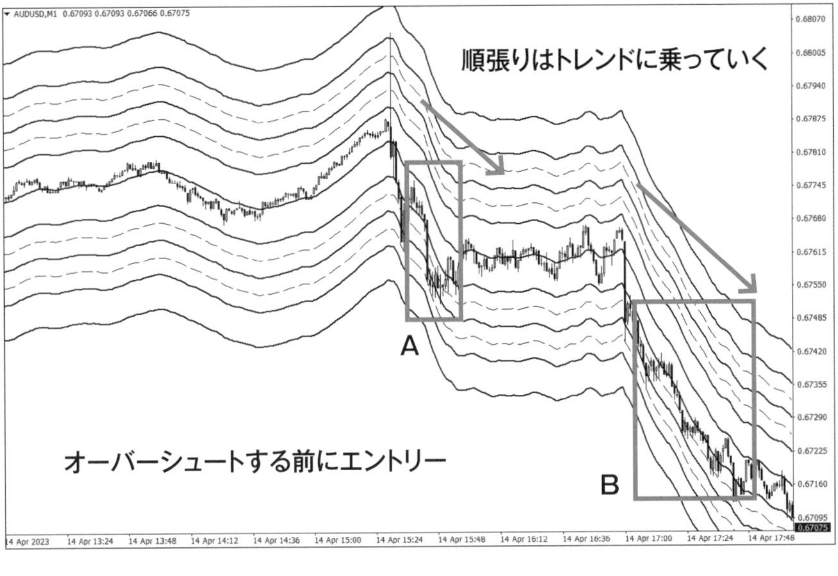

実際にエントリーできる箇所は図4-6で確認できます。A、B、C、D、Eが、直前の安値を下にブレイクし安値更新しているポイントです。ここでショートできます。逆張りのシグナルが発生する前にエントリーするため、

順張りショートを利益確定した直後に逆張りシグナルが発生することになります。ドテンに近いトレードになるので、瞬時の判断が求められます。ドテンとは、売りポジションを決済すると同時に、新規の買いポジションを持つこと（またはその逆）で、「ポジションをひっくり返す」ともいいます。ただ、順張りの決済と逆張りの新規エントリーは、数秒あけることなくすぐ行なう場合もあれば、数分の間があくこともあります。いつも瞬間的にポジションをひっくり返すわけではないので、相場により裁量判断してください。

図4-6　順張りでエントリーできる安値ブレイクのポイント

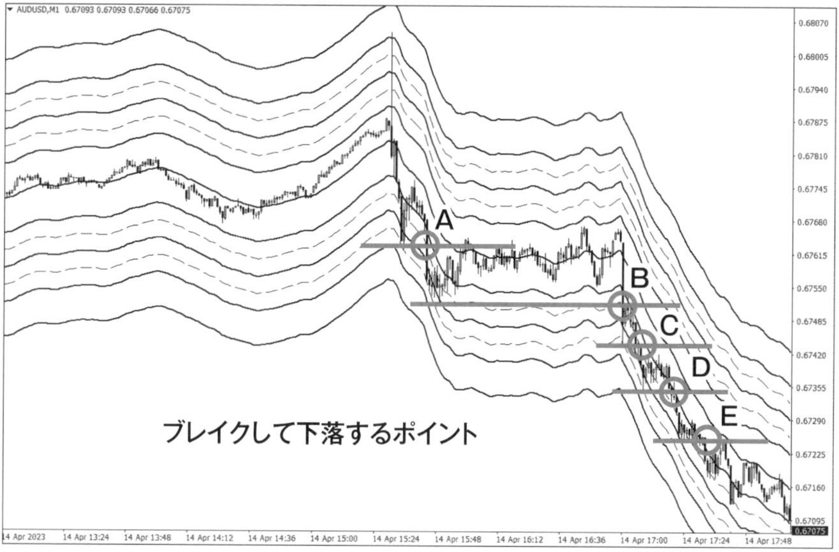

たとえば、Aをブレイク直前にショートし、下ヒゲが出るまでホールドします。下ヒゲが出るまでエントリーから何pipsになるかはわかりませんから、pipsで決めることはしません。5pipsの場合もあれば、強いトレンドなら10pipsほど一気に下がるかもしれません。今回は、5pipsほど取れます。そして、利益確定をしたときは下ヒゲが出てエンベロープに到達しているので、逆張りシグナルが発生します。ですから、ショートの利益確定と同時にロングして逆張りも数pips利益確定します。

Bでは長い陰線になっています。突然急落しているので、ブレイクした瞬間のBでショートするのは難しいかもしれません。間に合えばエントリーし、無理に入らなくてもいいでしょう。ただ、一度ブレイクしたあと、Bに戻ってきてからショートできます。これは①のブレイクでエントリーではなく②の「戻りでエントリー」になるので、このあと説明します。**ブレイクした瞬間ではなく戻りでも順張りできる**と認識してください。

C、D、Eはブレイク時に長い陰線が出ているわけではないので、エントリーが間に合わないことはないでしょう。ブレイクしたらショートし、数pipsで利益確定します（利益確定の方法については後述します）。

なお、C、D、Eはエンベロープでの買いシグナルが発生しない箇所です。**移動平均線に戻ることなく下げており、外側のゾーンにも到達していないから**です。

そこで、順張りエントリーをしたら、オーバーシュートしていませんからしばらくポジションをホールドしてもいいでしょう。数秒で利益確定するのではなく、数分ホールドして利幅を取るのです。AやBは長い陰線が出てオーバーシュートし買いシグナルが発生しているので、確実に順張りは利益確定します。C、D、Eは直前の安値を下抜けしただけではオーバーシュートしたとはいえませんから、まだ下がる可能性があります。流れは下ですから、トレンドに乗るという意味でも数分はホールドしてもいいでしょう。

エントリーしたあとは、チャートの最先端にいるので、そのときの最安値にいます。見ているローソク足が陰線になりそうなら多少の揺り戻しは気にせず、足が確定するまで1分待ってみるのもひとつの方法です。オーバーシュートやヒゲで判断するのではなく、ローソク足そのものが陰線に確定するのを見るのです。そして、次の足も陰線になるまで待つなら2分はホールドします。C、D、Eのようにゆっくり安値を更新している場面なら、少しずつ下げるのを見るという方法もあります。これはローソク足で順張りする方法で、詳しくは後述します。

ブレイクして下げていく目線のため、**ブレイクポイント逆に上抜けしたらすぐに損切りを行ないます**。逆にいえば、ブレイクしたポイント、たとえばCでショートしたら、Cを上抜けするまで何分でもホールドできます。すぐに利益確定をする必要はありません。逆張りの場合はオーバーシュートしてちょっとした反転を狙うため、すぐに利益確定をしないとトレンド回帰してしまい、せっかくの含み益がなくなります。順張りはトレンドに乗っているので、トレンドが続く限り含み損が増えるわけです。Cで安値をブレイクしたなら、ここからある程度は下げる想定ができます。

逆張りのように、ちょっとした反転を狙うのではありませんから、1分以内ではなく、数分間ホールドし、利幅を伸ばせる場面です。**逆張りと利益確定の考えが少し違う**ので、注意してください。

押し目買いと戻り売り

次に、②の「押し目や戻りポイントでエントリー」の順張りを見ていきます。この手法は、トレンドが小休止となり、移動平均線にきたタイミングで順張りをします。上昇トレンドなら、**上昇がいったん止まり移動平均線まで下落したとき、下降トレンドなら下落が止まって移動平均線まで上昇してきたとき**です。

なぜ移動平均線にくるとチャンスなのか？　それは、押し目と戻りになるからです。この2つの定義は次のとおりです。

- **押し目……上昇トレンドの小休止で、一時的に買いが弱まり下げる局面**
- **戻り……下降トレンドの小休止で、一時的に売りが弱まり上げる局面**

図4-7のユーロ/米ドル1分足の上昇トレンドを見てください。水平ラインをAで上にブレイクし、短期上昇トレンドが発生しています。一方向へ上げ続けるのではなく、B、Cのように一時的に買いが弱まり下落する場面があります。これが押し目です。移動平均線まで落ちていますね。下落するものの上昇トレンドですから、それまでの上げ幅より下げることはありません。少し落ちると再度買いが入るので、下落しすぎることはなく、また上昇トレンド回帰して直前の高値を更新します。その上げはじめるポイント（トレンド回帰する箇所）が、移動平均線になりやすいのです。

ですから、B、Cにあるように、**移動平均線まで下落したときが買いシグナルです**。ここからロング回転していけば、順張りで何度も勝ちトレードが可能です。ローソク足1本ごとにエントリーとイグジットを繰り返すスキャルピングでもいいでしょう。また、高値を目指してポジションをホールドし、トレード回数を控えて利幅を稼ぐスキャルピングもできます。

Dも押し目買いポイントですが、ここでは移動平均線を下抜けしています。**逆行しているのでしっかり損切りをします**。Dも押し目になる可能性はあった場面なので、買いエントリーすること自体は間違っていません。損切りさえ行なえばA、B、Cの順張りで利益は出ているはずですから、このトレンドで勝ちトレードができたことになります。

図4-7　押し目をつけながら上昇する短期トレンド

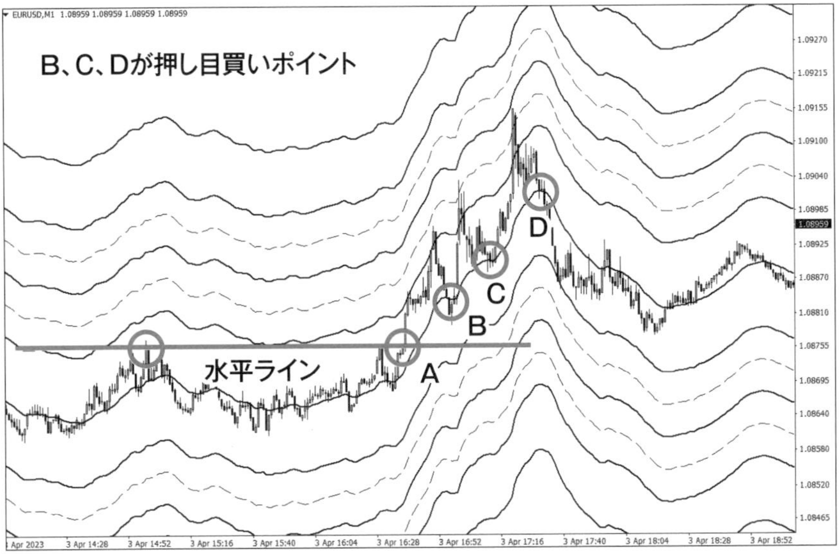

別の押し目買いを見てみましょう。図4-8はユーロ/円1分足の短期上昇トレンドです。Aでブレイクしトレンドが発生、BとCで押し目をつけています。どちらも移動平均線まで下落すると、スイッチが入ったように上昇トレンド回帰しています。順張りスキャルピングは、ここで買いエントリーします。

図4-8 移動平均線が押し目となり反発する上昇トレンド

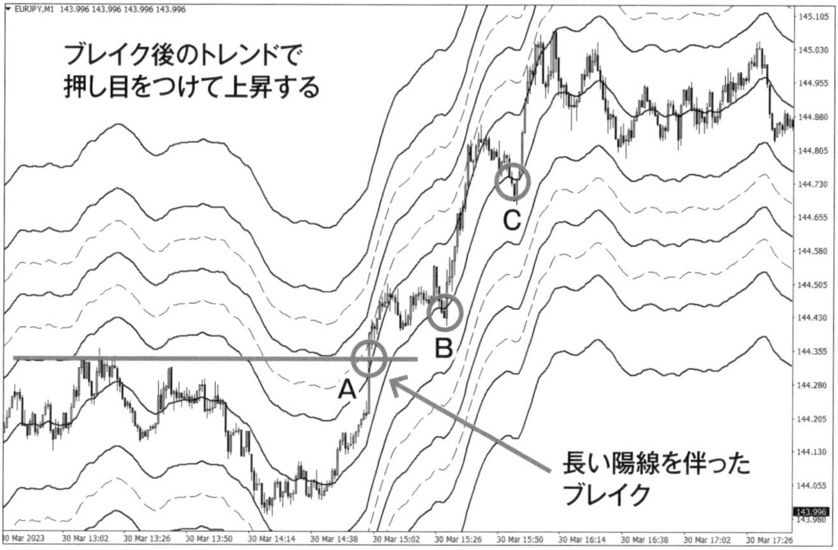

エントリーは上げはじめるまで待つのがポイント

なお、**移動平均線にぴったりタッチすると反発するのではありません**。移動平均線付近まで落ちてきたら、というとらえ方をしてください。買いが強ければ移動平均線まで落ちてこず、移動平均線の手前で上がりはじめるかもしれません。逆に、買いが入るタイミングが遅ければ、移動平均線を下抜けてから急に反発することもあります。

ですから、移動平均線を下抜けしたからといって上昇トレンドが終わったわけではありません。BとCは後者のパターンですね。移動平均線を数本下抜けしています。移動平均線にタッチしたら買う、というトレードだと、移動平均線まで落ちてこないとエントリーできませんし、移動平均線を下抜けすると損切りすることになります。

したがって、**「移動平均線付近まで落ちてきて、かつ上げはじめたら買う」**という方法にしたほうがいいです。この、「上げはじめるまで待つ」というのが大切です。

もう少し詳しくエントリーポイントを見てみます。BとCを拡大したのが、

図4-9です。押し目買いは、一時的に逆張りになります。ブレイクでエントリーする場合、高値を更新している最中にエントリーするので、上げているときにロングするため明確な順張りです。しかし押し目買いの場合、いったん下落した局面でエントリーします。**下げている局面でエントリーするので、その部分だけ見ると逆張りになる**ということです。

ただし、それは数分単位での話であり、それまでに上昇トレンドがあるので、1分足全体としては順張りになります。

図4-9　押し目買いのポイントで陰線が多くなるユーロ/円1分足

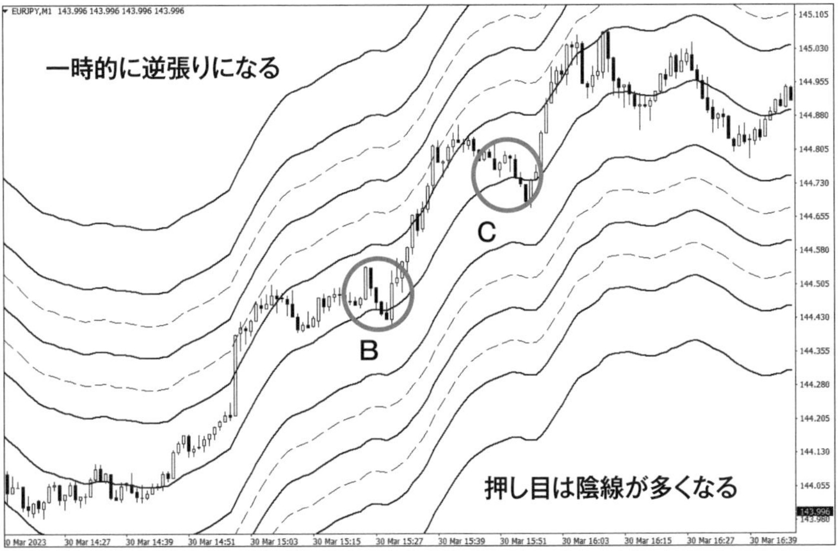

Bは、直近5本だけ見ると下げているので、ロングは逆張りになります。同じように、Cで、直近10本を見るとジリジリ下げているため、ロングは逆張りになるということです。

しかし、Bより前を見ると、上昇トレンドの最中ですからロングポジションは順張りになるのです。また、**実際のエントリーは「上げはじめてから行なう」**と述べました。陰線が出ている最中にロングするのではなく、上げはじめたことを確認するため、エントリーするローソク足は陽線形成中か、陽線が確定したローソク足より後の足になります。

S波動が戻り売りのタイミング

次に戻り売りの順張りを見ていきます。**図4-10**はユーロ/米ドル1分足の下降トレンドです。Aの手前で経済指標かヘッドラインニュースが流れたのでしょう。急騰のあと急落しています。Aが安値となり、移動平均線まで戻りをつけました。それからAの安値を下抜け、Bがレジスタンスとなり下降トレンドになっています。Aの価格帯に水平ラインを引くとわかりやすいですね。Aでサポートラインだったものが、下抜けするとレジスタンスラインに転換したS波動です。Bでは移動平均線まで戻していませんが、水平ラインにぶつかっているので、ラインの引き忘れがなければエントリーできるはずです。

図4-10　戻り売りポイントを示すユーロ/米ドル1分足の下降トレンド

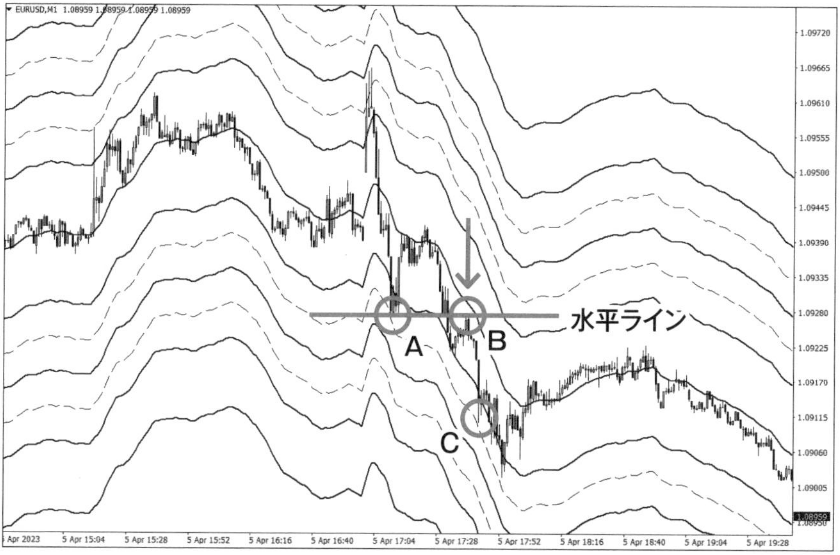

この**S波動は順張りの王道といえるエントリーポイント**です。Bから下落するポイントですから、実際に落ちはじめたらショート回転してもいいでしょうし、数分間ホールドして1回のスキャルピングで利幅を稼ぐ方法もあります。

なお、Cで逆張りのシグナルが発生しているので、ショートポジションを持っていたらCでドテンして買いに転換します。

25 移動平均線の傾きにトレンドラインを引く

トレンドラインを引くときは移動平均線に着目

押し目や戻りは、移動平均線付近からトレンド回帰しやすいと述べました。そして、移動平均という「ライン」ですから、移動平均線そのものがサポートの「ライン」やレジスタンスの「ライン」になります。

ラインというと、真っすぐのものを思い浮かべるかもしれませんが、移動平均線のように曲がっているものもラインです。たしかに、曲がっているよりも、真っすぐのほうがサポートやレジスタンスとして認識しやすいでしょう。それが、水平ラインであっても斜めのトレンドラインであっても、です。

そこで、移動平均線が比較的真っすぐになっている箇所があったら、それに沿ってラインを引くと、移動平均線がどのように機能しているのかあらわになり、押し目をはかりやすいです。

図4-11はポンド/円1分足の上昇トレンドです。Aでオーバーシュートし、逆張りシグナルが発生しました。そこから下落しBで移動平均線にタッチしたときに、押し目ではないかという想定ができますね。ですから、Bで反発したときに順張りのロングを開始すればいいでしょう。Bで反発すれば、**移動平均線に沿って斜めのトレンドラインが引けるので、そのあとはトレンドラインに沿ってスキャルピングをします。**Bの手前でも移動平均線は真っすぐなので、トレンドラインは引けます。ただ、Bで反発してからのほうが機能していると認識しやすいですね。Aでオーバーシュートしたあとに移動平均線で反発すれば、押し目ととらえやすいと思います。

一方Cは、オーバーシュートからの反転による押し目というよりは、ジリジリと上昇していく最中に移動平均線という壁にぶつかってさらに上昇していくポイントです。**Bはオーバーシュート後の押し目、Cはオーバーシュートの前**であることに着目してください。Cは移動平均線にぶつかっているも

図4-11　移動平均線に重ねてトレンドラインを引く

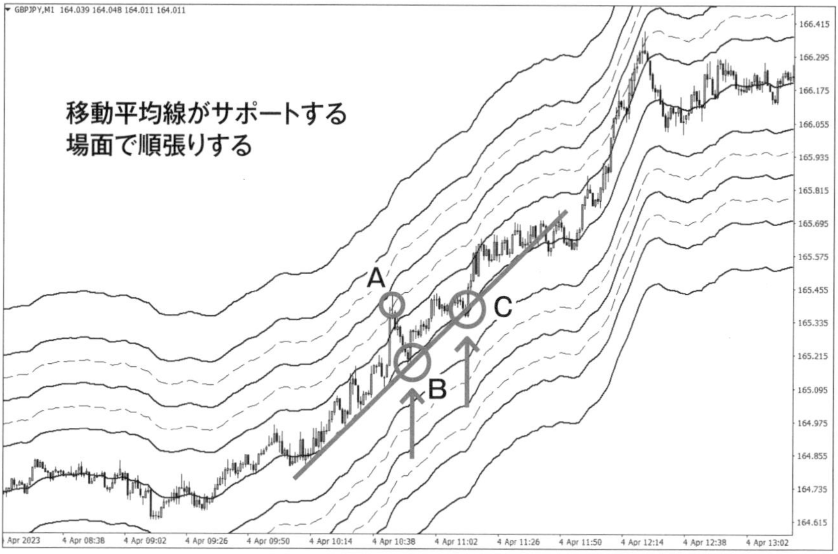

のの、Bの押し目とは違うので注意してください。BとCは移動平均線が壁になり上昇していることは共通していますが、根拠が少し違います。ただ、移動平均線がサポートしていることは間違いないので、順張りできるポイントであることは共通しています。

別の場面を見てみます。図4-12は、ユーロ/円1分足の下降トレンドです。Aの手前で移動平均線の傾きが斜めに真っすぐ進んでいるので、それに沿ってトレンドラインが引けます。

Aで、ローソク足がトレンドラインと移動平均線にタッチしましたが、若干上抜けしています。ですから、上抜けたしときに順張りショートをするのは難しいでしょう。少し様子見をし、そのまま移動平均線を上抜けして上昇するなら順張りはできません。今回は反落して移動平均線の内側に戻ってきました。

一度上抜けしそうになったのに反落して下降トレンド回帰するということは、売りが強いのでしょう。そこで、図4-13のように、移動平均線の内側に入り、安値を更新するタイミングでショートできます。迷った末に下降ト

図4-12　移動平均線に沿ってトレンドラインが引けるユーロ/円1分足

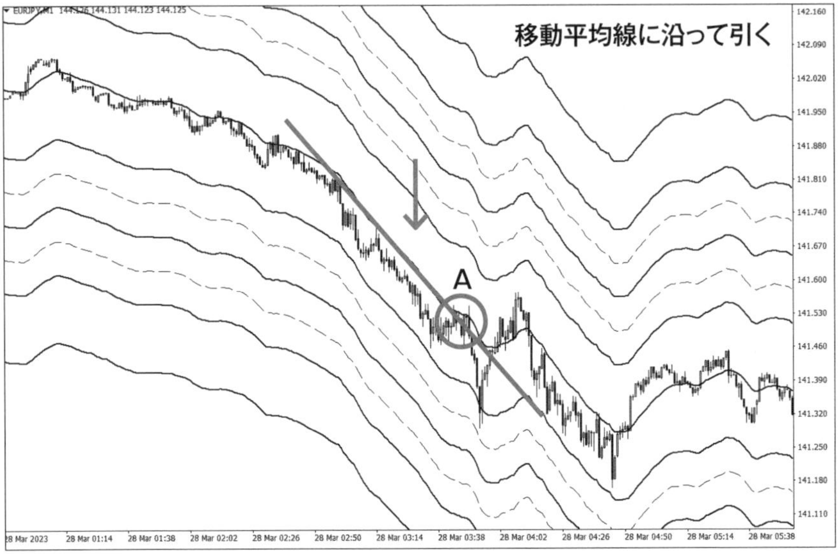

図4-13　移動平均線の内側にきたタイミングでショートできる

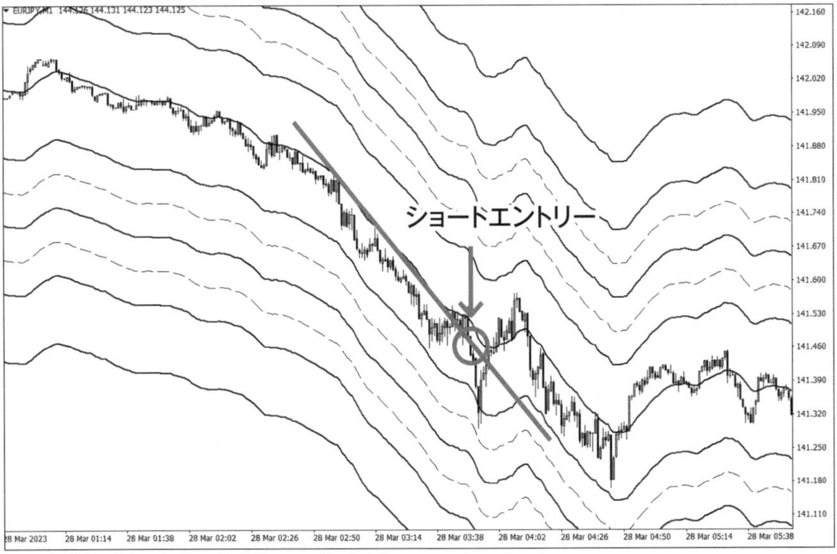

レンド回帰ですから、Aから下げはじめたなら下にオーバーシュートしてもいい場面です。1本のローソク足で数pipsの利益確定ではなく、何本かホー

ルドし、利幅が取れる可能性が高い場面です。

なお、Aのあとオーバーシュートし、ゾーン①に入って通常の逆張りシグナルが発生しているので、ショートを持っていたら利益確定し、ドテンのロングをします。

角度が変わったらトレンドラインも引き直す

移動平均線が真っすぐになりはじめたら、それに沿ってトレンドラインを引きます。そして、トレンドはずっと同じ流れで進むのではなく、緩急をつけながら高値と安値を切り上げる（切り下げる）角度を変えながら進みます。上昇トレンドで押し目をつけたあとトレンド回帰したとしても前の上昇と同じスピードにならないかもしれない、ということです。ゆるやかに上昇するかもしれませんし、いきなり勢いが出て大幅に値幅を出す可能性もあります。そうすると、**何が変わるかというと移動平均線の角度です。**

図4-14は、ドル/円1分足の上昇トレンドで、3時間で140pips上昇した

図4-14 押し目をつけてから角度を変えるトレンドライン

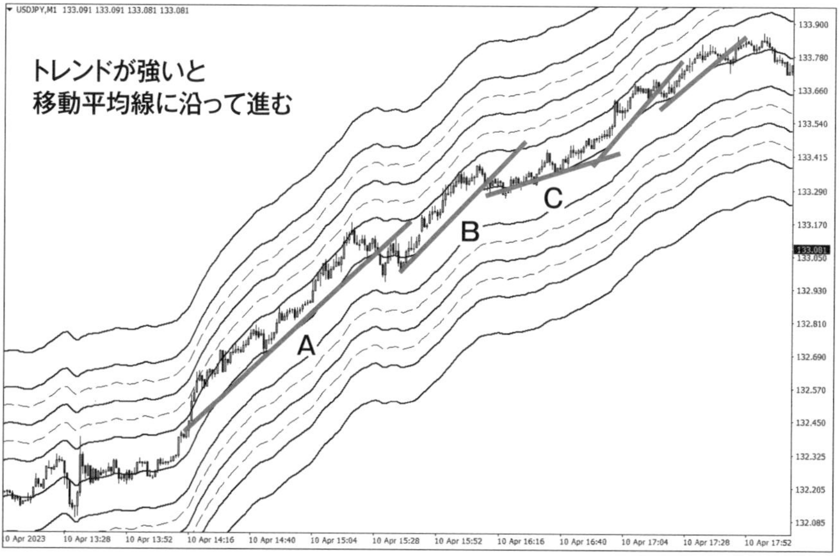

短期トレンドです。移動平均線に着目してください。押し目をつけたあとは、ところどころで角度が変わっていますね。高値と安値の切り上げ方が変わったからです。ですから、押し目をつけてからトレンド回帰したあとは、流れが変わるかもしれないと準備するようにします。最初に引いたAのトレンドラインの角度がそのまま続くのではなく、いったん下抜けしてからトレンド回帰してBが引けるので、**トレンドラインの角度が変わるかもしれない**ということです。

Bのトレンドラインを下抜けしてからのCも同じで、角度が変わりゆるやかになりました。C以降も同様と考えてください。引いているトレンドラインを下抜け、押し目からトレンド回帰したら、トレンドラインを引き直すつもりで値動きをチェックしてください。どんな角度であれ1分足レベルでトレンドが継続している間は、トレンドが長くなるほど移動平均線の角度を変えながら進んでいく傾向にあります。

CHAPTER3のトレンドラインで説明した、角度を変える3段階の法則を思い出してください（131ページ）。トレンドが進むにつれ、高値と安値の角度を変えてくる見方は同じです。その変化に応じてトレンドラインを引き直す点も共通です。

では、どこで順張りのロングができるでしょうか？　**図4-15**を見てください。**図4-14**と同じチャートです。A、B、C、D、Eあたりでロングすることができます。なお、矢印をつけたローソク足をピンポイントでエントリーするのではなく、それより数分前でもいいでしょう。矢印の箇所はすでに上昇しているので、それより前でもトレンド回帰は確認できます。たとえばB、C、Dではすでに上昇した部分なので、矢印の何本か前でロングできます。ここでは、おおよそこのあたりのローソク足でエントリーできる、ととらえてください。

このように、移動平均線に沿ったトレンドラインを根拠に順張りする場合、トレンドラインが引けるまで、移動平均線が真っすぐになる時間が必要です。ですから、**実際にスキャルピングできるのはトレンドラインの後半になります**。また、トレンドが強いとエンベロープに到達するので、順張りはゾーン

図4-15　トレンドラインを引き順張りできるポイントを示す

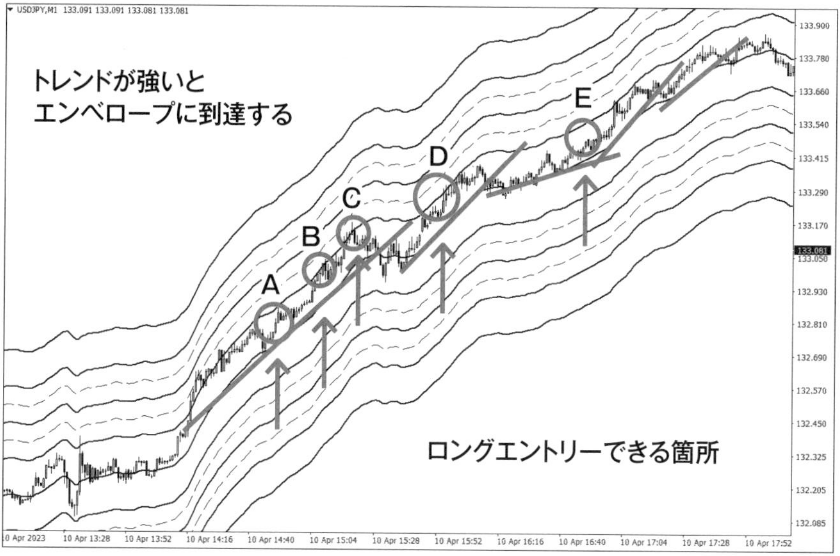

①に到達する前にエントリーするといいかもしれません。そして、エンベロープに到達したら逆張りの準備をします。A、B、C、D、Eのすべてで順張りする必要はなく、できそうなポイントだけ順張りしてください。ゾーン①に入ったら通常の逆張りシグナルですから、順張りはエンベロープに到達する前にエントリーするのが基本です。トレンドが強いときはゾーンに到達しても順張りしますが、それは応用と考えてください。

トレンドラインはいつか必ず反対方向へブレイクし、役目を終了します。図4-16のABのように、トレンドと反対側にブレイクしたら様子見とします。そもそもトレンドラインはトレンドの前半部分で引くことができませんから、引けたと思ったらブレイクして役目を終了、なんてことは多々あります。さらに、本手法は1分足の短期トレンドですから、同じトレンドラインを見ている時間は少ないです。流れはすぐ変わるので何度もトレンドラインを引き直し、エントリーできそうなら迷わず入るといった判断を、ひとつの短期トレンドで何度も行ないます。たとえトレンドラインを引くのが遅くなったり、そもそも引けずにエントリーできなかったりしても、気にせずに次のトレンドを待ちましょう。

ちなみに、**ジリジリと進んでいるトレンドはどこかでオーバーシュートしてから終わる傾向**があります。Aの手間まで断続的に売りが入っているのでしょう。そして、Aの直前で一番長い陰線を出していますね。移動平均線に角度が出てきて、それに沿ってジリジリトレンドが進んでいる場合、オーバーシュートがくるのを準備しておくといいでしょう。

図4-16 トレンドラインを上抜けして様子見とする下降トレンド

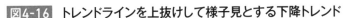

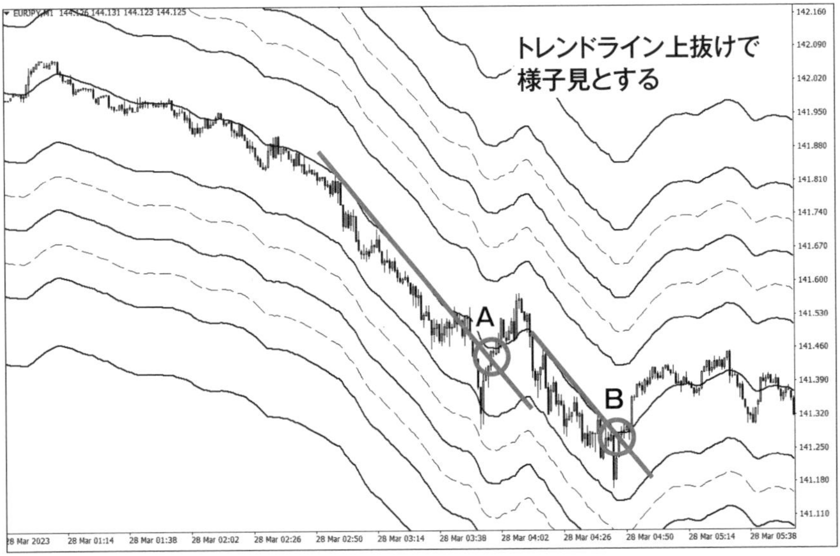

移動平均線と平行なら重ならなくてもよい

ここまでジリジリ進むトレンドを見てきました。移動平均線に角度が出てトレンドラインは引けるものの、押し目や戻りのメリハリがなかったですね。次に、最初に押し目買いと戻り売りを説明したときの相場のような、上昇と下落にメリハリがある相場を見ていきます。

図4-17豪ドル/円の1分足上昇トレンドです。高値から押し目をつけるときの下げ幅も大きく、上昇と下落がわかりやすいです。また、押し目では、移動平均線を下抜けしています。こういうときは、**トレンドラインを移動平**

図4-17 移動平均線と平行にトレンドラインを引く

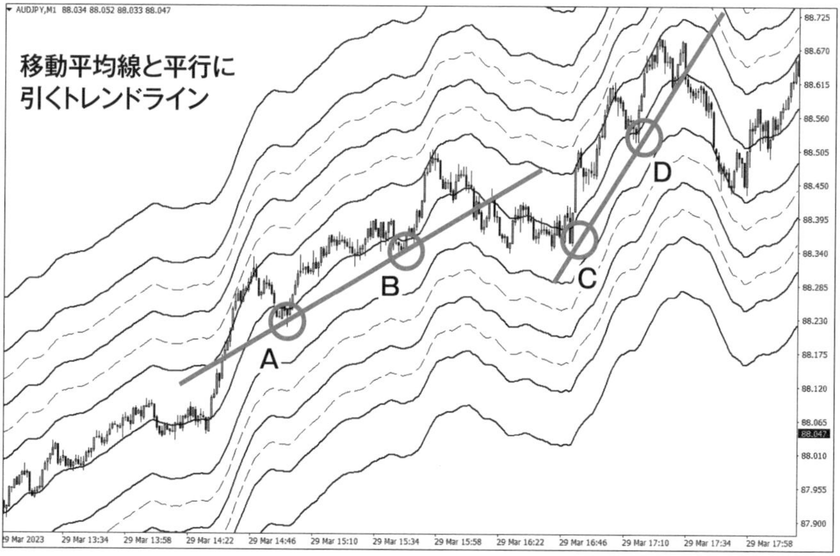

図4-18 順張りできるポイントと利確のサインを示す豪ドル/円

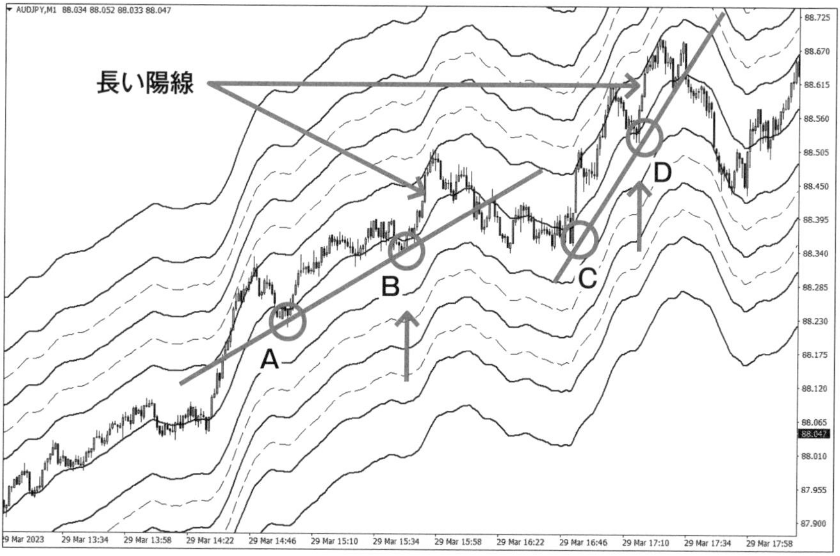

均線に重ねるのではなく、移動平均線と平行になるように少しずらします。
あくまでもローソク足を起点にし、上昇トレンドでは安値に合わせて引きま

す。移動平均線と同じ角度のトレンドラインですから、順張りの見方は同じです。

図4-18のBやDのように、トレンドラインが引けて上昇しはじめたことを確認できたら、高値更新を想定して順張りロングしていけばいいでしょう。数pipsを何度も回転させるのもいいですし、ロングしたら高値更新までホールドし、1回のスキャルピングで利幅を稼ぐのもいいでしょう。長い陽線が出たら利益確定をします。

移動平均線より急角度のラインは長続きしない

これまでは、移動平均線と同じ角度のトレンドラインを見てきました。では、トレンドが強く、トレンドラインが移動平均線よりも急角度になった場合はどうなるでしょうか？　図4-19で見てみましょう。

図4-19　トレンドに勢いがあり移動平均線より急角度になるトレンドライン

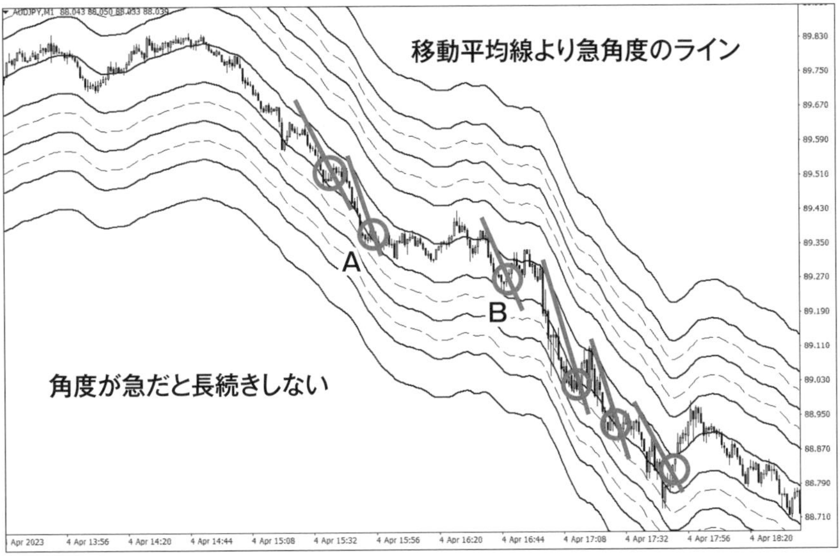

下降トレンドの場合、トレンドラインはローソク足の高値に合わせて引きますね。移動平均線と同じ角度にしても、それが高値の切り下げ方と違って

いたら的を射ていません。下降トレンドラインは、あくまでもローソク足の高値同士を結んで引くものです。

AとBでは、移動平均線の角度より、ローソク足の切り下げるスピードが早いため、移動平均線より急角度のトレンドラインになっていることがわかります。つまり、このA、Bのトレンドは、**移動平均線を切り下げる速度より早いので、かなりの勢いがある**ということです。

しかし、急角度のトレンドラインは長続きしません。AやBの角度でトレンドが進む時間は短いといえます。ですから、急角度のトレンドラインが引けたとき、戻りでトレンドラインにぶつかり**さらに下げるだろうと順張りショートをすると、損切りになる可能性があるので注意してください。**トレンドラインをすぐに上抜けする可能性が高いからです。

Bより先のトレンドラインも移動平均線より急角度で、長続きしていません。トレンドラインが引けたと思ったら、上抜けしてしまうこともあるので注意してください。

ただし、トレンドラインを上抜けしたからといってトレンドが終了するのではありません。Aでトレンドラインを上抜けしましたが、移動平均線まで戻ってからはさらに下落しています。Bでも上抜けしていますが、移動平均線まで戻したあと、下降トレンドに回帰しています。ですから、急角度のトレンドラインだけを根拠にするのではなく、ブレイクや移動平均線からの戻り売りなど、他の根拠も活用してください。順張りの引き出しの数を増やし、トレンドの形に応じて使い分けていきましょう。いつもトレンドラインだけでスキャルピングしないようにしてください。

戦略の主軸となる移動平均線

ここまで見てきたように、移動平均線は順張りにおいて重要な役割を果たします。移動平均線付近で、ここからどちらへ進むのかを判断できるのです。また、移動平均線の傾きにより、その方向へ何度も回転売買が可能です。

たとえば、移動平均線が上向きで、かつローソク足が移動平均線より上ならロング、移動平均線が下向きで、かつローソク足が移動平均線より下ならショート、というように、今からロング回転、もしくはショート回転するぞ、という判断ができます。実は、順張りは**方向性が決まれば、あとはタイミングをはかるだけなのでトレード自体はとてもシンプル**なのです。何度も回転売買すると疲れる方もいるかもしれません。数秒単位の複雑な判断になるとさらに疲れるので、移動平均線をうまく活用しシンプルな戦略にしましょう。

なお、逆張りスキャルピング手法も移動平均線が中枢でした。移動平均線からの乖離が手法のモットーですから、移動平均線は本当に大切ということなのです。

26 短期トレンドの法則7つで最強の期待値にする

7つのチャート分析スキルを組み合わせる

次に、順張りスキャルピングを最強の期待値にするための、7つのチャート分析スキルを組み合わせていきます。トレード根拠はひとつより2つのほうがいいですし、それが多いほど勘に頼ったトレードを排除できるので、一貫性のあるスキャルピングが可能になります。

① 舞台が短期トレンドである認識
② すべてのトレンドはＮ波動になる
③ Ｎ波動のイメージで先読みが可能
④ ３段上げと３段下げ
⑤ トレンドの第２波から高い期待値になる
⑥ ローソク足３本押し、３本戻し
⑦ 上位足と同じ方向は期待値が高い

それでは、順番に見ていきましょう。なお、7つのスキルは順張り目線だけではなく、逆張りの視点でも見るようにしてください。順張りのあとは逆張りシグナルが出ますし、その逆もあるため頻繁にシグナルは変わります。順張りで役に立つスキルは逆張りでも当然に活用できます。すべて順張りでの説明をしていくので、わざわざ、「ここは順張りで、逆張りで」という説明はしません。その都度、逆張りならどうトレードできるかを考えながら読んでみてください。

① 舞台が短期トレンドである認識

為替市場ではひとつの通貨ペアで平均的に1日に1回～3回ほど短期トレンドがあります（時期により回数はかなり変動します）。相場変動の材料は毎日変化しているので同じような値動きはありません。ですから、必ず3回トレンドが発生する、という予測はできません。材料もなく、閑散としている時期はトレンドがない相場が1週間続くこともあります。

逆に、重要な経済指標やイベント、世界経済や金融市場、もしくは人々の生活様式にインパクトをもたらす出来事があると、1日に3回どころか24時間ずっと乱高下し、常にトレンドが発生しているような状況もあります。それが何か月も続くこともあるのが相場です。あくまでも平常時の相場で1日数回の短期トレンドが発生すると考えてください。

トレンドが発生したときは、1分足でどんな流れになるのかを把握しておくことは基本です。**トレンドの時間、値幅、スピード感、ティックの回数など、毎回異なるものの、トレンドとはこういうものだ、という感覚**を身につけるといいでしょう。もちろん経験しないとわかりませんが、これからトレードするにあたり、トレンドに慣れるという意識を持ってください。ここから具体的に、トレンドとはどのようなものか見ていきます。こういう相場で順張りをするのか、という認識を持ってください。

図4-20は米ドル/円1分足です。5時間で100pipsほど値幅が出た短期上昇トレンドです。上昇すると少しだけ下落し、押し目をつけます。すぐにトレンド回帰して高値を更新し、また少し下落する、という流れを何度か繰り返しています。

5時間のうち、上昇した回数や大きく高値を更新したときのエンベロープへの到達の仕方など、詳しく頭の中で解説しながら追ってみてください。**押し目をつける時間や値幅、それからトレンド回帰していくときの移動平均線とローソク足の位置関係**など、ゆっくり見てください。全体を見るだけでなく、ローソク足を1本ずつ観察し、そのローソク足にどのような意味があったのかを丁寧に考え、自分の言葉で説明できるようにしましょう。

図4-21はユーロ/米ドル1分足の下降トレンドです。トレンド発生前に、急騰と急落があるので、経済指標か何かがあったのでしょう。その後に方向性が決まり、下落していきました。45分で40pipsの値幅を出し、それ以降は安値を更新しませんでした。最初の45分で下落し戻りをつけましたが、

図4-20　5時間で100pips上昇した米ドル/円のトレンド

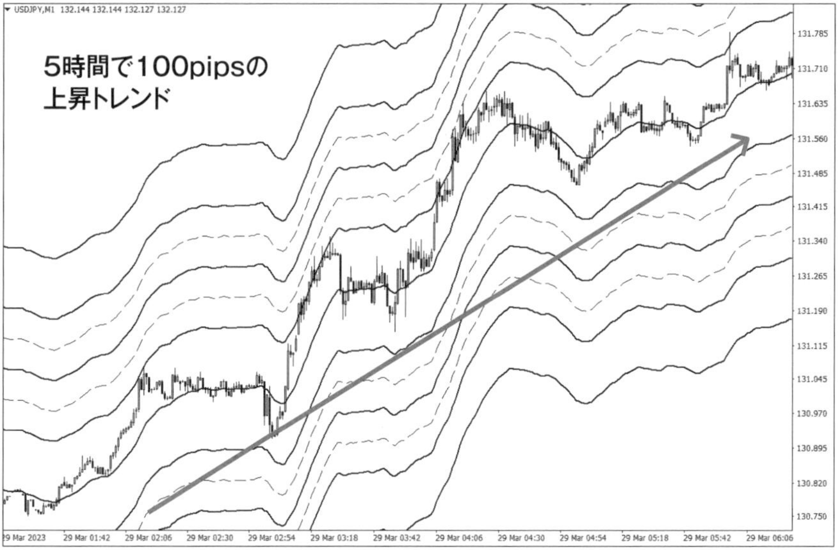

図4-21　45分で40pipsの下降トレンドになったユーロ/米ドル1分足

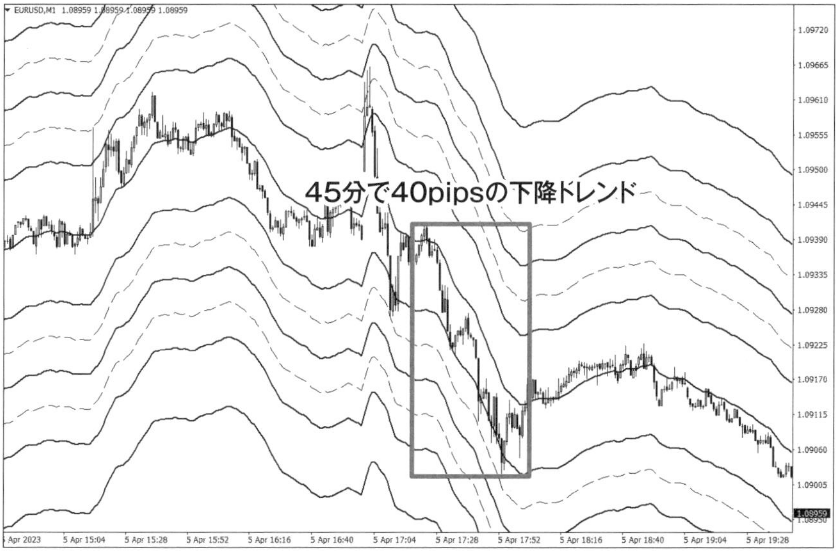

トレンドの勢いはそれで止まったようです。

強いトレンドなら、戻りをつけてトレンド回帰し、さらに安値を更新していきます。今回はトレンド回帰せずに45分で勢いは止まりました。図4-20の米ドル/円は5時間も続きましたが、ユーロ/米ドルは45分と短いです。しかし、短いながらも小さな戻りがあり、一方向へ進んだわけではありません。戻しのつけかたも参考になるトレンドです。

別の場面を見てみましょう。図4-22は豪ドル/円1分足の下降トレンドです。2時間で100pips下落しました。下落がスタートしてからAの手前で移動平均線まで戻りをつけました。そして、Aからトレンド回帰し、さらに安値を更新しています。Aから値動きが変わっている点に着目してください。さらに勢いを強めるのですが、Aの手前のようにジリジリと下がるのではなく、移動平均線まで戻したら反落して安値更新するというメリハリのある値動きです。ローソク足1本ずつ、よく観察して下落していくプロセスを頭に入れましょう。**短期トレンド発生時、ローソク足１本ずつ意味のある動きをしていると考えてください。**

FXでは、チャートが常にイメージしたとおりの値動きになることはなく、想定外の値動きもあります。むしろそのほうが多いでしょう。ただし、想定

図4-22　2時間で100pipsの下降トレンドが発生した豪ドル/円

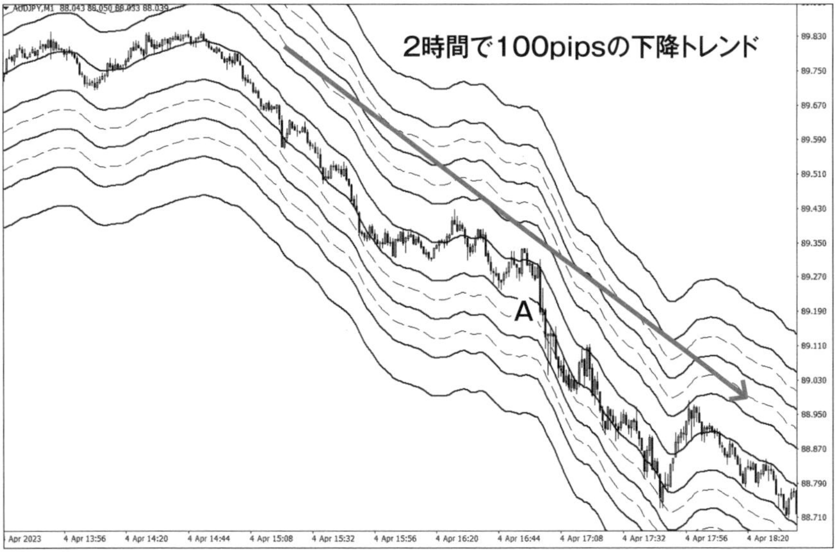

外といってもまったく知らない値動きだと対応もできません。想定外の相場もある、という認識があれば、たとえイメージどおりにならなくても、「今回はこんな動きか」という程度に留めることができます。

図4-23はユーロ/円1分足です。25分で110pipsの上昇と、値幅があり、かつ時間も極めて短いです。短期間で急騰した相場といえます。注目度が高い経済指標のあとは、このような相場も多いですから、準備しておく必要があります。

順張りはこのような相場でトレードするんだ、という感覚をつけてください。トレンド方向へポジションを取りますが、トレンドの勢いが強いほど値幅が出るためチャンスになります。本書で紹介するチャートの数は、書籍の中では多いかもしれません。しかし、それでも相場のほんの一部にもなりません。これから、いろいろなトレンドを経験し頭に叩き込んでください。多くの短期トレンドでトレードし、値動きの土俵を広げてください。図4-20のような相場しか知らないよりも、図4-21も図4-22も知っているし、経済指標では図4-23も想定内にできる。そうすれば、どんな値動きでも対応

図4-23 25分で110pipsの上昇幅となったユーロ/円

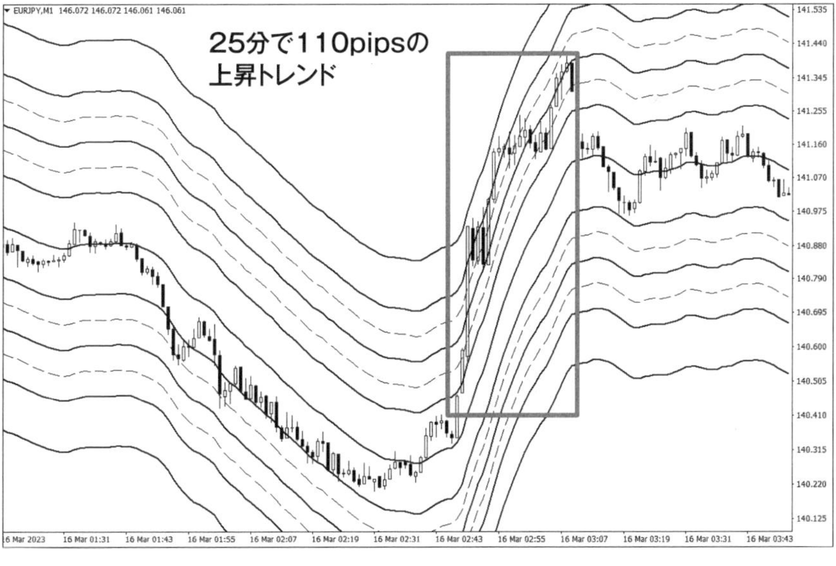

できるようになります。

② すべてのトレンドはＮ波動になる

逆張りの例外と、CHAPTER3のテクニカル分析でも説明したように、**短期トレンドはN波動を描くのが基本です。**押し目や戻りのあと、トレンド回帰するのが基本だからです。そのプロセスを線にするとNの字になります。

図4-24は豪ドル/円の1分足下降トレンドです。サポートラインを下抜け、短期トレンドが発生しました。最初の下落から戻りをつけ、Vの字が形成されています。そして、2回目の下げがAまで発生したときに、Nの字ができてN波動完成となります。これが一連のトレンドです。1回目の下げと戻りだけではトレンドの完成とはいえず、戻りから2回目の下げがありAまで到達したとき、はじめて短期トレンドの出来上がりと考えてください。

なおNの軌跡の取り方は、図4-25のようにブレイクしたローソク足が長いためカウントせず、戻ったときをN字カウントのスタート地点とする見

図4-24 サポートラインを下抜けして、下降トレンドが発生した豪ドル/円

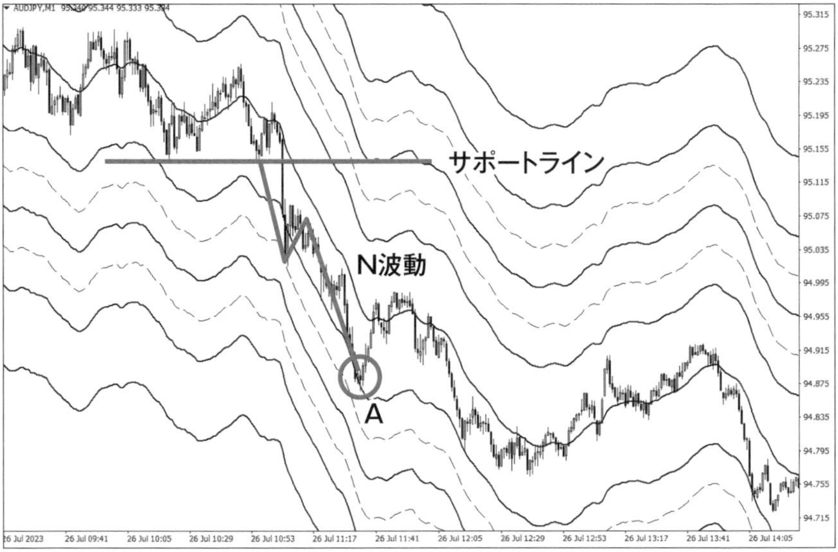

方も可能です。N波動の形に正解はなく、N字のカウント方法はトレーダーによって異なるということです。ですから、自分が納得できるカウントをとるようにします。ただ、どちらにしてもN波動は出ているので、チャート分析や順張りの作法は変わりません。

図4-25　N波動が確認できる豪ドル/円の下降トレンド

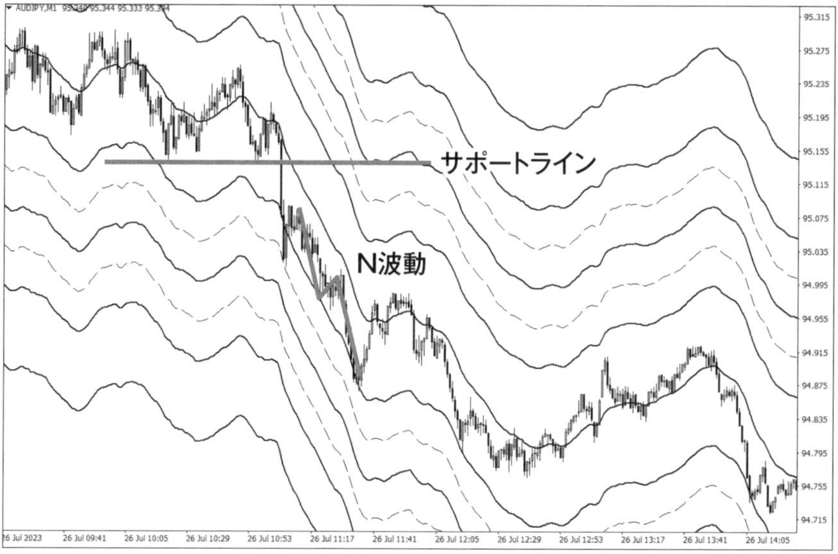

では、どこで順張りできるでしょうか？　図4-26で確認できます。四角で囲った2箇所で順張りショートするのが、期待値は高いです。

他のトレーダーが考える期待値の高さを比較することはできませんが、少なくとも自分で期待値が高いと説明できれば問題ありません。手法に正解はなく、チャートの解釈は無数にあるので、一貫性のあるスキャルピングができればいいのです。

四角の箇所は、戻りからトレンド回帰した局面で、安値を更新するところです。ぐんぐんと下落する箇所ですから、ショートすれば効率よく利益確定できます。もし四角の箇所で下落しなければ、N波動のカウント方法を変えるとか、そもそもN波動が出ないで下降トレンドにならないかもしれません。**N波動という基本の型を認識できるからこそ、ショートするポイントが明確になるのです。**

図4-26 豪ドル/円の下降トレンドで順張りできるポイントをあらわす

図4-27 カウント方法をかえてN波動を認識する

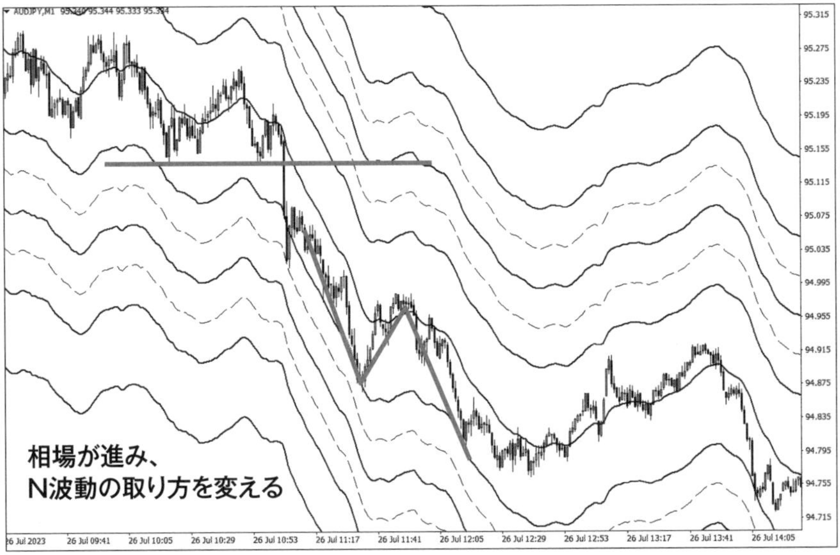

相場が進み、
N波動の取り方を変える

なお、N波動のカウント方法を図4-27のようにすることもできます。相場が進み、これまでの戻りよりも大きなものになれば、新たにNの字を変

図4-28　移動平均線を戻りの起点にしてN波動が完成したトレンド

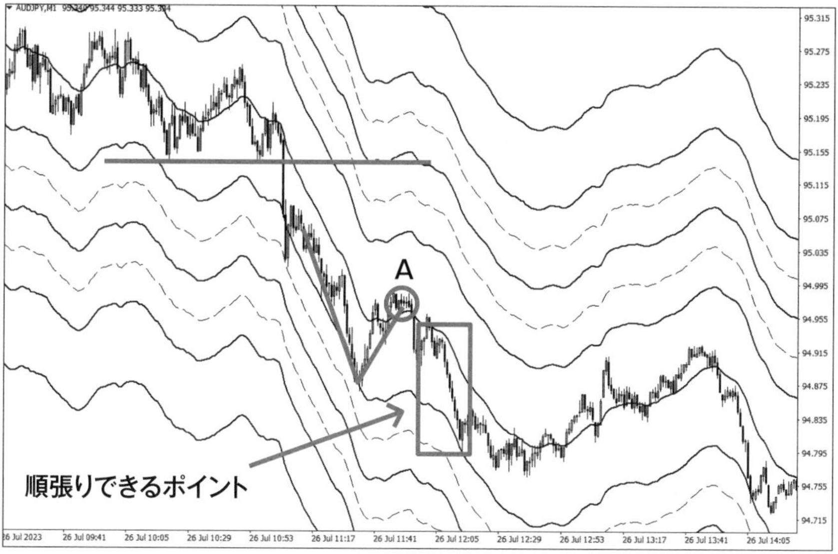

えてみることも大切です。移動平均線まで戻し、もみ合いの時間も少し長くなっています。それから下降トレンド回帰しているので、新しい第2波がスタートしたと考えることもできます。

そうすると、図4-28のようにAがトレンド回帰の戻り高値になり、四角で囲った部分が順張りできるポイントになります。Aからエンベロープのゾーン①あたりまでショート回転できそうなので、何度も利益確定できる相場ではないでしょうか。

次は、上昇トレンドを見てみましょう。図4-29はユーロ/円1分足の上昇トレンドです。エリオット波動でいうと、このトレンドはN波動が連続し、上昇5波が出ています。Aが第1波、押し目が第2波、Bが第3波、次の押し目が第4波で最後の上昇Cが第5波です。

ここで着目したいのがA、B、Cの値幅がすべて同じという点です。Aが値幅の基準となり、このトレンドの上昇はこれくらいの値幅とスピードで上げていきますよ、と示唆しています。ですから、Aが押し目をつけてからは、

図4-29　N波動が連続しエリオット波動を形成している上昇トレンド

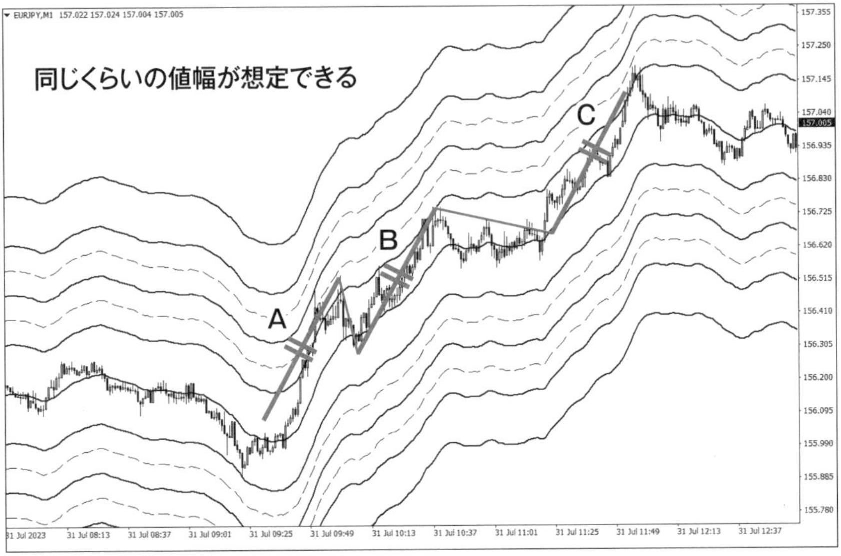

Aと似たような値幅と上昇スピードをイメージするといいでしょう。

ただし、値幅を出す時間は同じではないので、注意が必要です。Aの値幅を出すのに25分ほどかかっていますが、BやCも25分で達成するわけではありません。Bは30分、Cは40分ほどかかっているので、似たような上げ方とはいえ、まったく同じにはなりません。スピード感は、あくまでも感覚にはなりますが、Aから同じような上昇が継続しているな、というスピードを体感できると思います。

なお、エリオット波動の定義上はA、B、Cの値幅が同じになることはなく、Bが一番値幅を出すことが多いとされます。しかし、それは理論上のことであり、実践では図4-29のように似たような値幅になることは多いです。理論上の定義と実戦の両方を知っていれば問題ないでしょう。大切なことはN波動が出ていることです。AとBの値幅が同じですから、Nの字がきれいですね。BからCのN波動は押し目が長いので、A、B間よりも大きなN字に見えます。どちらにしても、**押し目から上昇トレンド回帰したときはNの字が出る、つまり上昇幅が想定できる**ということです。順張りでは、トレンドが推進するときの値幅を考えることが重要です。

③ N波動のイメージで先読みが可能

トレンドは一方向へ進むことはなく、押し目や戻りをつけることがわかりました。軌跡を線であらわすとNの字になるのでしたね（N波動）。ですから、N波動をイメージすればトレンドフォローはとてもかんたんになると思いませんか？　しかも、1分足という短い時間軸なので、**N波動が形成されるまでの結果が数十分、長くても数時間**でわかります。短時間で、どこまで値幅が出るか明確なイメージができるので、トレード根拠が明瞭ですぐに利益を刈り取ることができる気がするのではないでしょうか。

これが、N波動の結果が出るまで何十時間もかかるようでは、その間ずっとチャートを見ていないといけません。兼業トレーダーは時間が限られており、1日数時間しかトレード時間を取れない方が多いと思います。数時間で完結するトレードができるのも、N波動を使ったスキャルピングのメリットです。

では、具体的にN波動のどこでスキャルピングできるか見てみましょう。図4-30はポンド/円1分足の上昇トレンドです。第1波から押し目をつけ、

図4-30　N波動にネックラインを引いてエントリーポイントを示す

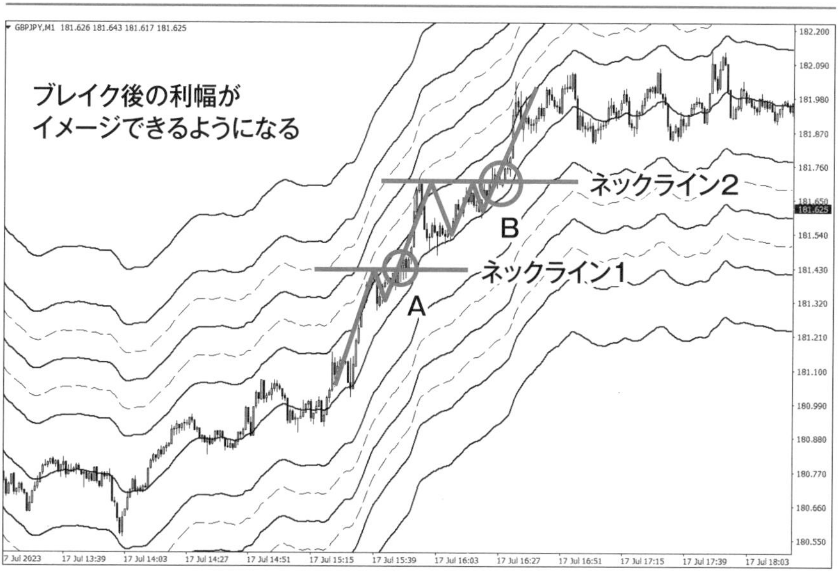

Aで上にブレイクしたとき、トレンドが継続するならN波動の後半部分が形成されるイメージをしてください。ネックライン1を上抜けしてから、ロングすることができます。N波動の前半の値幅は出ているため、それと同じくらいの値幅がAから出る想定ができます。

ロングしたあとは陽線が多くなるので1本ごとに利益確定していきます。ネックライン2あたりまで値幅は出ているので、ここまでロング回転させてもいいでしょう。また、1回のトレードで効率よく利幅を取るなら、数分間ホールドし、ネックライン2あたりで利益確定をしてもいいのではないでしょうか。ただ、ネックライン2の手前でエンベロープのゾーンに入っているので、逆張りのシグナルです。ドテンのショートも検討できます。

そのあとは、押し目をつけてネックライン2を上にブレイクしました。Bの箇所です。ここでも同じようにブレイクしてからロングすることができます。値幅が出るまでエントリーとイグジットを繰り返してもいいですし、長くホールドして利幅を取るのもいいでしょう。そして、エンベロープに突入したらショートができます。このように、押し目や戻りをつけたとき、N波動をイメージすると、Nの字の後半部分が見えてくるので、トレードが可能です。

④ 3段上げと3段下げ

上昇トレンドの典型として、3段上げがあります。下降トレンドは3段下げといいます。図4-31は豪ドル/米ドルの1分足上昇トレンドで、トレンドが完成するまでに3段階の上昇があります。**上昇したら押し目をつけ、それを3回繰り返します**。上昇トレンドの場合、3段が基本になります。

エリオット波動と考え方は同じで言い方が異なるだけです。エリオット波動では第1波や上昇波などといいますが、3段上げは特に名前はありません。ここが修正波で、などと細かいことは考えず、ただ3段で上げれば完成、というようにエリオット波動よりも少し大雑把にとらえます。

図4-32は米ドル/円1分足の下降トレンドです。上昇トレンドの3段上げを3段下げと逆に読み替えてください。推進波や修正波など、どれが波動になるかは考えず、ただ3段階にわたって下落して完成、というとらえ方を

図4-31　3段上げで上昇トレンドが完成する1分足チャート

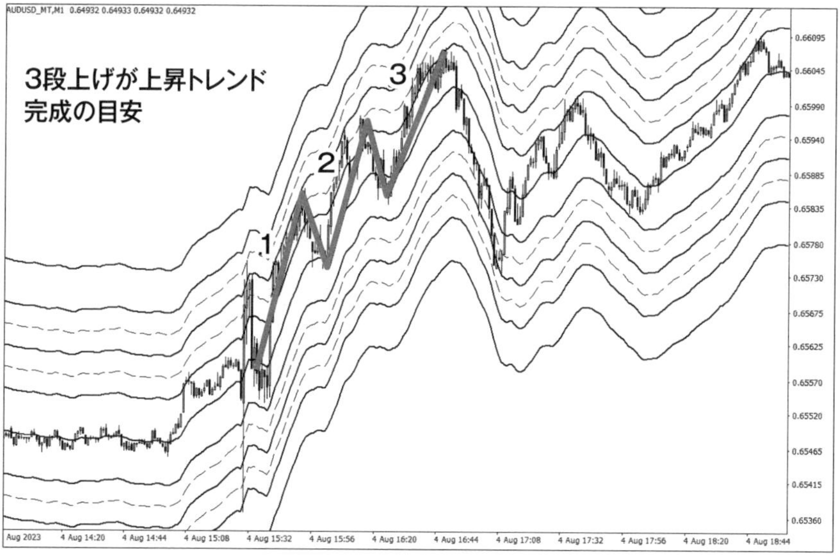

図4-32　下降トレンドで3段下げの形を作った米ドル/円

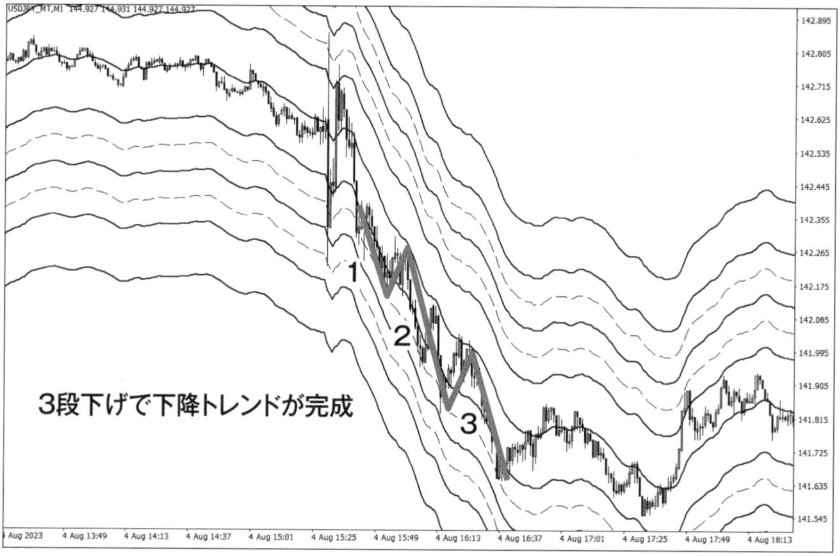

します。3段上げ、3段下げといっても流れを分解すると、結局はひとつのN波動ですから、これまで見てきた方法と何ら違いはありません。

もちろんすべてのトレンドが必ず3段になるのではなく、あくまでも目安です。トレンドである以上、1段というのはありませんが、トレンド継続する力が弱ければ2段で終わります。その場合、ひとつのN波動です。逆に、トレンドが強ければ4段や5段という場合もあります。

図4-33は、ユーロ/円1分足の上昇トレンドです。3段上げのあと、深めに押し目があったのでトレンドが終わりだと思ったら買いが入り、さらに高値更新していきました。

図4-33　3段上げのあとさらに上昇し4段上げとなったユーロ/円1分足

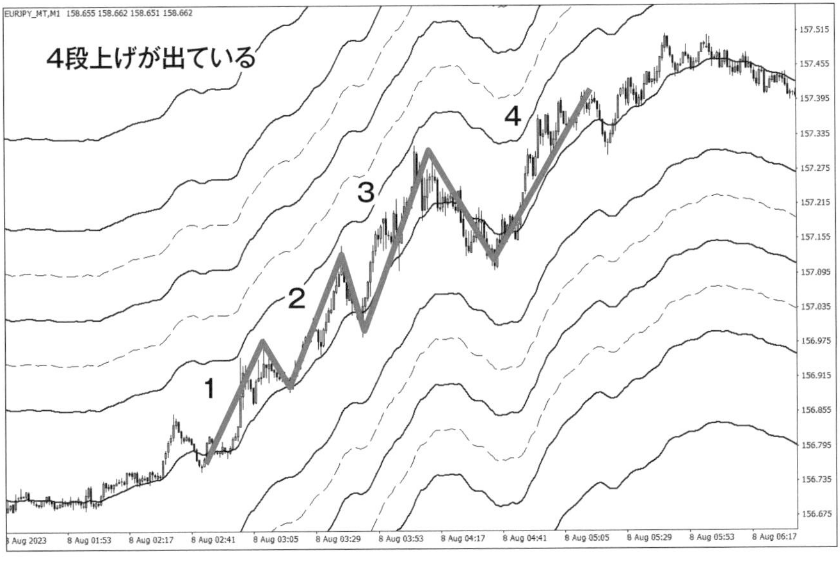

経験上、4段や5段というトレンドは、重要な経済指標や政治イベントのような短期で値幅を出す強いトレンド相場で起こります。マーケットがまったく織り込んでいないヘッドラインニュースが出たときも発生します。1段の値幅が50pipsで戻りが20pipsなど、一連の短期トレンドで100pipsを超えてくるようなトレンドになるときです。また、トレンドが数十分ではなく、数時間と長い場合も3段で終わることなく4段5段と出してくる場合があります。上昇トレンドなら、**断続的に買いが入り、少し下げると買われる流れが長く続くから**です。

なお、カウントによっては3段が4段になるなど、あいまいな部分もあります。トレーダーごとにカウント方法が違うため、必ずこうとらえる、というものはありません。ただ、3段が基本になるとしたほうがいいでしょう。トレンドにより2段と少ない場合や、逆に4段や5段もあるという認識をしてください。

ヘッドラインで大きく動いたとき

なお、経済指標などで急騰や急落したとき、それをすぐに1段目の基準にするのは避けたほうがいい場合もあります。1段目があまりにも長いローソク足の場合、基準にできない可能性があるからです。次の2段目を基準にし、3段目からN波動のカウントをしてトレードするといい場合もあります(233ページの図4-25で説明したことと同じです)。

図4-34はユーロ/円の1分足です。突然急騰し、短期上昇トレンドが発生しました。何かニュースが流れたのでしょう。急騰しているのでここは様子見をし、数分間でつけた押し目のあとの上昇を基準にします。1をN波動

図4-34　急騰したあとN波動を描くユーロ/円1分足

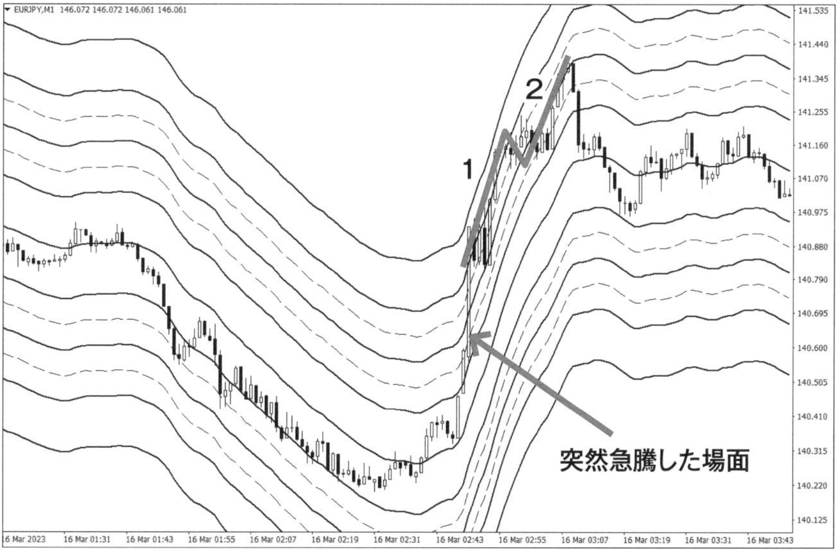

の前半とし、2を後半にします。最初の急騰はトレードできないでしょうから、そのあとの値動きでN波動をカウントします。

かといって、急騰したローソク足がまったく参考にならないわけではありません。それが値幅の基準になることもありますし、その場合は値幅観測として使えます。そして、1段目で重要なネックラインをブレイクしたとなれば、これから強いトレンドが想定でき、強気で順張りすることができます。あくまでも、いきなり急騰や急落したときのひとつの方法として覚えておいてください。

このように、発言や経済指標で突然動いたときは、どこまで進むかわかりません。エンベロープのゾーン⑤を突き抜けて100pipsくらい伸びるかもしれません。テクニカル的な判断ができない以上、数分間スキャルピングは様子見したほうがいい局面です。ここで様子見しても、そのあとにトレードチャンスはたくさんあるので、焦ってエントリーしないほうがいいでしょう。

図4-35 浅い押し目で上昇していく短期トレンド

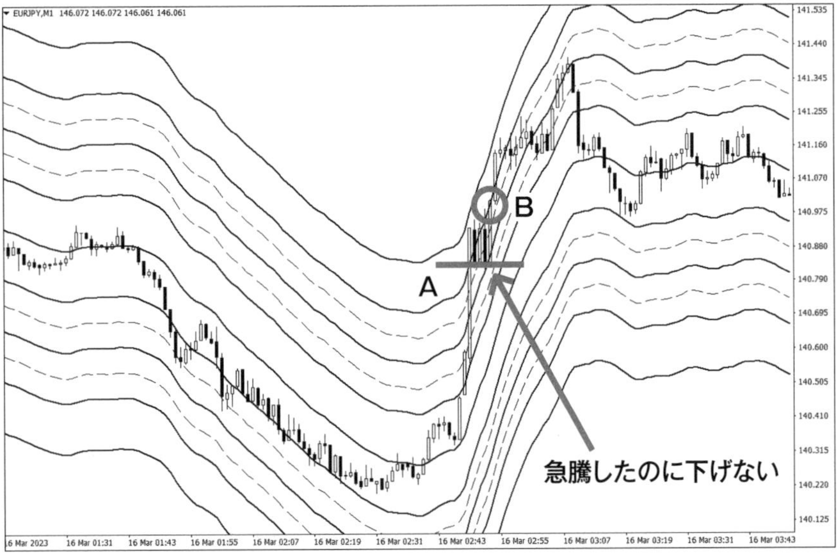

そこで、押し目を待ちます。図4-35のAのように、**急騰後に下げようとしているのになかなか下がらない場合、押し目が浅い可能性があります**。買いが断続的に入っており、強い買い圧力があるのでしょう。押し目が深くなるか、それとも浅くなるかは相場によるので判断できません。ただ、急騰時はファンダメンタルズで強い材料が出ているため、押し目が浅くなる可能性も想定しておきましょう。深い押し目を待っていると、エントリーできずに終わってしまいます。Bでさらに高値を上抜けしたとき、ブレイクしてぐんぐん上昇していく可能性があるので、このブレイクからロングできるようにしましょう。

図4-36も似た相場です。急騰してから押し目をつけていますが、押し目が浅く、下がりそうもありません。しばらくもみ合ってブレイクしたとき、さらに上昇しています。Aが押し目の安値になります。安値を切り下げていないからです。Bの下降トレンドラインも引けるため、小さな三角もち合いになっています。この三角もち合いを上抜けたCあたりからロング回転すればいいのではないでしょうか。

図4-36　急騰後に形成された三角もち合いを上抜け

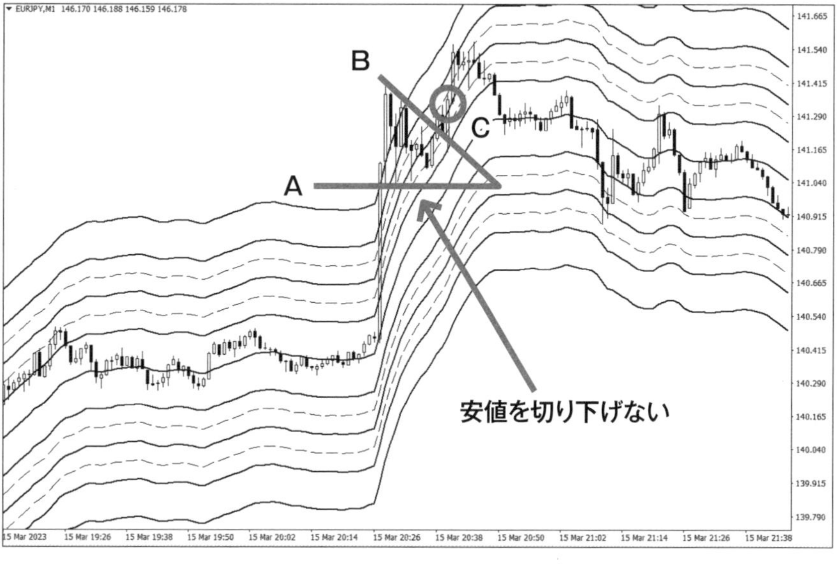

Aから安値を切り下げないことはCより前で確認できるので、Cに至るまでロング回転することも可能です。これは上に行くのではないか？　という気づきが得られた場面からエントリーすればいいでしょう。それが、Bのラインを上抜けする前か後かは関係ありません。**自分が気づいたときがシグナルであり、そこから順張りをしていくことが大切**です。Cまでに順張りできれば問題ないと思います。

⑤ トレンドの第２波から高い期待値になる

これまでに述べましたが、順張りでは第2波（2段目）から期待値の高いスキャルピングが可能です。図4-37は図4-31と同じ豪ドル/米ドル1分足です。第1波で**短期トレンドの値幅やスピード感、押し目をつけるまでの時間などの基準をとらえ、押し目をつけたあとの第２波からエントリー**していくといいでしょう。順張りでは第1波を様子見とし、第2波から刈り取るようにします。

図4-37　期待値が高くなるポイントを示す上昇トレンド

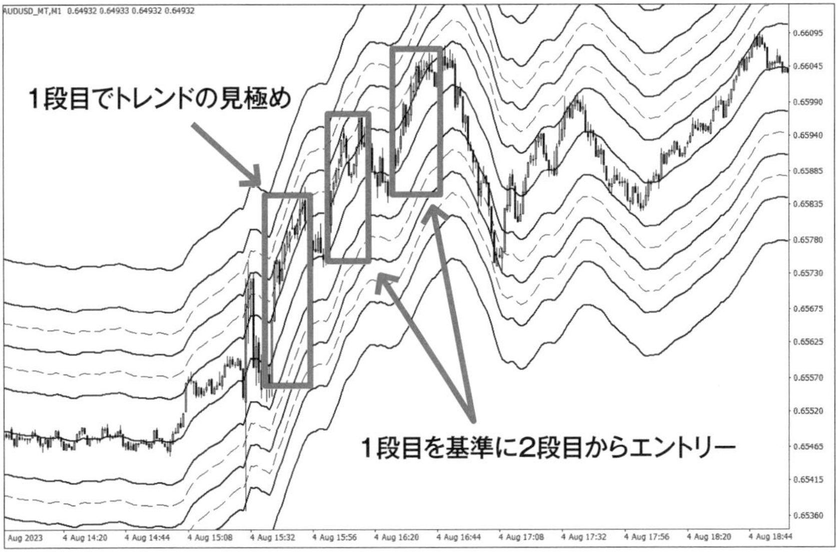

トレンドが発生したからといって、第1波で焦って順張りしようとしても、

どこで押し目をつけるのか、第1波がどんな角度で進むのかまったくわかりません。相場観だけでスキャルピングすることになり、根拠がないので行き当たりばったりのトレードになってしまいます。トレンドが発生したらエントリーしたくなりますが、第1波はなるべく様子見し、第2波から入ります。第2波から押し目をつけたら、第3波も同じようにたくさんスキャルピングをすることができます。

次に下降トレンドを見てみましょう。図4-38は図4-32と同じ米ドル/円1分足です。上昇トレンドと同じく第1波を様子見しながら観察し、値幅やスピード感など下落の特徴を把握します。それを基準に第2波からスキャルピングするのが期待値の高いトレードです。戻りをつけたら第3波もチャンスになります。

図4-38 順張りの主軸となる2段目と3段目の下落を示す

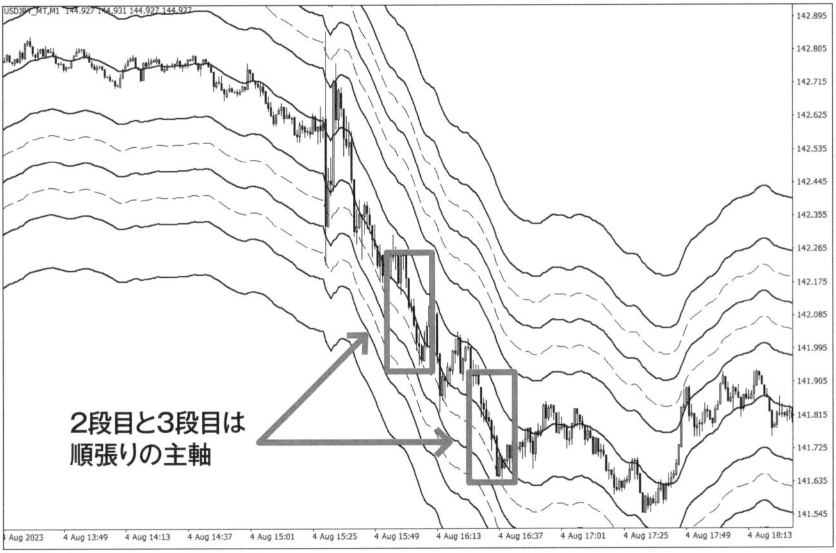

大切なことは、**その短期トレンドが終わったとき、トータルで利益が出ていれば問題ない**という点です。1段、2段、3段と下落したときに、すべての段で勝つことではありません。期待値の高い場面だけでトレードすることが大切です。また、エントリーしたすべてのトレードで勝つ必要はなく、損

切りも含めてトータルで利益が出ていれば問題ありません。

1段目を様子見しても、2段目と3段目で勝ち、そのトレンドにおいてトータルで利益が出ていればいいのです。1段目で勝とうとするとやみくもにエントリーすることになるため、期待値の低いトレードになってしまいます。しかも1段目で損を出すと、取り返そうと2段目と3段目のトレードが雑になるなど、悪影響をおよぼすかもしれません。

これから短期トレンドで何百回、何千回とスキャルピングするようになるので、**期待値の高いポイントでトレードしていかなければトータルで利益は積み上がりません。**1段目の期待値の低いトレードが足を引っ張り、2段目以降の期待値の高いポイントで本来なら出せていた利益が出なくなることがないよう、基準のない1段目は様子見を基本とするのがおすすめです。順張りスキャルピングの主軸は、第2波以降ということです。

⑥ ローソク足3本押し、3本戻し

1分足のトレンドで押し目や戻りをつけるとき、これまで見てきたようなローソク足の流れや形ばかりに目を奪われますが、ローソク足の色に着目する方法もあります。色とは陽線と陰線のことで、これが意外と機能します。**陽線、もしくは陰線の連続性に着目します。**

図4-39はユーロ/円1分足の下降トレンドです。下落しているのでローソク足は陰線が連続しています。一気にゾーン⑤まで到達しているため強い下落です。8本、つまり8分で80pipsほど急落しました。着目すべきはそのあとの戻りです（Aの箇所）。陽線が3本出ています。戻りなので当然に陽線になりますが、3本連続というのがポイントです。

リアルタイムでトレードしていると、戻りはじめたとき、たとえば陽線が1本出たとしても、順張りするか、それとも逆張りするか根拠がなく迷います。陽線が1本出て次のローソク足でさらに下落するかもしれませんし、急上昇して大きな戻りになる可能性もあります。値動きだけ見ていても判断できません。そこで、数分様子見してもいいでしょう。そして、**3本の陽線が**

図4-39 戻りの場面で陽線が3本連続しているユーロ/円1分足

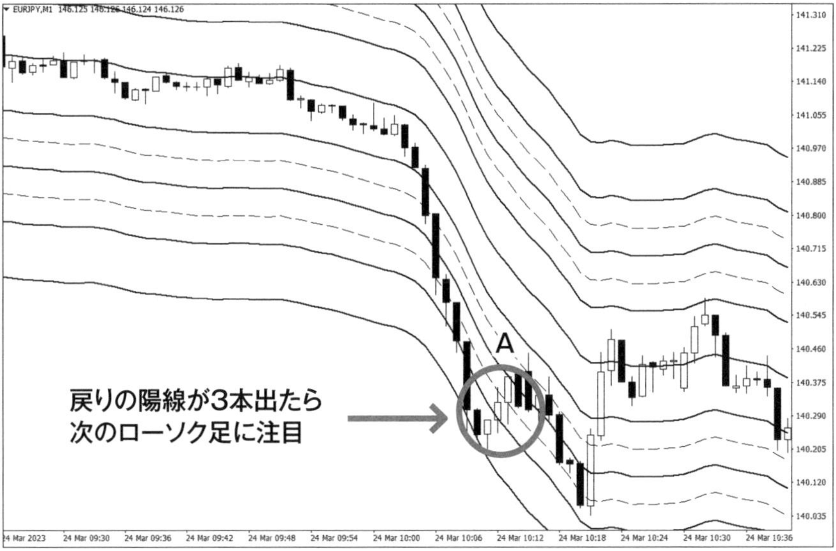
EURJPY,M1
A
戻りの陽線が3本出たら
次のローソク足に注目

出たときは次のローソク足から下げることがあります。 この3本というのがポイントで、下落したときに戻りで陽線が3本続くと、次のローソク足からスイッチが入ったように下降トレンド回帰することがあります。

たしかに陰線が続いている中、陽線が3本出ると見た目がきれいです。もともと下落圧力が強い中、視覚的に見やすくちょっとした小休止になりやすいのでしょう。それが3本です。4本目からは再び売りが入りはじめ、もともとのトレンド方向へ進んでいきます。

ですから、3本陽線のあと、下げはじめたら安値更新を目安に順張り回転させるといいでしょう。ただし、この相場は急落しており、急落後の戻りが陽線3本だけだと、その時点では移動平均線まで到達しません。陽線3本の次の4本目の陰線では、エンベロープのゾーンに入っているため、**移動平均線から乖離した状態でもショートしていくことになります。** Aのように、かなり低い位置からのショートになるので、抵抗があるなら様子見してください。トレンドが強いと、このような相場もあるという認識はしておきましょう。たくさんのトレンドを経験していると、低い位置からでもショートできるようになるので、とにかく実戦で値動きを見てください。

3本の連続性は、あくまでも、トレンドが強いときの見方です。そして、

Aの戻り5本目で移動平均線近くまできています。上ヒゲとなってそのあと下降トレンド回帰しているので下げていることは間違いありません。ただ、3本陽線のあとは移動平均線付近まで戻して上ヒゲになっている点には注意してください。3本陽線のあとショートして損切りになり、損切り後に下げていったという悔しいトレードになるかもしれません。3本陽線のあと4本目から絶対に下げると考えるのではなく、数本はバッファーを持つようにするといいでしょう。

次は、上昇トレンドを見てみます。図4-40は米ドル/円の1分足です。ゆるやかに上昇している中、Aで陰線が3本出ました。Aより前でエンベロープのゾーン①に到達していないので、そこまで買い圧力は強くないでしょう。ただ、移動平均線は上向きで高値と安値は確実に切り上げています。そんな中で、ゾーン①に近づいたあとに陰線3本が出ているため、小さな小休止といえます。**4本目の陽線からトレンド回帰しているので、順張りのロングができる場面**です。上昇したあとに陰線が3本続くと視覚的に判断しやすいのではないでしょうか。

図4-40　3本連続で陰線が出てから上昇トレンド回帰する米ドル/円1分足

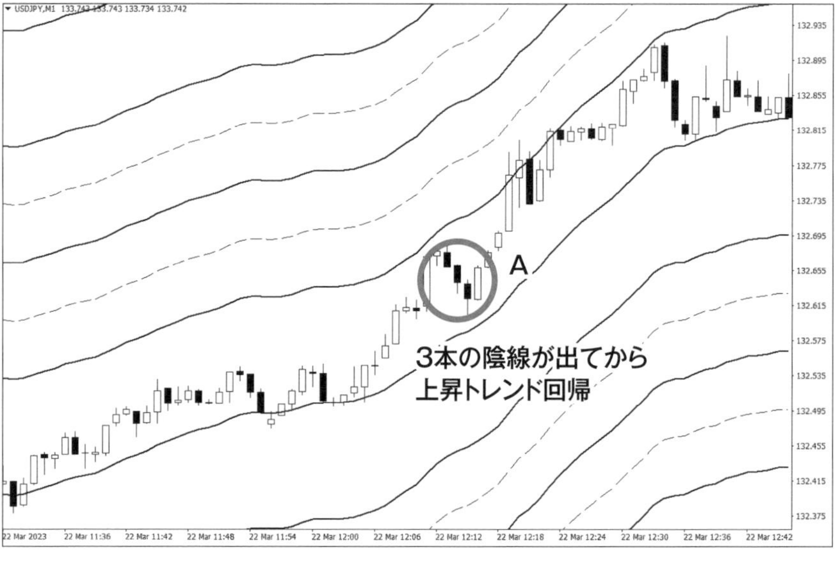

ただし、押し目が必ず3本の陰線になるわけではありません。A以外を見るとわかるように、陰線が1本や2本の押し目もあります。特に、Aのあとの上昇は、トレンドを強めていて、陰線が1本出たら次は陽線、というように3本の陽線がそろうまで待っているとエントリーできません。そのトレンドの流れを見て、3本出たから次からトレンド回帰するかもしれない、という引き出しのひとつにしてください。

図4-41はユーロ/円1分足の下降トレンドです。戻りの陽線の数は6回の戻り局面のうち3本が1回もなく、1本、2本、それから4本となっています。これでは3本を基本にするのは変ではないか、3本以外が多いので、3本を基準にするのは意味ないじゃないか、と思うかもしれません。

たしかに、あとづけのチャートで陽線と陰線の本数を見るとそのような考えになります。実戦ではどこでエントリーするかが重要です。戻り局面で3本の陽線が出て4本目の始値で必ずエントリーしなければならないわけではありません。**実際に下げはじめたことを確認し、少し下落しはじめたときに**

図4-41 戻り陽線の数を示したユーロ/円1分足

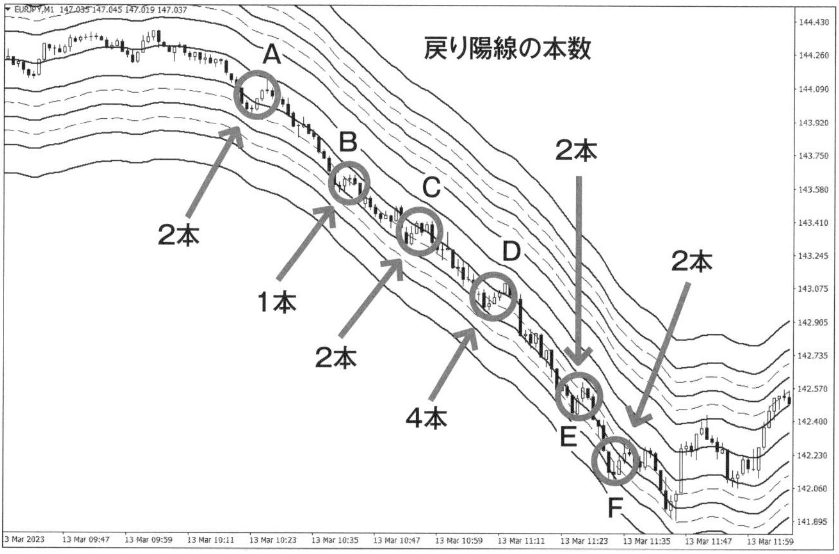

ショートします。戻りの本数を見るのではなく、下げはじめるのを確認するほうが重要です。ローソク足の本数は、あくまでもエントリータイミングをつかむための判断基準のひとつです。タイミングをはかるのは、下げはじめの確認です。

下げはじめるとき（トレンド回帰するとき）は、往々にしてそれまでの小休止からスイッチが入ったようにティック回数が多くなり、値動きが激しくなることが多いです。ティック回数が多いとは売買量が増えるということです。文字では伝えにくいのですが、ローソク足が切り替わったタイミング、つまり戻りの陽線が確定し、次のローソク足の始値からティック回数が増える印象があります。これは、ヘッジファンドや機関投資家がシステムを使っているためではないかと考えています。このローソク足からトレンド回帰させ、売りはじめると決めたら、その始値から断続的に売りを入れはじめるのではないか、あくまでも個人的にですがそう考えています。

また、それに乗じて他の投資家も、このローソク足からトレンド回帰すると考えたら、その始値から売り注文を入れるのではないかと思います。こうして、さまざまな投資家が、ローソク足の始値から注文するため、ティックが増えているのかもしれません。

図4-41のAの陽線がゆっくり動くとしたら、Aの次の陰線では売買量が急増し、激しく動く感覚です。決して長い陰線にはなりませんが、「売りが入りはじめたかな」という感触があります。ですから、エントリーはそう感じてから行なえばいいので、戻りの陽線が2本であろうが、4本であろうが、本数はそこまで重要ではないのです。**ティックが増えて下げはじめたときがエントリータイミングであり、それまでの陽線の数は絶対ではない**ということです。ただ、基準があったほうがいいので、それが3本ということです。

B、C、D、E、Fも同じで、戻りは3本の陽線ではありませんが、下げはじめてティックが増えたな、と感じたらショートすればいいでしょう。これは、トレードしていけば体感できるので、今日のトレードから意識してみてください。

なお、これまでにも述べたように**3本の押し目、3本の戻りは、トレンドが強いときに顕著になりやすいです**。ですから、短時間で値幅を出す強いトレンドのときに活用するといいでしょう。普通のトレンドで、3本出たらトレンド回帰する、という前提でトレードすると、ローソク足の数ばかり気にしてしまうので注意してください。

普段は、ゆるやかで押し目や戻りを形成する時間が長く、また、小休止のローソク足が何十本もあるトレンドもあります。

図4-42は豪ドル/米ドルの1分足上昇トレンドです。押し目は、4本や5本どころか、何十本もあります。しかもだらだらと、もみ合う時間が長かったり、短いものもあったり、見極めが難しいチャートです。かといって、下げているわけではなく安値は切り上げており、全体としては上昇トレンドなのです。ここをローソク足の本数だけで判断すると、まったくピントのずれたトレードになってしまいそうですね。トレンドには本当にいろいろな種類があると認識しておきましょう。

図4-42 押し目の形が異なる豪ドル/米ドルの上昇トレンド

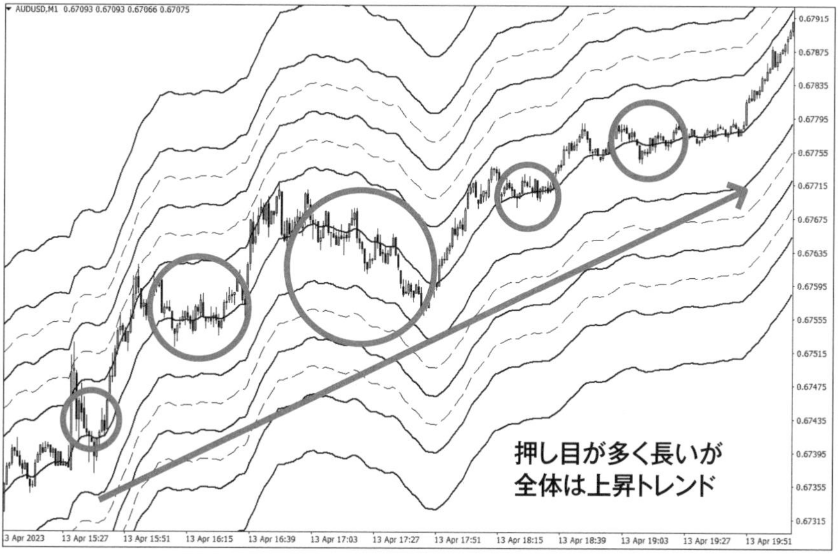

⑦ 上位足と同じ方向は期待値が高い

順張りは1分足チャートを見てスキャルピングしますが、1分足だけ見ていればいいわけではありません。短期トレンドには、それより大きな中期トレンドや長期トレンドの一部にすぎないです。短期より大きなトレンドは1分足では確認できませんから、上位足を見るようにします。

122ページで述べたように、木を見て森を見ず、ということわざのとおり目の前にある木（1分足）ばかり見ていると、全体を把握することができず森（上位足）がどうなっているのか、そして自分が森のどこにいるのかを認識できません。まず、自分がどこにいるのか全体像を把握し、そのうえで1分足のトレンドを見るようにします。1分足の短期トレンドが、**上位足と同じ方向か、それとも逆なのかにより1分足トレンドの意味合いは大きく異なります。**

また、1分足では見えてこない、テクニカル的に大きなサポートラインやレジスタンスラインをブレイクしたのなら、大きなトレンドになるかもしれません。逆に、反転する可能性もあります。まずは、上位足でどんな状況にあるか確認しましょう。

図4-43はユーロ/円4時間足です。AとBでどのような値動きになったのか、1分足でチェックしていきます。その前に、4時間足でAとBがそれ

図4-43　2本のサポートラインを下抜けしたユーロ/円4時間足

ぞれネックラインにあったことを認識しておく必要があります。Aにきたときは、右側のチャートがありませんから、安値を更新していくかどうかのポイントです。

155.80円は何度か反応している価格帯であり、サポートラインになる可能性がありました。これを事前に把握しておくといいでしょう。Bも同じで、154.80円は以前に反発している価格帯であり、次にきたときに意識されるプライスです。つまりA、Bともにネックライン（ここではサポート帯）なので、大きく反発するか、もしくは下抜ければ急落する可能性があります。これを1分足を見る前に把握しておきます。

では、Aのポイントを1分足で見てみます。図4-44が4時間足のAと同じ場面です。155.80円のサポートラインを下抜け、短期下降トレンドが発生しています。全体としてはN波動が出ていますが、何度も移動平均線に戻しては下げての繰り返しから、後半部分で大きく下落しています。上位足でサポートラインという節目を下抜けているので、Aからトレンドが発生する準備ができます。

図4-44　サポートラインを下抜けして短期トレンドが発生する1分足

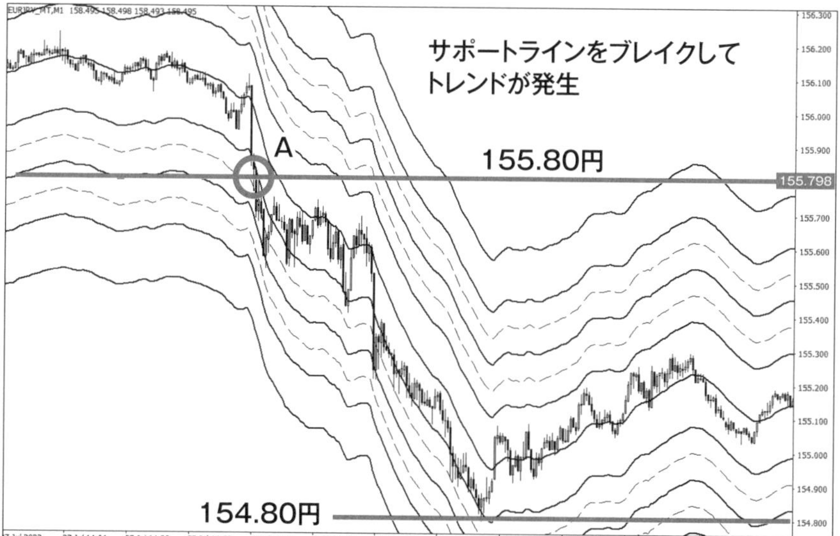

Aで反発する可能性もあるため、どちらに行くか事前に予測はできません。しかし、いったん下抜けしてトレンドになるなら、サポートラインという壁を突破しているので、大きなトレンドの想定ができます。ですから、N波動をイメージしながら何度もショート回転のスキャルピングができます。N波動の前半では、移動平均線に戻してから下落している場面が何度もあり、高値を切り上げることなく下降トレンドに回帰しています。移動平均線から下げはじめたときからショート回転できますね。

N波動の後半は一度も移動平均線に戻さずジリ下げです。ここはチャネルラインを引くなどして回転売買できますが、N波動の前半とは違う値動きなのでスキャルピングの内容は前半と異なります。自信がある場面でスキャルピングをしてください。**N波動のすべてでショート回転するのではなく、一部分でも順張りできれば利益にはなる**ので、自信が持てる場面でエントリーしてください。結局、Aを下抜けしてから154.80円まで100pipsの下落になりました。154.80円は、4時間足のBの価格帯です。

数時間してから、次は4時間足のBを下抜けました。そのときの相場を1分足で見てみます（図4-45）。4時間足のBと同じ場面です。

Bの下抜けと同時に急落しました。Bから数分でゾーン⑤を突き抜けているので、大きな売りが入っています。それからは、少し戻しても売りが入っているようで、移動平均線まで戻ったのはだいぶ下げてからです。N波動は出ているので、どこかでタイミングをはかって順張りができる相場です。3時間で250pipsもの下落になったので、せめてショート目線を継続してトレードしていれば利益にはなるはずです。

ここまで値幅が出るのは珍しいですが、上位足の節目が破られたときに、経済指標などのファンダメンタルズが伴っていると想定外のトレンドが発生する可能性があるという点も押さえておきましょう。最初の数十分は驚きで対応できなくても、**冷静にトレンドに乗るという基本に忠実なスキャルピングを心がければ**、少し戻してから下降トレンド回帰したときに順張りすることができると思います。

まさか3時間も下げるとは思わないでしょうから、「そろそろ下落が止まるかな」と順張り目線をやめるかもしれません。しかし、高値を更新していませんね。戻しても売りが入り、どこも高値を更新していない点に着目してください。ローソク足が移動平均線より下で、移動平均線も下向きで高値を切り下げている間は、この短期トレンドは否定されていないのです。

図4-45　高値を切り上げず大きく下落するユーロ/円1分足

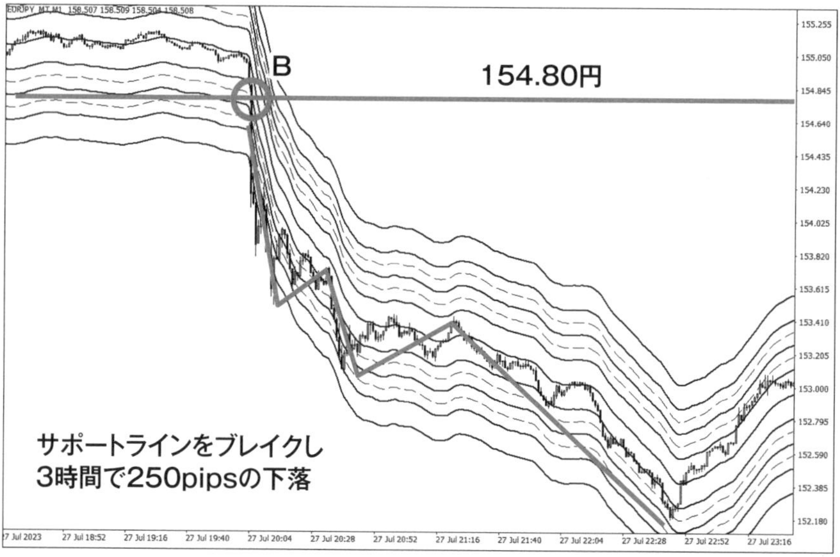
B
154.80円
サポートラインをブレイクし
3時間で250pipsの下落

図4-45は値幅も時間も大きなトレンドでした。しかし、ブレイクしたときに必ず大きなトレンドが発生するとは限らないので注意してください。ゆっくり進みつつ確実にトレンド方向へ値幅を出してくることもあります。

そのようなトレンドを見てみましょう。図4-46は米ドル/円の4時間足です。長らく上昇トレンドが続いていましたがAのあとは高値圏でももみ合い、Bでネックラインを下抜けしました。このネックラインは143.80円です。Aにいるときはレジスタンスラインで、ここを上抜けしてサポートラインに転換したネックラインとなります。A、B間の天井はダブルトップにも見えますね。ネックラインは節目の価格帯ですから、Bで支持帯になり、反発するか、もしくは下抜けすれば大きく下落する可能性があるポイントです。今回は下抜けしました。まず、上位足の4時間足で節目になっている支持帯があるという認識をすることが大前提です。

図4-46 同じ価格帯が節目になりネックラインが引ける米ドル/円4時間足

143.80円
A
B
143.807
Bでサポートラインを下抜けて大きく下落

図4-47 ネックラインを下抜けしてゆるやかな下降トレンドが発生する1分足

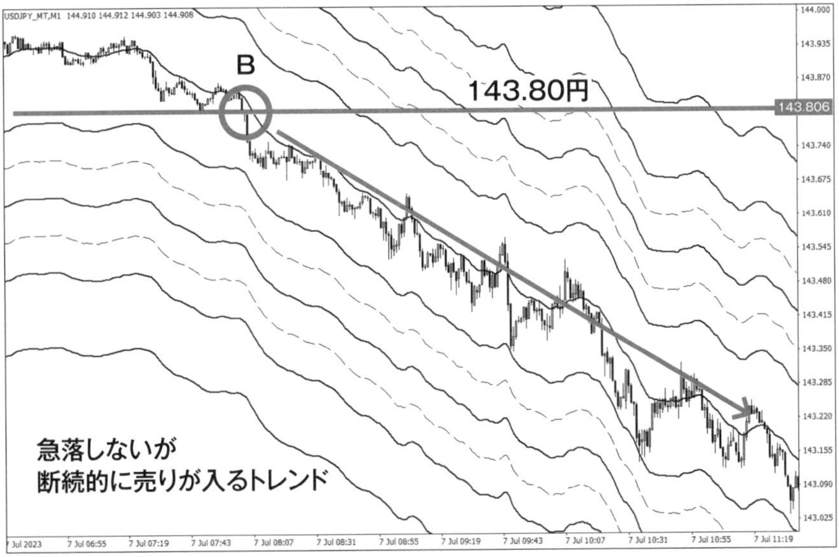

B
143.80円
143.806
急落しないが
断続的に売りが入るトレンド

では、Bで下抜けたときの相場を1分足で見てみましょう。図4-47がその場面です。143.80円のサポートラインを下抜けして、下降トレンドが発生しました。しかし、短時間での大きな下落ではなくジリジリ下げ続けています。エンベロープのゾーンに到達したのは、トレンドの後半部分ですね。

このように、**ネックラインをブレイクしても、必ず短時間で値幅を伴う大きなトレンドが発生するわけではありません**。ただし、Bを下抜けしてトレンドが発生していることは確かであり、上位足でサポートラインと認識していなければ、ゆるやかトレンドなので順張り目線にならないかもしれません。Bを下抜けしたらトレンドが発生するという準備があるからこそ、ゆるやかなトレンドでも順張り目線になれるのです。このように、トレンドはスピード感や値幅、時間などさまざまな種類があると認識しておいてください。

27 利益確定と損切りの方法

順張りの利益確定に関する９つのフォーカス

ここからは順張りのイグジット（手仕舞い）について見ていきます。逆張りはエンベロープのゾーンに応じて利幅の目安がありました。なぜ目安があるかというと、直前に形成されたチャートをもとに判断できるからです。移動平均線からどれだけ乖離したのか、エンベロープではかることができます。ゾーン①から⑤まで視覚的に乖離幅をすぐにはかることが可能です。ローソク足が伸びたら縮む、という特性を活用するため、伸びた値幅をもとに縮む（反転する）値幅を決めることができるのです。

順張りの場合、これから伸びるときにエントリーします。したがって、移動平均線からどれだけ乖離するのかは推測になります。逆張りは乖離した状態ですから、相場が動いたあとに行なう判断になり、とてもシンプルにできます。**順張りは、相場が動く前、移動平均線から乖離する前にエントリーするため、判断はかんたんではないのです。**

難しく感じるかもしれませんが、逆張りと比べると利益確定を判断するにあたり、見る部分が違うと考えてください。順張りはトレンドが進んだから「こういうチャートの形になる」「ここまで進むかもしれない」という推測をもとに利益確定します。

順張りの利益確定は、次の9つにフォーカスして考えていきます。

① 利が乗ったらすぐに利益確定する
② ポジションホールド時間
③ ローソク足の長さ
④ 値幅を基準にする
⑤ エンベロープのゾーン到達
⑥ 小さなＮ波動を想定
⑦ 反対色の足が出たら利益確定

⑧ テクニカル的な節目まで
⑨ アウトラインまで

どれも決まったシグナルはありません。裁量で判断することになりますが、さまざまなトレンドを経験し値動きに慣れれば、違うトレンドでも似たようなイグジットができるようになるはずです。数pipsの利幅を何度も繰り返すのがいいと感じるかもしれません。逆に、スキャルピングとはいえ数秒単位で利益確定するのではなく、1回のトレードで10pips前後は取ったほうが効率がいいと思うかもしれません。

場数を踏んでいくうちにホールド時間と利幅、損切り幅は使い分けできるようになり、相場に応じてイグジット方法を裁量判断できるようになると思います。イグジット方法の戦略によってはトレード回数が相当変わります。

どんな方法であれ、メリットとデメリットはあります。まずは、どのような方法があるのかを知り、いろいろ試してみてください。いつも同じ利食い方法ではなく、ある場面では10秒ホールドして1pipsの利益確定だとしても、違う場面では10分ホールドして10pipsにしたほうがいいこともあります。

大切なことは、リスクを抑えつつ、最大の利幅を目指すことを念頭に置くことです。いつも1pipsで利益確定していると、大きく取れるトレードがまったくないので資産増加のスピードが遅くなります。10pips取れるかもしれないという場面で1pipsで利益確定していると、残りの9pipsを捨てることになります。9pipsを取ろうと思ったら、あと9回の勝ちトレードが必要になりますね。利幅1pipsのトレードを10回するよりも、10pipsのスキャルピングを1回するほうが効率はいいに決まっています。

なお、損切りについても、これから見ていく9つの方法で、都度説明をしていきます。**損切りはとてもシンプルで、基本的にはエントリーポイントから逆行したら行なう**と考えてください。損切り幅は利幅と同じくらいか、ちょっと少ないくらいが目安です。利幅2pipsを考えていたのに、損切り幅が10pipsになるような損大利小のトレードはしません。利幅2pipsなら、損切り幅も2pips程度です。

また、イグジットをホールド時間で決める場合は、思ったより損切り幅が大きくなることもあります。ときには損大利小になりつつも、普段は損小利大になるよう、損切り幅の組み立てをします。

① 利が乗ったらすぐに利益確定する

短期トレンドが発生したら価格はトレンド方向へ進みます。図4-48はユーロ/米ドル1分足の上昇トレンドです。Aでブレイクしてトレンドが発生したので、ここから推進しています。順張りですからトレードは買いで行ないます。

ローソク足を1本ずつ見ていくと、上げ下げを繰り返しながら少しずつ上昇していくので、ときには下げる場面もあります。下げるとき、つまり押し目をつけるときにロングすると損切りになります。こういった下げる場面を回避するために、「ここは上がるだろう」という場面だけロングし、下がる前に利益確定すれば、確実に利益を得ることができます。これを繰り返せば、1回の利幅は小さいものの着実に利益を積み重ねることができます。

図4-48　数pipsで利益確定できるポイントを示すユーロ/米ドル

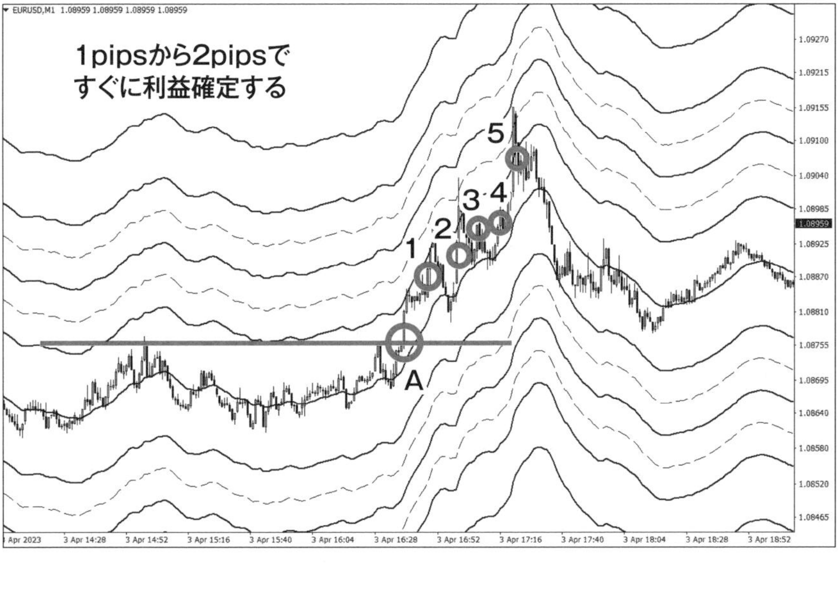

全体では上昇しているものの、押し目をつける局面では数分から数十分は下落しています。エントリータイミングが悪ければ含み損が拡大するため、下がる前に利益確定することで損失を回避します。「ここから数分間は上昇しそうだ」というポイントを見つけることが重要で、それが1から5の箇所です。

どういう箇所かというと、1と5は高値を更新するタイミング、2、3、4は押し目をつけてから上昇する場面です。1pipsから2pipsなど、**数pipsを目安に利が乗ったらすぐに利益確定するイメージを持ち、実際にそうなったらイグジットします**。1から5までずっとホールドしていれば大きな利幅になりますが、途中にある下落で含み益が大きく減ってしまいます。押し目をつける前に利益確定するという考え方のスキャルピングです。タイミングによってはエントリー直後から含み損になりますが、そのときは損切りしてください。

スキャルピングは小さな利益を積み重ねるのが基本です。一瞬だけでも上昇する確率が高そうなポイントだけでトレードし、利が乗ったらイグジットします。それを何度も繰り返せば、どんどん利益は積み上がっていきます。

なお、損切りは利幅と同じくらいの1pipsから2pipsで行なうといいでしょう。エントリーし、逆行したらすぐに切るイメージです。移動平均線より下へ行くまで待つ、ということはしません。利幅が数pipsという前提でエントリーしているので、損切りも即行ないます。

損切りの場合、エントリーして数秒で実行することが多いです。ですから、**エントリーしてすぐに上昇するというタイミングが重要**になります。実践するとわかりますが、高値を更新するタイミングは、ローソク足がぐんぐん伸びる場面です。実戦を重ねると、「あ、エントリーは今だ」という瞬間の判断ができるようになります。

図4-48の1や2、5のローソク足を見てください。長いローソク足が出ていますね。上げはじめた瞬間にエントリーすれば数秒で利益確定ができるポイントです。3のように再び押し目をつけにいった場合は、すぐに損切りしましょう。4で再度高値更新するので、タイミングをはかってロングします。

この相場は40分で40pipsほど上昇しました。3や4は損切りになるかもしれません。1もタイミングによっては損切りの可能性があります。損切りしたあと上昇していった、という悔しいトレードかもしれません。しかし、2と5は利益確定をできるでしょう。数pipsを目指したものの、このトレンドで一番長い陽線が出ているので1pipsや2pipsではなく、5pips弱の利幅が取れるかもしれません。「ここは勢いよく上昇しそうだ」という場面では、ほんの数秒でも長くホールドしてみてください。長いローソク足は押し目から高値更新するときに発生しています。このタイミングでロングできれば、数秒で数pipsのスキャルピングが可能です。利益確定してまだ上げているようなら、再びエントリーすればいいのです。いつも利幅を伸ばそうとすると、デメリットもあるので任意に対応してください。

② ポジションホールド時間

次は、ポジションのホールド時間を目安に利益確定する方法です。**時間で決めるので、利幅や損切り幅はトレードごとに変わってきます。**

図4-49の米ドル/円1分足を見てください。急落してAで止まり、戻りをつけたときに移動平均線が下向きになっています。下降トレンドが発生した想定ができます。そこで、戻り売り戦略でスキャルピングするとします。Bの直前に移動平均線を上抜けしていますが、再び下抜けてきたので安値（Aの価格）を下抜けするイメージでショートします。Bのポイントでは7分で値幅が14pips出ました。エントリーする場所にもよりますが、3分なら3分ホールドすると決めていたら、14pipsとはいわないまでもかなりの利幅が期待できます。5分ホールドしていれば10pipsかもしれません。

もちろん、長くホールドすると安値更新をせずに戻っているので、含み益が小さくなります。結果的に3pips程度かもしれません。ただ、**ホールド時間を決めておくと利を伸ばしやすくなる**ことは間違いないでしょう。いつも2pipsで利益確定をしていると、Bのような利幅が出る場面でも必ず2pipsになるのでもったいないです。あとちょっとホールドしていればかなりの利幅が取れる場面で実際に取れるようになります。

では、何分ホールドすればいいかというと正解はありません。長くホール

図4-49 ポジションホールド時間を決めてトレードできる米ドル/円

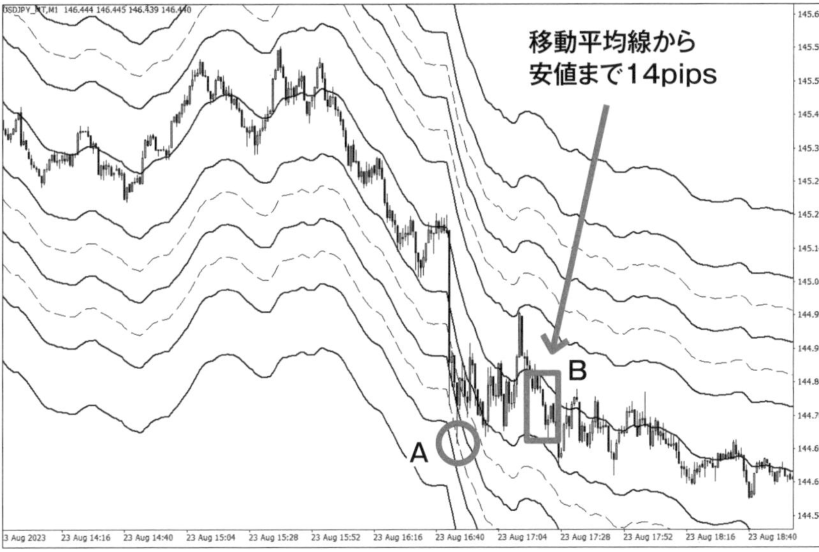

ドすると含み益が増える場合もあれば減ることもあるので、一概に何分がいいかはわかりません。とはいえ数分の話です。長くても10分以下であり、数十分や数時間になることはありません。

最初は1分や2分などの短い時間でいいでしょう。仮に2分でイグジットすると、Bの前半部分ではほとんど利が乗りません。しかし、一度しかエントリーしてはいけないわけではありません。イグジットしてさらに下げてきたら、再びエントリーすればいいのです。また1分や2分を目安にホールドすればいいでしょう。そうすれば、Bのポイントではトータルで勝てます。**1回で大きな利幅を取るか、小さい利幅を何回か取るかの違い**です。

なお、Aまで急落して戻りをつけたとき、戻り売り戦略が固まれば、移動平均線にタッチせずにショートしてもいいでしょう。その場合、図4-50のようにAのあと移動平均線まで戻り、安値を目指してまた移動平均線へ戻る動きを何回かしているので、2回、3回と同じ戦略で回転売買することができます。

もみ合い部分とはいえ、下げることが前提でトレードします。3分なら3分ホールドして利益確定し、移動平均線付近まで戻り下げはじめたらまたショートして3分ホールドするなどのトレードが想定できます。3分と決めたら含み益でも損でもイグジットするので、損切りになる場合もあります。また、ホールド時間に関係なく、移動平均線を上抜けたら損切りしたほうがいいでしょう。

図4-50 もみ合い部分で回転売買できるポイントを示す米ドル/円

AからBにかけて回転売買できる
A
B

③ ローソク足の長さ

利幅やホールド時間を考えず、単純に長いローソク足が出たら利益確定します。図4-51はポンド/米ドル1分足で乱高下した場面です。Aからブレイクし、ショートしたとします。矢印の箇所で長いローソク足が出たので利益確定します。短期トレンドが発生すれば**一時的にオーバーシュートすることがあるので、それをローソク足の長さで判断**します。勢いが出る場面ではローソク足が長くなるだろうというイメージです。それは、ブレイク時やトレンド回帰して値幅を出す局面です。

Aでブレイクしてトレンドが発生するなら、長いローソク足が出て戻りを

図4-51　長いローソク足がイグジットのポイントになる

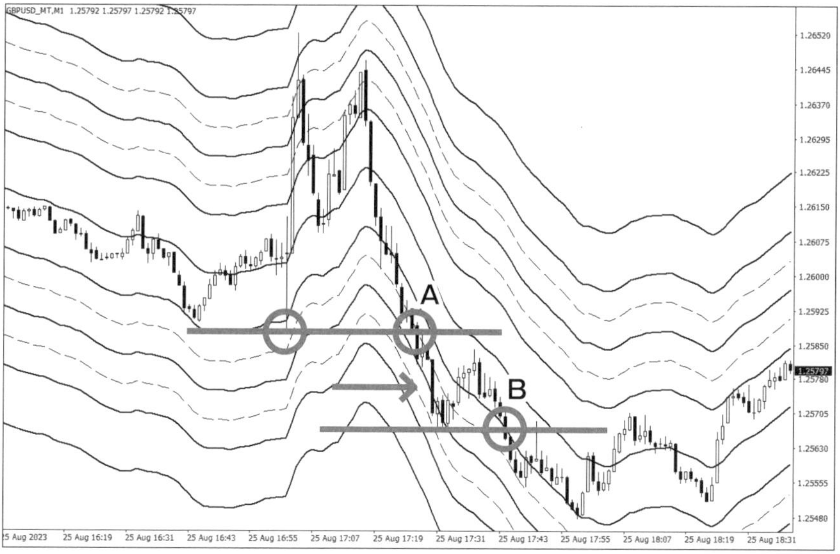

つける、という判断をします。どれくらいの利幅になるのか、何分ホールドすれば長いローソク足になるのかはわからないため、相場次第になります。

また、Bのように長いローソク足が出ないこともあります。矢印のような長いローソク足を期待していると、利益確定し損ねます。ですから、長いローソク足を待つものの、5分間ホールドして長いローソク足が出なければイグジットする、などの決めごとをしたほうがいいかもしれません。含み益が出たもののプラマイゼロまで戻ってきたらイグジットする、でもいいでしょう。そこから下げるようなら、再びエントリーすればいいのです。

この利食い方法のメリットは何といっても利幅が取れることです。長いローソク足になる、つまり利幅が出るまで待つので当たり前といえます。逆張りはオーバーシュート後の一時的な反転を狙う場面が多く、こういった長いローソク足はなかなか期待できません。順張りはオーバーシュート前にエントリーするので、長いローソク足が期待できるのです。

ただ、いつも最大限の利幅が取れるわけではありません。長いローソク足が出てから強いトレンドになる場合もあります。そうすると、トレンドの最初の部分で利益確定をするため、もっとホールドしておけばよかったのではないかとなります。

図4-52はユーロ/円の1分足です。Aが押し目となり上昇トレンドが発生しています。移動平均線も支持帯になっているので、Aから上げはじめたらロングできる場面です。Bで長いローソク足が出たので利益確定できます。しかし、Bで長い陽線が出てからさらに数本は陽線となり上昇しています。

ですから、この相場ではローソク足の長さだけで判断すると、早めに利益確定することになりますね。Cも同様です。Cの手前では移動平均線で反発しているのでロングできます。Cで長いローソク足が出ているので利益確定できますが、早かったと感じるでしょう。あと3本待っていれば最大利幅が取れました。

しかし、この利食い方法が間違っているわけではありません。イメージどおりの長い陽線が出て利益確定しているので、思い描いた勝ちトレードであることは確かです。トレードは常に最大の利幅が取れるものではなく、最大

図4-52　押し目から反発して長い陽線が出る上昇トレンド

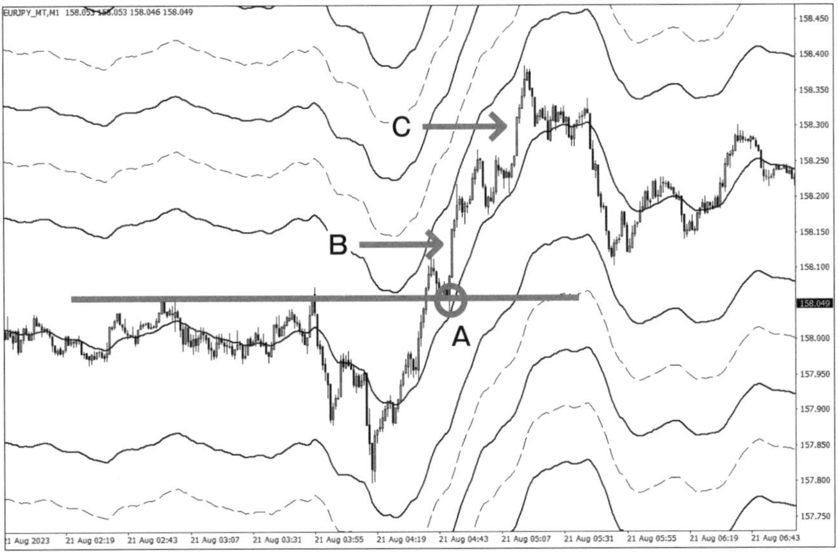

利幅のうちの一部分が取れれば問題ありません。

「頭と尻尾（天底）はくれてやれ」という相場格言があるように、天井や底を当てるのは難しいのです。**値幅のすべてを取りにいこうとするのではなく、一部分を取れれば御の字である**と考えましょう。ですから、利益確定したあと、さらに上昇しても後悔しなくていいのです。思った方向へ相場が進んでいるのでテクニカル分析が当たっていると前向きに考えてみてください。

④ 値幅を基準にする

値幅観測をし、今からどれくらいの値幅が発生するのかイメージします。エントリーからイグジットまでの値幅が計算できるので、利益がイメージしやすくなります。

図4-53は、図4-52と同じユーロ/円1分足です。Aで押し目をつけてBまで上昇し、BからCまでもみ合いとなりました。移動平均線より上でもみ

図4-53 値幅を取って利益確定の目安にする

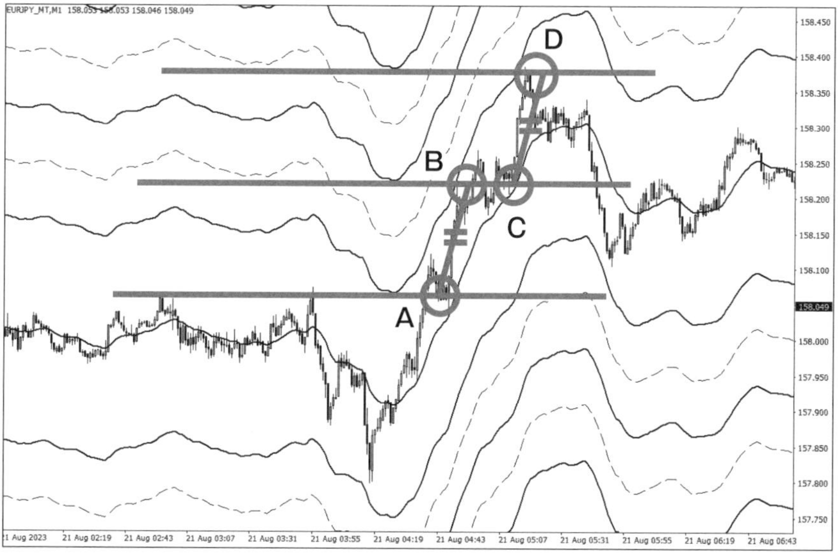

合っているので、上昇トレンドの小休止といえます。このとき、上昇してきたA、B間の値幅を取り、それを小休止のあとにトレンド回帰した起点Cから、同じだけ値幅を取ります。そうするとDが出るので、Cから上げはじめてロングしたとき、利益確定のポイントをDに設定し、おおよその利幅が計算できるのです。

Aのあとの長いローソク足からBまで3分です。また、Cのあとの長いローソク足からDまで4分なので、数分ホールドすれば最大の利幅が取れることになります。ホールドする根拠がないといつイグジットするか迷いますが、**Dという到達の目標地点があるのでホールドしやすい**はずです。

A、BおよびC、Dの値幅はそれぞれ17pipsほどあるため、Cのあと上げはじめてロングし、Dの手前で利益確定してもその半分くらいの利幅が狙えます。天底を取るのは難しいですが、1回もしくは数回のトレードで7pips～8pips取れます。Cのあとエントリーし、Dまでずっとホールドするか、1pipsから2pipsで利益確定し、それを回転売買する方法があります。CからDに到達するまで利幅数pipsのトレードを何回か行なってもいいわけです。Dという目標があるので上げている間は買い回転のトレードが可能です。

⑤ エンベロープのゾーン到達

トレンドは、推進と押し目や戻りが明確なメリハリのあるものばかりではありません。押し目や戻りが認識しにくく、だらだらとゆっくり進む場合もあります。こういうジリジリ相場のときは**値幅が取りにくく、また、長いローソク足が期待できないなど利益確定に迷います**。そんなときは、エンベロープのゾーン到達を利益確定の目安にします。

図4-54はポンド/円1分足の下降トレンドです。丸印で長い下ヒゲがあるので、経済指標かヘッドラインニュースが流れたのでしょう。ここから下落し、移動平均線が下向きになっているので、Aあたりで短期下降トレンドが発生するかもしれないと判断できればいいでしょう。

ただ、大きく下落することはなくジリジリと高値と安値を切り下げていく

図4-54 エンベロープへの到達で利益確定できるトレンド

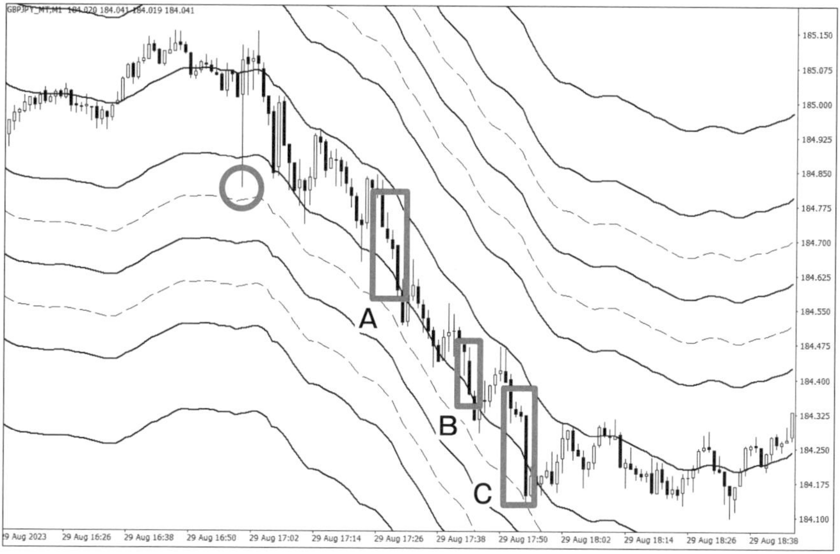

相場です。そこで、移動平均線まで戻したらショートし、エンベロープのゾーンに入ったら利益確定します。A、B間を見るとわかるように、ジリジリと下げるのが特徴です。ですから、大きな戻りを待っているとエントリーできないまま下げてしまうので、少し上昇したら戻りと判断していいでしょう。Bの手前では何本か陽線が出たので、戻りと判断できます。移動平均線まで戻っていませんが、ジリジリと下げているので戻りもジリジリとゆっくり形成すると考えてください。少し戻し下げはじめたBでショートします。

Cも同じで、戻りから下げはじめてエントリーし、エンベロープの到達で利益確定します。A、B、Cそれぞれ時間と値幅は次のとおりです。

A ➡ 4分で20pips
B ➡ 3分で11pips
C ➡ 4分で26pips

これまでと同じように、天井でエントリーして底で利益確定するような天底トレードを最初から求めないようにしてください。Aではエントリーからエンベロープ到達まで、4分の間に数pipsを取るトレードを数回繰り返してもいいでしょう。もしくは、1回エントリーしたらエンベロープまでホールドし、10pips以上を取ることも可能です。20pipsをすべて取るのは現実的ではありません。

BとCも同じです。エントリーからエンベロープ到達まで、数分間で利益を上げる場面です。特にCでは長い陰線が出ています。ジリジリと下げている中、これだけ長いローソク足が出たらオーバーシュートの可能性が高くなります。確実に利益確定しておきましょう。ただし、ジリジリ相場では長いローソク足はあまり期待できません。Cは直前の安値を更新したとき勢いが出たのでしょう。どちらにしても、エンベロープ到達までショート戦略なので、利益を積み上げるチャンスであることは間違いありません。

なお、下げはじめてショートしたのに下がらない場合はイグジットします。エンベロープに到達するにしても途中で戻りがある場合、損切りしてもいいでしょう。下がりはじめたらすぐにショートすればいいだけです。ジリジリ相場のときは、**ローソク足が移動平均線より下にある場合はショート目線でスキャルピング**をします（下降トレンドの場合）。そして、移動平均線を上抜けしたらショート目線を解消します。ポジションを持っているときに移動平均線を上抜けしたら、必ず損切りをしましょう。

違う相場を見てみます。**図4-55**はユーロ/米ドルの1分足下降トレンドです。Aまで下落し、戻りをつけて再度Aの価格を下抜けしました。このとき、水平のネックラインが引けます。Bでネックラインが抵抗帯の役割をし、S波動になり下落しはじめたので下降トレンドかもしれないと想定できます。移動平均線も下向きをキープしているので、Cの最初からショートできるでしょう。

Cは13分で17pipsの下落でした。エンベロープ到達までショートでトレードする、という明確な戦略があるので、根拠のあるスキャルピングが可能です。ただ、エンベロープに到達する時間、値幅はわかりませんし、途中で反発して移動平均線を上抜けすることもあります。逆行したら損切りはしっかり行ないましょう。

図4-55 下降トレンドが発生してエンベロープまで到達

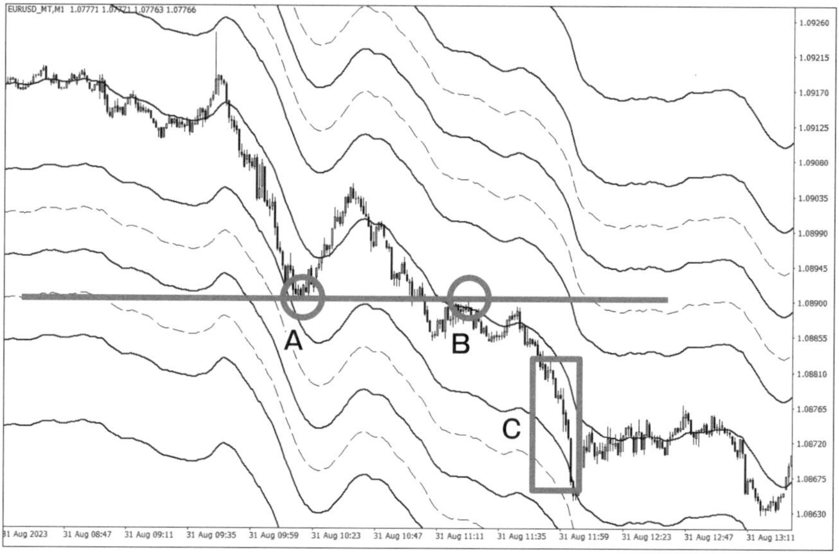

⑥ 小さなN波動を想定

トレンドは一方向へ進むのではなく、押し目や戻りをつけながら進んでいくものでした。短期トレンドも長期トレンドも原理は同じです。上昇したら少し下げ、また上昇していきます。短期トレンドは少し下げる局面が小休止で、次に上昇するためのステップになります。このもみ合いから上昇するとN波動になり、ひとつの形が完成します。

そこで、**押し目ができたときにN波動を想定し、どこまで進むか考え、利益確定の目標にする**ことができます。

図4-56はユーロ/円の1分足上昇トレンドです。Aでブレイクして上昇トレンドが発生しました。Aの直後は上昇トレンドに対して自信が持てないかもしれません。しかし、Bの前半部分で上昇と押し目をつけたとき、N波動のイメージが持てます。押し目では移動平均線で反発していますし、移動平均線が上向きです。そこで、Bの後半で上昇すると想定します。そうするとN波動が完成するので、Bの最高値付近をイグジットの目標にします。**N波動前半の上昇が後半にも同じくらいある**と考えればいいでしょう。どこま

図4-56 小さなN波動を利益確定の目安にする上昇トレンド

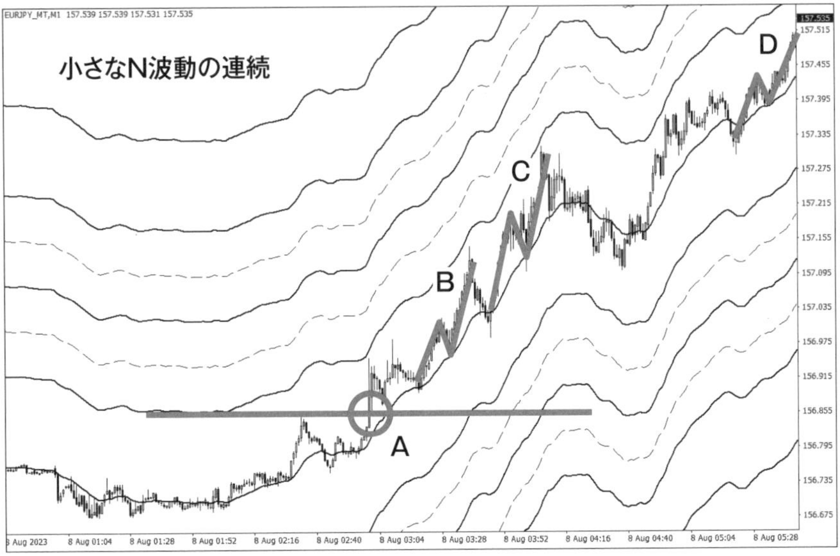

で進むのか、そして値幅がどれくらい出るのかは、前半の上昇と押し目で計算します。目標地点は少しあいまいな部分もありますが、おおよそイメージできれば問題ないでしょう。

CやDも同じです。N波動の前半部分の値幅を、押し目から同じだけはかります。そうするとNの字が形成されます。1回で数分間ホールドするのか、それとも数十秒のトレードを数回行なうのかは任意です。N波動をイメージし、到達地点までロングでエントリーしていくという考えになっていることが大切です。

違う相場を見てみましょう。図4-57は豪ドル/米ドルの1分足下降トレンドです。サポートラインをAで下抜け、下げる勢いが強まったので、下降トレンドと判断できます。AからBまでわかりやすい戻りがありませんから、Aを下抜けした時点ではBまでの形はイメージできません。そして、Bのあとに大きな戻りがあり、C付近にきたときにA、BのN波動がようやく認識できるでしょう。このとき、Bが安値になりネックラインを引けるので、Cで下抜けをすれば下降トレンド回帰とわかります。

Aはトレンドの出はじめ、Cはトレンドの渦中です。もしCから下落するなら、A、B間のN波動と似たような下げ方があるかもしれないと想定できればいいでしょう。そうすれば、CからDにかけてショート回転でスキャルピングできます。Aはどんな下げ方になるかわからなかったのですが、CからはA、B間のN波動があるので、これを基準にできます。A、B間よりもC、D間のほうが断然トレードしやすいはずです。

図4-57 N波動の形成をイメージしてスキャルピングする

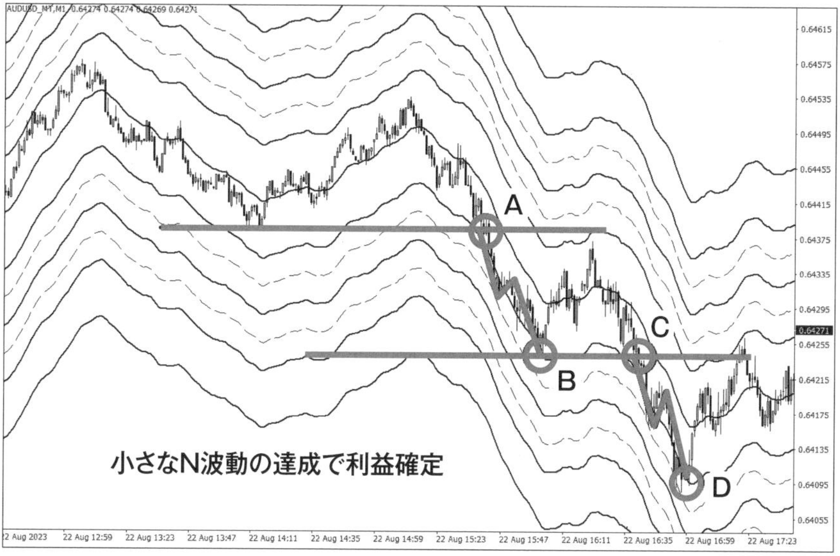

A、B間が14pips、C、D間が15pipsあります。C、D間の15pipsの値幅でどれだけ勝ちトレードができるかがポイントです。また、短期トレンドが発生したなら、N波動の前半で終わることはありません。**戻りをつけ、2段目の下落がある可能性が高いです。ですから、C、D間の後半部分は大きなチャンス**といえます。Nの字を形成するというイメージがあるので、回転売買で勝ちを重ねるか、もしくは1回のトレードで利幅を稼ぐかしたい場面です。

Aからトレンドが発生したと考えると、Cのあとはそろそろトレンドが終わり、反発するのではないかと勘ぐってしまうかもしれません。しかし、トレンドは流れが否定されるまで終わりません。下降トレンドなら下落が否定されるまで続くため、下げている途中で「そろそろ終わるかも」と考えるのは根拠がありません。

Cから下げはじめたら、むしろトレンドを強めるという意識が必要です。トレンドは思っている以上に値幅を出すものであり、トレンドの終了を勝手な相場観で判断する癖をつけないようにしてください。あくまでもテクニカルで判断します。Cのあと、少なくとも移動平均線を上抜けするまではショート目線でトレードしていいでしょう。

なお、BからCにかけて大きな戻りがありました。移動平均線を上抜けしていますし、Aのブレイクポイントまで上昇しているので、下降トレンドは終わったと感じるかもしれません。B、C間のもみ合い時の高値と安値の値幅があり、短期トレンドにしてはもみ合いの時間が長いですからね。しかし、トレンド全体で見ると、短い小休止もあれば長いものもあります。

5分足で見るとわかりやすいかもしれません。図4-58は図4-57の1分足を5分足にしたチャートです。1分足だと大きなものに見えたBとCの間にある戻りは、5分足だと違う印象になることがわかります。

1分足では移動平均線を上抜けしていますが、5分足では移動平均線が抵抗帯になりタッチと同時に反落しています。また、移動平均線も下向きのままですから、図4-59のように形のきれいなN波動が描けます。1分足だけでなく**上位足をチェックするだけでこんなにも相場環境の認識度合いが高まる**ことがわかります。

1分足だと、そろそろトレンドが終わるのではないかと感じる場面でも、5分足だとまだN波動の形成途中と気づくことができれば、しばらく継続して順張りしようと思うはずです。時間軸が違うと、N波動のイメージもだいぶ異なりますが、複数の時間軸を見るとメリットもあります。1分足では気づけなかったことが、5分足でわかるなどします。

なお、5分足を使ったスキャルピングは350ページでも詳しく紹介しています。

図4-58　1分足の短期トレンドを5分足にした豪ドル/米ドル

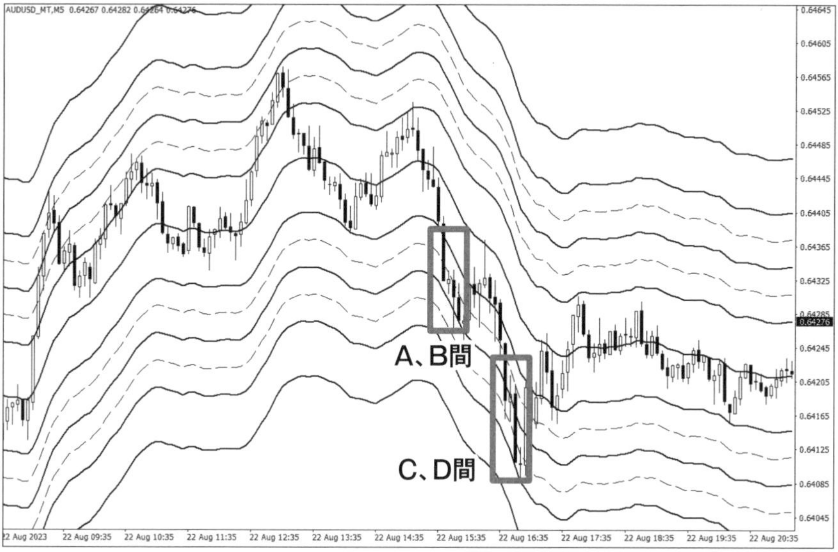

図4-59　5分足でN波動のプロセスがわかる

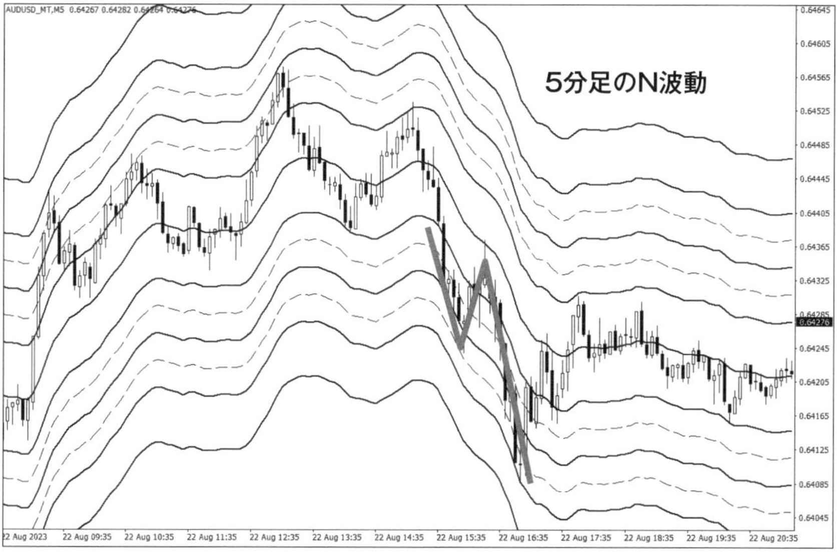

⑦ 反対色の足が出たら利益確定

これが一番シンプルかもしれません。値幅、ホールド時間やインジケーターなどの目安を考えずに、ローソク足の色だけで判断します。

図4-60を見てください。Aの手前でネックラインを下抜けし、下降トレンドが発生しました。矢印のあたりでショートしたら、下落しているのでローソク足は陰線です。反対の色、つまり陽線が出るまでホールドし、陽線が確定したら利益確定します。陽線が確定せず、ローソク足形成中であっても陽線になりそうならイグジットしていいでしょう。それは任意で判断します。

Bも同様に、ネックラインを下抜けして下降トレンド回帰したときにショートし、陽線が出たら利益確定します。A、Bともに2本から3本ほどで陽線が出ています。エントリーから1本ごとにショート回転してもいいですし、反対の色が出るまでがっちりホールドしてもかまいません。「陽線が出るまでショートでエントリーする」という目的があれば、どちらのスキャルピングでもいいでしょう。

図4-60 陰線でエントリーし陽線で利益確定する

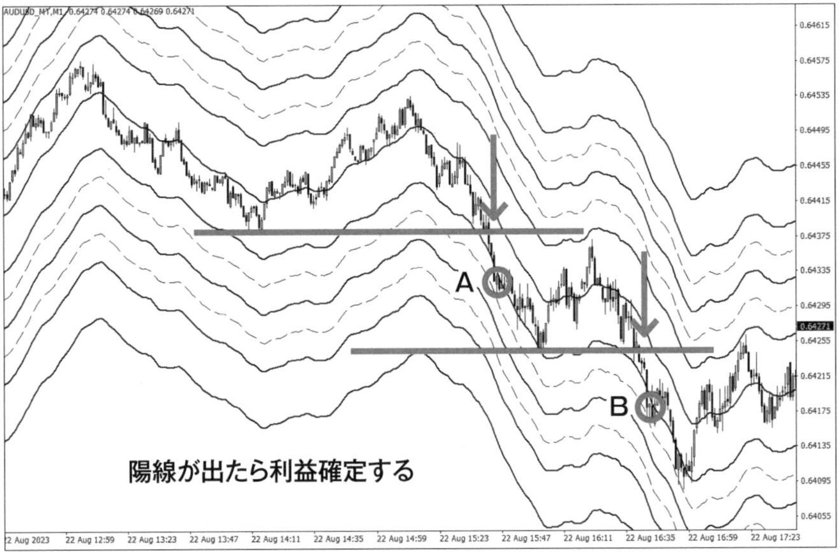

このやり方は反対のローソク足の色が出るまで待つので、シンプルがゆえに**エントリーからイグジットまで何分になるのか、それとどれくらいの利幅になるかイメージしにくい**のがデメリットです。損切りは、含み損のまま反対の色が出たときに行ないます。ローソク足が確定する前に含み損が拡大したり、ネックラインを上抜けしたりするなどトレンドが否定されればすぐに行ないましょう。

違う場面を見てみましょう。図4-61は豪ドル/円の1分足です。Aでネックラインを上にブレイクし、トレンドが発生しました。Bのポイントは、押し目をつけて上昇トレンドに回帰しようとしている局面です。N波動をイメージし、Bでロングするとします。利益確定は陰線が出たCで行ないます。そうすると、BからCまで6分で利幅は10pipsほどあります。

仮にエンベロープの到達を利食い目標にしていると、Bのエントリーからわずか1pipsから2pipsしか取れないでしょう。エンベロープ到達でロング目線が達成ですから、そのあと陽線が出ている間の上昇は見逃すことになり、機会損失になります。

図4-61　陽線でエントリーし陰線が出るまでホールドする1分足

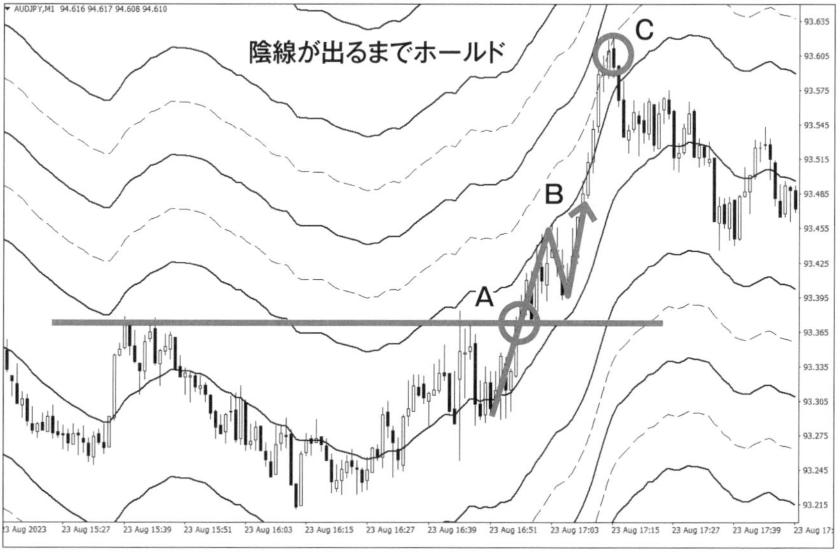

一方、反対の色が出るまでホールドすると利幅が稼げます。陽線が出ている間は上昇の勢いが続くと想定し、陰線が出るCまでホールドすれば10pips近くの利幅になります。Bのポイントでは N 波動の後半部分のはじまりなので、Bからぐんぐん伸びてNの字になるイメージができますね。

ですから、陰線が出るまでホールドしやすいのではないでしょうか。BからCまでホールドしてもいいですし、1本ごとに利食いし、すぐに再エントリーするトレードを数回行なってもいいでしょう。損切りはエントリー後に陰線が出たら実行します。

⑧ テクニカル的な節目まで

テクニカル的な節目とは、支持帯や抵抗帯など意識される価格帯のことです。サポートラインやレジスタンスラインといったネックラインと考えてください。トレンドはその流れが否定されるまで進みますが、反対ポジションの圧力が強い価格帯では、いったん止まる可能性が高まります。反対ポジションとは、上昇トレンドの場合、売りが入りやすくなる場所です。それが節目であり、**一時的にでも反転する確率が高まるので、利益確定をしておいたほうがいいポイント**です。

図4-62は豪ドル/円1分足の上昇トレンドです。ネックライン1を上抜け、上昇トレンドが明確になりました。Aあたりでロングしたとします。このときはまだネックライン2が引けないため、Bで反落することはわかりません。エンベロープのゾーン到達で利益確定するか、N波動を目安にするかなど方法はたくさんあるので、任意で決めてイグジットします。

Bから反落したので、Cの手前ではネックライン2を引くことができます。Cで長い陽線が出ているので、この陽線の途中でロングできたら利益確定の目標をテクニカル的な節目であるネックライン2に設定します。Dのポイントです。Bが高値になっていますし、88.50円という50pips刻みのプライスで意識される価格です。したがって、ネックライン2は抵抗帯になるため、Cから上昇してこのラインにぶつかると反落する想定ができます。いったんDで利益確定しておくといいでしょう。

図4-62 節目までトレンドが進み利益確定できる豪ドル/円

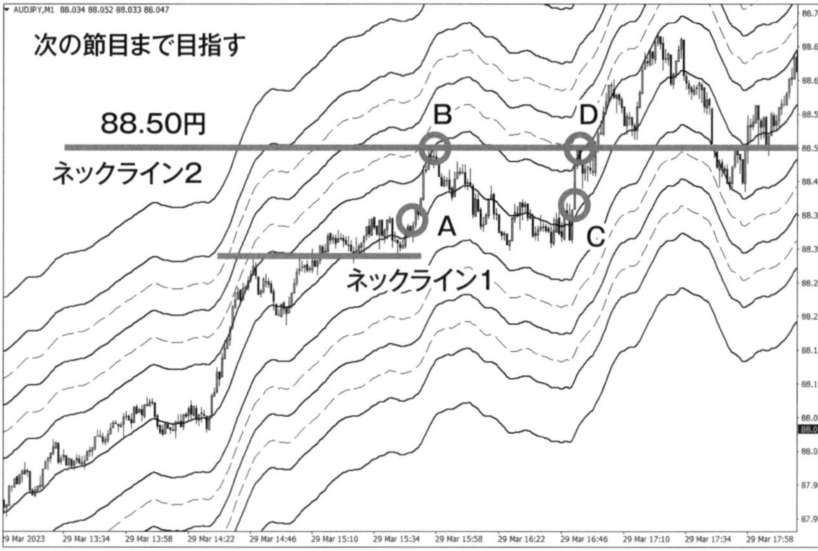

なお、テクニカル的な節目は1分足だけでは発見できません。トレード前のチャート分析で、上位足を必ずチェックして節目を見つけておきましょう。いつも大きな節目があるわけではないので、他のイグジット方法を併用する必要があります。大きめの節目があるときにこの方法を活用してください。

また、近くに節目があると、そこを目指してトレンドが進む可能性があります。その節目まで回転売買をするか、もしくは長くホールドして利幅を稼ぐ意識を持つといいでしょう。節目というネックラインは重要ということです。

⑨ アウトラインまで

アウトラインは、トレンドラインの反対側に引いたラインです。上昇トレンドなら安値側に引くのがトレンドラインですが、アウトラインは高値側に引くものです。つまり、チャネルラインの2本のうち、よりトレンド側に引くラインです。

トレンドが発生すると、値幅やスピード感など、進み方に規則性が出ます。いきなり急騰したり、突然もみ合いになったりすることはありません。ゆるやかなトレンドなら、ゆるやかに上昇し、ゆるやかにもみ合いに入ります。

そして、トレンドに回帰するときはゆっくり上昇していく、といったようにです。これがトレンドの規則性であり、アウトラインを引くとあらわになります。そして、**アウトラインが目先の到達ポイントになるため、利益確定に最適です。**

図4-63はポンド/円1分足の上昇トレンドです。チャネルラインを2つ引きました。前半のチャネルラインは、Aから上昇したあたりで安値と高値の起点ができるので、チャネルラインが引けるでしょう。そうするとアウトライン1がおのずと出せるので、Bを利益確定の目安にします。利益確定というより、アウトラインにぶつかるBまで上昇する、という目線を決めることができます。

Aから上昇したところをロングしてBまで買い回転してもいいですし、1回で数分ホールドしてBでイグジットしてもかまいません。なお、チャネルラインはAより前で引くのは難しいでしょう。ここではあとづけで引いているのでBも視野に入れてラインが引けますが、実戦ではBに到達していないときに引きます。そうすると、確実に2つ以上の高値、2つ以上の安値

図4-63　アウトラインを利益確定の目安にする上昇トレンド

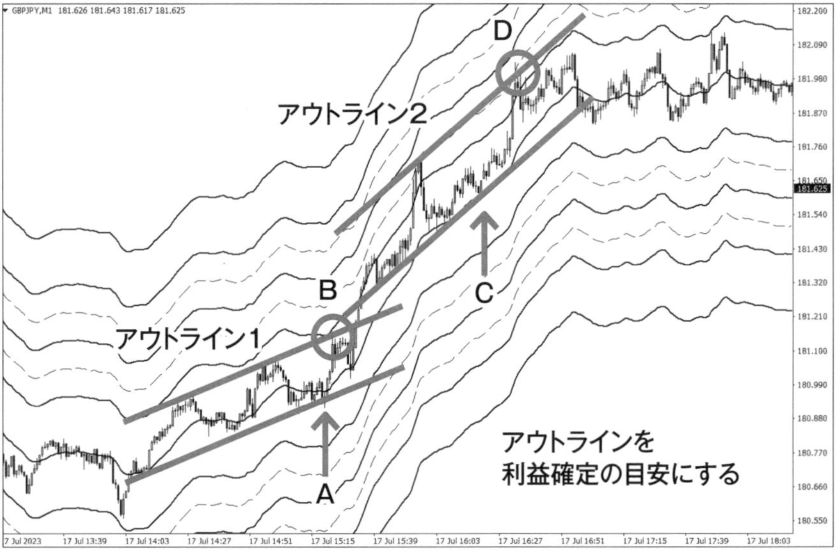

が必要なので、Aあたりにならないと引けません。

したがって、チャネルラインの前半ではアウトラインすら存在しません。高値と安値の切り上げが規則的になったとき、つまりAあたりでチャネルラインを引き、これはアウトラインを目安にできるかもしれない、と思いつくものです。

Bをブレイクしたあとのチャネルラインも、同じ手順で引きます。Bからトレンドを強めて勢いが変わったので、Cのあたりでようやくチャネルラインが引けます。そうすると、アウトライン2が出るので、トレンドが推進する目安をDにします。Cあたりからロング回転し、何度も利益確定してDで目線を終了させます。1回のトレードでDまでホールドしてもいいのは、これまで述べてきたとおりです。

アウトライン1と2では、**同じ短期トレンドでも高値と安値を切り上げる角度、勢い（ラインの角度）や値幅が違います**。Bのブレイクでトレンドを強め、流れが変わった点に注意してください。上昇トレンドでは安値と高値の切り上げ方は似ているため、トレンドラインさえ引ければおのずとアウトラインが引けます。

28 損切りについての考え方

損切りを具体化させる3つの方法

利益確定について9つの方法を紹介しました。これだけの方法からすべての相場でベストな選択をするのは不可能でしょう。「このトレンドでは値幅を見たほうがいいかな」とか、「いきなり長いローソク足が出たから利食いしておこう」などと、その場のトレンドにより判断が異なるはずです。

他にもたくさんの利食い方法があるため正解はありません。数秒のスキャルピングを回転させるのか、それとも長くホールドするのかにより、利益確定の方法も変わってくるからです。したがって、**利食い方法はエントリーからイグジットまでの戦略により幅広い選択肢が生まれるのです**。まず、利益確定の考え方として9つを知っておくといいでしょう。知っていれば、「ここでは①の方法、違うトレンドでは②がいいかも」という知恵が思い浮かんできます。ですから、どんな方法があるのか知ることが大切です。

一方、損切りは、**どんな相場だとしても「逆行したら実行する」という一貫した判断が共通しています**。逆行の度合いを、相場とエントリーポイントによってわけるだけと考えてください。ここから上がると考えたのに、下がったならすぐに損切りすべきです。スキャルピングは数秒や数分単位で上がる・下がると想定するので、そうならなかったら損切りします。ここまで到達するまで待つ、という利益確定とは考え方が違うので注意してください。ただ逆行したらすぐ損切りするとはいえ、その度合いを何ではかるか、迷うかもしれません。

そこで、損切り方法を具体的に3つの方法で見ていきます。

① 逆行したら即切る
② 想定が否定されたとき
③ 損切り幅で決定

① 逆行したら即切る

エントリーから、1pipsや1ティックでも逆行したらすぐに損切りすることです。ブレイクする瞬間やトレンド回帰を強める場面で、まさに今からほんの1秒後から上がるだろうと思ってエントリーしたときの損切り方法です。

ブレイクしたら急騰や急落するかもしれないという場面を思い浮かべてください。エントリーし、ブレイクしなかったら急激に反転するかもしれません。ブレイクの瞬間を狙ってエントリーしたなら、ブレイクしないで反転したときに即損切りします。

② 想定が否定されたとき

移動平均線付近でトレンドフォローしたなら、逆行して移動平均線を反対へ突き抜けたら損切りするなどです。テクニカルで判断するので、**ここを反対に抜けたらトレンドが否定される、というポイントを見つけておく必要があります**。安値を切り上げているとき、エントリーして安値を切り下げてしまったときも、上昇が否定されたといえます。

また、「あと3本以内で上昇する」と考えロングしたのに、そうならなかったときも想定が否定されているので損切りします。想定とは、自分がどのようにトレンド方向へプライスが進むかを考えることです。

想定に正解はありません。自分が考えたイメージが否定された段階で損切りしましょう。「想定は人それぞれだから、損切り方法は無数にあるのではないか」と考えるかもしれません。しかし、損切りは想定外になったらそのトレードを終わりにするので、1回で終わります。一方、利益確定の場合は、想定内の場合は何度もトレードを続けるので、終わりまでの時間がまったく違うのです。損切りは逆行したら基本的に損切りしてその場面でのトレードは終わります。

③ 損切り幅で決定

①、②は裁量で判断します。エントリーごとに違う判断となるので、これではルールにならないと思うかもしれません。たしかに、最初から的確な判

断はできません。経験が必要になります。

損切りでやってはいけないことは、大損です。損切りをちゅうちょしている間にどんどん含み損が拡大し、損切りできずにさらに大きな損を抱えることです。1回の損切りが莫大な損失になります。①、②の判断では常に裁量判断ですから損切りをためらってしまうときもあるでしょう。大損のリスクを抱えたままスキャルピングしたくないですね。

そこで、**一律に損切り幅を決め、そこまで逆行したら必ず損切りする**というルールを決めておくのもいいでしょう。そうすると、迷わずに淡々と損切りができます。たとえば、「−10pipsになったらどんな状況でも損切りする」などです。テクニカルで判断するのではなく、あくまでも数字で決めます。チャートと無関係のルールにすることで、そのポジションに対する思い入れをなくし、感情が入り込まないようにするのです。

ただし、チャートと無関係な損切りですから、いつも数字で損切りしていると一貫性のないトレードにもなるので注意してください。エントリーはチャートで行なっているなら、イグジットもチャートで行なうべきです。①や②はチャート分析に基づいた想定が崩れたときに損切りするので一貫性はあるといえます。

しかし、**エントリーはチャートで判断しているのに、損切りは数字で決めるのは自分の都合**になってしまいます。含み損を拡大させないために数字で損切り幅を決めるのが悪いのではなく、それをルール化してしまうのがよくないということです。ですから、普段は①や②のルールにおいて自分で損切りを判断し、含み損が拡大しそうなときは、たとえば−10pipsになったらどんな場面だろうが損切りする、という保険の使い方をするといいかもしれません。

3つの方法を述べましたが、**共通しているのは逆行したら基本的に損切りする**という点です。イメージと違う逆行になったら迷わず損切りしましょう。

順張りの場合、トレンドの最先端（もしくはその近く）でエントリーします。もしエントリーした箇所がトレンド終了の地点だと、反転してトレンド転換してしまうと含み損が最大化して目も当てられません。上昇トレンドなら、最高値でロングする可能性があるため、イメージと違ったらすぐに損切りしなければなりません。高値づかみをし、損切りできずにトレンド転換したら大損してしまいます。下降トレンドなら、底でショートしたままつかまり、トレンド転換したあげく急騰して大損するかもしれません。**順張りだと天底でポジションを取ってしまうリスクがあり、注意すべき点です。**

ですから、どんな方法でも逆行したら基本的に切る、というのが順張りの損切りにおいて共通の考え方です。

29 順張りと逆張りの利幅が取れる場面の違い

意識して順張りと逆張りを使い分けできる

ここまで順張りを見てきて、順張りと逆張りで、利幅が取れる場面が違うことにお気づきでしょうか？　違いを知っておくと、「今は順張りがいい」「ここは逆張りにしよう」など、**意識して順張りと逆張りを使い分けできるようになるだけでなく、利幅まで考えたうえでエントリーすることができます**。そうすると、ロングとショートどちらにしようか迷うことがなくなり、メリハリのあるスキャルピングが可能になります。

それぞれ、利幅が取れる場面を見ていきます。基本的には、次のようにとらえてください。

- **逆張り　➡　移動平均線から乖離したときに利幅が取れる**
- **順張り　➡　移動平均線から乖離するときに利幅が取れる**

どういうことか、見ていきます。図4-64はポンド/米ドルの1分足です。Aの手前から下げてきました。下降トレンドかどうかまだわかりませんが、Aの手前から下げてきたので、トレンドが発生する準備はできます。Aはゾーン⑤に突入したので、通常どおり逆張りロングでエントリーします。ゾーン⑤ですから、移動平均線から一番乖離した状態です。オーバーシュートからの反転を狙えるでしょう。

これがゾーン①や②だと反転も少ししかないので、狙える利幅は数pipsです。今回はゾーン⑤なので、5pipsから10pips狙えるのは逆張りルールで述べたとおりです。

ちなみに、Aの次の陽線は、1分間で17pipsの上昇となりました。このうちの半分でも取れれば十分でしょう。**移動平均線から乖離し、エンベロープの外側のゾーンに行くほど利幅が取れるのが逆張り**です。

図4-64 逆張りと順張りで利幅が取れるポイントを示す

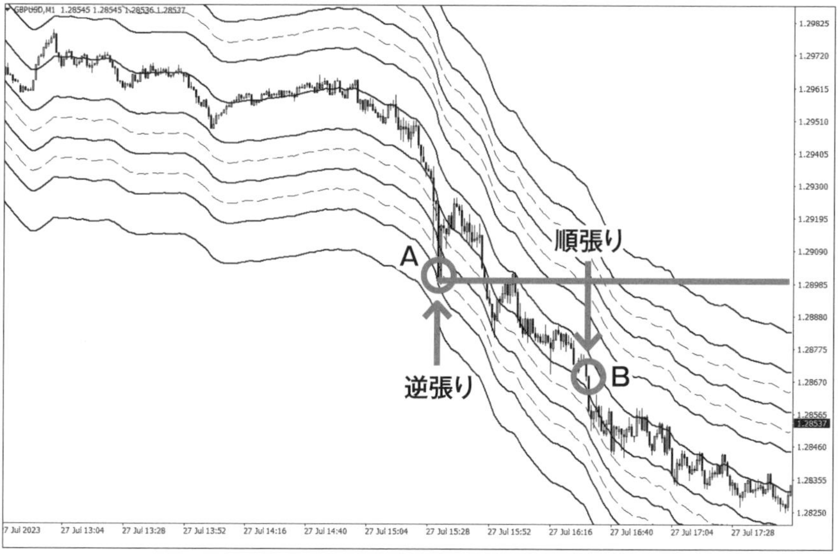

一方、**順張りはトレンドに勢いが出る場面、移動平均線から乖離するときに利幅が取れます。**

Bは、移動平均線から下降トレンド回帰する場面です。AからBにかけて移動平均線付近で反落が続き、移動平均線にも角度が出てきました。Bからさらに勢いをつけて下げており、Bから3分間で20pipsの下落となりました。Bから3分で下げ止まるとはわかりませんから、すべて取れるわけではありません。しかし、長い陰線が出ていますし、ショートしていればぐんぐんと下げているポイントなので利が乗るポイントです。

なお、A、B間で下げているものの、長い陰線が出るBをピンポイントで見つけることは難しいです。ただし、Aのあとは下落目線なので、移動平均線に戻り下げはじめたところをショートするスキャルピングを繰り返しているはずです。何度もショートしている中で、Bのように利幅が取れる場面が出てくるものです。実際に利幅が取れるかどうかは相場次第ですが、Bは直前の安値を下抜けする場面なので、長い陰線が出る想定はできます。取れそうな場面でスキャルピングしていれば、ときどき取れます。

このように、**逆張りと順張りで利幅が取れる局面の違いをよく理解しておく**と、目線の切り替えがすんなりできるようになるなど、瞬時の判断が可能になってきます。

順張りのスキャルピングルールは以上です。エントリー判断からイグジットまで、さまざまなパターンがあるので、とにかく実戦あるのみです。逆張りも含めると、短期トレンドが発生するたびに違うスキャルピングに取り組めるでしょう。

本当に自信が持てる場面まで待てる

逆張りと順張りを組み合わせると、トレードチャンスが単純に計算して2倍になります。トレード回数が多くなるので、より期待値の高い局面だけを選んでトレードしてもいいでしょう。たとえば逆張りなら、ゾーン①、②はよほどのことがない限りスルーする、長いローソク足が確実に出るまでエントリーしないなど、期待値が高い場面だけに絞ることで、負けトレードを減らすことができます。

逆張りの場合は、**移動平均線から乖離したという事実をもとにエントリー**するので、期待値をはかりやすいのがメリットです。乖離するほど期待値が高いのは明確なので視覚的に判断できます。

順張りだと、**これから移動平均線から乖離するのを自分でイメージする必要がある**ので、視覚的に期待値の高さを判断することができません。ただ、移動平均線の傾きやチャートパターン、引けるラインなどによって総合的に判断できます。あまり自信がないときはエントリーを見送るなどできます。つまるところ、本当に自信が持てる場面まで待てるということです。

これが逆張りのみ、もしくは順張りだけしかやらないとなると、シグナルが発生するのを待ち切れず、先走って早期エントリーすることもあるのではないでしょうか。今ここを逃すと、シグナルがしばらく発生しないのではないか、という機会損失感があるからです。

たとえば逆張りの場合、エンベロープのゾーンに到達したとき、エントリーを迷って様子見したとします。しかし、迷っているうちに反転してしまいました。「エントリーしておけばこれだけの利幅が取れたのに」と様子見したことを後悔するのではないでしょうか。これを何度も経験すると、**今度は機会損失にならないようにするため、シグナルより早めにエントリーするなどしてしまいます**。そうすると、すぐに損切りになり、「早く入らなければよかった……」となるのです。

また、逆張りだけだと、エントリーして含み損を抱えたとき、「このトレンドが反転すると思われる今こそ利益を上げないと損切りで終わってしまう」と考え、損切りしないで無計画なナンピンをしたくなることもあるでしょう。損切りしたあげく反転したとなると、損切りしなければよかったとなるからです。トレンドはいずれ反転するので、それを期待してナンピンしてしまうのです。

順張りにおいても、トレードしたいがために、値が少し動いただけでもトレンドと判断し、早期エントリーしてしまうかもしれません。エントリーしてもトレンドが進まず、反転してレンジに戻ってしまうなどします。順張りはトレンドフォローですから、トレンドがないことにはトレードになりません。しかし、**チャンスを待っているのが我慢できず、トレンド発生を期待しエントリーしてしまう**のです。

また、トレンドが発生したときでも、このあとN波動になると勝手な期待をし、押し目や戻りをつける前に、根拠がないまま早期エントリーしたりします。

このように、逆張りだけ、順張りだけという片張りだと待ち切れなかったり、機会損失を過剰に意識したりします。逆張りと順張りを併用すれば、たとえ逆張りでロングエントリーを見逃して移動平均線まで戻ったとしても、そのあとは順張りのチャンスになるので「もったいない」という感覚にはなりません。上がれば順張りのチャンスに、さらに下がればより期待値の高い逆張りができるのですが、どっちに値が進んでもチャンスはあるということです。トレンドが発生すれば、逆張りか順張りのどちらかにシグナルが生まれるということです。トレンドがなければどちらのシグナルも発生しませんから、スキャルピングはどんなときでもトレンドが土俵になります。

そして、**移動平均線から乖離したら逆張り、乖離するときは順張りのチャンス**である、と意識してトレードしてみてください。

CHAPTER 5

頻繁に出現する期待値が高い「勝ちパターン13選」

30 ①5つのゾーンで普通のエントリー

常に頭の中に置いておくべきこと

CHAPTER1からCHAPTER4まで紹介してきたルールを踏まえ、ここからは実際のトレードで発生する「勝ちパターン」を見ていきます。

逆張りについては、エンベロープのサインが出たからエントリーというだけでは、「最大限」の利益をたたき出すことはできません。順張りについても、「ここでエントリーです」という明確なシグナルが発生するものではなく、トレンドが発生したら自分でエントリータイミングを判断します。

トレンドごとに相場の波は違うので、そのときの値動きによりトレード内容は大きく変わります。ただ、これまでに書いてきたテクニカルで判断できるので、慣れればどんなトレンドが発生しようがスキャルピングできます。ここでは、どんなテクニカルを使い、どう判断しているのかといったことの参考にしてください。どれも期待値が高いトレードパターンで、動いているチャートでトレードしているときの心情や、判断のプロセスを詳しく書いたつもりです。

移動平均線から乖離するときは順張り、オーバーシュートして移動平均線に戻るときは逆張りであるという点を常に頭の片隅に置きながら考えてください。ここは順張り、次は逆張りというようにイメージするといいでしょう。順張りと逆張りは、ポジションが正反対です。そのため迷っていると混乱します。目線の切り替えは大切なので、どこで順張りをし、逆張りに変更するのか、その逆もどう判断するのかを意識してみてください。

エンベロープの5つのゾーンのトレード例

1分足スキャルピングの基本である、エンベロープの5つのゾーンのトレード例です。図5-1を見てください。長い陰線が出ているので、逆張りのロングをするトレードです。まず、Aでゾーン①に到達しているので、ヒゲが出たらロングします。決済の目安は、利食い損切りともに2pips前後です。あくまでも目安なので、2pipsを待つ必要はありませんし、1pips前後で数秒間もんでいたら決済してもいいでしょう。

ゾーン①、②は少しでも利益が乗ったら決済、逆行したら損切りというようなイメージです。毎回、利を乗せるという意識でトレードをしてしまうと、プレッシャーになりかねません。淡々とこなせなくなるので、「ちょっと反転を狙おう」という気軽な気持ちでエントリーするポイントと見ていいでしょう。

次のローソク足でゾーン③に入ったポイントがBです。Aよりも期待値が高いので、いよいよ勝負する場面という感じです。Aよりもロットを上げ、利益も伸ばすようにしましょう。今回はゾーン④、⑤まで到達していませんが、もしBのあと、さらにトレンドが出て④、⑤に入ったら、よりロットを上げて勝負する場面です。移動平均線から乖離するほど勝率はぐんと上がります。

図5-1　エンベロープの5つのゾーンでのエントリー例

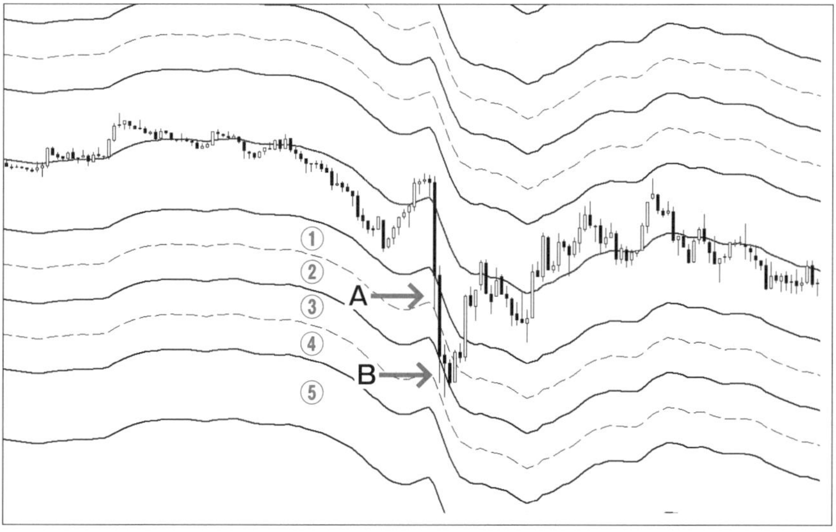

ただ、いきなり長い陰線が出た場面なので、突発的なニュースが出た可能性もあります。ですから様子見してもいいでしょう。すべてのトレードでいえることですが、**シグナルが発生したからといって、必ずエントリーしなければならないわけではありません**。また、AとBでエントリーした場合は、逆行したら必ず損切りしましょう。今回はゾーン④まで到達せずに戻りましたが、インパクトのあるニュースだとゾーン⑤を突き抜けて100pipsなどの急落があってもおかしくありません。相場は何が起きるかわからないため、損切りはしっかり行なってください。

では、順張りはどのようなトレードができるでしょうか？　図5-2を見てください。急落後、Aの手前で陽線が出て、Aで陰線が出ました。このときはまだどんなトレンドが発生するのか、さらに急落するかもわかりません。陰線が出たのでとりあえずショートしてもいいでしょう。しかし、ここは損切りです。Bでは移動平均線付近まで戻っています。もし下がるなら、陰線が出たBから下がる可能性があるのでショートしてもいい場面です。

ただ、**A、Bはともに期待値は高くありません。トレンドの第1波だから**

図5-2　順張りのポイントで損切りになる例を示す

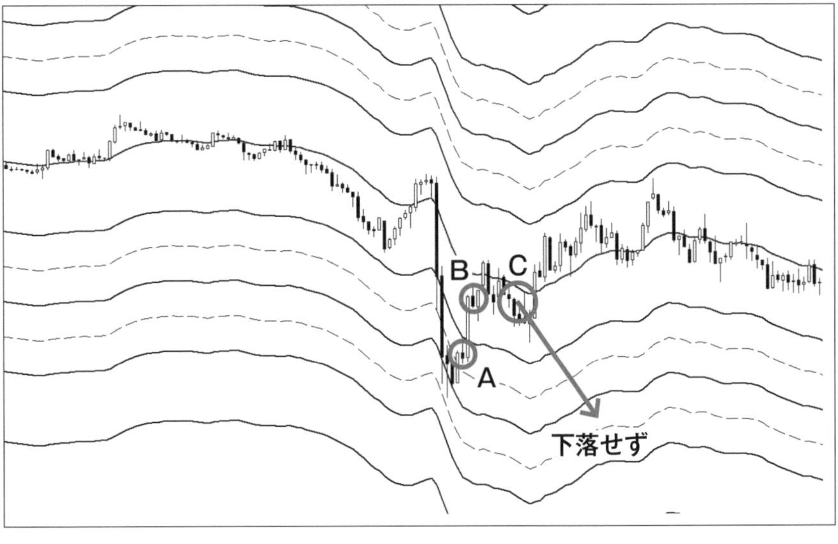

です。3本の戻り陽線も出ていませんし、期待してショートするのは危ないとわかります。ですから、下がらなかったらすぐに損切りしましょう。Cでは、移動平均線まで戻って陰線が出て下げはじめているので順張りの場面です。ただ、N波動にはならずにレンジ相場へと戻りました。移動平均線を上抜けたら損切りしましょう。この損切りは仕方ありません。N波動の後半が出るならCからだというイメージができますし、実際に少し下げていますね。下がるならここから、という場面で下げなかったので損切りして終わりです。この相場は一時的に動いたものの、トレンドにならずに戻っただけでした。次のトレンドを待ちましょう。

31 ②狙い目は経済指標後に発生する短期トレンド

指標発表後の安易なトレードは厳禁

図5-3のチャートは、左側の矢印の時間に経済指標の発表がありました。指標発表直後は上下に乱高下しています。長いヒゲが上下動した証拠です。指標発表直後の数十秒はどの業者もスプレッドが開いていて、スキャルピングで勝てる環境ではないため様子見が基本になります。

ただ、スプレッドが閉じたとしても、発表して1分以内はランダムに大きく動いています。ゾーン①を飛ばして③に到達するような動きもあるので、移動平均線から急激に乖離したからといって、逆張りで気軽に入ると危険です。

順張りも、指標発表直後は危険です。矢印の箇所で急騰したので、この上

図5-3　経済指標後の短期トレンドでスキャルピングする

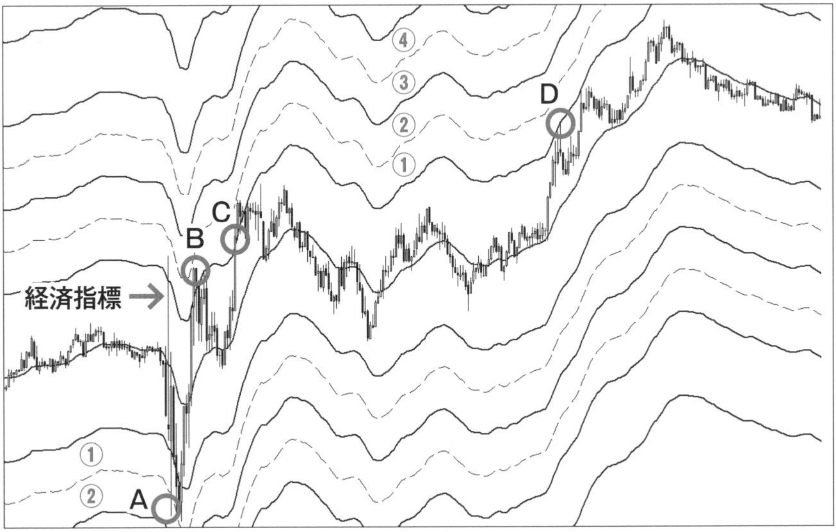

昇に乗ろうとスプレッドが広くてもロングしたとします。一気に反転し、数十pipsは数秒で持っていかれるでしょう。スプレッド分も損していますし、すぐに損切りしたとしてもかなりの損失になってしまいます。指標発表直後は注意するようにしてください。

数分待てば、突然値が飛ぶことはほとんどありません。Aの部分は指標発表後から3分ほど経過しているところです。ここでゾーン②まできているので、ヒゲが出たタイミングでロングしていいでしょう。これが指標発表直後（チャートではAより左の部分）なら様子見をしたほうが無難です。「結果的にエントリーしておけばよかった」となったとしても、毎回危険なポイントでトレードしていると、逆行したときに損失がかなり大きくなります。

短期トレンドで、トータルで利益が出ればいい

逆張りでは、Aのあとも普通にトレードを繰り返します。Bではエンベロープの上側のゾーン①に到達しています。その後、移動平均線に戻ったので、Cで再度チャンスがきました。しかし、しばらく短期的なレンジになりました。その後、Dで普通にエントリーサインが発生したので、ヒゲが出たらエントリーします。

この相場では、A、B、C、Dの4つの場面でチャンスがありました。どこで利食いや損切りになっているか、実際にはわかりません。4回という一連のトレンドで勝てていればいいので4勝0敗である必要はありません。3勝1敗でもいいですし2勝2敗でもいいでしょう。**最終的にこの短期トレンドをスキャルピングし、トータルで利益が出ていればその相場は勝ちとなります。**

なお、トレード回数はA、B、C、Dそれぞれ1回ずつである必要はありません。ローソク足1本が確定する間にプライスは乱高下しています。Aは下ヒゲのローソク足になっていますが、確定するまで下落してすぐ上昇、また下落して上がる動きを1分間で何度も繰り返しています。

ですから、下ヒゲが出た瞬間にロングし、利益確定した数秒あとに、また下落して下ヒゲになったら再びロングしてもかまいません。そのローソク足

で1回エントリーしたら次のシグナル（より外側のゾーンに行くなど）を待つのがルールでしたが、応用編として考えてください。

同じローソク足で、似たようなシグナルが発生したら何度でもエントリーできます。B、C、Dも同じです。たとえば、Bで1回目のショートをしたあと、ローソク足数本はもみ合っています。Bを上抜けしようとしますが、上抜けできずに下げています。値動きにもよりますが、上抜けできないで上ヒゲになったら、何度でもエントリーしていいでしょう。ただ、Bを突き抜けてゾーン②や③まで行く可能性もあるため、上ヒゲをきちんと確認してからエントリーします。

短時間で上下に振ってくる値動きがY波動

では、順張り目線で見てみます。図5-4は図5-3と同じチャートです。指標発表直後は、乱高下して上下どちらに進むかわからないため順張りできるポイントはありません。

指標からAまでの値動きに着目してください。指標から上ヒゲをつけて

図5-4　順張りポイントをテクニカルで示す1分足チャート

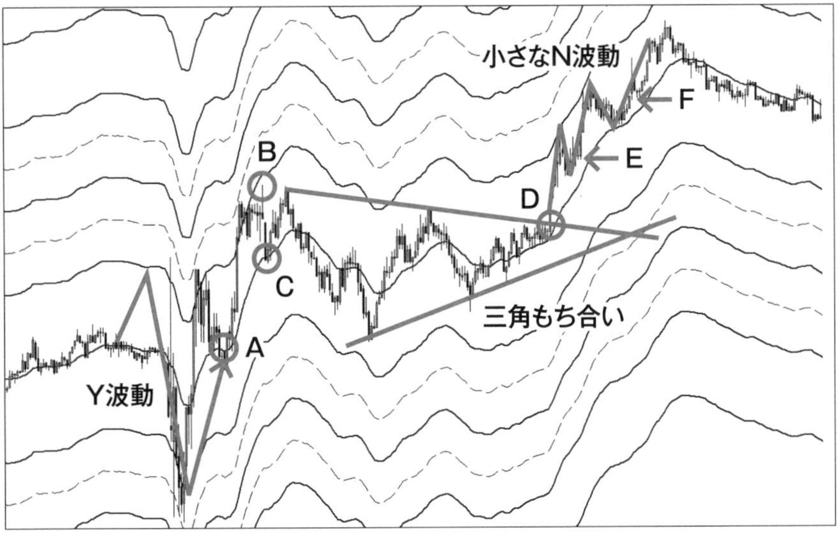

下落し、かといって下降トレンドになるわけでもなく、再度上げています。このような、**1分足レベルの短時間で「上→下→上」と振ってくる値動きをＹ波動と考えていいでしょう。**本来、Ｙ波動は、高値更新、かつ安値更新をするブロードニングの値動きです。1回だけ高値と安値をつけ、また戻ってくるという値動きもＹ波動と同じ原理ととらえてください。乱高下したあげく、指標前のプライスに戻っていくわけです。相場はどちらかに動きたいのですが、売り買いが交錯し、1回では方向性が決まらなかった場面です。

大切なことは、**Ｙ波動が出てもとのプライスに戻ったとき、次に進んだ方向が本物のトレンドになりやすいこと**です。今回は、Ｙ波動から上昇トレンドになりました。Ａまで交錯していた売りと買いのポジションバランスがＡで崩れはじめ、徐々に買いが優勢になったということです。

Ａで移動平均線がサポートし、反発して上げはじめたので、Ａあたりから順張りのロングができます。ＡからＢまで、ロング回転して何度も順張りしてもいいですし、数分間ホールドして利幅を取ってもいいでしょう。Ｂは上ヒゲとなり、高値を更新できなかったので、順張りは様子見します。Ｃで再び移動平均線で反発しているため、高値更新を目指してＣからロングできます。しかし、高値更新ができずに下がったので、しばらく順張りはできません。

それから三角もち合いができました。Ｃのあと高値を切り下げ、安値を切り上げていることに気づければ、三角もち合いの認識は難しくないでしょう。Ｃのあとに高値を更新できなかったとき、小休止のもみ合いがあるかもしれないと注意していれば問題ありません。Ｄで上にブレイクし、長い陽線が出たので、ここから順張りができます。三角もち合いとブレイクを組み合わせている点に着目してください。**異なったテクニカル分析を２つ以上使えると期待値が高まります。**

さらに、押し目をつけて上昇という局面がＥとＦでありました。これは小さなＮ波動が出ているのでＥから高値更新まで、Ｆから次の高値更新までロングができます。Ｅ、Ｆは移動平均線を下回っていないので、ロング目線を解消する根拠がありません。移動平均線が上向きで、ローソク足が移動平均線より上にある限り、どんどん順張りしていきます。エンベロープに入ったら逆張りのタイミングをはかってください。

経済指標はトレードチャンスを与えてくれる

経済指標をきっかけとして、今回のようなトレンドが発生することがよくあります。そのため、**スキャルピングにとって経済指標はトレードチャンスを与えてくれるイベントです**。1日を通して、アジア→欧州→ニューヨーク市場と、経済指標は続きます。毎日どこかの時間帯で経済指標はあります。アジアタイムは、日本やオーストラリアの経済指標があります。欧州タイムは、イギリスやユーロ圏、ニューヨークはアメリカの指標です。

1分足レベルの短期トレンドは、経済指標をきっかけに発生して数十分から数時間継続し、小休止して次の時間帯の経済指標に短期トレンド発生、という流れがとても多くあります。**トレード前にはその日の経済指標とそのタイミングを必ずチェックしましょう**。そして、その国の通貨ペアを選んでトレードできるようにしておけば、なおいいでしょう。

デイトレードやスイングトレードの場合、経済指標があると、ポジション

図5-5　経済指標後に発生した短期上昇トレンド

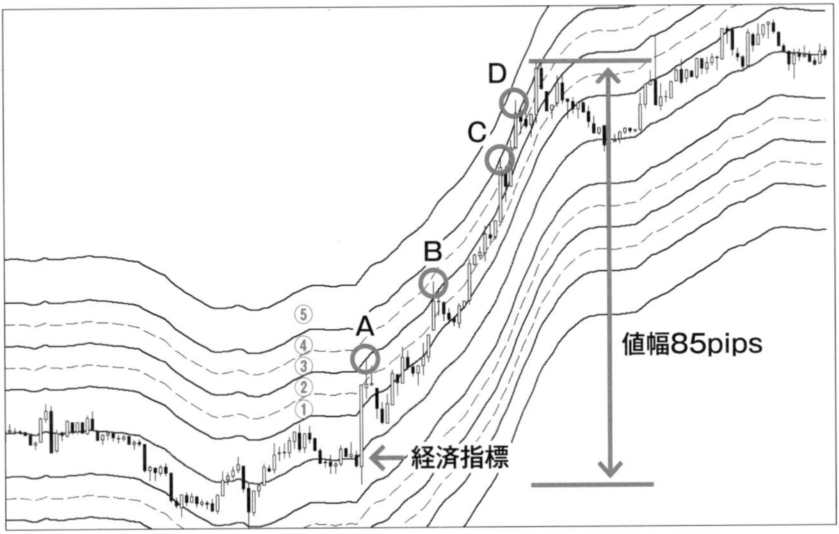

を持っていると決済するか持ち続けるか、迷ってしまいます。経済指標で上下に乱高下しても、結局は落ち着いて相場が正しいとする方向へ進んでいきます。しかし、それを見越してポジションを持っているにしても、損益の変動はかなり大きなものになります。毎回こうなると強いメンタルが必要です。

しかし、スキャルピングなら指標後の値動きで判断してトレードすればいいので、準備もできますし、指標発表時にポジションを持っていることからくるメンタルへの悪影響もありません。短期売買のメリットといえます。

経済指標発表後の相場を、もうひとつ見てみます。**図5-5**を見てください。まず、逆張り目線で見ていきます。矢印の箇所で経済指標が発表され、直後に急騰しています。ローソク足がゾーン②に到達しているAは、逆張りのチャンスです。ただ、1分後なので、激しい上下動のままAを迎えているかもしれません。また、スプレッドが拡大しているかもしれないので、その場合は様子見してもいいです。実際の値動きを見て、エントリーするかどうかを決めてください。

Aのあとは、普通にエントリーしておきたいところです。Bはゾーン③、Cがゾーン④、Dがゾーン⑤というように、順番に到達しています。B、C、Dはロットを上げて利を伸ばすトレードをすべきポイントです。**より外側のゾーンで、大きなロットで利を伸ばし、逆張りで大きく勝てる場面といえる値動きです**。たとえAで様子見したとしても、一連のトレンドで勝てればいいのです。もし、AやBで入り損ねても問題ありません。A、B、C、Dの4回のチャンスのうち、何回入るかは問題ではありません。CやDでしっかりロットを上げてエントリーすればいいわけです。

上昇トレンドの逆張りでは、ゾーンが上に行くほどロットを上げて利を伸ばしましょう。そうすることで、勝てる相場でがっちり儲けることができます。一度でも大きく勝つと貯金ができるので、数回負けたところで資金は減りません。この余裕こそ、次のトレンドが発生したとき、メンタル的に楽なトレードができる理由です。今回勝って次の資金に回し、どんどんメンタルを楽にしてください。そして、これを繰り返し、徐々に資金を増やしていくことが理想です。

さて、今回のトレンドは、ゾーン②から⑤まで順番に到達しました。値幅は85pipsあります。短期的にはとても大きな値幅です。値幅が出ると、一般的には逆張りでは負けると思われがちです。逆張りスキャルピングでは、きちんとルールを定めて反転するポイントを狙っていけば、負けるどころか、トレンドが発生して大きな動きが出るたびに勝てるのです。**ポイントは、基本的にオーバーシュートを待つこと**です。これを待たずして逆張りをするのは、トレンドに逆らうことになるので注意してください。

次に、順張り目線で見てみます。図5-6は図5-5と同じ1分足チャートです。経済指標で上昇トレンドが発生し、Aで反発したあたりで上昇の継続がイメージできるでしょう。Aまでに1回押し目をつけて高値まで上昇し、Aで再度押し目をつけました。このとき、押し目があるのでN波動を想定するといいでしょう。もし高値ブレイクして上昇トレンドが継続するなら、Aから上昇するためロングできます。

ただ、どこまで上昇するかわからないため、秒単位で利益確定してロング回転させるスキャルピングがいいかもしれません。それからBまで下げて上

図5-6　チャネルラインを引いてトレンドの流れを明確にする

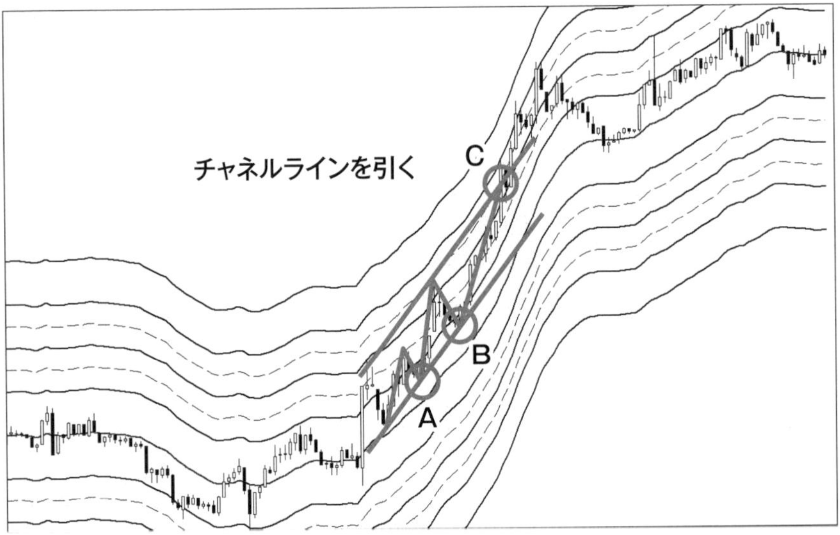
チャネルラインを引く
C
B
A

昇しはじめたとき、上昇トレンドに回帰する想定ができます。Bのあとは、図のように高値と安値が2つずつできるのでチャネルラインが引けます。**トレンドラインは移動平均線に沿っていますし、この角度と値幅でトレンドが進んでいることがわかります**。このようなトレンドの規則性を把握できるようにしましょう。

Bから Cにかけて陽線が連続しているので、アウトラインにタッチするまで、もしくは陰線が出るまでロング目線でいいでしょう。Cで1本陰線が出ているので、ここは迷うポイントです。迷ったら様子見です。

そして、Cでチャネルラインを上抜けているので、かなり強いトレンドです。Cのあとは、あまりにも急激に上げているので高値更新を目指してロングしていくのはちゅうちょするかもしれません。ただ、経済指標をきっかけに強烈なトレンドが発生したときは、急角度のチャネルラインもブレイクしていく場合があると頭に置いておくといいでしょう。**ラインの角度が急になったら、その角度に合わせてラインを追加します**。

図5-7を見てください。最初はトレンドライン1でしたが、Aあたりから

図5-7 安値を切り上げる角度に合わせてラインを追加する

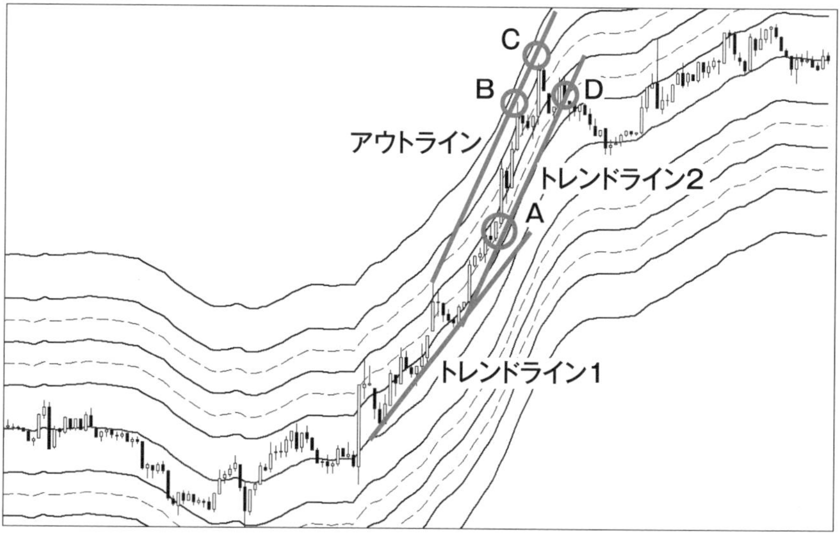

安値の切り上げが急角度になったのでトレンドライン2を引きます。チャネルラインでもいいでしょう。後者の場合、アウトラインがあるのでスキャルピングしやすいかもしれません。

BやCでアウトラインにあたっているので、AからロングしていたらB、Cのアウトラインで利益確定するといいでしょう。なお、急角度のトレンドラインは長続きしないので、Dで下抜けたら順張り目線はいったん終了します。

32 ③トレンドは第1波が基準になる

安値と高値はトレンドの基準になる

図5-8のチャートを見てください。経済指標直後の上げと、そのあと数分間の下げが、上昇と押し目を形成しています。Aが安値でBが高値になりました。このように、**安値と高値ができると、それがトレンドの基準になる**ことが多くあります。N波動の最初のI波動になります。

Nの字は、上昇→押し目→上昇で形成されますが、経済指標直後の上昇が最初の上昇ということになります。これを第1波とし、第2波→第3波と続きます。なお、経済指標後の急騰や急落は、第1波にすべきではないこともあるので、違うチャートで後述します。図5-8は指標直後の急騰を第1波にしています。

図5-8 E計算で値幅観測し到達地点の目安にする

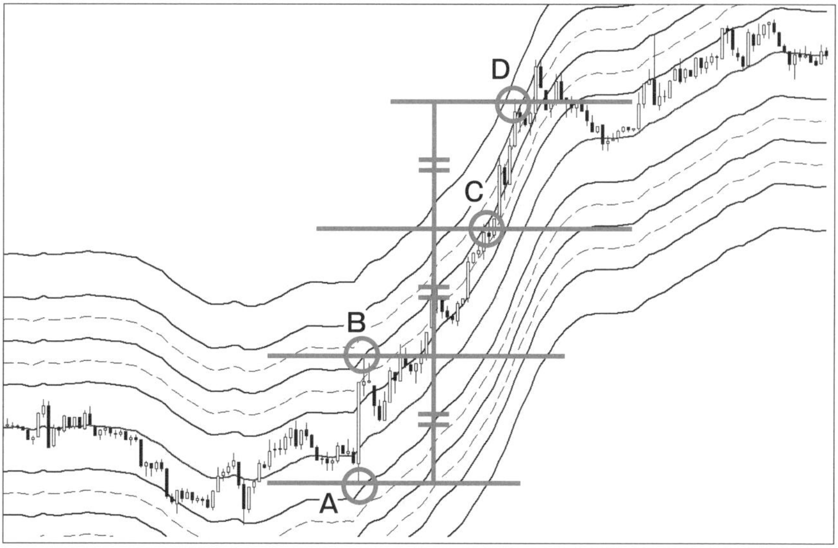

トレンドの値幅をある程度予測できる

第2波以降は、ランダムに値幅を作るのではなく、第1波の値幅が基準になります。チャートでもA、Bが第1波で、その後の上昇幅であるB、CとC、Dの値幅が同じです。これは偶然ではなくA、Bができたとき、「今回のトレンドはこれくらいの値幅出しますよ」と教えてくれているわけです。必ず同じ値幅になるわけではありませんが、目安にはなります。

このように、トレンドが発生すると、ひとつのテクニカル分析だけでなく、いろいろなインジケーターやツールを使い、さまざまな分析ができるのがおわかりでしょうか？　図5-5、図5-6、図5-7では、エンベロープの他に、チャネルラインや角度を変えたトレンドライン、N波動や移動平均線を組み合わせて逆張りと順張りの両方を見ました。図5-8は値幅を、図5-4はチャートパターンを使いましたね。

逆張りと順張りは、ポジションが真逆なのにどちらも期待値が高いスキャルピングが可能ですし、同じ上昇トレンドでも着目する部分を変えれば根拠も違ってきます。しかし、どれも期待値が高いのです。ですから、いろいろなインジケーターやツールを使いこなせるようになってください。視野を広く持ち、相場によって使い分けてください。そのためには、とにかく実践あるのみです。

33 ④第1波が出たら値幅観測をしよう

値幅観測をする癖をつける

実際にトレードをしているとき、どれが第1波なのか見つけることは最初は難しいかもしれません。意識していないと見逃しがちです。そこで、**トレンドが発生したら値幅を取って値幅観測をする癖をつける**といいでしょう。図5-8のA、Bのような安値と高値ができたら、チャネルラインを水平に引いて、上下それぞれA、Bにあててみるのです。こうすると、高値と安値を意識してチャートを見るようになり、状況を理解するスピードが上がります。

先ほどの図5-8のチャートの値幅は、「A、B」＝「B、C」＝「C、D」になっていました。178ページで紹介した値幅観測でいうと「E計算」になります。値幅達成をすると反転しやすいので、CおよびDは値幅観測だけでも反転する可能性が読み取れます。チャネルラインを引いて値幅を取ることで、ネックラインA、B、C、Dが浮き彫りになりますね。

さらに、Cがエンベロープのゾーン④、Dがゾーン⑤です。値幅観測とエンベロープのルールが重なっているので、逆張りだけでも期待値が高いポイントです。ただ、トレンドが強ければ観測した値幅以上に推進するので、逆行したら損切りします。Cはあまり反落せずに上にブレイクしていきました。値幅達成したら必ず反転するわけではないので注意してください。

ローソク足1本だけを見ていても何もわからない

スキャルピングのように1回のトレード時間が短いと、目先のローソク足だけ見ていればできる（勝てる）と思ってしまうかもしれません。そうすると「全体は見なくていい」という考えが強くなり、次第に相場全体の流れも見なくなってしまいます。

しかし、目先のローソク足だけ見ていても規則性を見つけることはできません。規則性が見つけられないと、**さらに目先のローソク足（1本）だけを見るようになり、ますます流れをとらえることができなくなります**。たった1回のトレード根拠すら見つけられず、1分先もわからず、どこでエントリーすべきか迷ってしまうことになるでしょう。

そこで、これまで何度も触れていますが、1分足レベルの短期トレンドでも最終的にN波動になることをイメージしておくと、「上昇するならここから上がる」「下落ならここで止まる」という想定ができるようになります（図5-9）。今動いているローソク足1本だけを見ていても何もわかりません。トレンド全体がどのような形になるのかをイメージすることが大切なので、視野が狭くならないよう注意してください。

スキャルピングの時間軸が超短期だからといって、ローソク足1本でトレードできるものではありません。大局を把握し、そのうえでより細かい値動きを1分足で確認しながらタイミングをはかる、これがスキャルピングです。**大局も細部もN波動が短期トレンドにおける基本的な形であり、スキャルピングのかなめ**になります。

図5-9　大局を把握するN波動がトレンドの基本

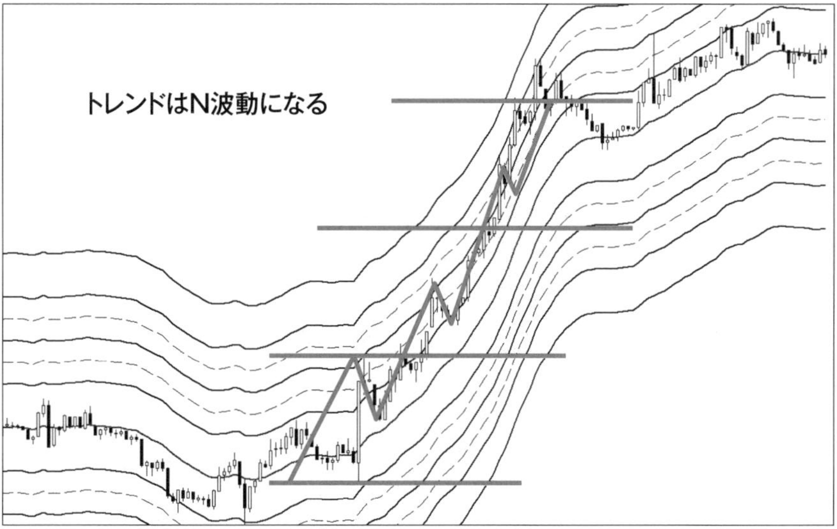
トレンドはN波動になる

34 ⑤移動平均線からトレンド回帰する

移動平均線はサポートやレジスタンスの役割をする

図5-10のチャートを見てください。まず、Aの水平ラインがレジスタンスからサポートへロールリバーサルしています。高値ブレイクしてゾーン③にタッチしたあと、反落してAまで落ちてきました。このとき、移動平均線およびサポートラインにぶつかって反発しています。

このように、**移動平均線それ自体がサポートやレジスタンスになることが多々あります**。Aの丸の中をよく見てください。ローソク足が移動平均線と水平ラインにちょうどぶつかっているポイントです。N波動を描く際、移動平均線が押し目になる可能性を考えておくといいでしょう。移動平均線は、ほとんどの場合が斜めなので見落としやすいのですが、サポートやレジスタンスの役割をすることが多くあります。

図5-10 移動平均線がサポート帯として機能している

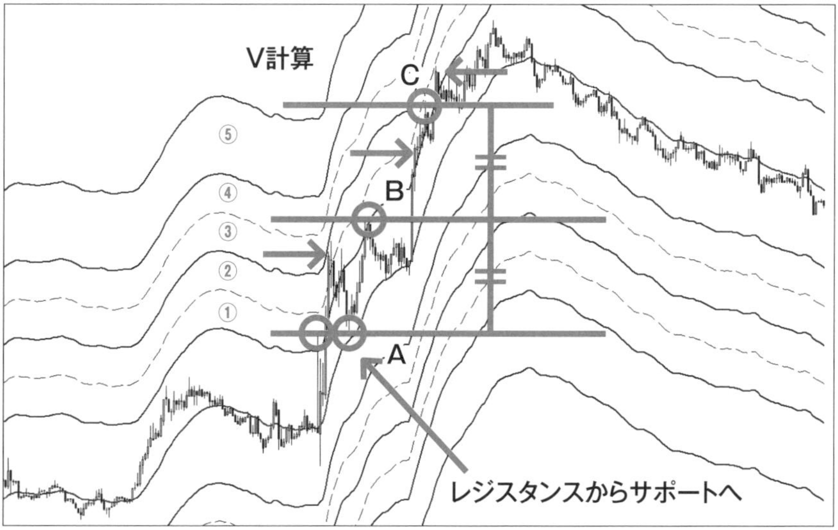

図5-10のAで反発したあと、Bでゾーン①に到達、そのあとも移動平均線が押し目になっています。ちなみに、値幅ではCのポイントはAからのV計算でもありますが、経済指標発表前の位置からするとN計算にもなっています。そして流れとして、N波動になっているので、図5-11で確認してください。

図5-11　N波動とN計算で値幅を取る

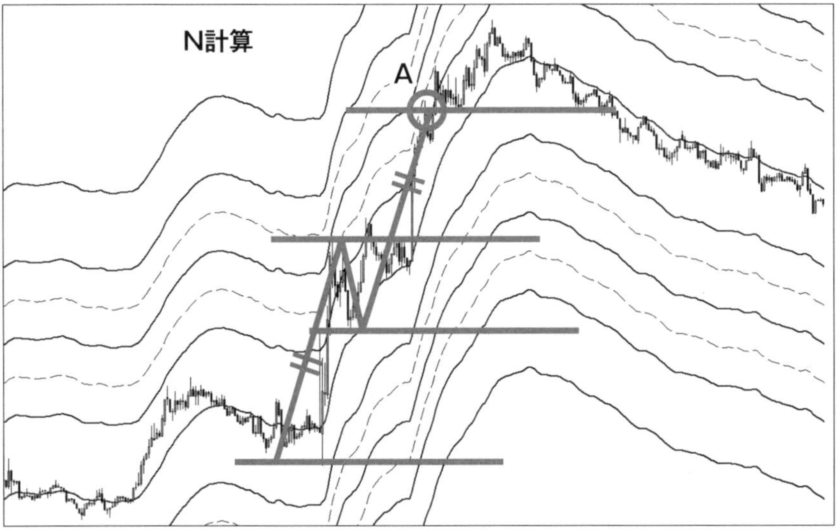

逆張りは図5-10の矢印で示したポイントでエントリーできます。Bも移動平均線に戻ってからのゾーン①なので、エントリーが可能です。順張りはAからBにかけてスキャルピングできます。そして、Bのあとに移動平均線まで押し目をつけ、Cまで上昇しています。このBのあとの押し目からCまでロングできます。細かく利益確定をして何度でもエントリーできますし、図5-11のN波動をイメージし、これくらいは伸びるだろうと思える箇所（図5-11のA）までホールドしてもいいでしょう。

逆張りを織り交ぜてトレードする場合は、順張りしてすぐ利食い、逆張りしてすぐ利食いというドテンのスキャルピングを何度も行なうイメージです。図5-10のBからCにかけて、どのようなトレンドになりそうかのイメージにより、スキャルピングの内容は変わってきます。

この短期トレンドは、最終的に一番大きな値幅達成になるE計算が出ています（図5-12）。E計算は第1波の2倍です。今回は2倍の値幅達成をしたAで反落していますが、反落せず逆に上昇していくこともあります。2倍が出たらトレンドが終わるわけではないので注意してください。

図5-12　最大の値幅を取るE計算

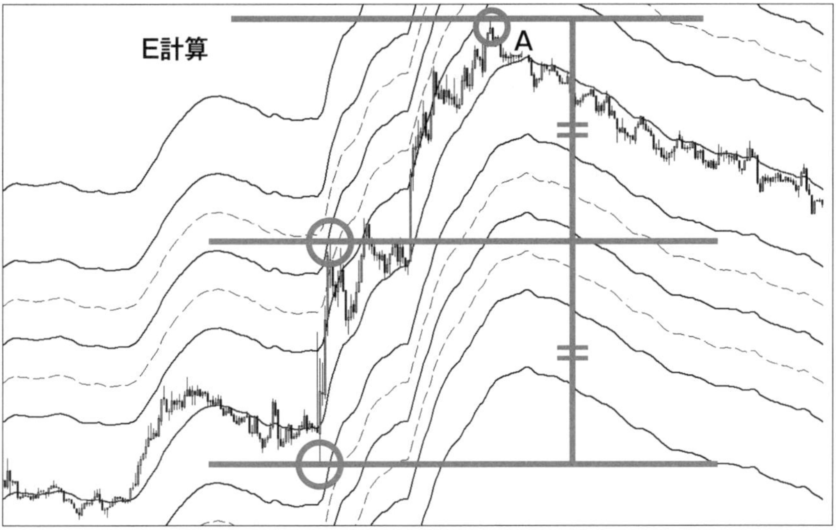

35 ⑥ネックラインは長い時間軸を見る

長い足も見ることでより確度が上がる例

1分足だけでは見つからないネックラインを見てみます。トレードを開始したら、長い時間軸で大局をつかみ、1分足でスキャルピングする方法です。

まず、図5-13で1分足を見てみましょう。最初に逆張りできるポイントを説明し、次に順張り目線で説明します。

移動平均線と同じ角度のチャネルラインを引くといいことは説明しました。A、B、Cが出て、移動平均線の傾きが決まればチャネルラインも引けます。Dはゾーン③とアウトラインがあたったポイントです。ゾーン③だけで70％以上の勝率はありますが、加えて**アウトラインがあたっているのでさらに高い期待値が期待できます。**

図5-13 移動平均線と同じ角度のラインを引いてみる

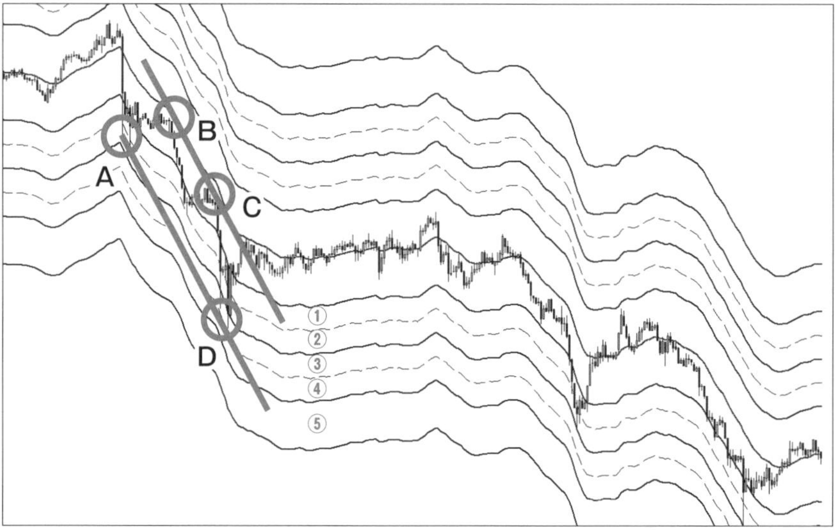

長いローソク足で下ヒゲになっていますし、逆張りエントリーしない理由がないといった場面です。また、長いローソク足が出たということは、オーバーシュートしているため戻る値幅も大きい可能性が高く、利幅も伸ばせる場面です。

なお、Dでは1回だけでなく、利益確定したあと数秒後とかにまた下げて、再び下ヒゲになったら再エントリーしてもいいでしょう。下ヒゲが出てロングして利食い、また下げて下ヒゲになってエントリーして利食い、というトレードを1分から2分で繰り返すイメージです。

このあとの相場の動きを図5-14のAとBで見てください。どちらもゾーン③にタッチしています。Aの数本前から陰線が出ており、ゾーン①、②では損切りになるかもしれません。しかし、ゾーン③でロングエントリーができれば問題ないでしょう。特にBは長い下ヒゲになっていて、利幅が取れそうなローソク足です。そして、AやBのポイントが**上位足でどのような相場環境なのかを把握しておくと、さらに確度の高いトレードが可能**になります。

ここではサポートラインが引けるのですが、その根拠を図5-15の30分足で見てみます。

図5-14 際立った安値と上位足のサポートライン

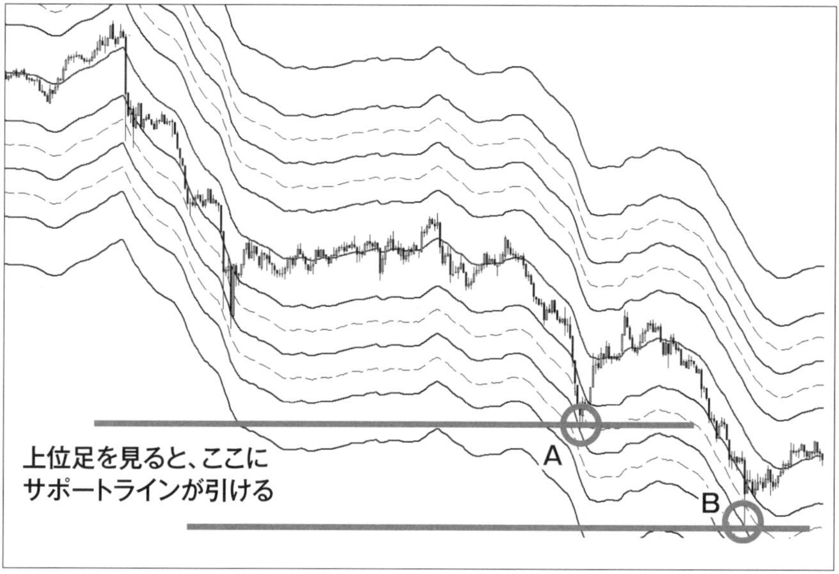
上位足を見ると、ここに
サポートラインが引ける
A
B

図5-15　上位足の30分足で大局を見る

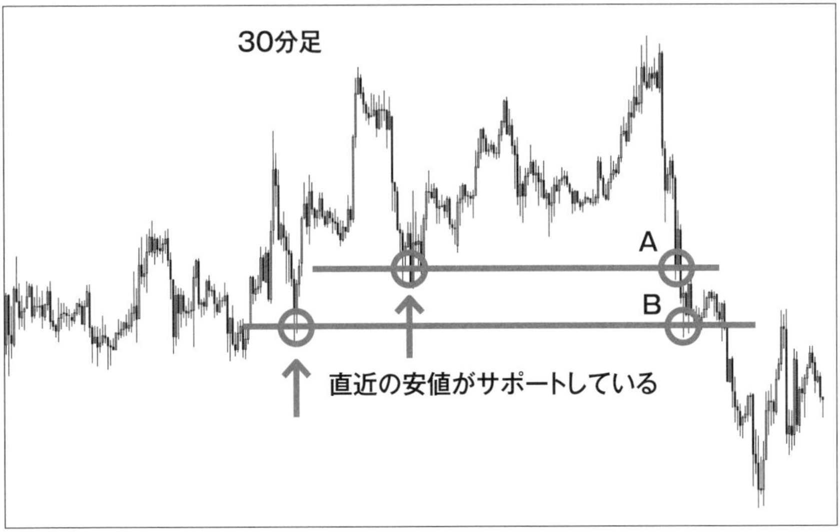

30分足
A
B
直近の安値がサポートしている

実は、AとBは直近の安値にあたっていて、それぞれ支持帯の価格であることがわかります。ゾーン③にタッチし、かつ支持帯というネックラインにあたっているので反発する確率がより高くなります。

ネックラインにあたってもトレンド転換するかは、結局のところわかりません。ただ、反応する（反発や反落・ブレイクする）確率は高いです。少し反発し、戻しをつけてさらに下落していくかもしれません。もしくは、そのままトレンド転換して上昇トレンドになるかもしれません。どちらになるかは結局のところわかりませんが、価格が反応するポイントであれば1分足スキャルピングには十分です。**スキャルピングは数pipsだけを取ればいいので、反応するポイントを見つければいい**のです。

極端にいうと、決済したあとに上下どちらに進もうが、関係ないのです。ただ、AやBで下へブレイクし、急落する可能性もあるので、エントリーするときは下ヒゲが出るまで引きつけてください。下落している途中にエントリーするのは危険なので、下げ止まって1ティックや2ティック反発したことを確認してから入ります。

なお、今回は出来上がったチャートを逆算して説明していますが、**図**

5-14のサポートライン（ネックライン）は、価格がAおよびBにくる前に引いておくべきです。長い時間軸でチャート分析をし、それからスキャルピングをスタートするという手順を守っていれば、このようなポイントを見逃すことはありません。1分足だけを見るのではなく、すべての時間軸を分析し、大局やネックラインをつかんだうえでトレードしてください。

N波動をイメージして順張り回転する

次に、順張り目線で見ていきます。図5-16（図5-13と同じチャート）を見るとわかるように、今回の下降トレンドはAとBの2つの波があります。Aは第1波から第3波まで3段落ち、そのあともみ合いがあり、2回目のBは2段落ちになりました。どちらもN波動が出ています。

Aの第1波では、下降トレンドがはじまるかどうかわかりません。**戻りをつけ、第2波で下げはじめたら順張りが開始できるでしょう。**もし下げるならNの字を描きながら下落していく、という想定ができれば問題ありません。第1波のあと移動平均線が下向きになり、ローソク足が移動平均線を上抜け

図5-16　2つの下降トレンドからなる下落相場

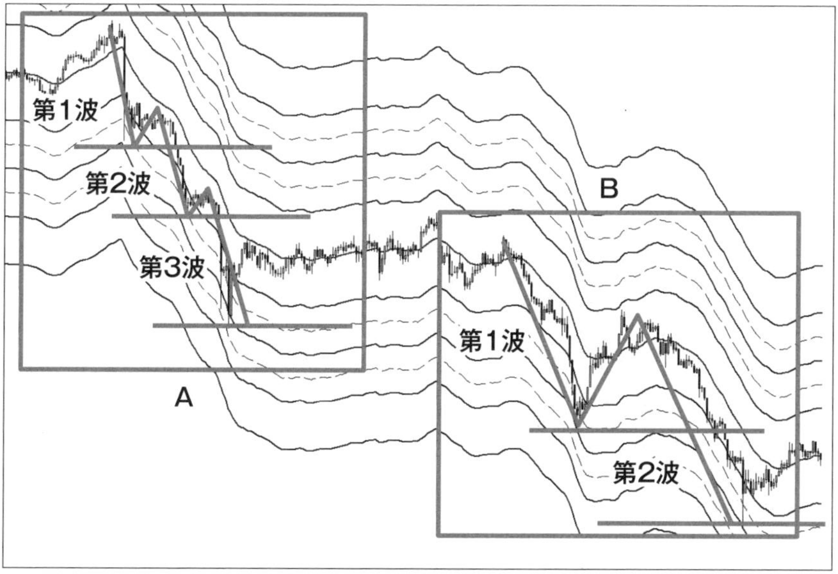

ていないのがポイントです。第2波のあとの戻りも、移動平均線より下で推移しているのでショート回転ができるでしょう。

Bの下げは大きなN波動となりました。第1波からの戻りも大きく、移動平均線を上回っています。しかし、すでに下降トレンドが発生しているので、再び移動平均線を下抜けして下げはじめたら第2波が出る想定をするといいでしょう。

具体的な順張りのポイントは図5-17を見てください。矢印で示した箇所が順張りでエントリーできるところです。ネックラインはすべて直前の安値を起点にしています。トレンドが継続するなら直近の安値をブレイクして値が進むため、長い陰線が発生するところです。

まず、1の手前で戻りをつけているので、移動平均線からの乖離を狙いネックラインのブレイク目指してショートできます。トレンド回帰してN波動を出すならどれくらいの値幅になるかイメージできるため、回転トレードをしてもいいですし、陽線が出るまでホールドしてもいいでしょう。エントリーとイグジット方法は、これまでに触れたとおりたくさんあります。2から8の矢印も同様に、**移動平均線からこれから乖離して下落しはじめるポイント**です。逆張りと併用し、ドテンしながらスキャルピングをしてください。

図5-17 ネックラインを引き順張りできるポイントを示す

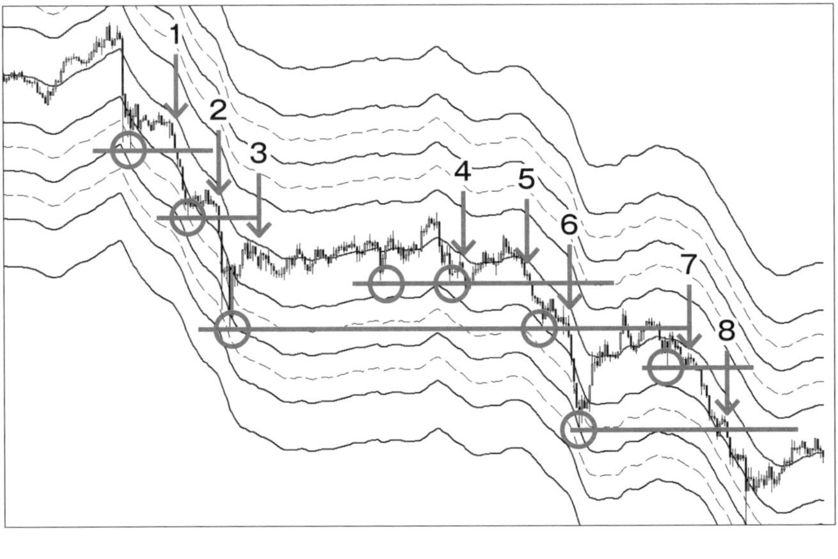

36 ⑦3段落ちと第3波でロットを上げてみる

ロットを上げていくための考え方

逆張りにおいて期待値が高いポイントでは、ロットを上げることができます。エンベロープのゾーンにより、期待値の有無を視覚的に判断できます。

たとえば、先ほどの図5-16の左側のトレンドAを見てください。3つの下落の波があります。第3波ではゾーン③にきていますが、このゾーン③の期待値を考えてみます。ゾーン③はCHAPTER2のルールで説明したように、勝率は70%程度です。そして、今回のように、第3波でエンベロープのより外側（ゾーン③より外側）に到達したときはさらに勝率が上がります。なぜなら、**第3波でゾーン③に到達するほうが3段落ちの最後の部分**でもあるからです。ですからいったんトレンドが小休止する可能性が高く、反転する

図5-16（再掲） 2つの下降トレンドからなる下落相場

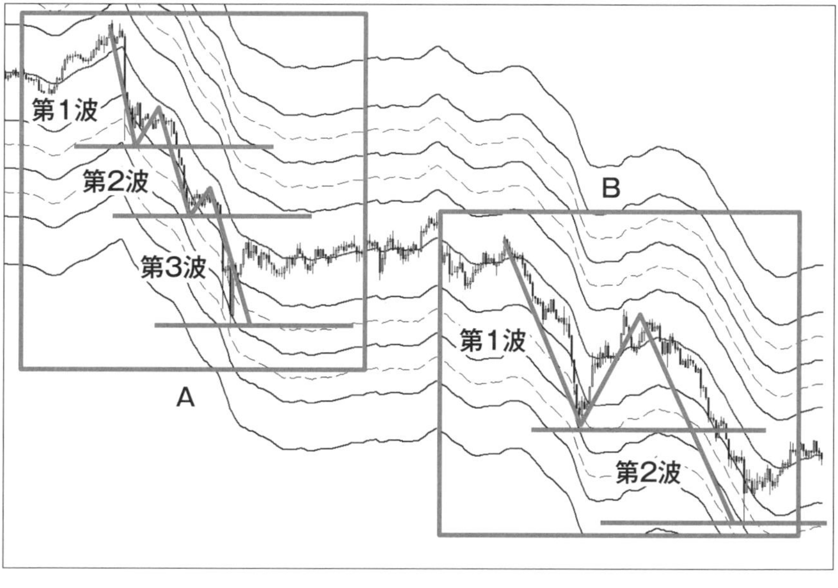

確率は上がります。

相場の波は3回が基準になることが多い、つまり、「第1波→第2波→第3波」が一連の波ということです。だとすれば、3段落ちの最後の第3波が出て、しかも長いローソク足なので、ただでさえ反転する可能性が高くなります。そしてゾーン③です。したがって、こういう場面ではかなりの確率で反転するというイメージを持つといいでしょう。

第3波が出たら反転しやすいという期待値と、ゾーン③にきたら反転するエンベロープそのものの期待値が合わさるため、普段のゾーン③はロットをゾーン①の3倍に上げてエントリーするところ、もう少しロットを上げてもいいでしょう。無理に上げなくてもいいので、ここは期待値が高そうだと感じたら、ロットを調整してスキャルピングする、期待値がより高くなるときにはそういう対応をする意識があればいいでしょう。

いくつもの根拠が重なるポイントはチャンス

今回のチャート（図5-16）では、トレンドA、Bの間はもみ合いになっています。そして、トレンドBではレンジ幅の2倍が値幅観測できます。図5-18を見てください。図5-16と同じチャートですが、レンジの上下に値幅のラインを引きました。レンジ幅の2倍の値幅で反応しており、これは先ほどのサポートラインと同じ価格帯です。

2倍の値幅とサポートラインが重なっています。このように、いくつもの根拠が重なる部分は強い節目となるネックラインなので、反転かブレイクかの反応が顕著に出ます。上下どちらに行くにしても、値幅が出るポイントです。**反発したら大きく反発、ブレイクしたら大きくブレイク、というようにトレード判断しやすい場面**なので、順張り逆張りのどちらだとしてもチャンスになります。いくつかの根拠が重なる局面では自信を持ってトレードできるようになります。

このトレンドの説明は以上です。逆張り、順張りともに根拠はひとつではなく、いろいろなテクニカルと組み合わせると、期待値の高いポイントが発見できスキャルピングが楽しくなると思いませんか？　**エンベロープのゾーンだけを根拠に逆張りするのではなく、ラインや移動平均線、値幅や波動などを使い、順張りも併用**してスキャルピングをします。そうすれば、トレンドが発生するたびに、いろいろなポイントでトレードできます。ロングしたら利食いし、すぐにショートして利食いする。これを秒単位や分単位で行なうのです。

薄い皮をはぐように、小さい利幅を何度も刈り取りにいく。これがスキャルピングの醍醐味です。損切りも発生しますが、ひとつのトレンドで利益が残っていれば問題ありません。すべてのトレードで勝とうとせず、トレンドごとに損益は判断してください。

図5-18　サポートラインと同じ価格帯がレンジ幅の2倍になる

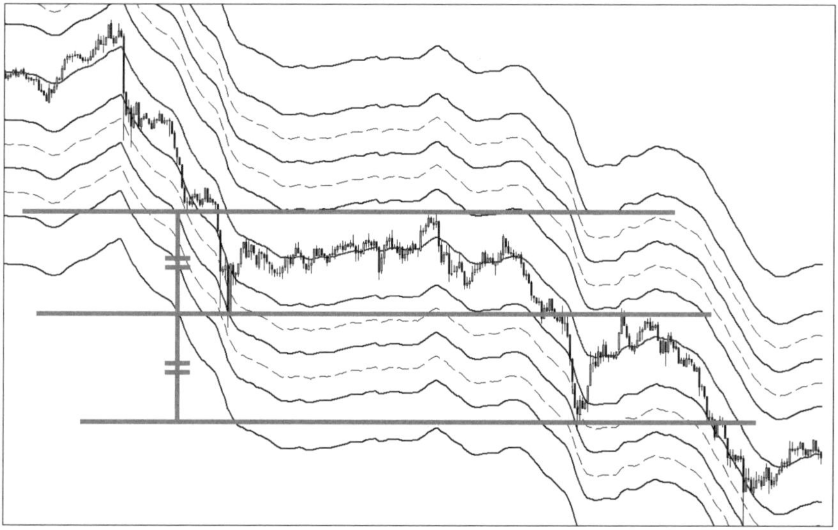

37 ⑧チャートパターンを組み合わせる

エンベロープとヘッド&ショルダーズボトム

次に、チャートパターンを見てみましょう。チャートパターンが出るときは、ある程度トレンドが進んだ状況です。ローソク足数本では形成されず、何十本や何百本というローソク足が必要だからです。トレンドが発生したときに、何かしらのチャートパターンが形成されるのではないかと想定するのは難しく、トレンドが進むうちに、ある程度形作られてから、「もしかしたらこのチャートパターンになるのではないか」とようやくイメージすることができます。

チャートパターンが出た場合、ネックラインが明確になると他の投資家も気づくため、ネックライン付近で売買が交錯することが、実戦を積み重ねるとわかってくると思います。したがって、**チャートパターンそのものを見つけるのが目的ではなく、ネックラインを発見することが大切**です。それにぶつかったときのトレード戦略を考えるのです。

図5-19のチャートは、下降トレンドからヘッド&ショルダーズボトムが出ました。まず、トレンドが発生してから、Bにかけて強烈な下落となりました。ここは、移動平均線まで戻ることなく、エンベロープのゾーン内でジリジリと下げています。実際の下げ方はかなりスピード感があるはずです。ですから、Aあたりまでは流れがつかめないかもしれないので様子見してもいいでしょう。

ただ、短時間で急落するといっても、高値と安値の切り下げはあります。スピード感があるとはいえ、切り下げる角度が認識できたらスキャルピングをしてみてください。Aにくるまでは、エンベロープのゾーン①が戻り高値になっているので、下げはじめたら順張りのショートを回転させてもいいでしょう。どこまで下げるかわからないときは、逆張りは厳しいかもしれません。安値を切り下げる角度が鋭く、ジリ下げでスピード感があるときの逆張りは、順張りよりも難易度が高くなります。どこがオーバーシュートか判断できないときは、逆張りは見送ってください。

基本的に、逆張りはオーバーシュートしたらエントリーします。その**オーバーシュートが見極めできなければエントリーしない**ようにします。

そして、Aで大きめの戻りをつけました。Aから下げはじめたらさらに下がる可能性があるので、AからBにかけては順張りも逆張りもやりやすいでしょう。戻りがないAの前と、それがあるAのあとでは判断できる材料は違います。戻りがあるほうがトレード判断しやすいです。

Bのあとは移動平均線を上抜けしました。**ローソク足が移動平均線を上回ったので、順張り目線はいったん終了します**。ここでは、そのまま上昇していきました。Cにきたとき、ヘッド&ショルダーズボトムが認識できればいいでしょう。A、Cを結ぶとネックラインになります。Cで反落すれば、さらにトレンド回帰する可能性が、上抜けすればさらに戻る可能性があります。売買が交錯し、分かれ道となるポイントがCです。ここではCを上抜けしました。

図5-19　トレンドが反転するときにヘッド&ショルダーズボトムを利用する

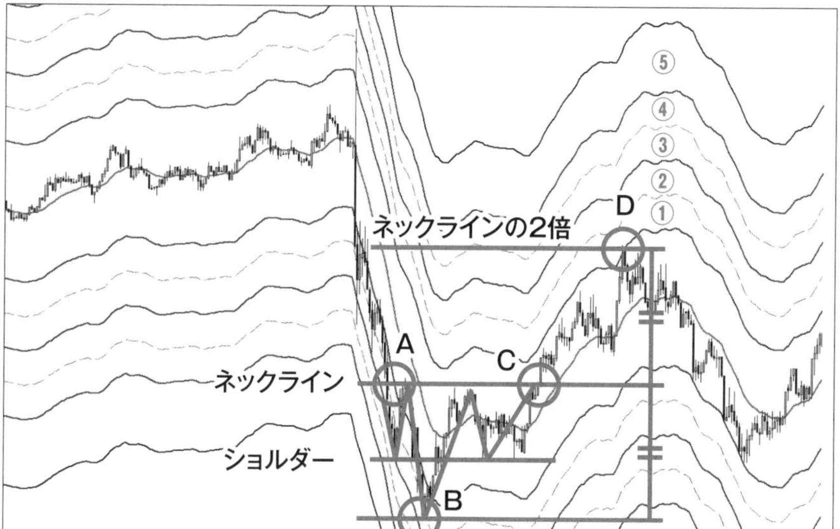

なお、Dではネックラインの2倍が出たポイントと、エンベロープのゾーン①が重なっています。ここは期待値が高くなるポイントです。下げ相場でも、チャートパターンを形成して反転すれば、そのあとの上げでもチャンスになります。ネックラインを見つけることでトレード判断が楽になり、1回ごとのエントリーに自信が持てるようになります。自信が持てるトレードを繰り返すことで、ストレスなくロットを上げることができるでしょう。むしろ儲かるとわかっているので、もっとロットを上げたくなります。Dでは**根拠が重なっているので、ゾーン①とはいえロットを上げてもいい**と思います。

この自然な流れをつかんでください。逆に、コツをつかんでいないにもかかわらず、儲けたい一心でロットを上げてしまうと、エントリーのたびにドキドキしてしまい、やがてメンタルが崩壊します。**自然にロットを上げるためには、トレードに自信を持つことが大前提です。**自信があるからロットを張る、自信があるからこれからも継続できるわけです。

ブロードニングで大きく動く前の前兆をとらえる

ブロードニングはY波動や逆ペナントといいました。高値を切り上げるのですが、ブレイクできずに反落。そして安値を更新しますが、また反発します。高値切り上げ、安値切り下げです。高値も安値もブレイクしかけているので、どちらかに方向性を出したくてマーケットがうずうずしている状態です。ですから、近いうちにトレンド方向が決まると大きく進む可能性があります（基本的な波動全般の動き方は174ページの「N波動を基本とした6つの波動」を読み返してください）。

図5-20は豪ドル/米ドルの1分足上昇トレンドです。まず、Aにくるまでに、下落してからの上昇という値動きがありました。最初は下げたものの、長い下ヒゲを出して急反発しています。相場で何かあったのでしょう。

下ヒゲを出してからAまで大きく上昇しているので、トレンドを出したがっています。ただ、すぐに方向性が決まるわけではありません。ここでは、Y波動を形成してから上昇トレンドになりました。A、BのあとCで高値をブレイクしたにもかかわらず、すぐにDに向けて反落しています。Bの安値

図5-20　Y波動が発生している豪ドル/米ドル1分足

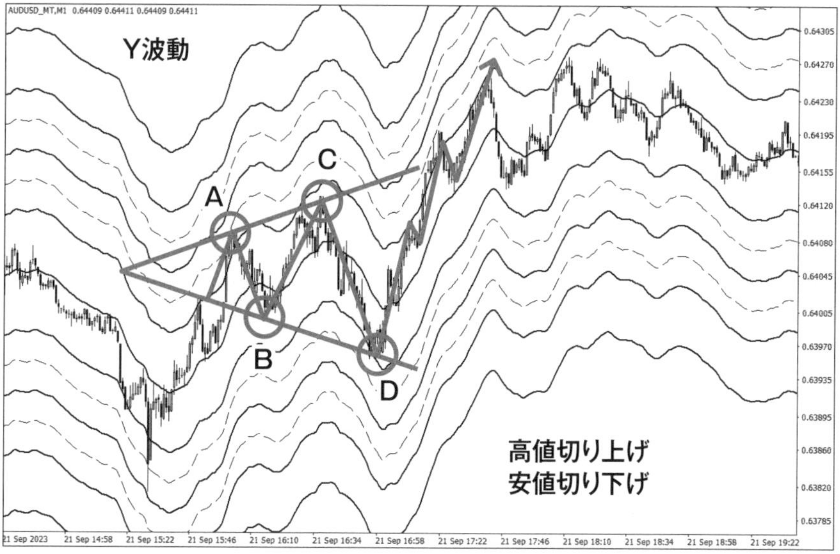

を更新したときに（D付近のポイント）、Y波動が想定できます。

しかし、Y波動のライン取りは日ごろから練習していないと引けるものではありません。CからDにかけて下落しているとき、「もしかしたらY波動になるかもしれない」という想定ができればいいでしょう。ヒントは、A、C間で高値を切り上げているにもかかわらず、Dまできれいに下げている点です。Aの高値をブレイクしたとき、そのまま上昇してもいいところ、Cで反落しています。Dに到達する直前にA、C間のラインは引けているので、安値も切り下げるかどうかを観察します。

水平ラインでポイントを絞り込んでいく

Y波動は上下がどちらも斜めのラインなので、いかようにでも引けてしまいます。引いたラインが機能するかどうか、迷ってしまうかもしれません。

そこで、水平ラインも引き、節目になっているポイントをさらに絞り込むといいでしょう。ライン分析は**横か斜めのどちらか一方ではなく、両方引くと確度が上がります。**

図5-21は、図5-20と同じチャートに水平ラインを引きました。まず、安値側はA、BがS波動になっているのがポイントです。Y波動が出る前にBで反発しています。移動平均線付近がサポートになっていますし、もし上昇するなら押し目となるポイントがBです。Dは、このネックラインを下抜けしたときに上昇が否定される場面ですが、下抜けして下落するのではなく、再度内側へ入り込んできました。A、B、Dというネックラインを下抜けせず上げてきたことになります。

次は高値側です。Cの高値を1回で上抜けし、EのポイントがS波動になっています。また、**Eは移動平均線がサポートになっているので、強い支持帯**といえるでしょう。この支持帯で反発したので、Eが下ヒゲになってから上げはじめたら、さらに上昇する想定ができればいいでしょう。このように、ラインを引くときは斜めのラインと水平ラインをなるべく組み合わせて分析してください。

では、どんなスキャルピングができるでしょうか？　逆張りは、エンベ

図5-21　水平のラインを引き節目を確認できる豪ドル/米ドル

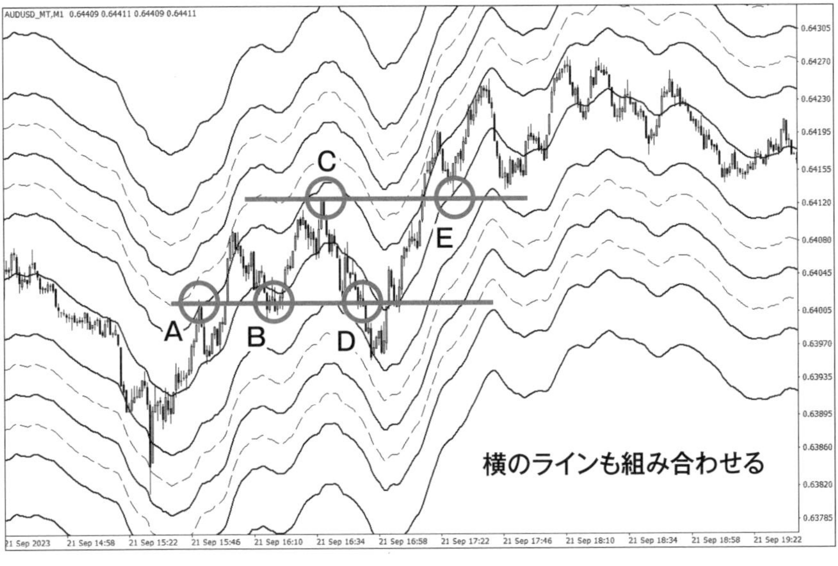

ロープのゾーンに入ったら通常どおりにエントリーできます。順張りは、BからCの間と、Eのあとで可能ではないでしょうか。基本的に、ローソク足が移動平均線よりも上にある場面でロング回転ができます。特に、BおよびEはS波動が出たポイントなので、上げはじめてから上昇をイメージして何度もロング回転ができます。

なお、図5-20のように斜めに引いたラインと、図5-21の水平のラインでは、チャートから受ける印象が違うのではないでしょうか？　印象が違うということは、引き出せる情報もまったく違うことを意味します。

斜めだけ、水平だけのラインではなく、**斜めと水平の両方を引くことで、総合的に判断することができます**。水平のラインを引かなければ図5-21のBとEにあるS波動は認識できません。また、水平ラインだけですと、高値切り上げ安値切り下げでトレンドを出したがっている雰囲気をつかむことができません。両方のラインを引き、節目を絞っていきます。

Y 波動はトレンド前の迷い

別の場面のY波動を見てみましょう。日足や1時間足で、ブレイクしたと思ったらダマシになる場合など上下に振ってくる相場があります。1分足も同じで、短期的に上下に振ってくる場合があります。図5-22のチャートを見てください。

チャートだけ見ると、ゾーン①、②、③に値動きがある普通の相場です。実はこの相場の最高値は、ロンドンフィックス（※）でした。図5-23を見てください。ロンドンフィックスであることは条件ではなく、何かをきっかけに相場が動いたときを想定してください。

※東京市場で朝9時55分に顧客向けのその日の為替取引における基準レートが決まるのと同じように、ロンドンでも顧客向けの基準レートが決まる時間のことをいいます。夏時間ではロンドンフィックスは日本の深夜0時になりますが、冬時間では1時間ほど遅くなり午前1時となります。

ジリジリと上昇してきた相場が、ロンドンフィックスを起点に下落しています。直近の安値（サポートライン）まで「行って来い」になりましたが(Bのポイント)、ここまでの動きは上→下です。実際にトレードでは、「ロ

図5-22　ロンドンフィックス後の短期的なY波動①

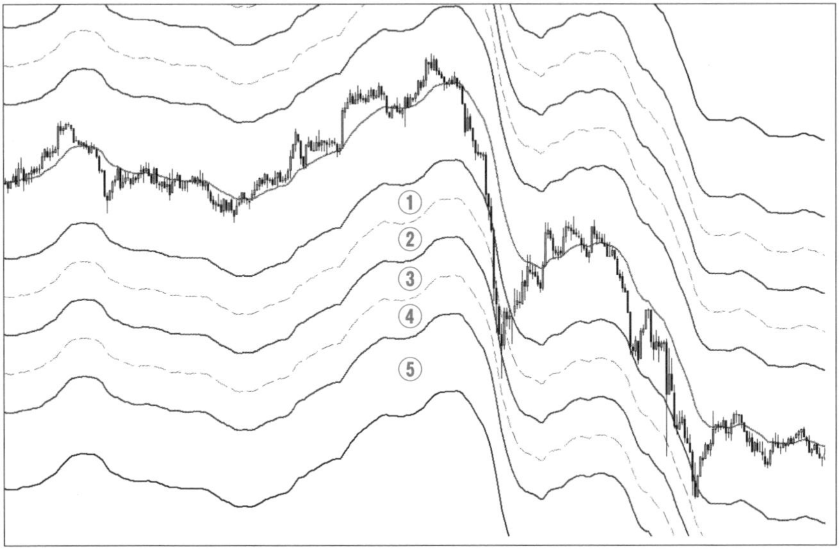

図5-23　ロンドンフィックス後の短期的なY波動②

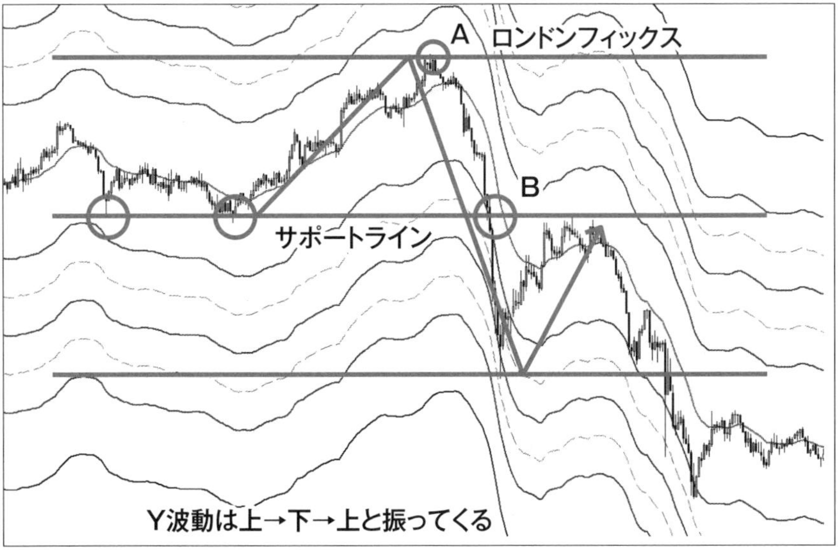

ンドンフィックスのあと上げ幅を帳消しにしたな」と気づくでしょう。そのあと、今度は下→上ときています。全体の流れとしては、上→下→上で最終的にN波動になりました。このような上下動が短期的なY波動です。要人発言や突発的なできごとでさまざまな予測が飛び交う場合や、ロンドンフィックスのような時間帯がきっかけとなり、このようなY波動が出ることがあります。

ポイントは、直近の高安値があり、それを起点に上げ幅（下げ幅）を帳消しにする場合です。押し目や戻しがなくなるので、結局どちらに進んでいいか迷っている状態です。トレンドを形成するには、さらに上下動を必要とし、上下動すれば反転が期待できます。その反転は、特別に変わった判断はしません。通常のルールどおりで行ないます。ただ、Y波動が出たら、「迷っているな。これからトレンドを出すには上下動する可能性があるかもしれない」と頭の片隅に置くことができます。本来、要人発言や突発的な出来事は、急騰や急落しやすい場面です。そうではなく、**上下に振ってくるということは、参加者が買いとも売りとも受け取って迷っている状態といえる**でしょう。今回のY波動は上→下→上でしたが、下→上→下のパターンもあります。

38 ⑨フィボナッチによる判断でぴったり止まる？

急騰・急落時の23.6%、38.2%と3本戻し

トレンドが発生したとき、フィボナッチ指数の「23.6%」「38.2%」が押し目や戻しポイントになりやすく、トレンド回帰することは159ページで説明しました。もし、第1波のあとの反転で23.6%や38.2%で値が止まったなら、トレンド回帰する可能性を考えるべきです。N字を形成するプロセスの最中かもしれません。また、フィボナッチにぶつかったとき、移動平均線とローソク足の位置関係も確認してください。

図5-24を見てください。この場面は、経済指標があった直後です。指標発表で急落し、A、Bのローソク足ができました。経済指標後は、スプレッドが閉じても数分間は様子見が無難でしたね。Bのヒゲで逆張りロングを仕掛けるのは少し危険です。今回のケースでは結果として利益確定ができるで

図5-24 フィボナッチで止まる価格

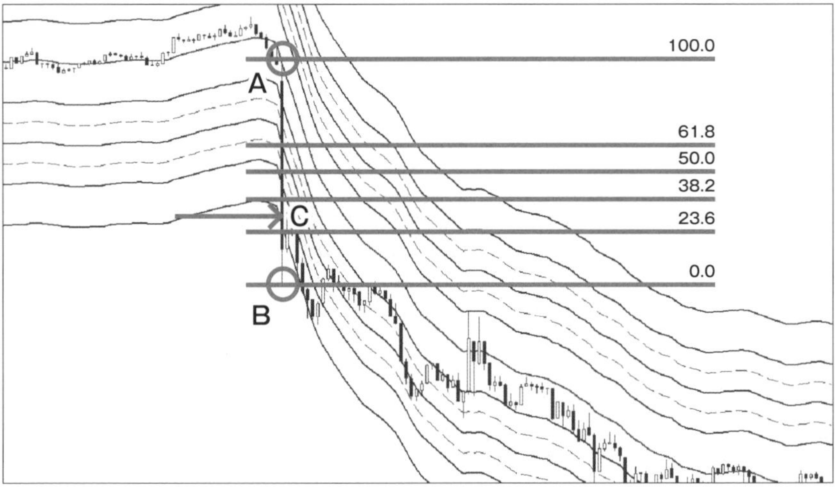

しょうが、Bという底でエントリーできていれば、という前提です。

見てほしいのは矢印があるCです。A、Bにフィボナッチを引くと、ちょうどCが23.6%になります。上ヒゲになっていますが、実体では23.6%で止められています。Cが戻しのポイントになり、トレンド回帰して下降トレンドに戻っています。

また、BからCにかけてのローソク足2本を見てください。Bの次は陽線、その次は陽線か陰線か見分けがつかない十字線（始値と終値が同じで上ヒゲと下ヒゲがあるローソク足）になっています。Bで下ヒゲ、次は陽線と十字線が出てCの陰線が出ているので、戻りからの下げはじめと想定できます。

246ページで説明した3本戻しを思い出してください。ここではきれいに3本戻しているわけではありませんが、十字線を陽線と同様の戻りだと考えると、2本戻してから3本目で陰線になっています。フィボナッチ23.6%ですし、さらに下落する可能性が想定できます。したがって、Cの長い陰線が確定する前から順張りでショート回転できるでしょう。経験上、Bのあとの戻り2本はゆっくりとした値動きで、Cの始値からスピード感が出はじめます。スイッチが入ったように落ちるので、実戦で値動きの感覚を身につけてください。

なお、あとづけのチャートを見て「Cの価格帯で止められた」というのは誰でもわかりますが、これをリアルタイムで動いているときに見極めなければなりません。経済指標のような急騰や急落するとき、**押し戻しがフィボナッチ23.6%、もしくは38.2%で止められることがあるので、あらかじめ想定して準備しておく**といいでしょう。また、ローソク足と移動平均線の位置関係や、3本押し、3本戻りなど他のテクニカルも組み合わせ、総合的にチェックすることを忘れないでください。フィボナッチだけで判断するのではなく、2つ以上の根拠を見つけるようにしてください。

フィボナッチを利食いポイントとして使う

フィボナッチは、順張りの場合はエントリーポイントになりますが、逆張りでは利食いポイントに使うことができます。

たとえば、先ほどの図5-24で、Bの下ヒゲのどこかでロングできた想定をしてみます。経済指標で長いローソク足が出たといっても、どこまで反転するかわからないので、利益確定の目安がありませんね。ゾーン⑤を突き抜けたので、5pipsから10pipsという数字で決める方法もあります。数字ではなくテクニカルで判断するなら、フィボナッチの23.6%が目安になります。つまり、Bでロングしたら Cあたりを利益確定の目標にしてもいいということです。

この相場以外でも、大きく動いて利幅を稼ぐときに、数秒ではなく数分間ポジションを持つことがあります。そのときに、エンベロープのゾーンを基準にした**「5pips取る」「10pipsを目標にする」という数字ではなく、「フィボナッチ23.6%」を目安にする**のです。

そうするとチャートで判断できるので、意外と冷静にポジションを長く持つことができます。なお、いつもフィボナッチを目安にしていると、ホールド時間が常に長くなってしまい、利益確定をし損ねる可能性があります。また、相場で23.6%がテクニカルとしていつも意識されることはありません。フィボナッチ比率の数字は、あくまでも心理的に心地よいと感じる形や見た目の話です。それが大きく動いたとき顕著になりやすいだけです。たまたま心地よい見た目が23.6%という数字にあてはまっただけと考えてください。ローソク足の長短が明確で、押し目や戻り、小休止とトレンドなどのメリハリがある相場で機能しやすいです。

フィボナッチと他のテクニカルを組み合わせ、逆張りでは利益確定の、順張りはエントリーの目安にしてみてください。

フィボナッチ比率で反転するポイントが高まる

多くのトレーダーに見られるイベントが経済指標です。経済指標や要人発言のように時間が決まっていて、かつ大きな値動きが出るイベントがあるときは、誰もがその時間帯に注目します。

たとえば、雇用統計は日本時間で22:30（サマータイムは21:30）などのように、指標や発言は時間が決まっているので、みな息をのんで値が動き出すのを待っています。そして、指標発表で大きく値が動くと、待っていたトレーダーがポジションを取りはじめます。

指標発表後にトレンド方向が決まると、短時間で値が大きく動くので、たとえ1分足でも、**押し目や戻りの心地よいポイントとしてフィボナッチが強く意識されることがよくあります**。そのため、1分足こそスキャルピングで活用できる場面です。図5-25を見てください。

図5-25 経済指標発表直後の1分足で機能するフィボナッチ

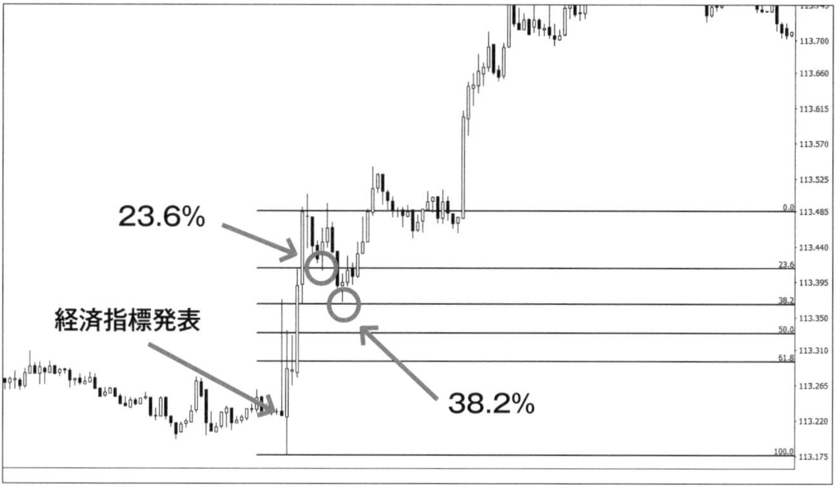

経済指標の発表直後は数分間上下動しています。その後、方向性が決まり、上にブレイクしました。安値と高値にフィボナッチをあててみます。そうすると23.6%で反発していることがわかります。そのあとも38.2%で反応し、ローソク足が反発しています。結果、そのままトレンド回帰して上昇していきました。

23.6%や38.2%で反発するかもしれないとイメージし、そのとおりになれば、**反発しはじめてから順張り回転のスキャルピングが可能**です。ただし、ここまで予測しなくとも、スキャルピングの場合は数pipsを取ればいいので、トレンドの方向性そのものを見極める必要はありません。回転売買とはいわず、1回のトレードで数pips反転するポイントを探せばいいのです。23.6%や38.2%なら、その1回を的確にイメージできます。たとえ1分足のように短い時間でも、多くのトレーダーが注目する場面だとよりテクニカルが意識され、23.6%や38.2%が機能することが多くなるのです。

39 ⑩押し目や戻りになる修正波の形をヒントにする

修正波のチャートパターンを認識する

本書の手法は、短期トレンドが発生したときに限り期待値の高いトレードができます。トレンドには推進波と修正波がありました。利益を上げるのは、もちろん推進波と修正波のどちらも可能です。ただし、2つは局面が異なります。したがって、値動きも同じにならないため、トレード判断やトレード内容が異なるので注意が必要です。推進波は値がぐんぐん進むとき、修正波は小休止の局面です。トレード内容が異なるのは当然ですね。

そして、**小休止（修正波）の見極めができると、推進波と違う視点で分析できるのでスキャルピングでさらに有利なトレードができます**。主な理由は次の2つです。

① **修正波のほうが推進波より時間が長い**
② **修正波が推進波の前触れになる**

トレンドは、同じ方向にずっと進むのではなく、押し目や戻りをつけながら（小休止）、進んでいきます。常に高値と安値を更新しているのではなく、実は更新するのはほんの短い時間です。これまで見てきたチャートは、ほとんどがそうなっています。

図5-26で確認してみます。豪ドル/円の1分足上昇トレンドですが、A、B、C、Dは小休止の部分と考えてください。修正波ということです。Aをブレイクして B まで、B を上抜けしてCにかけて、そしてCからDにかけての動きが推進波になります。**高値を更新する場面はトレンドの一部分であることがわかります**。

もちろん、上昇トレンドなので高値は徐々に切り上げています。しかし、大きく高値を更新し、誰が見ても上昇トレンドのまさに最先端であるといった高値更新の局面は、ローソク足で数本から数十本しかありません。それ以外はA、B、C、Dのようにもみ合いの時間です。修正波のほうが時間は長いので（①のこと）、これを見極めることができれば、その次にくる推進波もおのずとイメージできるのです（②のこと）。

図5-26　修正波でいろいろなチャートパターンを形成する上昇トレンド

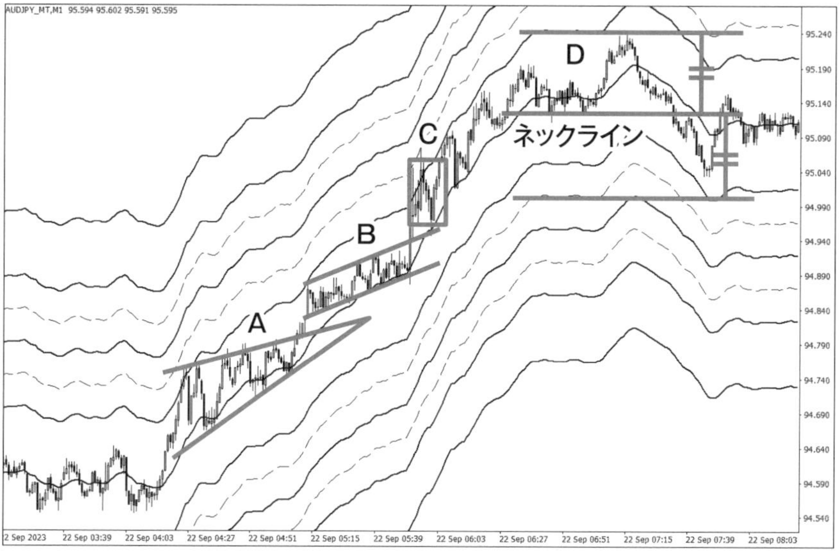

A、Bのチャートパターンですが、ペナント、フラッグ、ウェッジを思い出してください。実戦では、どれがペナントかウェッジかなど、あまり重要ではありません。どれも形は似ているので、ラインの引き方によってはフラッグに見えたり、違う形に見えたりするため名称は気にしなくていいでしょう。**チャートパターンを形成しており、今が小休止になっていると認識できれば問題ありません**。修正波とわかれば、次は推進波がきます。ですから、ブレイクしたらぐんぐん値が進む想定ができるということです。

Cは陰線が連続しています。Bからブレイクし、3本の押しの形です。ここでは4本の陰線ですが、連続した逆のローソク足の色が出て、移動平均線で反発して上昇しています。まさに陰線が押し目となりました。トレンド継続中では、そろそろ反転するだろうとか考えず、とにかく順張りで追いかけていくしかありません。

トレンドは、それが否定されるまで続きます。上昇トレンドでは、少なくとも**ローソク足が移動平均線を下回るまで上がり続ける**と思ってください。Dはダブルトップになりました。ネックラインを下抜けしたとき、ローソク足が移動平均線より下にあり、トレンド反転型のダブルトップも完成したため、いったん順張り目線は終了します。

なお、ネックラインを下抜けしてから、ダブルトップのトップとネックラインの2倍の値幅は出ませんでした。もし、2倍の値幅が出てエンベロープのゾーンに入っていれば、逆張りのロングができたでしょう。

エンベロープとさまざまなテクニカル分析を組み合わせる

次に、どのようなスキャルピングができるか考えてみます。図5-27にエントリーポイントを示しました。A、B、C、Dはエンベロープのゾーンに到達したときにできる逆張り、1から8までの数字は順張りができる箇所です。

極論をいえば、1から8まで**ローソク足が移動平均線を下回っていないの**

図5-27　逆張りと順張りのトレードポイントを示す

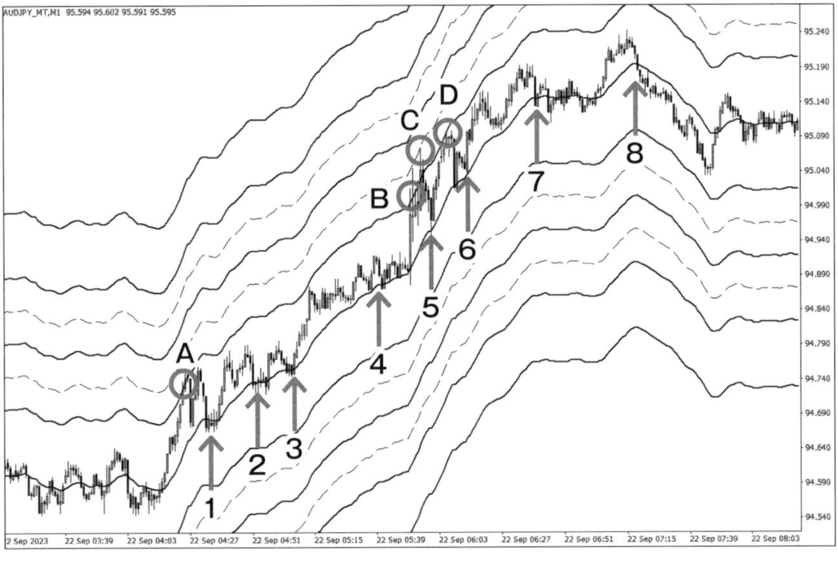

でどこでロングしてもいいでしょう。陰線になるローソク足でエントリーするなど、タイミングによっては少しだけ下げて損切りになるかもしれませんが、戦略は1から8までロング回転です。トレンドが発生している間は、ローソク足と移動平均線の位置関係がとても大事であることがわかります。必ずチェックしてください。

1から8までロング回転すれば、数pipsを何度も取れる気がしますね。しかし、これは出来上がったチャートを見ているからそう思ってしまう部分もあります。実戦では、トレンドの渦中、たとえば1で押し目をつけたとき、どんな上げ方をするのか想定するのは難しいです。最終的にはN波動になるのですが、2や3のように押し目を何回つけるかなど、わかりません。

ですから、**今が推進波なのか、それとも修正波なのかを意識**し、2や3のように高値と安値の切り上げがあればチャートパターンになるのではないかと、ラインを引いてみる姿勢が必要です。

そうすると、図5-28のようにAの途中でチャートパターンが認識でき、修正波でもスキャルピングができます。Aの前半ではこのラインは引けませんが、ラインが引けたあと、チャートパターンの後半部分では、小休止で高値と安値の切り上げをイメージしてスキャルピングをすることができます。つまり、**推進波ではなく、修正波でもスキャルピングができる**わけです。1と2は修正波チャートパターンの後半で、もみ合いのときのスキャルピングができる場面です。レンジではスキャルピングできないと考えるかもしれませんが、トレンド発生中のレンジでは可能ということです。トレンドとレンジの大局で分けたときのレンジ相場と勘違いしないようにしましょう。トレンドがない大局のレンジ相場では、N波動もチャートパターンもできず、ラインも引けないので、そもそもトレードしにくいです。トレンド発生中の修正波をレンジと見る場合、このレンジはトレンドの渦中なのでスキャルピングができるのです。

さて、BからCにかけてブレイクしたときは、ブレイクの順張りができます。ブレイクするとオーバーシュートして逆張りができますし、逆張りのあとは修正波の波をとらえてチャートパターンを認識し、小休止の中でスキャルピングができます。Cの陰線が連続したあとは、途中からN波動が認識できれば移動平均線まで落ちたときにロング回転できます。

図5-28　推進波と修正波でスキャルピングの内容は異なる

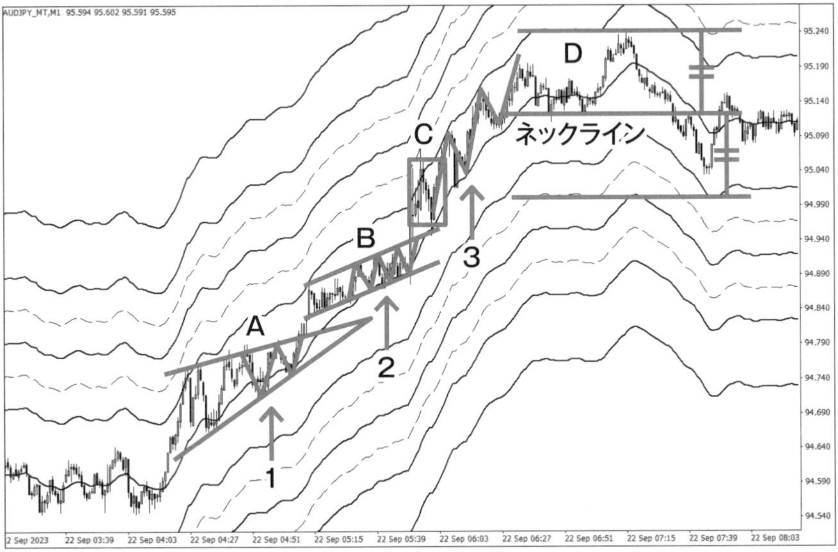

修正波は流れを読めばスキャルピングも可能

なお、修正波のもみ合い時にスキャルピングするときは、ロングとショートのどちらも可能です。たとえばBの後半部分を見てください（2の矢印）。高値と安値の切り上げが認識できれば、移動平均線まで落ちたときにロング、アウトラインに到達したときにショートができます。エンベロープに到達していませんが、小休止の流れを把握できているため逆張りができます。

ただ、上昇トレンドで上げている最中なので、強い上昇の推進波がいつくるかわかりません。ですから、逆張りよりも順張りのロングを多めにしてもいいでしょう。たとえば、2の部分でショート2回、ロング5回のようなトレードです。損切りもあるため、トレンド全体で利益が出ていれば問題ありません。すべてのトレードで勝とうとしないようにしましょう。

どちらにしても、修正波でもみ合っている部分とはいえ、トレンド発生中なのでスキャルピングができます。これらのトレードは、**あくまでも理想的な内容ですが、経験を重ねるとイメージしているとおりのスキャルピングができるようになってきます**。そもそもイメージしていないとやみくもなスキャルピングになってしまうので、理想のトレードを常に考えておくことが重要なのです。

ブレイクを期待した早期エントリーに注意する

スキャルピングをしていると、トレンドが強いほどエントリーチャンスが増え、利幅も大きく取れるとわかってきます。ですからチャートを見ていると、そうなってほしいという願望が出てしまうのが人間の欲です。つまり、**いつもトレンドが出てほしい、大きくブレイクしてほしいと思うようになります**。特に、高値や安値が明確で、サポートやレジスタンスが引けると、そこでブレイクするだろうという過剰な期待を込めてしまう場合があります。

しかし、すべてのラインでブレイクするわけではないので注意が必要です。特に、ブレイク時に順張りばかりしていると、天底で逆エントリーすることになります。

図5-29はユーロ/米ドル1分足の下降トレンドです。Aのネックラインで下へブレイクし、トレンドが発生しました。あとから見るとAでブレイクした事実は明確ですが、実戦ではAでブレイクするかどうか、確実に予測することはできません。また、戻り1をつけてから安値を更新するとき、Aのようにブレイクしてさらに下げが加速するイメージを持つかもしれません。しかし、Bでは安値を更新した途端に反発し、ダマシに終わっています。**安値を更新したからといって、いつも大きくブレイクするのではない**ので、トレード中は常に頭に入れておきましょう。

戻り2をつけたあとのCも同じです。戻り3のあとのDは、反発せずに下へブレイクしています。BとCで反発したからといって、Dでも反発を想定してロングすると、今度はずるずると逆行して下がってしまいます。実戦ではどちらに進むかわからない状況でトレードするため、練習が必要になります。

図5-29 安値更新でトレンドが発生する場面とダマシになり反発するとき

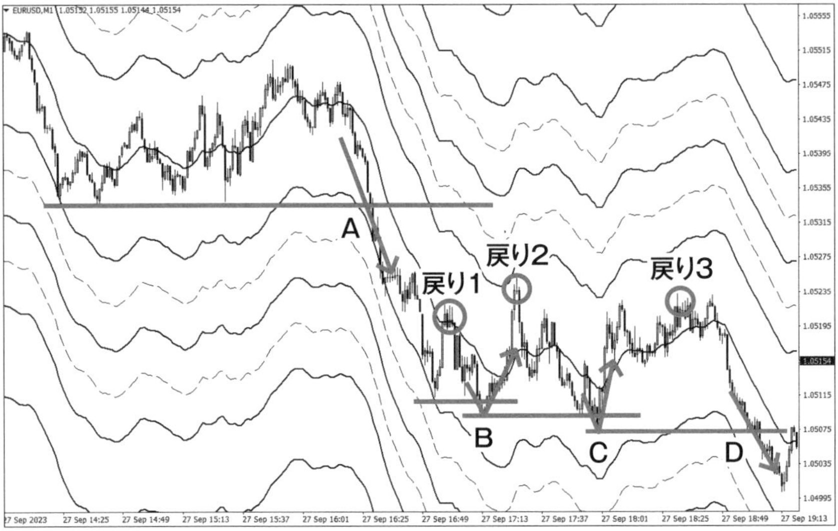

ただし、ブレイクかダマシかわからないからといって、スキャルピングで勝てないわけではありません。Aのようにブレイクしてトレンドが発生すれば順張りでショート回転し、オーバーシュート、もしくはエンベロープやネックラインに到達するなどし、反発しそうなら逆張りのロングを行ないます。上がってほしいからロング、下がってほしいからショートするのではなく、**上がりはじめたらロング、下がりはじめてからショートします。これは、順張りも逆張りも同じです。**期待でエントリーすると、勝率はかなり落ちるので注意してください。

戻り1からは、移動平均線にタッチして反落すれば安値更新が想定できるため、Bあたりまで順張りできます。Bで下へブレイクを予測してショートしたなら、反発しているので損切りになるでしょう。しかし、BまでにスキャルピングCして利益が出ていれば、1回の損切りは痛手にはなりません。Bでどちらに進むかわからないので、損切りは仕方ないでしょう。CやDも同じです。戻りから安値ブレイクを目指してショート回転できれば行ないます。ショートして反発すれば損切りをすればいいだけです。

なお、A、B、C、Dの安値更新で、**ブレイクを狙った順張りだけしかやらないと、常にブレイクを期待してしまいます**。ブレイクが大きければ、短時間で値幅も出るので、そうなればいいなと考えてしまうのです。何度も触れていますが、この考え方が危険なのです。大きなブレイクもたまにありますが、そう頻繁にあるものではありません。

Aで完全に下降トレンドになったのでBやCでさらに下落するだろうと、直前の安値ブレイクを狙っているとダマシにひっかかります。ダマシで損切りになると、次のブレイクでさらに期待が高まり、さっきの損切りを取り返そうともっと大きなロットを張ってしまうかもしれません。待ちに待った安値更新なので、チャンスは今しかないとばかりに期待してしまうのです。Bで損切りしたあとにCで取り返そうという気持ちになり、Cでロットを上げて損切りするパターンには注意してください。

40 ⑪ゆるやかなトレンドはチャネルラインを引いて上下動をとらえる

ゾーンに達しないときの逆張り方法

トレンドの強さや時間は毎回異なります。急騰や急落で値幅を出すようなトレンドもあれば、ゆっくりと時間をかけてジリジリと進むものもあります。トレンドごとにスキャルピングの判断と内容は異なるので、今発生しているトレンドがどんな種類なのか、意識しなければなりません。

ゆっくりと進むトレンドの場合、エンベロープのゾーンに達しないことが多いです。なぜならオーバーシュートしないからです。かといってレンジなのではなく、だらだらとトレンド方向へ値は進みます。そういうとき、逆張りではエンベロープのゾーンに到達するのを待っているとシグナルが発生しないため、トレードチャンスがありません。順張りも、オーバーシュートがないため押し目や戻りをとらえにくく、エントリーできないまま時間がすぎ

図5-30 通常どおりの逆張りサインが出ているポイント

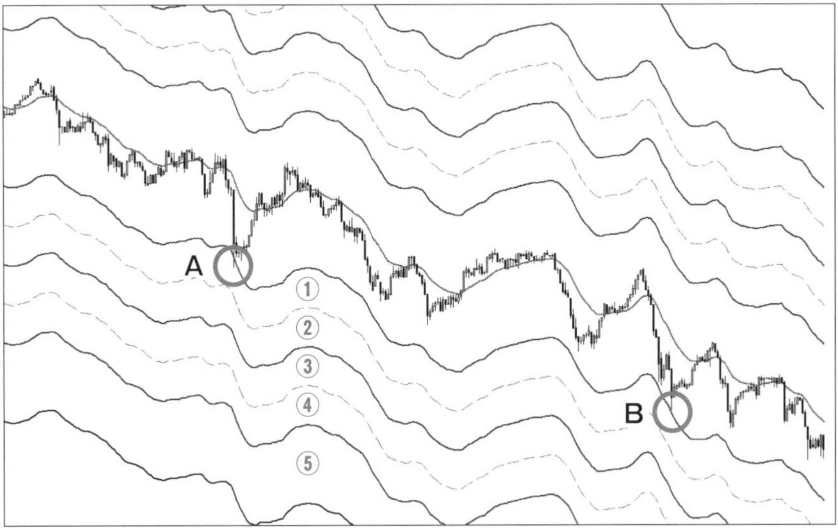

てしまいます。**トレンドがゆっくり進んでいるときは、チャネルラインを引いて流れをとらえることで、エンベロープに到達しなくてもスキャルピングできます。**

図5-30を見てください。Aでゾーン①に到達し、逆張りのエントリーサインが出ています。その後は徐々に価格を下げ、結果的に下降しています。Bもゾーン①で、通常どおりのエントリーサインといえます。

移動平均線とエンベロープを見るとゆるやかに下げていることがわかります。このように、急騰や急落がなく、ある程度方向性を出していると、移動平均線とエンベロープは角度をつけて斜めに進んでいきます。

どんな流れなのか、チャネルラインを引くともっとわかりやすくなります。同じチャートにチャネルラインを引きます（図5-31）。

図5-31　ゆるやかなトレンドにチャネルラインを引いてみる

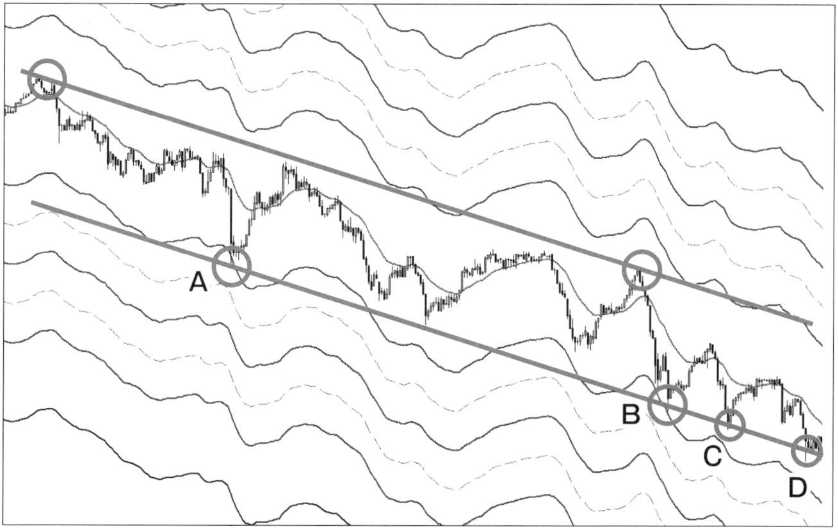

AとBで逆張りのシグナルが出ていますが、チャネルラインを引くと、Bではアウトラインにぶつかっているので、より自信が持てるロングポイントだということがわかります。この相場は、乱高下ではなくゆっくり動

いているときなので、アウトラインにあたって反転するイメージが持てます。移動平均線の下げる角度と、チャネルラインの角度が同じことに着目してください。

CやDはゾーンに到達していないので、逆張りシグナルではありません。しかし、チャネルラインを引くことで、ゆっくり進むトレンドの波をとらえています。今回のトレンドは、このチャネルラインの下げる角度と値幅で進んでいる、というとらえ方ができます。ですから、CやDでエンベロープのゾーンに達しなくても、チャネルラインの下限（アウトライン）にぶつかったときに反発する可能性が想定できるため、逆張りロングしていいでしょう。

A、Bではゾーン①に到達しているので、Cでもゾーン①に到達するイメージを持つかもしれません。しかし、それはエンベロープだけで判断しているからです。**相場の流れはチャネルラインの中を推移しているので、ゾーン①に到達せずにCで反発しているのはトレンドの流れをとらえている**といえます。これはチャネルラインを引かなければわからないことで、エンベロープだけで判断してはいけません。

ゆるやかなトレンドこそチャネルラインを引く

トレンドにはいろいろな種類があることは述べました。今回のように、ゆっくり進むトレンドこそ、チャネルラインを引き、値幅や角度をとらえるようにしましょう。そうすると、エントリーポイントを自分で見つけることが可能です。

いつもチャネルラインである必要はありませんが、**高値側と安値側をとらえるトレンドラインとアウトラインの2つは本当に役に立ちます**。この2つのラインは、角度が同じときもあれば違うときもあります。同じ角度ならチャネルラインになるだけです。ラインというとトレンドラインがメジャーですが、チャートからより多くの情報を引き出すためにアウトラインを使えるようにしましょう。

図5-31のチャートは、ゆるやかではありますが、下降トレンドでした。下降トレンドだと、高値側にラインを引くトレンドラインが一般的です。

しかし、安値側にもラインを引き、どこで反転するのか予測するようにしましょう。D以降にアウトラインにぶつかれば、今度は順張りの準備ができます。

スキャルピングでサクサク勝てるのは、大きく動くトレンドです。ボラティリティが高まれば、同じトレード内容でも利幅が稼げるからです。しかし、乱高下するトレンドばかりではありません。ゆるやかなトレンドもあるため、そういうときでもトレード方法を変えて、利益を出せるようにしておきましょう。そういう心構えをしておくことが大切です。

41 ⑫小休止の見極めがトレンドの認識につながる

小休止は通常のチャート分析をする

スキャルピングのエントリーポイントになる舞台は、何といってもトレンドです。そのトレンドを細かく分けると、波動だと推進波と修正波の2つになりますね。大きなトレードチャンスがあるのは、推進波のほうです。数十分から数時間の短期トレンドにおいて、推進波が発生したら順張り、反転するタイミングで逆張りをします。したがって、一番利益が出る場面は、トレンドの中の推進波ということです。

だからといって、修正波はどうでもいいわけではありません。修正波でトレードできる点についてはすでに述べたとおりです。また、**推進波で一貫性のあるスキャルピングを行なうためには、修正波の見極めが必要**です。修正波は小休止のことです。修正波がわかると、そのあとの推進波の形や値幅などのイメージが可能だからです。この見極めは、順張り、逆張りなどの手法に関係なく、どんなやり方でも共通しており、スキャルピングやるなら必須になるでしょう。短期トレンドなので1分足と5分足で修正波をよく観察しましょう。

図5-32は米ドル/円1分足の下降トレンドで、小休止にフォーカスしてみます。まず、経済指標で急落しました。そこから下降トレンドが発生しています。チャートの流れは、「第1波→小休止→Aの下抜けで第2波→小休止」で、推進波と修正波が順番にきていることがわかります。着目してほしいのは、**第1波のあとの小休止がダブルトップになっている点**です。ネックラインを引いていますが、Aを下抜けしてからトレンド回帰し、第2波が発生しています。ダブルトップというチャートパターンを認識できれば、Aから第2波がはじまるかもしれないと予測することができます。

図5-32　下降トレンドの小休止でダブルトップができる

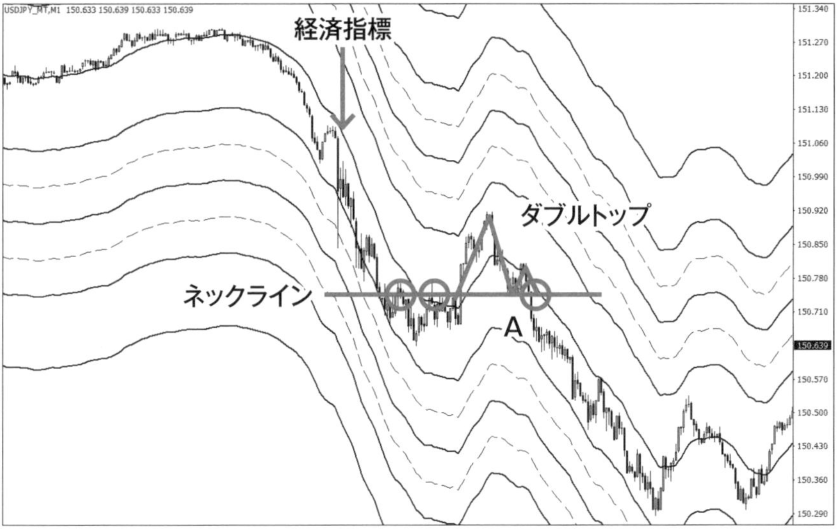

本来、ダブルトップはトレンド反転型ですが、**トレンドの小休止で形成されると、ネックラインを下抜けしてからトレンド回帰しやすくなります。**トレンド転換型というのは、あくまでも定義上のパターンであり、実戦ではトレンド回帰型で使うことが可能です。

今回はダブルトップになりましたが、他のチャートパターン、たとえばヘッド&ショルダーズ、三角もち合いなど、何かしらの形ができ、それを下抜けると図5-32と同じようにトレンド回帰の想定ができます（上昇トレンドの場合はチャートパターンを上抜けして上昇トレンド回帰）。たとえ、トレンド転換型であったとしても、です。

小休止でチャートパターンがあると、水平か斜めのネックラインが引けているはずなので、それを下抜けしたときに第2波と認識できるでしょう。Aからのトレードは、まず順張りから入り、オーバーシュートしたら逆張りするなどできます。チャネルラインを引いて様子見することもできますし、Aからあとのローソク足を見て、トレードをイメージしてみてください。

3本押し、3本戻しの小休止

別の小休止を見てみましょう。**図5-33**は米ドル/円1分足の下降トレンドです。経済指標で急落した相場ですが、先ほどの**図5-32**とは違う場面です。

まず、指標で長い陰線が出ました。そして、短い陽線が数本あり（Aの部分）、とても小さい戻りがあることに注目してください。246ページで紹介した3本戻りに該当します。ここでは、きれいに3本の陽線が出ているわけではありませんが（2本目が陰線）、指標で発生した長い陰線のあとの短い戻りローソク足が3本あり、4本目から陰線が出ています。したがって、Aの部分は戻り局面と想定できるので、**4本目で陰線が出はじめたらトレンド回帰して下落していくイメージができます。**下げはじめるときは、始値からティック回数が増えるなど、直前の戻りとは違う値動きをするので実戦で確かめてください。

Aで、すでにエンベロープの中にいるのでかなり強い下げですね。こういうときは、エンベロープだけあてにしていてもトレード根拠は見つけられないので、ローソク足の下げ方を見て対応してください。

図5-33 戻り局面のローソク足に注目してみる

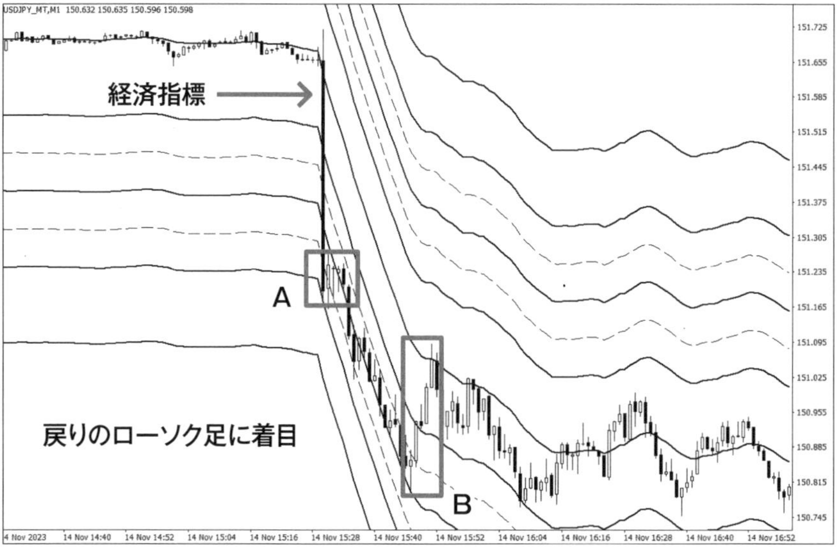

逆張りは、安値更新をして下ヒゲを出したらロングしてみてもいいでしょう。順張りは、Aの下抜けからBにかけてどこでショートしてもほとんど利益確定できるでしょうから、数本ホールドしてみるとか、陽線のあと戻りの陰線が出たらショートして安値更新を目指すなどできます（数回のスキャルピングでそれぞれ数pipsは取れると思います）。ただ、実戦ではAからBまで勢いよく下げるとはわからないので、下げに自信があるときだけショートしてください。これはスピード感や値動きを見て判断していきます。

そして、Bも3本戻しのポイントです。ここでは陽線が4本出ましたが、戻り局面の小休止と気づければ、移動平均線にもタッチしていますし、典型的なトレンド回帰する場面と認識できるのではないでしょうか。Bのあとトレンド回帰し、安値を更新しているので、移動平均線から安値更新までショートで取れるでしょう。ただ、安値を更新しても下落を強めることなく、反発してトレンドは終了しました。ですから、トレード回数や利幅はそれほど伸びなそうですね。

大切なことは、戻りの小休止に気づけるかどうかです。図5-32の小休止は、ダブルトップを形成するまでに数十分もありました。図5-33は、3分や4分のことですから、**同じ小休止とはいえ、時間が大幅に違う点に注意してください**。時間は違いますが、見方は同じで、そこからトレンド回帰するかどうかに気づければいいわけです。いろいろな小休止があると認識してください。

もうひとつ、3本押しを見ておきます。図5-34は米ドル/円1分足の上昇トレンドです。Aの手前の長い陽線は、経済指標です。図5-32や図5-33と同じで、経済指標から短期トレンドが発生し、スキャルピングで刈り取るという典型です。何かきっかけがあると短期トレンドが発生します。こういった短期トレンドがスキャルピングの土俵です。

Aで短い陰線が3本出ています。指標直後の陽線に比べて極端に短いので、下がるといっても売りが売りを呼ぶほどの強い下げではなく、あくまでも小休止とわかります。**「もしかしたら3本押しかもしれない」と想定できれば**

図5-34 小休止からトレンド回帰するときのローソク足に着目する

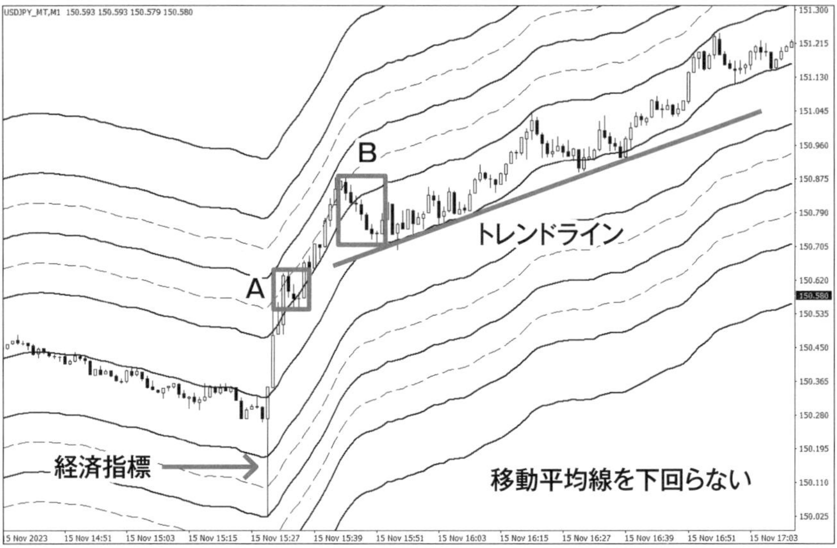

いいでしょう。押し目かもしれないと勘づくことが重要です。そして、4本目から陽線が出てそのまま高値を更新していきました。ここは順張りしたい場面です。

Bでは陰線が連続しています。最初の3本陰線が出たとき、3本押しが想定できます。しかし、陽線が出ずにジリジリ下げているので、ロングエントリーを防ぐことができればいいでしょう。移動平均線にタッチしてから陽線が出たので、まさに上げるならここから、というポイントです。

Bのあと、すぐに高値更新という流れにはならなかったのですが、だからといって安値を切り下げているわけではありません。移動平均線に沿ったトレンドラインが引けるので、ロング回転する目線でいるべきです。これが、ローソク足が移動平均線を下抜けして移動平均線も下向きになっていたら、ひとまずロングはやめたほうがいいでしょう。今回は、**移動平均線に乗っているのでロング目線であるべき**です。

ただ、Bのあとは、ジリジリ上げていて値幅がありません。利幅はそこまで取れませんし、なかなか上げずにやきもきする場面かもしれません。こういう相場もあるということで、負けなければ問題ないでしょう。

なお、Bのあとは、オーバーシュートしていないので、エンベロープで逆張りすることはできません。結果的にはジリ上げですが、いつ高値更新するかわからず、逆張りでショート回転するのは難しいかもしれません。逆張りするなら、アウトラインがしっかり引けてからがいいでしょう。

Bのあと、陽線と陰線の数を比較すると、明らかに陽線のほうが多いです。確率的にはロングしていたほうがよさそうです。AからBにかけて、**短時間で値幅を出す推進波があれば、Bのあとのように、時間をかけてジリジリと上げていく推進波もあります。**いろいろな推進波があると知っておきましょう。ちなみに、私は前者のほうが得意で、後者は苦手意識があります。なので、短時間で値幅を出すときを狙ってスキャルピングすることが多いです。ジリジリ進むトレンドは、必ずラインを引くなどして根拠を見つけてからトレードするようにしています。苦手意識がある相場こそ、チャートから根拠を見つけるということです。

42 ⑬5分足で順張りスキャルピング

順張りなら5分足でもスキャルピングできる

これまで1分足のトレードを見てきました。本書の手法は、**順張りに限り、上位足の5分足でも同じやり方でスキャルピングできます。**1分足が5分足に変わっただけで、見方やエントリーの判断はほとんど同じです。なお、逆張りはエンベロープを使うので、1分足から時間軸を変更すると、オーバーシュートの値幅が異なってしまうため活用できません。移動平均線からの乖離をエンベロープで参考にできるのは1分足だけです。したがって、5分足のスキャルピングは順張りだけです。

5分足で順張りするにしても、1分足も必ず見るので、スキャルピングをするときは1分足と5分足は常に表示します。5分足と1分足のどちらでトレードするにしても、お互いの時間軸をチェックし、それぞれがどの局面にあるのかを見ながら行ないます。1分足では流れがつかめずトレードができなそうな場面でも、5分足だとより長い期間のチャートを確認できるため、期待値が高そうなポイントを発見できることがあります。

ポジションホールド時間も長くして利幅を取る

では、実際に5分足と1分足を比べ、どういうトレードができるか見ていきましょう。図5-35は米ドル/円の5分足です。Aで上昇トレンドが発生しています。N波動で3段上げなので、トレンドであることは間違いないでしょう。押し目も明確で、ジリ上げや下げすぎということがなく、移動平均線でしっかり反発しています。ですから、移動平均線から上げはじめれば高値更新が想定でき、順張りしやすい形です。もし1分足なら普通にスキャルピングできるのではないでしょうか。5分足でも、1分足と同じようにいくつかのテクニカルを根拠にしてトレードできます。

順張りロングは、推進波ならどこでもエントリーできます。1分足のように、タイミングはそこまで重要ではありません。押し目からの推進波は何十分かあるので、そのうちのどこかでエントリーすればいいのです。細かく利益確定をするロング回転もできますが、それでも1分足のときのように数秒でイグジットにはなりません。1本のローソク足が確定するまで5分なので、そのうちの半分、**たとえば2分から3分のトレードを何度か行なうのが5分足の回転トレード**になるでしょう。ローソク足数本などと決めて少し長めに持つなら10分や20分になります。

あまり早く利益確定してしまうと、逆行したときの損切り幅だけが大きくなってしまい、損大利小のスキャルピングになりがちです。そうならないよう、5分足では利幅を伸ばす必要があります。1分足で秒単位だったトレードが、分単位になると考えてみてください。

注意点は、ローソク足1本が確定するまでに、1分足の5倍の時間かかるということです。当たり前のことですが、1分足の秒単位のスキャルピングをイメージしたまま5分足でやると、ホールド時間が長くなるためまったく

図5-35 上昇トレンドが発生している米ドル/円5分足

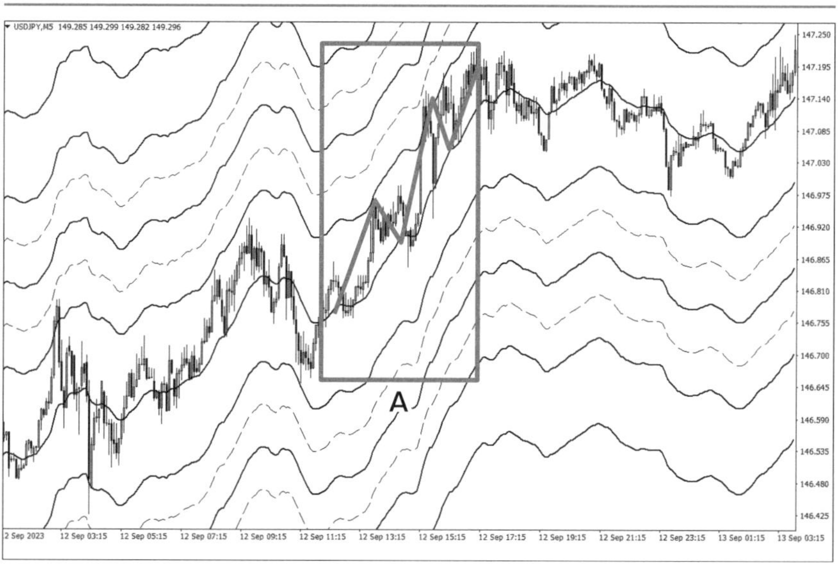

違うスキャルピングに感じるはずです。**ポジションを長くホールドするという忍耐力が求められる**ので注意が必要です。

また、押し目をつけるときのもみ合う時間も1分足より長いです。Aの上昇トレンドでつけた2回の押し目も、それぞれ1時間前後はあります。ローソク足には上ヒゲと下ヒゲがあるので、たとえば高値更新時の上ヒゲは、5分近く高値付近でもみ合った可能性もあります。何度も上下動しているはずなので、ポジションをホールドしたまま含み損益がプラスとマイナスを何回も行き来するかもしれません。

ただ、チャート形成の時間が1分足の5倍であることさえ認識し、トレード内容もそれに応じて変えていけばいいだけです。テクニカル分析の根拠がまったく違うものになるわけではないため、慣れれば5分足でもできます。

1分足と比較できるのでタイミングがつかみやすい

次に、5分足のAの箇所を1分足で見てみましょう（図5-36）。5分足では3段上げのN波動が認識できますが、1分足だと上昇トレンドではあるものの規則性をとらえるのは難しそうですね。上昇してもすぐに反落する場面があったり、移動平均線が下向きになっている箇所があったりなど、推進波と修正波の線引きがかんたんではありません。全体としては上昇しているのですが、移動平均線から乖離することもなくだらだら上げており、波はとらえにくいです。このトレンドを1分足だけでスキャルピングするのは、難易度が高いでしょう。

そこで、5分足と見比べながらスキャルピングをします。5分足では押し目と上昇の違いが明確なので、1分足で波がとらえられなくても5分足で長めにホールドして順張りができます。1分足を見ていると惑わされるかもしれませんが、**5分足をよく観察し、5分足でトレンドが否定されるまでホールドすると決めていれば自信が持てる**でしょう。この相場では1分足だけ見てスキャルピングするよりも、5分足を判断の時間軸にしたほうがいいです。

本書の手法は、基本的には1分足が主軸ですが、5分足のほうがスキャルピングしやすい値動きなら5分足で判断できるということです。

図5-36 5分足のトレンドを1分足にした米ドル/円

1分足とのトレンド形成時間の違いを認識する

ちなみに、このトレンドは4時間で40pipsの上昇でした。これまで見てきた1分足トレンドでは、40pipsなら数十分で到達しますね。図5-36で見ると、40pips上昇するのに、こんなに時間がかかるのかと思うかもしれません。図5-35の5分足が1分足の値動きのように見えますね。

そう考えると、**5分足はゆっくりとトレンドを出すときに有効**ということです。値幅が少ないときではなく、値幅があるにしても時間をかけて発生するトレンドです。40pipsの値幅を出すにしても、それが40分で発生するなら1分足で、4時間かけるなら5分足でトレードすればいいのではないか、ということです。図5-35の5分足が1分足と言われれば、そのとおりに思えますよね。チャートの形はあまり変わらないということです。

ただし、述べたように5分足が有効なのは時間をかけて発生するトレンドに限ります。逆に、数十分で100pipsほどの3段上げなど強烈な短期トレンドだと、5分足では押し目がなく急騰したようにしか見えません。すべてのトレンドで5分足が使えるわけではありません。時間をかけて値幅を出すトレンドで活用できると考えてください。

1分足ではわからない上昇ポイントが5分足の押し目

では、もう少し強いトレンドを見てみましょう。図5-37はポンド/円の5分足です。Aの部分は3段上げのN波動が発生しているので上昇トレンドです。ここは、5時間で120pipsの値幅が出ました。5分足だけ見ていると、トレンドの半ばからこのトレンドの流れがつかめるでしょう。ですから、2回目の推進波から順張り回転のイメージができます。1分足も同時にチェックしていれば、1回目の推進波から順張りできるかもしれません。

Aの部分の1分足が図5-38です。①、②、③の3回の推進波がありましたが、1分足だとこのような値動きになります。5分足ではここまで細かいことはわからないので、これが把握できるのは1分足のメリットといえます。

①は5分足だとトレンド初期の推進波にすぎませんが、1分足だとしっかりN波動が出ています。①で押し目をつけた後半部分で順張りができそうで、結果として5分足の1段目の推進波でもスキャルピングできることになりま

図5-37 5時間で120pipsの値幅を出したポンド/円5分足

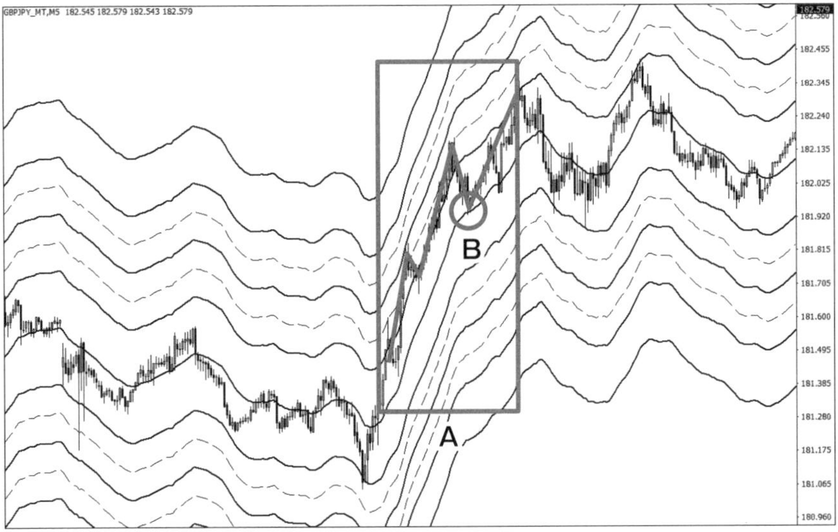

す。1分足と5分足の両方を見てトレードするメリットといえるでしょう。

図5-38　5分足の上昇トレンドを1分足でとらえたポンド/円チャート

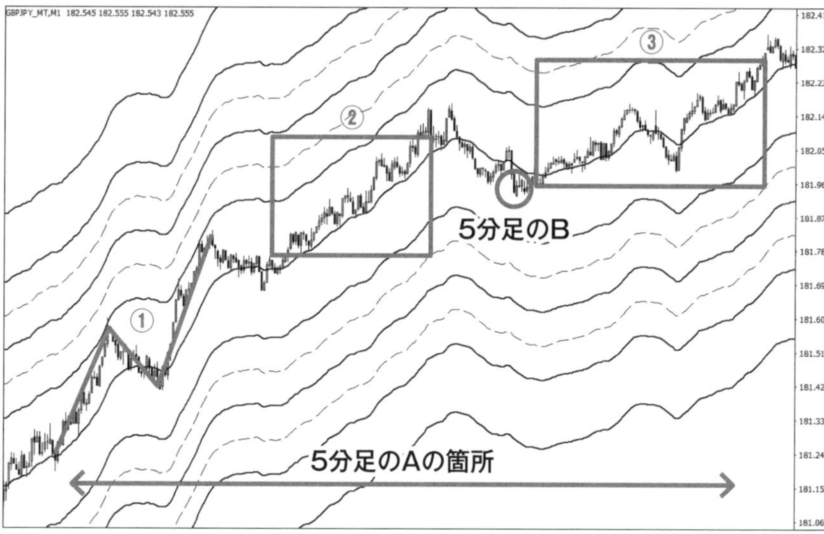

逆に、1分足だけではわからないこともあります。5分足のBは、きれいな修正波となり移動平均線で反発しているため押し目とわかります。リアルタイムでも、移動平均線から上げはじめたら、さらに高値を更新する推進波が出るのではないかと想定できるでしょう。

しかし、図5-38の1分足を見ると、5分足のBはローソク足が移動平均線より下にきて、かつ移動平均線が下向きになっているので、ここから上昇するイメージはしにくいのではないでしょうか。5分足の押し目であるBを、1分足だけで把握するのは難しいといえます。このトレンドは、値幅が120pipsあるので決して弱いトレンドではありません。しかし、5時間という時間をかけることにより、5分足で3段上げのN波動がとらえやすくなりました。**1分足だけではわからないチャートの形が、5分足だと明確になり認識しやすいなどメリットがあります。**1分足と5分足を比較しながらスキャルピングするのがよさそうだとわかりますね。

なお、順張りばかり述べましたが、1分足で逆張りもできます。1分足では1回もエンベロープに到達していないため、エンベロープは根拠になりません。移動平均線の傾きに沿ってチャネルラインを引き、アウトラインにタッチしたら反落を狙って逆張りするなどできるでしょう。

5分足ブレイクのタイミングを1分足ではかる

次に、下降トレンドも見てみましょう。図5-39は豪ドル/円の5分足下降トレンドです。もみ合い部分は形がはっきりとした修正波で、トレンドは変な上下動もなくきれいに下げていることが確認できます。メリハリのある下降トレンドですね。もしこれが1分足なら、ネックライン2を下抜けする前は逆張り、下抜けしてから順張りで回転できそうです。

Y波動でもみ合ったあとも、下抜けして移動平均線で反落し、N波動になっています。逆張りと順張りの両方で、かなりのスキャルピングができそうなイメージがわきませんか？　これは5分足ですが、1分足と同じように順張りはスキャルピングができます。逆張りも5分足でできそうに見えますが、たまたまエンベロープのゾーン①、②あたりで反転しているだけで、期

図5-39　トレンドとレンジがあらわになっている豪ドル/円5分足

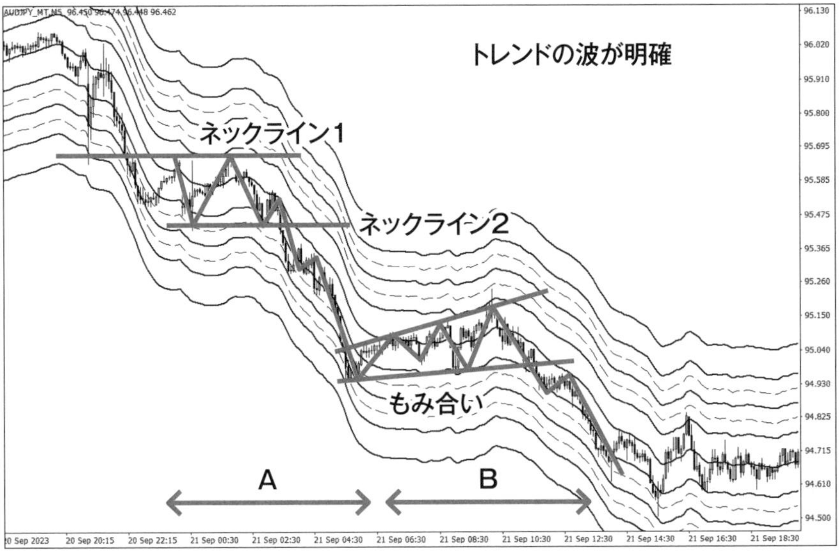

待値は確かではありません。5分足は順張りのみ活用してください。

さて、この下降トレンドは、推進した部分をAとBの2回に分けることができます。Aは5時間で70pipsの下落、Bは7時間半で60pipsの下落とかなり長いですね。Bの前半部分のもみ合いは5時間以上もありました。1分足よりも長い視点でチャート分析をしなければなりません。

どんなトレードができそうか、AとBを1分足で見てみましょう。図5-40が5分足のAの部分です。ネックライン1と2は同じ箇所に引いています。図5-40のAが推進波なので、ここが一番トレードできます。エンベロープに到達したら逆張り、移動平均線まで戻り、トレンド方向（下方向）へ下げはじめたら順張りができます。高値と安値を切り下げているため安心してショート回転していい下げ方です。

図5-40　下降トレンドの前半を1分足で見る豪ドル/円チャート

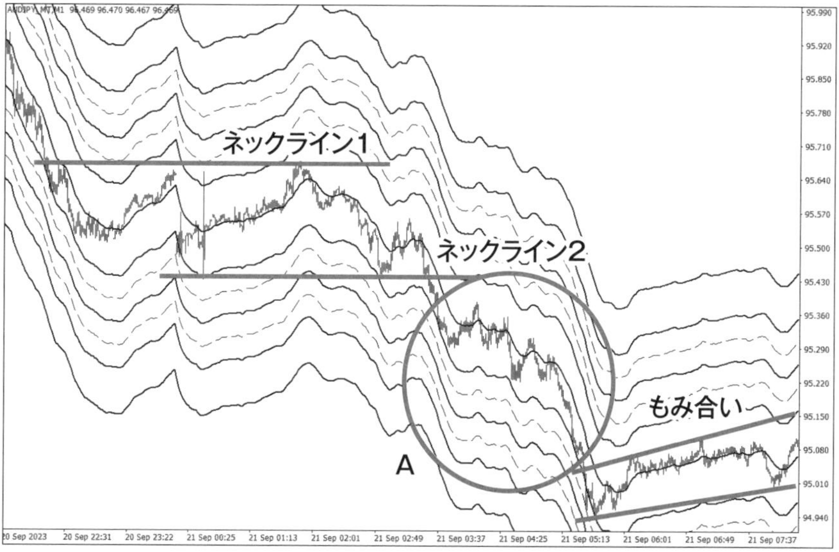

よく見てほしい点は、1分足と5分足の戻り局面が必ずしも一致しないということです。1分足（図5-40）のAの部分で移動平均線まで戻したとしても、5分足ではトレンド推進中になるなどします。すでに触れたように、下降トレンドは**修正波にあたる戻りの見極めが重要であり、これがわかれば**

その後に続く推進波の準備ができます。準備できると下げるイメージができるため、エントリータイミングも断然はかりやすいのです。

次に、5分足（図5-39）のBの部分を1分足で見てみます（図5-41）。もみ合いのY波動は、5分足と同じ価格帯のラインです。もみ合いを下抜けたあとの戻り局面を、1分足と5分足で比較してみてください。5分足では戻りが1回だけで、きれいなN波動になっています。一方、1分足だと、ネックライン1と2と3でわかるように、移動平均線付近で段階的に下げています。ネックライン1、2、3では、高値と安値をしっかり切り下げているものの、図5-39の5分足の戻り方と違うので注意が必要です。

図5-41　5分足の下降トレンドを違う形でとらえる1分足チャート

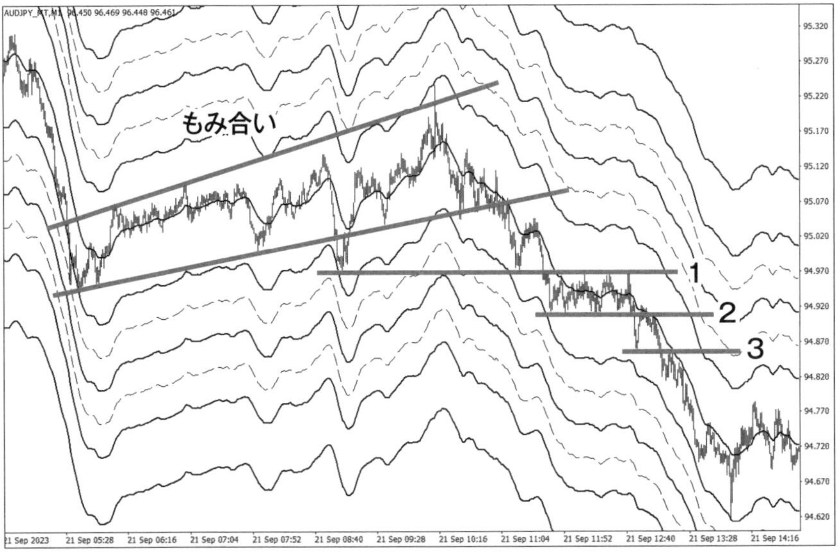

同じ戻りでも形が違えば、その後の下げ方も異なり、スキャルピングの内容も変わってきます。時間軸に応じたトレードができるようにしましょう。図5-41では、Y波動の下抜け後は、一度もエンベロープにタッチしていません。ですから、逆張りするならエンベロープでトレードはできません。流れを見て、ネックライン1と2の間で狭いレンジ幅と認識して逆張りするとか、ネックライン2を下抜けても大きく下げない波を見てエンベロープに

タッチする前に逆張りするなどできます。

エンベロープは、オーバーシュートをはかるインジケーターです。今回のようにオーバーシュートがない推進波もあるので、そのときの波に合わせ逆張りもできるようにしましょう。エンベロープに到達したときだけ逆張りOKなわけではありません。自分でエントリーポイントを見つけてください。

一方、順張りは、ネックライン2を下にブレイクしてから、移動平均線から乖離するタイミングで何度もショートできそうですね。移動平均線は、ネックライン2からずっと下向きなので、移動平均線に戻ってショート、戻ってまたショートを繰り返し行なえます。1分足と5分足を見ながら、順張りをしていきましょう。

これでトレード例の説明は終わりです。エンベロープとテクニカル分析を組み合わせ、期待値の高いポイントを見つける意識を持って実践してください。

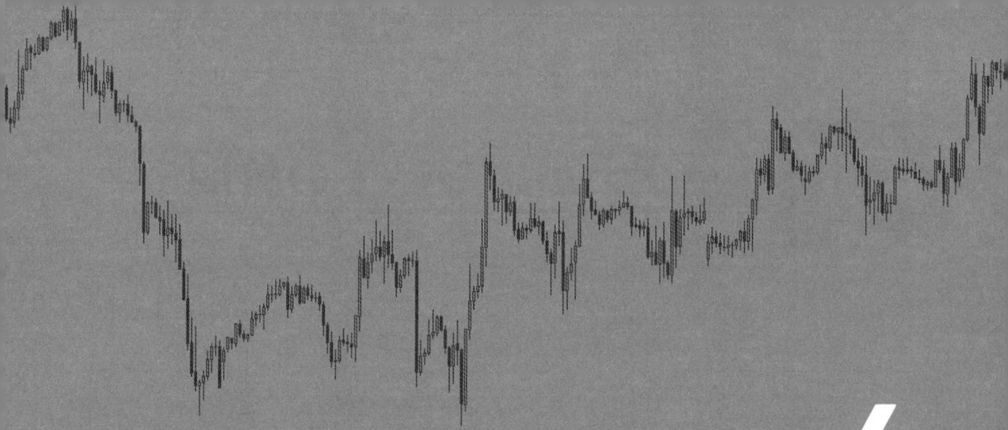

CHAPTER 6

トレードに迷ったときのQ&A集

本CHAPTERでは、読者のみなさんが疑問に感じるかもしれないという項目を、質疑応答形式にまとめました。FXはチャート設定やルールを守っていればいいものではなく、裁量判断も多いです。したがって、なぜそうなるのか腑に落ちない点も多いと思います。手法の難しさは型にはまったやり方ができないことです。刻々と変化する相場に合わせて、エントリーからイグジットまで、日によって変える必要があります。それは、チャートだけでは説明できないこともあります。質疑応答形式にすることで、具体的な取り組み方、「相場はこうなりやすい」というルール以外の点もお伝えします。

回答には「ルール」といえるほど重要なものも含まれます。また、数字やチャートなどで視覚的に説明がつくものではなく感覚的なものもありますが、トレードには重要です。実践してから再び読み返すと、さらに理解が深まるかもしれません。

43 シグナルについての質問

ローソク足は何pips伸びると縮むのか?

Q1 ローソク足をバネと考えるのはわかるのですが、1分足ではどれくらい伸びると縮むのでしょうか。目安はありますか?

逆張りでは、オーバーシュートしてからの反転を狙います。そのとき、ローソク足の長さが判断基準のひとつになります。一方、順張りはポジションホールド中に長いローソク足が出たとき、利益確定の目安になります。このようなローソク足分析は、本手法で重要項目です。

ただ、「何pips伸びると縮む」という習性はありません。ローソク足の長さを数字で決めるのではなく、そのローソク足が出るまでの相場から判断するようにしてください。経済指標でない局面で5pips前後のローソク足が続いているときに10pipsや20pipsなどの長いローソク足が出ると、それは長いローソク足ですから反転しやすいです。

しかし、乱高下している相場で、それより直前に1本の値幅が15pips前後のローソク足が連続しているときは、たとえ20pipsといえどもオーバーシュートしているとはいえません。ですから、pipsで判断するのではなく、**数分から数十分前のローソク足と比較し、今のローソク足が長いかどうか見るようにする**といいでしょう。

また、長いローソク足が出る場面にもよります。大きな節目をブレイクしたときは、どんなに長いローソク足が出ても、それがトレンドのはじまりだとしたら、次のローソク足でさらに長いローソク足になる可能性もあります。また、経済指標や要人発言の場合、結果（発言）次第で値が飛びます。一瞬で20pips急騰することもあれば、50pipsくらい急落することもあり、そのローソク足の長さはまったく予測がつきません。50pipsの長いローソク足が出たからといって反転する根拠もありません。経済指標直後のトレードは

NGであり、予測不能だからトレードしないといえます。

普通の相場の場合、直前のローソク足より長いローソク足になり、かつエンベロープのゾーンに到達すれば反転する確率は高くなります。通貨ペアと相場状況にもよりますが、15pipsを超える長さだと反転しやすくなります。逆張りの場合、**ローソク足が15pips以上伸び、かつゾーン③などに到達したときは、私は「おいしいローソク足」ととらえています。**もちろん15pips以上になれば反転するわけではないので、単純な解釈はしないでください。

エントリーを構えているときに正確にローソク足の長さをはかることはできないので、だいたいの感覚でかまいません。あくまでも、直前までのローソク足に比べて、今長いローソク足になっているかどうかが大切です。視覚的には「ゾーンひとつ分飛ばしてより外側のゾーンへ突入するとき」でもいいと思います。ボラティリティの高いポンド/円だと、15pipsでは短く、20pips以上は見るといいでしょう。数字だけで判断するのではなく、エンベロープのゾーンのほうも確認してください。

図6-1 長いローソク足が出てエンベロープに突入し反転する場面

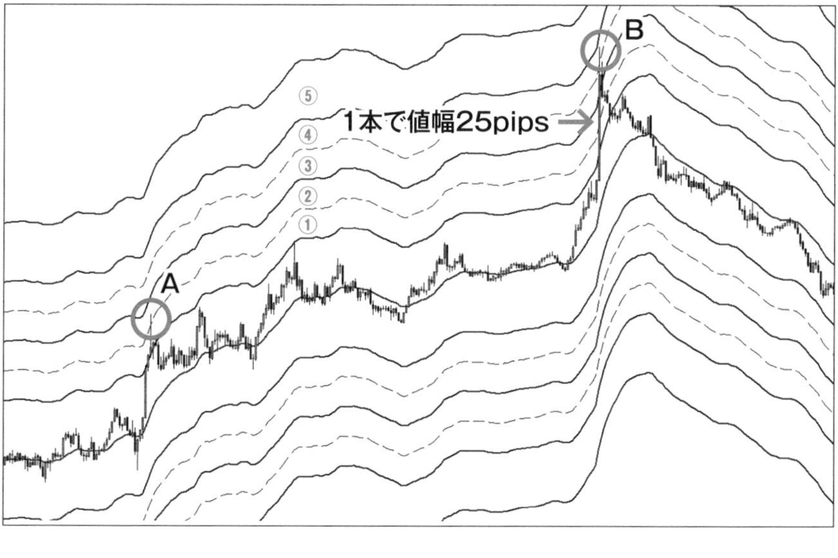

図6-1を見てください。チャート左側のAはヒゲが出現したポイントがゾーン②なので、普通にトレードできます。ヒゲが出現したローソク足は、さほど長さはありません。Bはローソク足の長さが目立ちますね。Bに到達するまでの直近数十本のローソク足の長さに比べ、とても長いことがわかります。この1本の値幅は25pipsあります。ここまで長いものは極端ですが、長ければ長いほど反転する確率が高くなるということです。

ただ、長いローソク足といっても、これが経済指標の直後ではトレードすることはできません。何もイベントがないときでこのような長いローソク足が出たときは、チャンスになります。

ローソク足の確定は待たなくていい

Q2 エントリーのタイミングが正しいか心配です。ヒゲの出現でエントリーすればいいですか？

逆張りの場合はそのとおりです。エンベロープのゾーンに入りそうなら、マウスに手を乗せておき、いつでもクリックできる状態にします。そして、ヒゲが出た瞬間にエントリーします。1ティック反転したらすぐクリックします。ただし、ゾーン③、④、⑤の場合はブレが大きくなり、ヒゲが出た瞬間に必ずエントリーしているとダマシにあう確率が高くなります。ですから、**1回目のヒゲで即エントリーではなく、もう1ティック反転するのを待ちます**。ヒゲが出てワンクッション置き、もう1ティック反転するまで待つ、つまり、2ティック反転したらエントリーします。

ヒゲが長くなると、「もっと早く入っておけばよかった」と取り損ねたように思います。しかし、ダマシに合って損切りにあう確率のほうも相当減ります。総合的に考えると、絶対に2ティックの反転を待ってからエントリーしたほうがいいのです。長期的に期待値が高いやり方を継続しましょう。

エントリーはローソク足の確定を待たない

これまでに触れたように、エントリー判断をする根拠にもよりますが、通常はローソク足の確定を待つ必要はありません。気にするべきではない、と言ったほうが正しいかもしれません。

逆張りはヒゲが出た瞬間にエントリーするので、ローソク足の実体を形成している最中にエントリーすることになります。ローソク足が確定するのを待つと、ヒゲの意味がなくなり、反転するタイミングがはかれなくなります。ローソク足が確定するか否かは時間の問題であって、相場とは無関係です。反転する兆しが出たら即エントリーします。

通常は気にするべきではない、と述べましたが、ローソク足の確定を待ってからエントリー（もしくはイグジット）する判断をしているなら、当然待ちます。たとえば、244㌻で説明した「3本押し、3本戻し」のテクニカルを使うなら、ローソク足が確定するまでよく観察する必要がありますね。3本陰線が出るまで様子見と考えたとき、2本陰線が続き、3本目を見ているならそれが確定するまで待ちます。イグジットの場合でも、「反対の色のローソク足が出るまでホールドしておく」という根拠にするなら、確定するまで待ちます。

ですから、ローソク足が確定するまで待つかどうかは、何をテクニカル的な根拠にするかによります。**通常は確定するまで待つことはせず、場合によって、「この1分間は確定するまで待つ」という局面もある**ということです。

順張りも考え方は同じで、ローソク足の確定は待ちません。上がると思って上がりはじめたらエントリーします。そのローソク足が陽線か陰線のどちらになるか観察しているなら、当然ローソク足の確定を待ちます。

スプレッド拡大時は利幅が取れそうなときだけエントリー

Q3 注文しようとすると、FX業者のスプレッドが拡大していることが頻繁にあります。この場合どうすればいいのでしょうか？　スプレッドを気にしなければならず、とてもストレスを感じます。

30㌻で述べたように、スプレッドはスキャルピングの大きなデメリットといえます。デイトレードやスイングトレードのように、1回のトレードで50pipsや100pipsなどの利幅なら、そのトレードに対するスプレッドの割合は小さいため、影響は少なくあまり気にしなくていい問題です。

一方、スキャルピングは数pipsのトレードなので、仮にスプレッドが0.2pipsで、利幅2pipsのスキャルピングをすると、このトレードのスプレッドは1割にもなります。手数料が利益の1割もあるということは、決して安くありません。

さらに、スキャルピングはトレード回数が多く、1日に何十回もエントリーとイグジットを繰り返します。利幅2pips、スプレッド0.2pipsの場合、10回トレードをすると1回分の利益がチャラになってしまうので、手数料は相当高いといえます。たった10回の1回分かと思うかもしれませんが、**100回トレードしたら10回の勝ちトレードがナシに、1000回トレードしたら100回の勝ちトレードがナシになるのと同じ**です。100回の勝ちトレードがチャラになるだなんて、すごい高さの手数料だと感じます。

さらに、スプレッドが拡大しているときにトレードすると、その何倍もの手数料がかかります。スプレッドが拡大する場面はFX業者によってまちまちです。たとえば、普段は0.2pipsだとしてもトレンドが発生すると、0.9pipsや1.5pipsなどに広がったりします。経済指標やブレイクして大きく動く場面では2pipsや5pips、なかには10pips以上開く場合もあります。

スプレッドが拡大したときは、利幅が拡大したスプレッドの何倍取れそうかを考えるようにしています。普段ならスプレッド0.2pipsで+2pipsならスプレッドの10倍のトレードですね。スプレッドが3pipsになったら、さすがに10倍の+30pipsを目指すことはしませんが、せめて3倍以上は取るようにします。+9pips以上は取るということです。これが、わずか2pipsや3pipsくらいで利益確定をしてしまうと、そのトレードに対する手数料が異常な高さになってしまい、勝てるものも勝てなくなります。

ですから、この場合は9pips以上取れそうな場面でしかエントリーしません。スプレッドが1pipsに開いたなら、せめて3pips以上の利幅になりそうなときにエントリーするようにしています。この利幅が取れなそうなら残念ですが様子見するしかありません。とても悔しいですが、スプレッドが拡大しているとき、普段ならエントリーするのですが、利幅が取れそうもないので様子見をするという場面は、たくさんあります。

私は**最低でも3倍以上の利幅が取れそうな場面以外は様子見**をしていします。ただ、3倍というのはおおよその基準であり、どうしても我慢できないときはどんなにスプレッドが広くてもエントリーしてしまうときがあります。このチャートの形でエントリーしないわけにはいかない、という感じです。

そういうときは、スプレッドの3倍などを考えず相場観でイグジットしています。それが良いか悪いかはなかなか検証できません。普段はルールを決て、それに伴い、ときにはスプレッドがどんなに開こうがエントリーしたい場面があったら入る、というのもいいのではないでしょうか。基本を決めてはいるものの、たまにそれを逸脱するイメージです。

経済指標や高値・安値を更新したときにスプレッドが拡大すると述べましたが、その理由は売り買い交錯する局面なので売買量が急増するからです。値動きが激しくなり、注文量も増えるため、FX業者が顧客の注文をカバーするのが難しくなるなどするため、スプレッドを広げて業者側のリスクを減らします。そのリスクがスプレッド拡大という仕組みで顧客へ転嫁されますが、これは仕方のないことでしょう。

図6-2で、どのようなポイントでスプレッドが拡大しやすいか、順番に見ていきましょう。

まず、Aで経済指標がありました。指標後はスプレッドが間違いなく拡大しています。それからローソク足数本が陰線となり下落していますが、ここは拡大している業者が多いでしょう。スプレッドの開き方は、3分なら3分間ほど常時開いている業者と（2.0pipsが3分間など）、一瞬だけ、たとえば10秒おきに1秒ほど2.0pipsになるなど、不定期に瞬間的に開く業者に分かれます。

前者はスプレッドが拡大しているとわかりますが、後者の場合、注文しようとするときは拡大していなくても、**エントリーする直前で一瞬だけ拡大し、それを踏んでしまう場合があるので注意が必要**です。

次にBですが、戻りをつけてから下げはじめる場面です。戻り局面は修正波なので、推進波ほどボラティリティは高くありません。売買量も少なく、もみ合いです。したがって、スプレッドを閉じている業者が多く、スプレッドを気にせずエントリーできるでしょう。それからCにかけて、直前の安値を更新しているときは、再度スプレッドが拡大する傾向にあります。安値更

図6-2 スプレッドが拡大する可能性があるポイントを示す

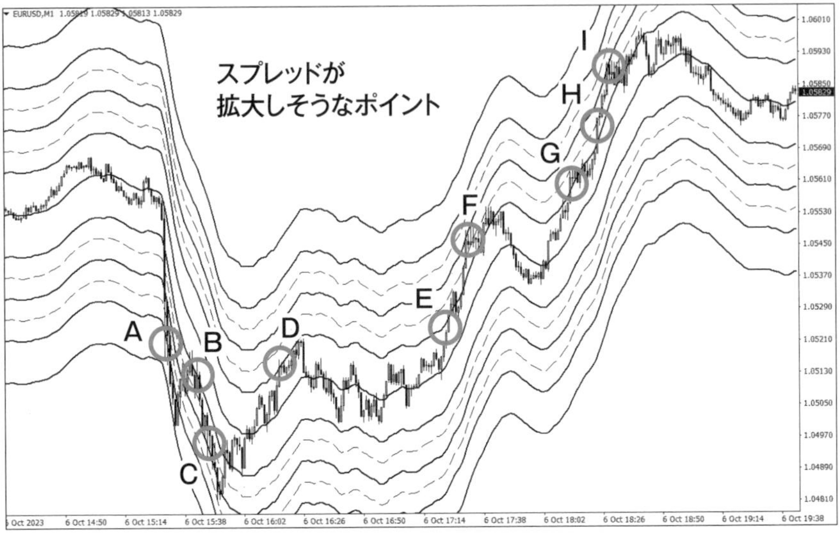

新で売り買いが交錯し、値が走るポイントだからです。Bでショートエントリーしたなら、Cまでの間にイグジットするとき、安値を更新した瞬間はスプレッドが拡大している可能性があります。Bからショート回転するなら、ローソク足1本ずつ安値更新するため、ちょっとした戻りでスプレッドが閉じたときにショートし、イグジットは安値更新したタイミングだと拡大しているかもしれないので、数分間ホールドしてスプレッドが閉じたときにイグジットするなど、対応が必要かもしれません。

ただ、述べてきたように**スプレッドの開き具合はFX業者によって違うので、慣れるしかありません**。実際にトレードしてみると実感できると思います。なお、スプレッドの広がり方は業者により違うにせよ、ずっと開きっぱなしの業者はありません。スプレッドが広がるタイミングが違うだけであり、それだけで業者の良し悪しを決めることはできません。似たり寄ったりです。

さて、DからIまでですが、Cのあとから上昇トレンドになりました。それぞれ、直前の高値をブレイクするポイントであり、ブレイクしたら長いローソク足が出ています。この長いローソク足はスプレッドが拡大する可能性が高いです。注意しながらスキャルピングをしてください。

なお、米ドル/円の場合は、経済指標時やトレンド発生したとき、どのFX業者もスプレッドは拡大すると考えてください。米ドル/円以外の通貨ペアについては、指標発表時を除けば、ほとんど広がらない業者もあります。米ドル/円以外の通貨ペアもトレードしたほうがいいというのは、こういう理由があります。通貨ペアの選定については、次のCHAPTERで説明しています。

FXは売りと買いに違いはない

Q4 売りと買いのトレードでは何か違いはありますか？　上げ相場と下げ相場での注意点があれば教えてください。

売りと買いでトレード方法の何かを変えるというものはありません。FXは上昇も下落も同じ要因なので、売りも買いも公平に考えましょう。ビギナーの方や株だけやっている方は、売るという感覚がわからないかもしれません。投資といえば安く買って高く売るのがメジャーですからね。FXは、買いと同じように売りもメジャーです。

なぜかというと、通貨ペアの価格は上がることが前提ではなく、上がったり下がったり循環するものだからです。片方の価値が上がると、もう片方が下がりますが、**永遠にひとつの通貨の価値だけが上がり続けることはありません。必ず通貨ペアの価格は循環します**。上がったら次は下がるので、買いだけでなく、売りも普通であるということです。

米ドル/円を売るということは円を買うことにもなります（ドル売り、円買いのトレード）。トレードでいうとショート（売り）になりますが、円を買うといっても正しいわけです。ある通貨を売るならもう片方を買うことになるので、売りと買いでトレードが何か変わることはありません。買いを多めにするとか、売りは基本行なわないなどの決めごとはありません。上がると思えばロング、下がると思えばショートするだけです。

ただ、「上げ100日下げ3日」という格言（100日かけて上昇した相場はたった3日の下げで全部帳消しにする）があるとおり、上げ相場よりも下げ相場のほうがスピード感があり、値幅が出やすいです。たしかに、これは間違っていません。下降トレンドが発生するとすごい勢いで下落することがあります。ただ、トレード方法を変えるほどの違いはありません。気にしなくていいでしょう。

44 チャート設定とトレード方法に関する質問

エンベロープのパラメーターを変えてはダメ?

Q5 チャート設定に関し、エンベロープのパラメーターを変えてはダメでしょうか。ゾーン①を移動平均線に近づけると逆張りのチャンスが多い気がします。サインが甘くなってダメですか?

パラメーターを変えることはやめたほうがいいでしょう。逆張りに関しては、今のパラメーターは、トレンドが出はじめた中で一時的に反転するポイントに設定してあります。これよりも移動平均線に近づけてしまうとシグナルが甘くなり、**トレンドが出ている最中に逆張りすることになるので、オーバーシュートまで待たないことになります**。勝率も落ちますし、狭いレンジ幅の相場しか勝てません。強いトレンドが発生するたびに連敗し、結局勝てなくなるでしょう。

では、パラメーターを甘くし、移動平均線に近づけた設定を見てみましょう。図6-3を見てください。パラメーターを0.1のところ0.05にしたエンベロープです。Aは逆張りすれば勝てそうな気がしますが、BからFまではどうでしょうか。まったく機能していないことがわかります。安易な逆張りの連続になり、チャートを見ただけでも勝てそうにありませんね。

パラメーターの数値を甘くしたくなるのは、エントリーサインが少ないからだと思います。時期や時間帯によっては長いレンジ相場が続くため、サインが減るかもしれません。しかし、本書の手法はトレンド相場が土俵なので、トレンドが発生するまで待ちましょう。エンベロープだけをシグナルにするのではなく、相場の波をつかみ、ゾーンに達していなくてもラインを引くなりしてスキャルピングすることは可能です。その通貨ペアで逆張りができないなら順張りでトライしてみる、他の通貨ペアを見てみるなどして対応してください。

図6-3　エンベロープのパラメーターを甘くした場合

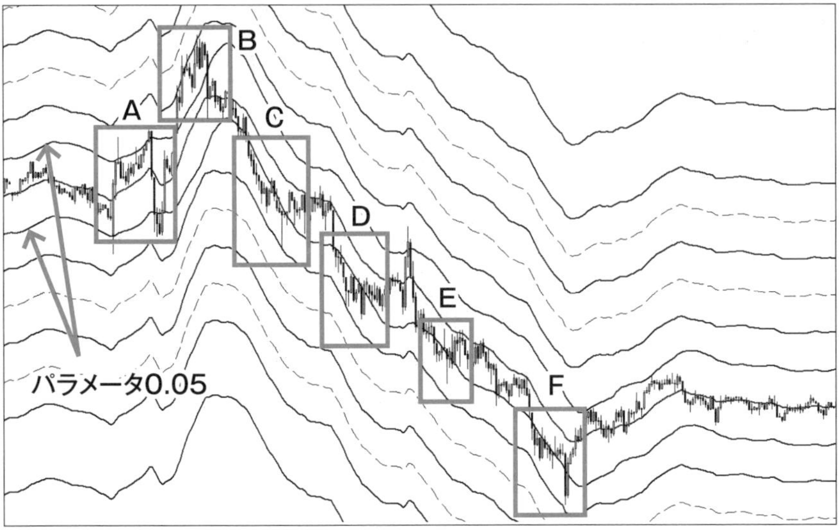

通貨ペアによりパラメーターを変える必要はない

Q6　米ドル／円よりもポンド／円やユーロ／円のほうが値動きは激しいですが、パラメーターを大きくしなくても大丈夫でしょうか？

パラメーターを変える必要はありません。**どの通貨ペアでも同じ数値にしてください**。理由は、エンベロープまでの値幅が通貨ペアごと自動的に計算されているからです。たとえば、ゾーン①ならパラメーターは0.1％です。110.00円に対しての0.1％は11pipsなので、移動平均線からゾーン①まで11pips離れていることになります。140.00円に対しての0.1％は14pipsです。移動平均線からゾーン①まで14pips離れているということです。

通貨ペアごとに価格は異なりますね。同じ0.1％の設定でも、高い価格ほどゾーン①までの距離がある（値幅がある）ことになります。自動的に計算して表示されているので、値動きが激しいからといって通貨ペアごとにパラメーターを変える必要はありません。

米ドル/円とポンド/円を比べてみます。図6-4は左側が米ドル/円、右側がポンド/円です。ゾーン①までの値幅を見ると、米ドル/円は11pipsですが、ポンド/円は米ドル/円よりも価格が高いため14pipsもあります。同じ0.1%の設定ですが、現在価格が違うので計算結果が異なり、ゾーンまでの値幅も異なるわけです。そのため、通貨ペアによりパラメーターを変える必要はありません（チャートには載っていませんが、ゾーン⑤までの値幅は米ドル/円が44pipsでポンド/円は57pipsです）。

注意すべきなのは、**ドルストレートとクロス円の値幅の違い**です。ドルストレート2つの通貨ペアとクロス円が同じ方向へ進んだとき、クロス円はドルストレートよりも値幅が出ます。パラメーターの違いではなく、通貨ペアの違いにより値幅に差が出ます。どちらにしてもクロス円は値幅が出るので、ゾーン①、②は様子見が多くなります。

図6-4 米ドル/円とポンド/円の比較

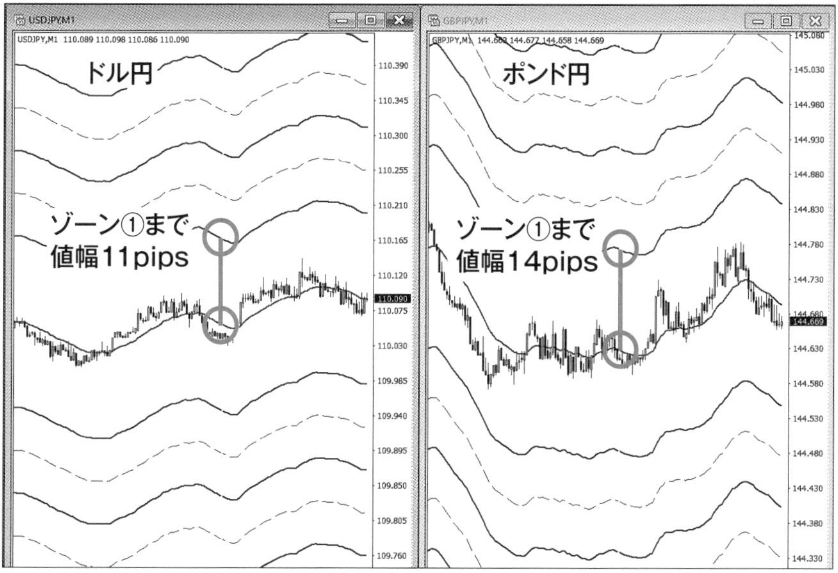

Q7 エンベロープは逆張りにだけ使うのですか？

逆張りと順張りのどちらにも使いますが、用途が違います。逆張りはエントリーするとき、順張りはイグジットするときの参考にします。必ずエンベロープを使わなければならないのではなく、参考にしたほうがいいときに使うイメージです。どちらかというと、エントリーの参考にする逆張りのほうがたくさん使います。**5つのゾーンを表示することにより、移動平均線からの乖離幅が視覚的にすぐにつかむことができるから**です。

毎日同じチャートで5つのゾーンを見ていると、トレンドの勢いや値幅、雰囲気などもつかむことができるようになります。また、ゾーン①にすら到達しない膠着しているときも、レンジ幅がすぐに把握できるなどのメリットもあります。

だからとって、トレードで勝てるわけではありませんが、5つのゾーンのうち、今がどこにあるのかを常時把握することは、相場観を磨くうえでかなり役立ちます。何といっても、**移動平均線からの乖離を視覚的に即認識できるのは、かなりのメリットといえます**。エンベロープを表示したチャートで、これからのすべての相場を1分足で見ていけば、相当な相場観が身につきます。

そうすると、スキャルピングに対して恐怖心や不安がなくなり、トレードが楽しくなります。自信がないと常に委縮してドキドキし、損失を恐れながらトレードすることになり、つらいだけですからね。

逆張りと順張りのどちらにも共通しているのは、エンベロープは移動平均線からの乖離を見るという点です。これから乖離するのか、それとも乖離した状態を確認するのかの違いです。短期トレンドはこの繰り返しですから、かなり便利なインジケーターだと思います。ぜひ活用してください。

取引業者のレート差は気にしなくていい

Q8 MT4と取引業者のレートが少し違いますが、トレードに影響しないのでしょうか？　また、取引業者ごとにレートが少しずれている気がします。

チャート設定でも触れましたが、現在はどの業者も脆弱なシステムは使っておらず、レート提示が適正です。**ほとんどレート差はないと思っていいでしょう。**目に見えないような差はあるかもしれませんが、トレードに影響することはほとんどありません。もしあったとしてもそれがプラス方向に働くこともあるので、悪影響だけになるということにはならないでしょう。そもそも、エントリーが正しければどの業者でトレードしてもプラスになります。A業者は上昇しているのに、B業者は下降しているというような大きな誤差は今の時代はありません。

ただ、経済指標など一瞬で値が飛ぶ場面は、数pipsから数十pipsの差が出ることはあります。また、レートが飛ぶと、注文画面が止まって注文が入らない業者も出てきます。しかし、このようなときはスキャルピングは基本的に行ないませんね。また、そうなる回数も年に数えるほどしかありませんし、時間も一瞬です。そのため、トレードへの影響はほぼありません。

値が飛ぶ場面では、レートをチェックすることがないので、正確にどのくらいレートが離れたのかはわからないというほうが正しいです。ずっとチャートを監視していますからね。トレードしない場面で、わざわざ取引画面のレートを見ないということです。**取引業者の違いや、レートの差で勝てるものが勝てなくなることはないので、あまり気にしなくていい**でしょう。もしそうなら、私自身が続けていないと思います。

複数の通貨ペアでシグナルが出たらひとつに絞る

Q9 いろいろな通貨で同時にエントリーサインが発生したら、どの通貨を優先したらいいでしょうか。全部同時にエントリーするのですか？　それともひとつでしょうか。

最初はひとつの通貨ペアがいいでしょう。同時にエントリーすると、タイミングがずれるとか、焦っていることから見落としがでてきます。いくつものポジションを数秒単位で管理するのは無理があります。また、全部逆行したらどうしようという不安からドキドキするとか、ちょっとしたパニックになるなど、メンタルへの影響もあります。そうなると冷静にトレードはできないので、**最初は複数通貨ペアを同時にエントリーするのはおすすめではありません**。ひとつに絞りましょう。

通貨ペアは、似たような値動きをするものがあります。円が変動要因になれば、米ドル/円とポンド/円、ユーロ/円など円がらみの通貨ペアは同じ方向へ進みます。ユーロが売り材料になれば、ユーロ/米ドルとユーロ/円は下落し、米ドル/円はあまり変動しないことになります。そのときの変動要因により、同じ方向へ動く通貨ペアがあったりなかったりします。似た動きをする通貨ペアがある場合、最も利幅が取れそうなものでトレードする、慣れている通貨ペアにするなど、好きな通貨ペアでエントリーしてください。

私は、利幅が取れそうで、かつスプレッドがより小さい通貨ペアで入るようにしています。米ドル/円の値幅があるときでも、スプレッドが広がっていたら米ドル/円はエントリーせず、似た動きをしているユーロ/円でエントリーすることもあります。スプレッド0.2pipsの米ドル/円が下落、スプレッド0.3pipsのユーロ/米ドルが上昇しているとき、ユーロ/米ドルのほうが利幅が取れそうならユーロ/米ドルで入ることもあります。**スプレッドが多少広くても結局は利幅が重要だからです。**

ひとつの通貨ペアが動けば、似た動きをする通貨ペアは必ず出てきます。同じ方向へ進む通貨ペア、反対へ進むものを含めると、常にいくつかの通貨ペアは連動しています。シグナルが重なったときは、こうすればいいという基準はありませんが、ここまで述べたような判断を参考に決めてみてください。慣れてきたら、同時にいくつかの通貨ペアをエントリーしてもいいと思います。その場合、ひとつの通貨ペアはロットを落とすなど、同時にホールドする取引枚数で調整することも可能です。

45 分析と検証についての質問

エントリーサインがあまり出ないときは?

Q10 夜間のみトレードしていますが、エントリーサインがあまり発生しません。ぶせなさんも同じでしょうか?

相場にもよりますが、本書の手法は逆張りも順張りも、トレンドが発生しないとシグナルは発生しません。したがって、トレンドが発生していないときは、基本的にはスキャルピングのチャンスはありません。

相場は乱高下する時期もあれば、静かでおとなしい時期もあります。動かない時期にスタートされたのだと思います。相場は、動く材料がなければ中長期的にレンジ相場になります。このときにスキャルピングをスタートすると、サインが少ないと感じるでしょう。いずれ動く時期がくるので、それまではテクニカルツールをいじってみたり、検証に労力を割いたりするといいでしょう。

なお、**ひとつの通貨ペアに絞ると必ず動かない時期がくるので、いくつかの通貨ペアを監視することをおすすめします。**マーケットが注目する通貨ペアの変化を追っていくようにすると、何かしらの通貨ペアが動いているのでチャンスは常にあります。

また、どんなトレンドを求めているのかにもよります。エントリーサインがあまり発生しないといっても、順張りも逆張りもまったくチャンスがない相場は逆に少ないです。おそらく、最もスキャルピングしやすい短期で大きな値幅が発生し、かつメリハリのあるきれいなトレンドばかり求めているのではないでしょうか?

そのようなトレンドがいつも発生すればいいのですが、実際にはそうはいきません。いろいろな種類のトレンドがあります。ですから、**トレードしやすい特定のトレンドばかり期待していると、ずっとエントリーできないこと**

になります。そうならないよう、自分でシグナルを見つけにいってください。1分足だけでなく、5分足も活用し、ゆるやかなトレンドは5分足で順張りに徹するなどしてください。逆張りも、エンベロープでオーバーシュートだけを狙うのではなく、上げ下げの波を把握し、反転するところではエンベロープ関係なく逆張りしてみるのもおすすめです。そして、トレードしたら検証をしましょう。

損益も相場と同じくトレンドとレンジがある

これまで触れてきたように、相場には、ボラティリティが高い時期と低い時期が必ずあります。中長期トレンドが発生しているときなど、ボラティリティが高い時期はエントリーサインがたくさん出ます。一方、レンジ相場でボラティリティが低い時期は、値動きが乏しいのでエントリーサインは極端に少なくなります。

したがって、損益は時期によりかなりの変動があります。トレンドが多い時期は大きな利益が出る可能性があります。一方、レンジのときはチャンス自体が少ないので、利益はあまり期待できません。損益は相場と同様で、乱高下したりフラットな状態が続くなど安定しないことが前提です。**損益も相場と同じように変動する。まず、これを理解しましょう。**

ボラティリティが低い時期にスキャルピングをスタートすれば、「トレード回数が少ない手法だ」という印象を受けますね。そうなると、すぐにスキャルピングをやめるとか、これは使えない手法だ、という考えが芽生えるでしょう。しかし、自分に都合よく相場が動くことはありません。違う手法へ移ったとしても、結局は同じことです。そもそもレンジ相場なら、スキャルピングは「待ちの姿勢」です。勝負する時期としない時期があるとしたら、「勝負しない時期」になります。そして、スキャルピングはこの2つの時期を繰り返します。

1年を通してスキャルピングを継続してほしいのですが、おおよそ3か月おきに損益の変動があることに気づくと思います。それは、相場が3か月ごとに変化しているからです（大雑把な分類ですが）。もちろん、この先も3か月ごとに相場が変わるという保証はありませんし、あくまでも私がスキャルピングを行なってきた経験上、平均して3か月ということです。

長期トレンドを形成するほどのファンダメンタルズがあると、3か月どころか1年以上も乱高下する相場が続く時期もあります。**相場が動く時期に稼ぎ、動かない時期は負けない程度に、という具合に考えています。**相場にトレンドとレンジがあるように、損益も増える時期と横ばいの時期があります。トレードチャンスも同じで、チャンスが多い時期と少ない時期があることは想定しておきましょう。

トレード回数より期待値の高いトレードを求める

Q11 ぶせなさんのトレード回数が多いようですが、なぜですか。トレード時間の違いだけでしょうか。

トレード時間の違いもあると思います。私は、8：00～25：00の間がトレード対象です。アジアタイムは相場が動けばトレードしますし、欧州とニューヨークタイムは、たとえレンジ相場だとしても必ずチャートを監視し、トレードしています。絶対的な時間の違いはあるかもしれません。

また、私は本手法だけでなく、さまざまなやり方を試しています。スキャルピングでも本手法に関係なく、反転すると思ったら逆張り、ブレイクすると思ったら順張りなど、そのときの判断でトレードしています。**相場観で裁量スキャルピングすることもある**ということです。ただし、判断基準となるテクニカルは、CHAPTER3で説明したものがすべてです。つまり、ラインを引いてネックラインを見つけ、ライン付近でトレードするなどです。チャートに表示しているインジケーター類は、移動平均線とエンベロープだけです。相場観といっても本当の勘ではありません。テクニカルを逸脱することはなく、すべてチャート分析でスキャルピングします。

通貨ペアの量もあるでしょう。私の場合、スキャルピングのトレード対象は6通貨ペアです。また、スキャルピングだけでなく、デイトレード手法もやっています。これは、スキャルピングとは無関係で、ポジションのホールド時間は数時間と長いです。そのため、すべて合わせると私のトレード回数が多く感じるかもしれません。

しかし、トレード回数が多いから勝てるということではありません。**期待**

値の高いトレードをたくさんやるから勝てるわけです。ですから、回数の量はあまり気にしなくていいでしょう。本書の手法だけでなく、いろいろ試してみることをおすすめします。知識をつけると、さまざまなアイデアが思い浮かぶはずです。本書の手法の着眼点を参考にし、それを他のやり方に活用していただけると私もうれしいです。期待値の高いポイントを、あなたなりに見つけることが重要です。本書の手法は、私が見つけた期待値の高いポイントにすぎません。

チャートをスクロールして過去の短期トレンドを検証

Q12 トレードの復習や検証は、何をどのようにやればいいのでしょうか？　手短にできるポイントを教えてください。

本書の手法は、超短期トレンドをトレードの土俵にしているため、検証がしやすいというメリットがあります。たとえトレードをやっていない時間があっても、さかのぼってエントリーチャンスがあったかどうかをすぐに確認

図6-5 さかのぼってエントリーチャンスがあったかどうかを確認する

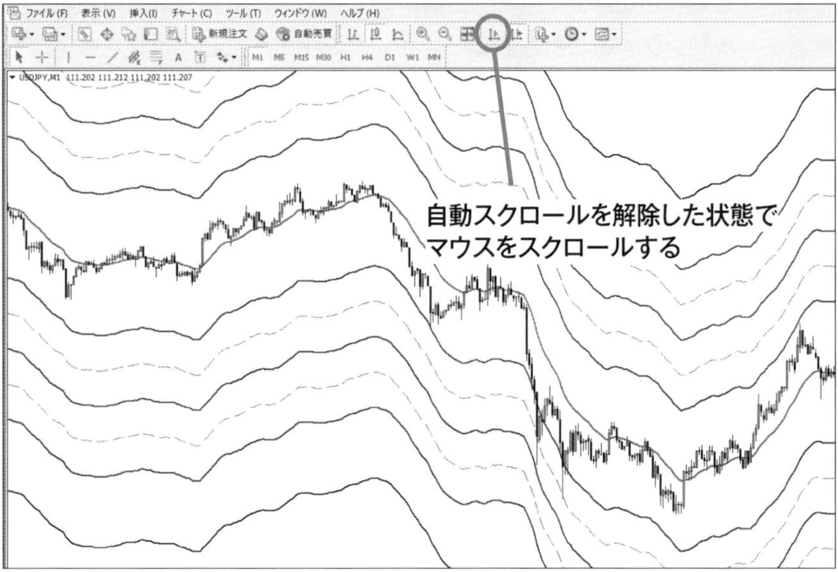

できます。CHAPTER2のチャート設定を行ない、**1分足をスクロールして過去にさかのぼってみてください**。そのとき、チャート上部の「自動スクロール」ボタンを解除してください（図6-5）。このボタンを押したままにすると、さかのぼって見ることができません。逆に、普段トレードをするときは、ローソク足が確定するたびに更新されるよう、自動スクロールをオンにしておきます。

チャートをさかのぼって見ているとき、トレンドの有無を確認する方法はとてもかんたんです。それは、移動平均線もしくはエンベロープの傾きと、ローソク足がエンベロープに到達しているかどうかをチェックします。エンベロープに触れていたら、逆張りも順張りも可能だった可能性が高いです。

図6-5では、後半部分でローソク足がゾーン①、②に到達しています。短期の下降トレンドが発生したと視覚的にすぐに認識できますね。トレンド発生を見つけたら、まずどんなトレンドだったのかをチェックし、順張りと逆張りの目線で、どこでエントリーできそうか考えます。順張りなら、どこから下落しはじめているのか、逆張りならどこがオーバーシュートだったのかをチェックするといいでしょう。

このとき、**上位足でネックラインを確認することも忘れないでください。**下落しはじめたポイントでネックラインをブレイクした可能性もあります。また、トレンドが止まったところは、サポートラインだったのかもしれません。これまで述べたテクニカル分析の中から、順番にひとつずつあてはめ、どのようなプロセスでトレンドが完成したのかチェックします。

たとえば、下記のような項目です。

- **ローソク足はジリジリ動いたのか**
- **どんな押し目や戻りだったのか**
- **値幅はどう取れたのか**
- **チャートパターンは出ているか**
- **トレンドラインは移動平均線に沿って引けるか**
- **長いローソク足は出たのか**
- **N波動や3段落ちはあったか**

これらはCHAPTER5ですべてやりましたね。テクニカル分析の一部なので、好きな方法で分析してください。エンベロープを表示しておくと、過去チャートをさかのぼったときにトレンドがすぐに確認できるので、とても便利です。大切なことは、過去のトレンドでどうトレードしていれば利益が出たのかを考えることです。

どこでエントリーし、どこでイグジットしていればよかったのか。もちろん値動きを見ていないため、あくまでもトレードの想像でしかありません。また、あとづけチャートなので、いかようにでも解釈できてしまいます。それでも、過去のチャートで検証し、トレードの組み立てを考えることは大いに役に立ちます。それを認識したうえで、次にこのようなトレンドがきたら、こうトレードしよう、とイメージすることが大切です。

損大利小になっていないか細心の注意をはらう

次に、トレードしたあとの復習です。リアルタイムでスキャルピングしたあとに考えなければならない点は、**トレンドの方向性のイメージが正しかったかどうか**です。N波動の上昇トレンドをイメージしていたのに、トレンドが発生せずレンジだったなら、そもそも細かいひとつひとつのトレードを検証しても意味がありません。スキャルピングできる場面ではなかったので、上位足のチャート分析が甘かったのかもしれません。スキャルピングする土俵ではなかったわけです。

上昇トレンドをイメージし、そのとおりになったときに、はじめてひとつひとつのトレードを検証しましょう。「ここで順張りしておけばよかった」「ここから逆張り目線にすべきだった」など、エンベロープ以外のテクニカルを組み合わせて検証します。

なお、損大利小になっていないかは、必ず確認したほうがいいでしょう。エントリーポイントとかトレンドのイメージが正しいなどの問題ではなく、**利幅と損切り幅の考えが間違っていると、どんなにチャート分析や検証をしても勝てるようにならない**からです。損大利小は絶対に避けなければならず、スキャルピングで利益を積み上げていくには損小利大が必須と考えてください。それを前提に、これからスキャルピングをしてください。

トレンドがないときはチャート分析をしよう

Q13 この手法はトレンド相場のほうが有利なのはわかったのですが、トレンドがないときどのようなスキャルピングをすればいいですか？

トレンドとレンジでは、トレンド相場のほうが逆張りと順張りのどちらも圧倒的に有利です。逆張りスキャルピングの基本方針は、オーバーシュートからの反転です。オーバーシュートはトレンドが出たときに発生します。トレンドは一方向へ進み続けることはなく、一時的な反転が必ずあります。この反転を狙うので、トレンドが出なければチャンスがないことになります。

また、オーバーシュートしなくても、エンベロープと他のテクニカルを組み合わせることで、反転するタイミングをつかむことができます。**テクニカルツールを使いこなしトレンドの波や規則性を発見してください。**逆張りなのでレンジ相場が有利だと思うかもしれませんが、レンジ相場はオーバーシュートがなく、規則性が極めてつかみにくいので、根本的に考え方が違います。

順張りは、トレンドがないとシグナルすら発生しないため、トレンドのほうが有利であることはおわかりと思います。よって、順張りもトレンド相場が土俵になります。ただ、レンジ相場のもみ合いからのブレイクは順張りでエントリーします。したがって、レンジ相場が認識できていないといけません。**トレンドが土俵だからといって、レンジ相場のときにチャート分析をおろそかにはできません。**トレンドでもレンジでも、チャート分析は同じように行ないます。

このように、本書の手法は、トレンド発生時のみシグナルが発生します。シグナルが勝手に発生するのではなく、自分で「今がエントリータイミングだ」と判断します。そのときがシグナルとなります。

トレンドがないとき（レンジ相場）は、トレード対象外になり、ルールどおりのエントリーはしませんし、シグナルも発生しません。トレンドといっても、中長期トレンドではなく、1日の中で発生する数十分から数時間の短期トレンドが舞台です。1日をアジア、ロンドン、ニューヨークという3つの市場に分け、それぞれの時間帯で短期トレンドが発生したときにスキャルピングをします。

3つの市場で必ずトレンドが発生するとは限らないので、ひとつの通貨ペアで1日に1回から2回短期トレンドがあればいいほうでしょう。1回のトレンドで数回から数十回のチャンスがあるイメージです。いくつかの通貨ペアをトレード対象にすれば、シグナルは通貨ペアの数だけ増加します。同時に複数のポジションを持つのはおすすめしませんから、エントリーチャンスが通貨ペアの数だけ2倍3倍になるのではありませんが、少しタイミングがずれれば、同時にポジションを持ってもいいでしょう。取引枚数は調整してください。

では、なぜ短期トレンドが土俵なのでしょうか？　それは、値動きの特徴があらわになりやすいからです。トレンドは、推進波と修正波があり、押し目や戻りをつけながらトレンドを出します。こういう上下動の波が出ると、高値と安値が出現し、チャート分析もできるようになります。つまり、トレンドはテクニカル分析が機能しやすいのです。それがわかっているので、**トレンド発生したときだけトレードすればよく、期待値の高いトレードが可能になるので勝ち続けることができます。**

トレンドがないとき、もしくは勢いが弱いトレンドでもスキャルピングをしたいなら、波をとらえてラインを引くなどして、値が止まるポイント、値が走り出すポイントを見つけることでエントリーができるでしょう。注意点は、勢いも値幅もないので、利益確定まで時間がかかることと利幅はあまり取れないことです。相場はゆっくり動いているでしょうから、秒単位のメリハリのあるスキャルピングはできないと理解してください。トレンド時のトレードとは内容が異なります。本腰を入れず、軽くトレードする感じでいいかもしれません。

基本的には、トレンドを待っているときはチャート分析および過去チャートの検証に専念するといいでしょう。

最低限のファンダメンタルズはチェックしよう

Q14 逆張りと順張りの両方ともインジケーターとチャート分析で判断しているようですが、ファンダメンタルズを見る必要はないのでしょうか？　為替市場はファンダメンタルズで動くと聞きます。

相場は、ファンダメンタルズとテクニカルの両面で動きます。トレードスタイルには、ファンダメンタルズ派とテクニカル派に分かれます。ただ、ファンダメンタルズでトレードするといっても、チャートを見ないでトレードする人はいないでしょう。ですから、ファンダメンタルズ派でも、局面によってはテクニカル分析も取り入れていると思われます。それはチャートを見ている以上、無意識にテクニカル分析をしていることになります。逆に、すべてチャートだけで判断し、日々の経済指標やニュースをいっさい見ないトレーダーもいないでしょう。少なからずファンダメンタルズは見ているはずです。ですから、**完全にファンダメンタルズは見ない、テクニカル分析は使わない、と決めなくていい**でしょう。

大切なことは、あなた自身が何を根拠にエントリーからイグジットまでを判断するかです。スキャルピングのような超短期売買は、ファンダメンタルズのみで判断するのは現実的に不可能と思います。チャートを見て、動いているローソク足を追いかけて判断するのが現実的です。トレンドが発生した、オーバーシュートした、という事実を確認できる手段はチャートです。ですから、テクニカル分析になるのです。

ただ、ファンダメンタルズをまったく気にしないわけではありません。相場はファンダメンタルズで動き、テクニカルに移行していくといわれます。実際そのとおりでしょう。相場がファンダメンタルズで動きはじめてから、テクニカルでスキャルピングします。

トレード判断にファンダメンタルズは使いませんが、かといってまったく情報を取り入れないと、マーケットがどんな状況なのかがわかりません。相場の雰囲気、地合いを感じ取ることも重要です。少なくともトレーダーである以上、マーケットに精通しておくべきです。

そこで、ちょっとしたファンダメンタルズを意識すればいいでしょう。あとづけでかまわないので、為替変動があったらその要因を知ることです。**要因を知るには、FX業者が配信しているニュースを読めばいいでしょう。**相場が動けば、必ずといっていいほど変動要因が配信されます。トレードの根拠にはしませんが、トレーダーである以上、マーケット情報には精通しておきましょう。

また、すべてのニュースを読む必要はありません。タイトルだけを流し読みし、気になるタイトルがあればクリックして本文を読むといったことでいいのです。毎回チェックすることで、世界のマーケットがどう動いているのか、リアルタイムで把握することができるようになります。継続して見ることで、相場が動く材料にはどんなものがあるかなどがわかってくるようにもなります。

そして、事前に時間が決まっている経済指標や要人発言などのファンダメンタルズを押さえておけば、テクニカル分析で十分な利益を上げることができます。経済指標は発表される日時がわかっているので、あらかじめ準備することができますね。普段は、チャートをもとにテクニカル分析でスキャルピングします。

46 実戦を経験して感じるテクニカル的な質問

期待値の高いポイントに絞ってトレードする

Q15 勝率があまりよくないのですが、どこを直せばいいでしょうか？

勝率の算出にあたって、どれくらいの回数をこなしたかが重要です。10回や20回のトレードで勝率を計算しても意味ないでしょう。偶然に連敗することもあれば、連勝することもあるからです。**期待値に収束させるには最低1000回はトレードする**といいと思います。1000回トレードしても勝率が悪いなら、改善点は必ずはあるはずです。

ただ、スキャルピングをスタートした時期の相場によっては、トレンドの見極め自体が難しいこともあるため、数か月くらい利益が出ないこともあります。何年も続けていると、相場により利益が出ないときがあるからです。ここだけを取りざたして、勝てないと嘆いても仕方ないでしょう。期待値に収束させるには、とにかく淡々とトレードをしていく姿勢が大事です。短期トレンドが発生し、スキャルピングにとって絶好のチャンスとなる相場でたくさんのトレードをこなし、初めて検証ができます。

ですから、数日トレードして勝てないと落ちこんでいるようでは、お先真っ暗なのです。FXは短期間で目に見える成果が出る世界ではありません。年単位の長期的な視野で取り組みましょう。長期といっても、3年ほど集中して取り組めば利益を出す感覚は確実に身につくでしょう。

いい相場でどれだけトレードしても勝率が上がらない場合は、**負けトレードを見返し、どこでエントリーしていれば勝てていたのか考えてみてください**。勝率が悪いということは、エントリーポイントが正しくない可能性が高いです。負けトレードが多いということはエントリーしてから逆行しているということなので、エントリーまでのプロセスが間違っています。もしくは、プロセスが合っていてもエントリータイミングを改善したほうがいいということです。

期待値の高いポイントだけでエントリーするようにし、ここぞ、という場面でエントリーするといいかもしれません。**トレード回数は減りますが勝率は上がります**。そのようなポイントを短期トレンドを振り返って復習してみてください。期待値の高そうなポイントに絞る作業を行なえば、ほとんどの場合、勝率は改善できます。

また、損大利小になっていないか必ず確認してください。エントリーポイントが正しくても利益が伸ばせず、逆に損切り幅だけが大きいと、1回の負けで数回分の利益を飛ばすなどしてしまうため、トータルで資金が増えていきません。数回分の利益を飛ばすならまだしも数か月分の利益を1回で飛ばしたとなると、モチベーションも低下し、FXに対する気力も失ってしまいます。これだけは避けなければならず、そうなるトレードをしていないか、その可能性を秘めていないか確認することをおすすめします。

期待値が視覚的にわかるので取引枚数を変える

Q16 逆張りでエンベロープのゾーンによって取引枚数を変えているのはなぜですか？　同じ枚数ではダメでしょうか。

期待値が高いときだけ大きめに張ることで、大きなリターンを得ることができます。いつもフルロットだと常時リスクも抱えます。勝つことだけでなく、負けることも考えると、**リターンが高いときだけ大きなリスクを取るようにします**。長期的に考えると、期待値が高いときにロットを張ることが一番利益の出るやり方です。

逆張りの場合、いつも同じ枚数だと総トレードに対するゾーン①、②の割合が大きくなり、結局ゾーン①、②で勝てないと利益が残らないことになります。勝率と利幅が最もいいのはゾーン③、④、⑤です。トレンドが発生したときに、このゾーン③、④、⑤でがっちり稼がないと、そのトレンドで利益が残りません。焦点をゾーン①、②に合わせるのではなく、③、④、⑤に合わせるようにしています。一連の短期トレンドで利益を残す、という観点だと、移動平均線からより乖離したときに大きく張るようにします。

あくまでも、逆張り手法に限った「攻める資金管理」として考えてください。トレードポイントを5つのゾーンに分けているからこそ、取引枚数を調整できるのです。なぜ逆張りは勝率を算出できるかというと、視覚情報があるからです。**逆張りはローソク足が動いた「直後」に判断すればいい**ですからね。移動平均線からの乖離幅を、すでに形成されたローソク足で視覚的にとらえることができるからです。

順張りは、これから動く相場を予測するので、まだローソク足が形成されていません。ですから、期待値の高さを視覚的にとらえるのが難しく、取引枚数を変えることはしません。順張りのロットは、逆張りのゾーン②、③と同じくらいがいいでしょう。

たとえば、逆張りで74ページのロット数だとすると、順張りは20枚か30枚です。エントリーするとき、注文画面のロット数を10枚にしているなら、2クリックか3クリックするということです。ただ、正解はないので、プレッシャーのかからない枚数でエントリーしてください。順張りの枚数は任意であり、裁量判断になります。逆張りの枚数と総合的に考えてみてください。

ラインにぶつかったらすぐにトレードするわけではない

Q17 価格がサポートラインやレジスタンスラインにぶつかったとき、具体的にどのようなトレードをすればいいでしょうか？

ラインにぶつかったら「売る」「買う」という単純なものではなく、そのラインがどのような働きをしそうなのか考えることが重要です。売る、買うというトレードは、その次の判断になります。ですから、ラインにぶつかったときに、どうトレードしたらいいのか、具体的に決めようとするのは時期尚早です。

まず、**チャート分析を行ない、ライン付近の状況を把握することが先決**です。そのうえで、逆張りならエンベロープのゾーンと組み合わせます。順張りなら他のテクニカル根拠を探します。

たとえば、下降トレンドの出はじめで強い節目となるレジスタンスラインにぶつかり、ゾーン①に到達したとします。反転する期待値は高いですが、ブレイクするためのレジスタンスラインになっていることも理解しておくべきです。仮にブレイクすると、ものすごく急騰してゾーン⑤に到達するかもしれません。トレンドを発生させるためのレジスタンスラインだったということです。節目ブレイク時はエントリーNGでしたね。この場合のレジスタンスラインは、逆張りは様子見となります。

一方、順張りには絶好のチャンスかもしれません。ブレイク時の急騰に乗ることができれば、数秒から数分でかなりの利幅が取れる可能性があり、それに乗れなかったとしても押し目からの第2波で順張り回転できるのではないでしょうか。

逆に、上昇トレンドの最終局面でぶつかったレジスタンスラインなら、そのラインで反転する可能性が高くなります。さらに、エンベロープのどこかのゾーンに到達し、長いローソク足になったうえでレジスタンスラインにぶつかったなら、高い確率で反転するでしょう。

相場環境によりラインの判断はまったく異なります。ラインにぶつかったからといってすぐにトレードを考えるのではなく、ラインがどんな役割をしそうなのか把握するようにしましょう。

超短期のスキャルピングなら利益確定は感覚でもいい

Q18 利益確定をテクニカルで考えている余裕がありません。数秒のトレードなら根拠はいらないと思います。感覚で利益確定してはダメでしょうか？

利益確定については感覚で行なってもいいと思います。こう言うと、「トレードルールは何のためにあるのか」と思うかもしれません。利益確定は、実はとても難しいと考えています。「もう少し伸ばしておけばよかった」と感じることが多いものです。逆に、「早くイグジットしておけばよかった」と思うこともあります。どちらにしても、何回かに1回は悔しい思いをします。相場の天底で利益確定するのは非常に難しいわけです。

結局のところ、テクニカル分析というのは自分が納得できる材料にすぎず、相場変動とは無関係です。完璧なイグジットができないなら、感覚で利益確定するのも同じではないかと思います。

スキャルピングのような短期売買は、**利が乗ったら数pipsで利益確定するというトレードが成り立ちます**。エントリーする前に、「数pipsの利益を目指す」というルールがあるからです。そのとおりに、数pipsの利が乗れば利益確定していいでしょう。それは1pipsのときもあれば、3pipsや7pipsくらいのときもあるでしょう。相場によって対応すればいいわけです。ですから、数秒だけでなく、数分といった短期売買なら、利益確定を感覚で行なったとしても、一貫性のあるトレードになります。

ただ、ある程度の利益確定のルールを決めておかないと、いつも感覚や相場観でトレードすることになります。相場観というと格好がつくかもしれませんが、言い換えると、戦略がない適当なイグジットですよね。ある程度慣れたトレーダーの適当と、これからスキャルピングをはじめようとするビギナーのそれは、まったく違います。ビギナーには相場観がなく、本当に根拠がないデタラメなイグジットになってしまいます。感覚で行なっていいものの、きちんとした相場観があれば、という前提になります。

ですから、**ある程度のルールは決めておいたほうがいい**のです。それは、これまで述べてきた方法を参考にしてください。どのような方法があるのかを知識として知っておくことがビギナーにとって必要なことです。そして、エントリーだけでなくイグジットもテクニカル的な根拠でトレードしようとする姿勢が大切です。テクニカルで利益確定をすると、あとから復習したり、もっと利を伸ばすには何を根拠にしたらよかったのかなど、検証することができます。検証ができると、どうすればもっと上手になるのか考えることが可能で、結果として納得できる利益確定ができるようになります。

一方、感覚のトレードは、検証が難しく、改善するのはよほど自己分析が上手でない限り無理かもしれません。感覚は、自分が正しいと思ってやっているものの、言葉で説明するのが難しいものです。ですから、最初はテクニカルで利益確定するようにし、次第に感覚でやっていくのがいいでしょう。

注意点は、損大利小になっていないかです。利益確定は小さく、損するときは大きいトレードになっていると、1回の損失ですべての利益を失う可能性があり、それを続けていると危険です。もし損大利小になっているなら、その感覚は危ないので、テクニカルで利益確定してみるなどの改善が必要と考えてください。

いずれにしても、感覚で利益確定するのは問題ありませんが、相場観がついてからです。

先読みではなく値動きの可能性をイメージすること

Q19 少し実践してみましたが全然勝てません。1分足のトレンドを先読みするというのは、たとえ数分先であっても無理な気がします。結局どちらに進むかわからないとぶせなさんも書いてますよね。

たしかに、相場を完全に先読みすることはできません。絶対に機能するテクニカル分析というものは存在しません。当たることもあれば外れることもあります。ですから、どんなにテクニカル分析を駆使して先を読もうとしても、結局のところ相場はどちらに進むかわからないものです。だからといって、トレードで勝てないことにはなりません。

考え方として、確率や可能性を基準にするといいかもしれません。「こういう場合には、こうなりやすい」というものです。たとえば、ブレイクしたらトレンドが出やすい、オーバーシュートしたら反転しやすい、などです。必ずそうなるわけではないものの、そうなる可能性がある、という可能性のことです。

大切なことは、相場の少し先をイメージできるかどうかです。ブレイクしたら、これからトレンドになるイメージができます。オーバーシュートしたら反転するイメージができますよね。ですから、**イメージどおりになりそう**

ならエントリーし、実際にそうなったら利益確定ができます。イメージと違う値動きになれば損切りします。

このイメージを、テクニカル分析でより明確なものにできるかどうかが、ポイントです。テクニカル分析は、説明がつくそれなりの根拠があるので、他のトレーダーも意識します。メジャーなテクニカル分析なら、より多くのトレーダーの目に触れるため、意識されて機能するようになります。

全然勝てないということですが、最初から連戦連勝になるはずはないので、勝てないのは問題ありません。イメージがすべてそのとおりになるはずがありませんよね。少し実践しただけで、結局どちらに進むかわからないのではないか？　と疑問に思うということは、こういう場合にはこうなりそうなどのイメージをしていないのではないでしょうか。エントリーまでのプロセスがないのです。その瞬間にやみくもなトレードをし、根拠のない相場観だけでトレードしていると、そうした感情に陥ってしまいます。思ったとおりに相場が進まないと、すぐに「FXは難しい」「この手法は使えない」「ただの博打だ」と、投げやりになってしまうトレーダーは多いです。

上がるか下がるかを予測するのが大切と思うかもしれませんが、それは結果だけを求めています。なぜ上がりそうか、下がりそうかを、テクニカル的な根拠で考えるのがトレードです。エントリーまでのプロセスを深く考えることです。それが少し先の相場のイメージにつながります。ですから、**イメージどおりになればホールドし、逆にそうならなければ損切りをすればいいだけ**です。

どんなに上手なトレーダーでも、スキャルピングでは毎日何度も損切りをします。勝ちトレードが負けトレードより少し多ければ利益になりますが、負ける日もあるので、損切りが大量にある日も出てくるでしょう。何も考えずにトレードする癖をつけてしまうと、このような大きく負けた日にトレードが嫌になったり、自暴自棄になったりしてしまいます。エントリーまでのプロセスを深く考えてトレードしていれば、負けた理由もわかり、次に活かすことができるものです。

完全に先読みすることは不可能であるという前提で、上がりやすい、下がりやすいなどの可能性を考える。それがトレーダーのやるべきことです。

押し目や戻りは「空間」をヒントにする

Q20 **トレンドの見極めができません。トレンドがどこで発生し、どんな形になるのかなんてわかるのでしょうか？トレンドのイメージができないので、スキャルピングで勝っている姿が思い浮かびません。**

トレンドがどこで発生するかわかりませんし、ましてやトレンドの形を事前に見極めることはできません。それは、私も同じです。勘違いしないでほしいのですが、事前にトレンドの発生と形を見極め、それに合わせてスキャルピングするのが本手法ではありません。あくまでも、**トレンドが発生したという事実を確認してからスキャルピングを開始する**と考えてください。

トレンドはいつ、どこで発生するかわからないので、それを予測することはしません。いつ雨が降るかを予想して傘を持つのではなく、常に傘を持ち歩き、雨が降ったらさせばいいだけ、という考えです。要するに、雨に濡れなければいいわけです。天気を予測するのは専門家にまかせておきましょう。我々は雨が降ったら傘をさすだけです。トレンドも同じで、トレンドが発生するのを予測するのではなく、それが発生したらトレードすればいいだけです。

形については、N波動のことを言っているのかもしれません。たしかに、Nの字がどんな形になるかはわかりませんが、ある程度イメージすることはできます。これも事前に予測しません。トレンド発生までのもみ合いの形や、第1波と押し目や戻り具合を見て第2波以降の進み方をイメージします。トレンドの出はじめではわかりませんし、トレンドの半ばから後半にかけて、ようやくイメージできるのです。

「空間」でN字を形成しているプロセスを把握する

トレンドが継続するかどうかは、空間を見るといいかもしれません。第1波が出たときに、トレンドが継続して第2波、第3波と続くかどうかの判断は難しいものです。第1波が出てもすぐにレンジになることも多くあります。

そこで、押し目（もしくは戻り）の作り方をよく観察するようにします。図6-6を見てください。

図6-6　下降トレンドの戻りで空間ポケットを作りN波動が出る

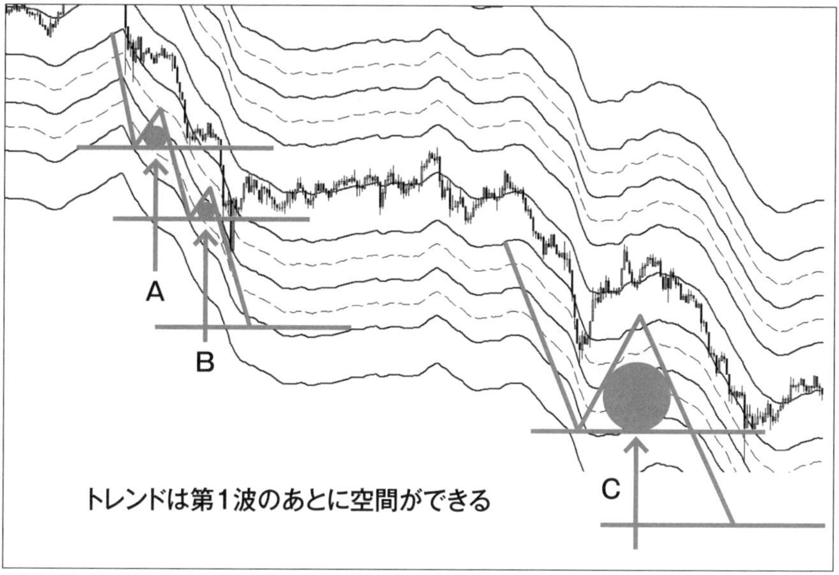
A
B
C
トレンドは第1波のあとに空間ができる

第1波が出たあとの戻しに丸を入れています（矢印の箇所）。これが「空間」です。第1波の安値から戻している最中、このような空間ができ、安値まで近づいたときにAの空間ができます。第2波ができるとN字を形成することになります。戻しでAのような**空間ができたら、N字を形成する真ん中の部分だとわかります。**

BやCも同じで、戻りから下げはじめると空間ができるので、空間がNの字の真ん中になる想定ができます。Cのように、空間が大きいほどNの字も大きくなります。空間の形とそれまでのトレンドにより、後半部分をイメージしてみてください。

トレンドでは、下げている（上げている）ローソク足だけを見がちですが、押し目や戻り局面も観察してください。推進部分よりも、修正波のもみ合いが大切であることは触れたとおりです。空間を認識できると、そのあとの第2波や第3波も準備することができ、結果としてローソク足1本1本に集中することができます。

なお、図6-6の空間はトレンド方向へ空間を認識する方法です。下降トレンドなので、安値側に空間を認識するということです。一方、高値側に空間を認識する方法もあります。図6-7を見てください。図6-6と違う下降トレンドですが、空間の位置をよく見てください。図6-6の空間はNの字の下側に空間がありましたが、図6-7は上側（戻り高値側）に空間があります。押し目や戻りの形によっては、上か下のどちらか一方に空間が認識できるかもしれません。片方だけを見るのではなく、上と下の両方をチェックしてみてください。

図6-7　高値側で空間を認識するユーロ/米ドルの下降トレンド

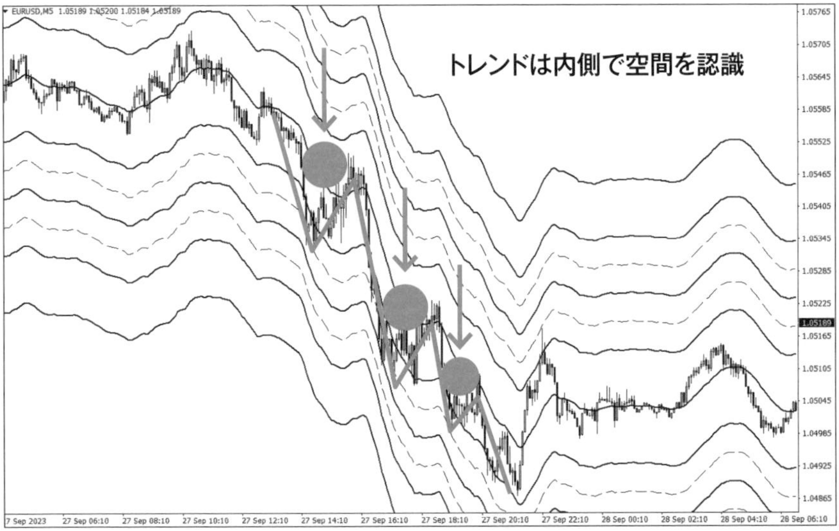

なお、**すべてのトレンドに空間があるわけではないので注意してください。**図6-8はユーロ/円の1分足上昇トレンドです。2本のトレンドラインに沿って上昇しており、移動平均線に沿って引けるので、トレンドは決してつかみにくいわけではありません。しかし、ジリジリと上昇しているので、空間で押し目をとらえようとすると見つけられずに苦戦します。最初のトレンドラインでは、なんとかA、Bで空間といえるかもしれませんが、これだけで押

し目をはかるのは無理があります。

また、トレンドを強めて2本目のトレンドラインになってからも、押し目という押し目が見当たらず、なんとかCで空間と認識できるかもしれません。A、Bよりは大きな空間です。ただ、Cの箇所だけが空間になっているのではなく、Cの前後も空間といえばそうなります。ジリジリと上げているトレンドは空間として認識するのは難しいですね。また、空間で押し目や戻りを認識する方法はテクニカル分析ではないので、あくまでも参考までにお使いください。押し目や戻りが明確な相場で活用できます。

図6-8 空間で押し目を認識するには難しい上昇トレンド

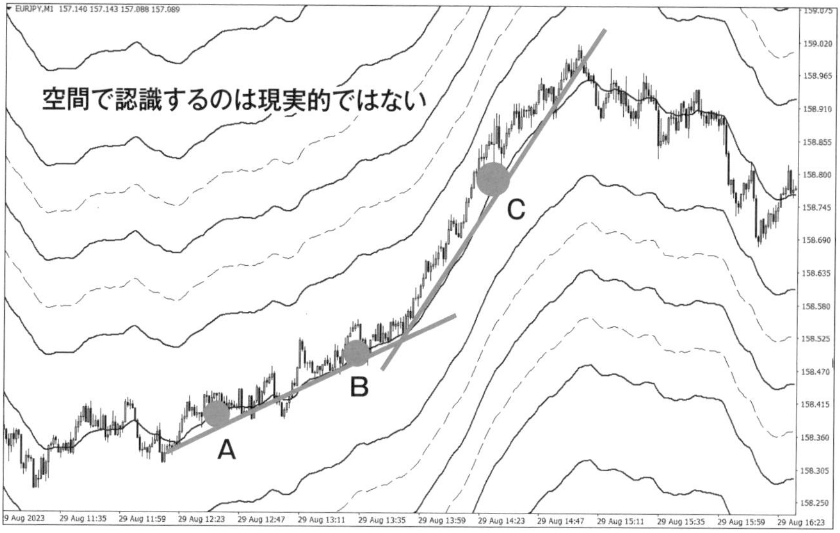

見極めが必要な相場は「ジリ上げ」「ジリ下げ」

Q21 勝ちやすいとか、負けやすい相場はありますか？

誰もが同じように勝ちやすい、負けやすい相場というのはありません。あるトレーダーにとって勝ちやすくても、別のトレーダーには負けやすいかもしれません。それが同じ手法だとしても、です。勝ちやすい相場があるとすれば、すべてのトレーダーが勝てる場面があることになります。それはあり得ませんよね。どんな場面でも、トレーダーの数だけ勝ち負けが混在します。ですから、**損益がこうなりやすい（勝ちやすい、負けやすい）、という相場を限定することは不可能**です。

損益で考えることはできませんが、テクニカル的なアプローチでいうと、トレードしやすい、しにくい相場はあります。チャートの形により、エントリーからイグジットの組み立てがしやすい、つまり、期待値が高い場面を自分で見つけることが可能ということです。そういう意味での勝ちやすい相場は、逆張りなら本書内のトレード例で説明したような、エンベロープに加えてネックラインなど他のテクニカル根拠が重なったときです。反転する期待値が高い根拠が2つ以上あるといいですね。

順張りなら、押し目や戻りが把握できるトレンドで、推進波が出るならここからというポイントがイメージできる場面などです。**チャート分析が上手になってくると、このようなポイントをいくつも見つけられるようになります。**

また、トレンドが発生すると、必ず何かしらのネックラインが見つかるはずです。エンベロープのゾーン①を超え、第2波以上のN波動が形成されれば、ネックラインはあると考えてください。ネックラインがあれば、逆張りも順張りもトレードできます。トレンドが発生しているのにネックラインを見つけられないのなら、それは着眼点が間違っているのかもしれません。もう一度、CHAPTER3のテクニカル分析を読み返し、復習しましょう。

一方、負けやすい相場というか、**テクニカル的な根拠が認識しにくい相場は、「ジリ上げ」や「ジリ下げ」の相場**です。図6-9のチャートを見てください。相場の参加者が少ないときや、中長期トレンドがなくレンジ相場のときに発生します。相場の参加者が少ない時期は、クリスマス相場や「夏枯れ相場」といわれるときです。相場をけん引しているヘッジファンドなどの機関投資家が休みに入るため、動きが極端に少なくなるのです。大きな注文がないので、新しいトレンドが発生しづらくなります。また、経済指標で急騰や急落をしても、売買が増加せずにそのまま膠着してしまいます。上がったまま膠着する「上げ止まり」、下がったまま動かなくなる「下げ止まり」のようなものです。

図6-9　連敗に注意すべきジリ下げ相場

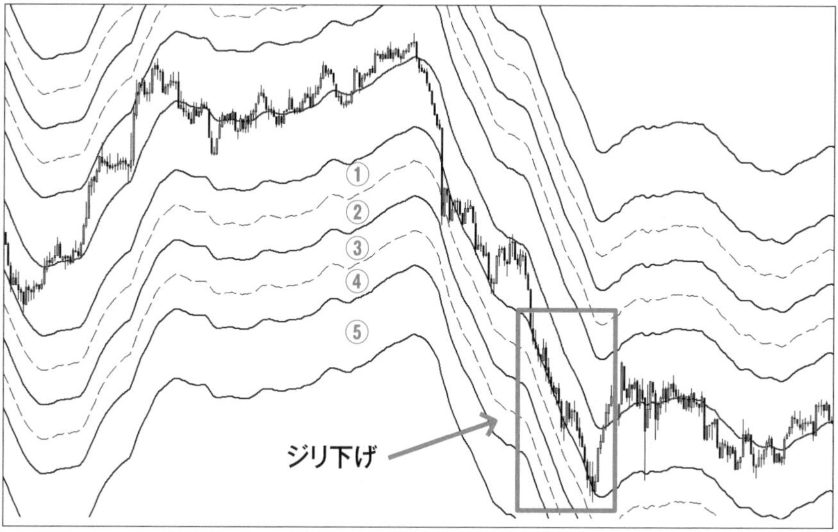

また、こうした時期以外でも、普段でも相場が薄い時間は往々にしてあるので、注意しておく必要があります。私が意識しているのは、「反対売買が出るか」ということです。反対売買が出る、それは反転するということです。経済指標など、何かをきっかけに短期トレンドが出たとき、誰もが上昇すると思う材料なら、反転せずにだらだらと上げていきます。売る人がいないため、反転せずに上昇していくのです。

反対売買が出ないと、相場が薄くなりそのまま膠着してしまいます。「ジリ上げ」や「ジリ下げ」が続いているときは、「今回もそうなるかな」と予測できるので、トレンドが発生するたびに意識しておきます。そうすることで、エントリーをスルーするなど、負けを防ぐことにつながります。

図6-9のチャートの四角の箇所のように、ジリジリと安値切り下げ、高値切り下げになります。損切りした分を取り返したいからといって、次のローソク足でエントリーするなど、1本ずつ逆張りしていては連敗します。

逆に、安値更新したときに順張りショートをすると、反発してすぐに損切りになります。それを繰り返していると連敗します。損切りしたら、移動平均線に戻るか次のゾーンに行くか、もしくは修正波を形成するまで観察するなどしましょう。反対売買が出ないと、陽線や陰線が数十本連続します。やみくもにスキャルピングしていると連敗しやすい場面なので注意してください。

このような「ジリ上げ」や「ジリ下げ」で負けを防げると、右肩上がりで資産増加が見込めます。ジリジリと動く相場の見極めができれば、通常の相場ではよりかんたんに勝てるようになります。その意味で、勝つよりも負けを防ぐほうが重要なのです。

ただし、ジリジリ相場の波が把握できれば、トレードしてもいいでしょう。図6-10のように、**下げる角度が決まればトレンドラインやアウトライン、チャネルラインが引けるので、その角度に沿って回転トレードができます。**ラインが引けるのは、移動平均線の角度がついてくるAあたりでしょうから、ここから後半にかけてスキャルピングできます。ジリ上げやジリ下げ相場では、上がる角度、もしくは下げる角度があるので、それを見つける意識をしてみてください。

図6-10　ジリ下げの下降トレンドで移動平均線に沿ってラインを引く

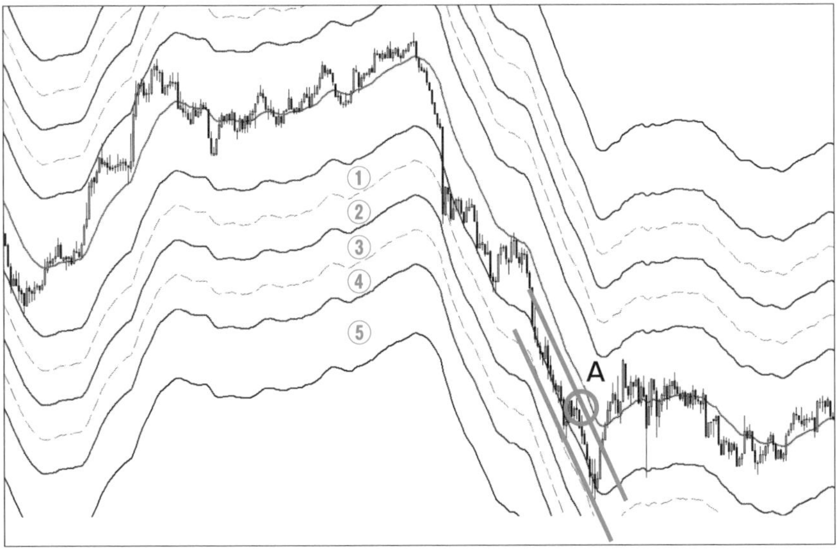

強いトレンドが出ると移動平均線まで戻らない

Q22 **逆張りの利益確定について、数pipsで利食いするのではなく、移動平均線まで引っ張ると利幅が取れて効率よく資金が増えるのではないでしょうか？　利益確定しても、もっと持っておけばよかったと思うことがよくあります。**

移動平均線まで戻ることも多いので、そう感じると思います。しかし、トレンドが強いと移動平均線まで戻らずにトレンド回帰します。そのため、強いトレンドでは必ず負けることになり、トータルで勝てません。

たとえば、ゾーン①でエントリーして2pipsで利益確定したあと、移動平均線に戻った場合には、10pipsくらい取れたのではないかと感じるでしょう。しかし、移動平均線に戻らずにトレンド回帰したらどうでしょうか。そのあと、ゾーン②でエントリーしても移動平均線に戻らないとします。ゾーン③、④、⑤でも戻らないと全敗してしまいますね。ゾーン⑤の場合は、いずれ移動平均線に戻るでしょう。しかし、損切りしてから戻るかもしれませんし、移動平均線に戻るまでに何十分もかかるかもしれません。もはやスキャルピングではありません。ゾーン⑤の場合は、**移動平均線までホールドするのではなく、目安10pips前後が一番高い期待値です。**ゾーンごとの利食い損切り幅を思い出してください。オーバーシュートから数pipsを目安に取ることが、スキャルピングで最大限利益を出すやり方でしたね。

そもそも、本書の逆張り手法は、オーバーシュートからの一時的な反転を狙います。トレンドが移動平均線まで戻るときは、トレンドが終了したときか、大きな押し目や戻りをつけるときです。ほんの一時的な反転では移動平均線まで戻りませんから、本手法の考え方と異なります。エンベロープを使った逆張りは、あくまでもオーバーシュートしたあとのわずかな反転を狙います。逆張りを利益確定したあとに、移動平均線に戻ったとしても、そこから順張りのチャンスになります。逆に、利益確定後にさらに外側のゾーンへ行けば、それは逆張りのさらなるチャンスです。どちらにしても、スキャルピングで稼げる場面はたくさんあります。

乱高下している渦中でトレードをするのは無謀

Q23 経済指標はトレードを見送る判断でしたが、指標でもゾーン⑤より外側には行かない気がします。逆張りで勝ちやすいのではないでしょうか？

経済指標発表後、1分以内はとても危険なので見送ります。できれば数分間は見送りたいところです。もちろん、ローソク足やチャートの形にもよります。勝てる気がするのは、出来上がったあとづけのチャートを見ているから「逆張りすれば戻る」と思うのでしょう。実際の指標発表時は結果的に反転しているように見えて、渦中では急騰してもすぐ急落、急騰してまた急騰などのように、ランダムに乱高下しています。また、スプレッドが広がっています。発表後の1分足が確定するまで激しく上下動していて、**「これから下げる」「これから上がる」といった予測をすることは不可能に近い**わけです。

1分足が確定し、出来上がったチャートを見ると、ゾーン⑤を突き抜けることが少ないのですが、かといって乱高下している渦中でトレードをするのは無謀なことだと考えてください。

たとえば、ゾーン③に到達してエントリーしたとします。そのあと、一瞬でゾーン⑤まで値が飛ぶこともあります。これではルールどおりの損切りなどできないので、やむなく損切りしたら－15pipsだった、などといった大きな負けトレードになってしまいます。ただ、この相場をあとづけで見ると、ゾーン⑤で反転している、ということしかわからないのです。ゾーン③でヒゲが出たという事実は見えてきません。このようなことも、実践していけばわかってくることと思います。

47 順張りと逆張りの違いに対する質問

5分足は順張りだけで使う

Q24 5分足ではなぜ順張りのみしか使わないのでしょうか。逆張りはできないのですか？　また、15分足など他の時間軸では使えませんか？　他の時間軸でも機能しそうで、トレードがたくさんできる気がします。

エンベロープのパラメーターおよびトレードルールは1分足専用です。5分足では検証していないため、期待値は未知数です。ただ、狭い値幅のレンジ相場が続いていると、5分足で表示してもゾーン⑤を抜けることなく反転します。図6-11のチャートは5分足です。何となくエンベロープで反転していて機能するように感じますね。丸印がゾーンに入ったポイントです。

図6-11　5分足にエンベロープを表示しゾーン到達を示す

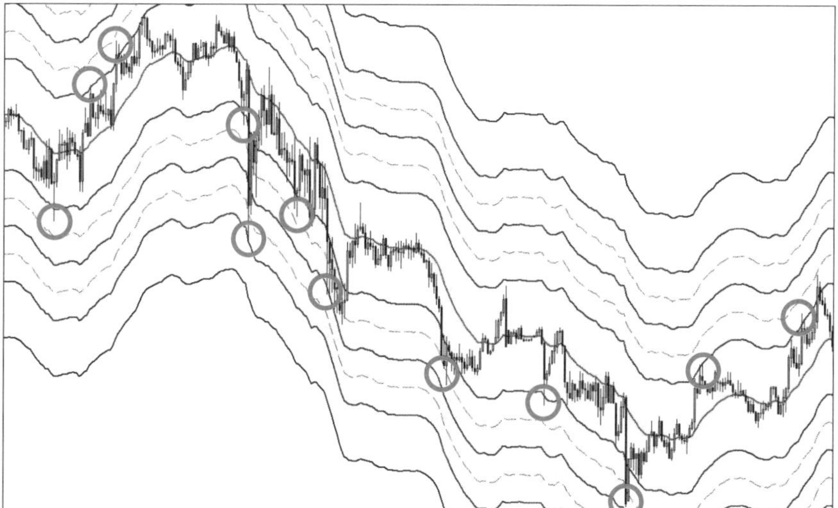

1分足の場合、ヒゲが出現して即エントリーになりますが、5分足だとローソク足が確定するまでに5分かかります。足が確定せずにエントリーするので、1分足でも5分足でも違いはないと感じるかもしれません。しかし、ヒゲだけではシグナルにはならず、オーバーシュートしているかどうかが重要です。それまでのローソク足や移動平均線との距離を見る必要がありますね。5分足だと、移動平均線との乖離はエンベロープではかることはできません。ローソク足が確定するまで、5分足は1分足の5倍かかるので、ローソク足形成中に乖離幅が広いか狭いかを判断することができません。つまり、**5分足だとエンベロープでオーバーシュートをはかることができない**のです。

極端な例として、1分足と日足のヒゲを比較するとわかりやすいです。日足が確定するまでに1日かかります。その間にヒゲは何度もできるので、ひとつのヒゲで反転するなどわかるはずありません。オーバーシュートかどうかは、数時間から数十時間のローソク足をチェックしなければなりません。これでは、トレードチャンスが1日に1回あるかどうかになってしまいます。

そして、エントリータイミングも問題があります。ゾーンに入ったとしても、1度目のヒゲが反転のサインにはなりません。ヒゲが出てもさらにトレンド方向へ進み、日足が確定するまでに何度も上下動するでしょう。そのため、1分足のようにゾーン①に到達して最初のヒゲでエントリーしても確度がかなり落ちることになります。エントリータイミングから検討する必要がありますね。

ですから、**エンベロープは1分足以外では同じように使えない**のです。まずは、これを認識することが重要です。ローソク足確定まで1分足の5倍かかるので、このことで1分足と何が変わってくるのか、そして、1分足とどのようにルールを変えればいいのか、ひとつひとつ検証しなければなりません。

そもそも、5分足のゾーン①や②では、オーバーシュートと考えないほうがいいです。狭いレンジ幅の高値側と安値側と考えたほうがいいでしょう。そうすると、1分足ではオーバーシュートからの反転を狙った手法になる一方、5分足ではレンジ幅を狙った手法といえるかもしれません。ゾーン③、④、⑤に到達したとき、1分足なら完全なオーバーシュートなので反転を高確率で狙えますが、5分足の場合はレンジ幅を抜けてトレンドが出はじめたのかもしれません。必ずしもオーバーシュートではないということです。そのため、5分足ではゾーン⑤を突き抜けることがよくあります。

チャートをさかのぼって見てみてください。この違いを認識したうえで、5分足でのトレードを検討するといいでしょう。なお、5分足より長い時間軸、たとえば15分足や1時間足などは、このパラメーターではまったくといっていいほど機能しないので、注意してください。移動平均線から乖離して反転を狙うスキャルピングは、1分足が大前提です。

順張りは自分からシグナルを見つける手法

Q25 **順張りのシグナルがあいまいで、いまいち理解できません。誰がやっても同じになるエントリーサインを教えてください。**

誰が見ても同じエントリーサインになることはありません。たしかに、逆張りはエンベロープの5つのゾーンを使うので、視覚情報があるのでわかりやすいかもしれません。ただ、ゾーンだけで判断するわけではないので、注意が必要です。ローソク足の長さやヒゲの出現、他のテクニカルと組み合わせるなどをするので、ゾーン以外の判断材料も多くあります。

また、エンベロープでトレードするにしても、あるトレーダーにはチャンスでも、別のトレーダーには上位足のチャート分析から様子見のポイントかもしれません。仮に同じロングエントリーするにしても、判断根拠が異なったり、エントリーまでのプロセスも異なったり、イグジットのタイミングも違ったりするでしょう。ですから、視覚的に見やすいエンベロープがあるからといって、誰もが同じサインになることはないのです。

順張りは視覚情報がいっさいないので、エントリーサインがよりあいまいに感じるかもしれません。そう思う理由として、逆張りと順張りのエントリーポイントの違いがあります。逆張りはオーバーシュートしてからなので、推進波が出たあとにエントリーします。一方、**順張りはオーバーシュートする前、これから推進波が出るタイミングでエントリーします**。推進波が出る前とあとでは、あとのほうがエントリーしやすいでしょう。推進波が出る前は、これからどのようなプロセスで推進波が出るかなどの見方は、トレーダーごとに違うに決まっていますね。ですから、順張りはみなが違うタイミングになります。誰がやっても同じになるエントリーサインはないのです。ただ、数秒や数分のずれはあるにしても、1分足で順張りスキャルピングするトレーダーなら、同じようなポイントでエントリーする場面はたくさんあります。

なぜわかるかというと、**トレンド回帰する場面やブレイクするときは、プライスが一気に進むから**です。それまでゆっくりと戻していた相場が、スピード感のある下げがはじまれば、「みながショートしはじめたな」と認識できるからです。1秒のずれもなく、同じタイミングで順張りエントリーするのは無理ですが、1分足を見ているスキャルパーなら、同じようなポイントでエントリーしていると感じることが多々あります。

逆張りと順張りの目線は頻繁に切り替わる

Q26 **逆張りのシグナルが出そうなのに、そこから順張りするのは矛盾しませんか？　その逆も同じです。順張りのシグナルが出そうなのに、逆張りするのは矛盾している気がします。**

同じトレンドの中で、逆張りと順張りが入れ違うようにシグナル発生となるので、混乱するのはよくわかります。たった1秒の差で順張り目線が逆張り目線になり、ドテンすることもあります。ドテンは、その瞬間にポジションをひっくり返しますよね。真逆の注文を出すので、ちょっとした判断ミスや、タイミングのズレで損益が反対になります。含み益になるところが、ドテンすると含み損が拡大するかもしれません。

利益が出ないだけならまだしも、逆に損することもあります。それが数秒や数分単位で変わるので、心理的にもダメージは大きいかもしれません。混乱したり、値動きについていけないと滅茶苦茶なポジションになったりしてしまうかもしれません（実践すれば目線やポジションをひっくり返すことには慣れてくるので安心してください）。

ただ、**テクニカル的に矛盾はしないので、勘違いしないでください。**相場とポジションには、主に次の3つがあります。

① 上がる（ロング）
② 下がる（ショート）
③ もみ合い（様子見）

相場の流れをすべてこの3つに分けることはできませんが、ポジションは3つ（カッコの中）なので、それに合わせました。上がる、下がる、もみ合いの3つはいつも混在しているので、①のあとに即②があっても変ではないでしょう。1分足という超短期の時間軸で、瞬間的な上げ下げを見ているのです。②から③を経て①になるなど、いろいろなパターンがあるはずです。

たとえば、②だった相場が①になるタイミングなら、ショートから即ロング目線になるわけです。①と②が同時に起こることはありません。**必ずひとつしかないので矛盾はしません。**目線が切り替わるタイミングが早いと矛盾すると感じるかもしれません。1秒後にロングがショートになり、さらに数秒後にはショートがロングになることは、多々あります。

1秒ごとに切り替わるというのはちょっと言いすぎかもしれませんが、1分足の短期トレンドはそのようなものです。サポートやレジスタンスという節目では、上がるポイント、下がるポイントが同じ価格帯です。ちょっとしたタイミングでロングにもなり、ショートにもなるということ理解してください。

実践すれば、ここから上がってすぐに下げはじめるとか、トレンドのイメージをすることができます。そうすると、上目線からすぐに下目線に変更できたりします。まずは、いろいろなトレンドで練習することです。そうすると、目線の切り替えが瞬時にできるようになります。スキャルピングで勝つには、この目線の切り替えができなければなりません。

相場の仕組みを知っていれば逆張りは怖くない

Q27 トレンドが出ると逆張りでは難しいのではないですか？相場に逆らうような気がして怖いです。

相場の仕組みを理解すれば、まったく怖くありません。逆張りは、**オーバーシュートしてからの一時的な反転を狙うもの**でしたね。これを思い出せば、むしろチャンスに思えるはずです。やみくもに逆張りをするのではありません。もしかしたら、ローソク足とエンベロープだけを見ているのかもしれません。チャート分析をせず、ゾーンに到達してエントリーして損切り、という**思考のないスキャルピングをしていないでしょうか？**　1分足より上位足のチャート分析をし、サポートやレジスタンスなどのネックラインを見つけ、現在までの流れを把握します。経済指標をチェックし、直近のチャートでトレンドが出た部分を詳細に分析するなど、事前準備が必要です。

そのうえで、今からトレンドが発生したらどう動きそうか、時間帯なども考慮し、上昇するならこうなるかも、下落するならどうなりそうかなどイメージすることが必要です。

また、**相場の仕組みとして、トレンドは一方向へ進み続けることはなく、必ず押し目や戻しがあります。**N波動を思い出してください。トレンドはNの字で進みましたね。N字を形成するプロセスで反転しなければならないのです。逆張りの場合、その反転するタイミングを狙います。オーバーシュートし、より外側のゾーンに到達すれば期待値は高いですね。順張りは、Nの字で進みはじめるタイミングでエントリーします。

むやみにエントリーしても、勝てるはずはありません。逆張りなら反転するタイミングを、エンベロープの5つのゾーンではかります（勝率はこれまで説明してきたとおりです）。順張りはトレンド回帰するタイミングをはかります。これを淡々と繰り返し行なっていきましょう。それに加え、ローソク足の長さや他のテクニカルと組み合わせることで、期待値は格段に上がります。

そうはいっても、怖いという感情は頭で理解しても消えるものではありません。自らトレードし、逆張りのよさを心底理解しないとダメですね。日々トレードを行ない、経験を積むことで怖さは消えていきます。いずれ、怖いどころか、トレンドが発生するたびにワクワクするようになってきます。

48 スキャルピングの考え方に関する質問

スキャルピングはギャンブルなのか?

Q28 FXはギャンブルと聞きます。スキャルピングのような短期売買は経済合理性を欠き、博打と同じに思えます。本書の手法を聞いたあとでもこの考えは変わりません。ギャンブルの世界で勝ち続けることは可能なのでしょうか？

たしかに、FX、特に短期売買はギャンブルに近いといわれることがあります。しかし、FXはギャンブルではありません。**変動する通貨ペアの価格を為替市場で売買するだけなので、仕組み自体はまったくギャンブルではありません。**両替所で外貨を両替するだけで、ギャンブルになるようなことはないですよね。手数料は取られるので、両替することで得することはありません。しかし、上がるか下がるかの賭けをしているのではありません。実際に必要だから両替をします。FXのマーケットには実需もいるので、為替変動のリスクヘッジのために参加している機関もいます。

まず、これを理解しないと、他人から何を聞いてもギャンブルにしか思えなくなってしまいます。手元にある日本円が、ゼロサムゲームの対象にはならないでしょう。FXの仕組みを、自分でよく調べてからトレードをはじめることをおすすめします。

ただし、ギャンブルと変わらないといわれるゆえんはあります。証拠金取引は、レバレッジをかけて自分の儲けのためだけに行なうので、ギャンブルやゼロサムゲームと揶揄されるのは納得できます。さらに、**差益だけを狙った短期売買は極めて投機性が高く、投資や安定した資産運用とは程遠い行動です。**

ですから、取引ルールをしっかりと決め、トレードするうえで規則を作らなければなりません。規則がなければ感情や勘にたよったトレードになってしまい、いずれお金儲けという欲望に埋もれて負けるのは火を見るより明らかです。それが人間の感情というものでしょう。そうならないよう、投機性の高い市場で勝ち続けるためには、ルールに則って行なう必要があります。そのための手法が本書というわけです。

また、やみくもにトレードしていると、スプレッドという手数料がかかるため、じり貧になります。トレードするたびに手数料を払うので、回数が多いスキャルピングは極めて不利です。

FXは、仕組み自体はギャンブルではありませんが、やり方によってはギャンブルのような取引になるということです。すべては自分次第になるでしょう。

なぜナンピンはダメなのか?

Q29 **トレンドはいずれ終わるので、損切りしないでナンピンしたほうが勝率は上がり儲かる気がします。ナンピンをやらない理由はあるのですか？**

逆張りと順張りのナンピンについて考えてみましょう。まず逆張りです。ナンピンをする場合、当然ながら損切りポイントをあらかじめ決めなくてはなりません。トレンドに逆らっているとはいえ、ナンピンしていればいつかトレンドは終わり、戻ると思いがちです。たしかに、トレンドは永遠に続かないので、いずれは反転するでしょう。問題は、いつトレンドが終わるか、そしてどれくらいの含み損まで耐えられるかです。しかし、資金が無限にある場合でないと際限のない含み損に耐えるのは無理でしょう。そのような人はいないので、**しばらく戻ってこない相場のときに、たった1回のトレードで口座資金をすべて失います。**

特に、FXをはじめた最初のころはロット数が少なく損失も少額なため、損切りせずにナンピンしたくなる気持ちが強くあるかもしれません。実際に、ビギナーのころはナンピンをして、さらに逆行して含み損が拡大しても、ロット数が少ないので恐怖心が芽生えません。何度かナンピンしても戻らないことに気づき、全ポジションを損切りしたとしても全財産を失うほどの損失にはならないでしょう。ですから、無計画なナンピンがどれほど危ないものか、認識できないのです。

しかし、そのようなトレードの癖がついてしまうと、ロットが大きくなってきたときに、メンタルも資金も耐え切れずに崩壊してしまいます。**スキャルピングをスタートした今の時期こそ、損切りする癖を身につけてください。**

また、ナンピンするということは、エントリーの根拠が崩れているはずです。逆行しているので本来なら損切りすべきポイントです。損切りせずに、さらにポジションを建てるというのはルールと真逆の行動を取っていることになります。果たして、これは投資行動として正しいでしょうか？　そんなことをしていては、いつまで経っても勝ちトレーダーになることはできません。

図6-12のチャートを見てください。矢印のローソク足はゾーン⑤を突き抜けて、ヒゲが出現しています。エントリーチャンスだと思ってエントリーしたとします。利を伸ばそうとして決済し損ない、そのまま含み損になったとします。矢印の箇所で決済しないと、含み損になりますね。そのあとナンピンしたらどうでしょうか。どこでナンピンしたとしても、利益が出る場面は皆無に等しいことがわかります。つまり大損するということです。

図6-12　エントリーポイントに戻らない相場はナンピンしても利益は出ない

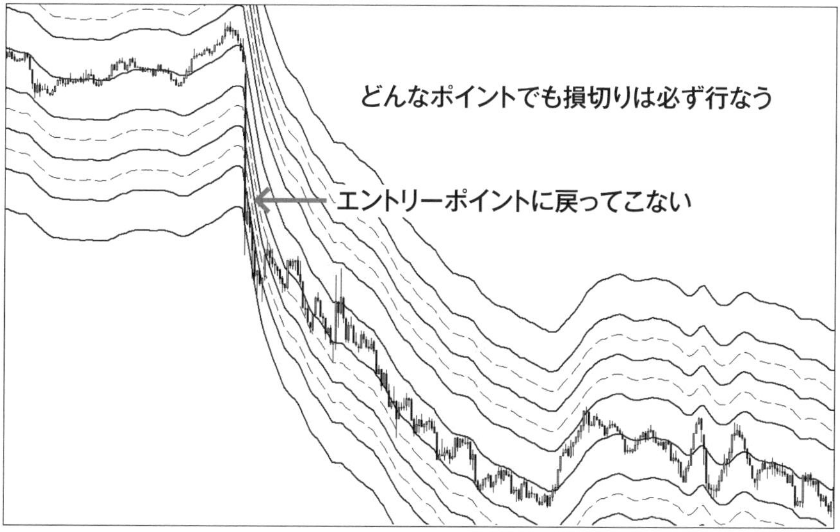

どんなポイントでも損切りは必ず行なう
エントリーポイントに戻ってこない

ちなみに、矢印のローソク足は、経済指標時です。「経済指標時ならエントリーしないから関係ない」と思うかもしれません。しかし、**ナンピンすることを前提にしてしまうと、経済指標時だろうが普通の相場だろうが、おかまいなくエントリーする**ものです。逆行しても、「ナンピンすればいい」という思考になっているからです。たった1回のトレードで口座資金を失ってしまうのは本当にもったいないことですし、後悔しか残りません。何があろうと、どんな相場だろうと「逆行したら損切りする」、これが勝ち続けるためのすべてです。利益確定に失敗しようが、エントリーを見逃したために機会損失になろうが、資金が減らない限り、チャンスはまたやってきます。しかし、1回で大損することだけは、トレードの世界では絶対にやってはいけないことなのです。

ただし、分割エントリーは有効です。詳しくは81ページで述べましたが、ゾーン③、④、⑤にくると移動平均線との乖離幅が大きく、乱高下する場面です。上下のブレも激しくなり、ヒゲが出たと思ったらヒゲを埋めてさらに外側のゾーンに突き抜けるなどします。わずかな逆行で損切りしていると、損切りしたあとに戻ってきて非常にもったいないです。数秒や数十秒の間隔をあけて、数回に分けてエントリーするとブレを均すことができます。無計画なナンピンとまったく違うので、ごちゃ混ぜにせず使い分けてください。計画的な分割エントリーはOK、無計画なナンピンはNGです。

順張りもナンピンはしません。「ここからトレンド方向へ進むのではないか」というポイントでエントリーするのが順張りです。ですから、トレンド方向へ進まず、逆行したら損切りしましょう。

損切りのタイミングは、移動平均線を逆に突き抜けたとき、節目で跳ね返されたときなどです。逆張りよりも、順張りのほうが損切りはしやすいと思います。逆張りは、トレンドはいつか反転するという考えになりやすく、**もう少し我慢してホールドしていれば戻ってくると期待してしまいます。**損切りしたあとに戻ってしまうと、再エントリーしにくく、損切りしなければよかったとなります。ですから、どうしても損切りを躊躇してしまうのです。

一方、順張りは、ここでトレンド方向へ進まなければ大きく反転するかもしれない、という考えになります。待っていればトレンド回帰する、という考えにはなりにくいです。損切りしてから、トレンド方向へ進めば再度エントリーできます。逆張りと順張りで、損切りとナンピンの誘惑に違いがあるので、実戦で自分がどう感じるのか試してみてください。

常に「考える」ことで「勝ち続ける」ことができる

Q30 ぶせなさんには悪いと思うのですが、違う手法も同時に試していいですか？　それとも手法はひとつに絞ったほうがいいでしょうか？

本書の手法以外にも、たくさんのやり方を試してください。FXの勝ち方は、100人のトレーダーがいたら100とおり存在します。正解はないということです。本書は、FXの勝ち方のごくごく一部であって、氷山の一角です。私のやり方だけが正しく、他の手法は邪道だなどというつもりはありません。「私はこのルールで勝っています」というだけで、みなさんにとってほんの少しでも参考になれば、それだけでうれしく思います。エントリーのタイミングや順張りと逆張りを狙う考え方を、ぜひ他の手法でも活かしてください。

むしろ、手法をひとつに絞ると、その手法が通用しなくなったときに路頭に迷ってしまいます。他のやり方はないものか、**もっと期待値の高いトレードはできないものか、常に考えることにより勝ち続けることができる**のだと思います。普段から試行錯誤しているからこそ、相場の流れが変わっても、それに対応できるのでしょう。ぜひ、いろいろな手法を試してください。

いずれ感覚でスキャルピングできるようになる

Q31 スキャルピングは感覚でやるものなので、ルール化できないと聞きます。何億円も稼いでいるスキャルパーは相場観でトレードしていると思います。ぶせなさんはなぜルール化できるのでしょうか？　相場はランダムに動くので、ルール化できないと思うのですが。

たしかに、相場はランダムウォークしているので、値動きを予測できるものではありません。ですから、ひとつのルールが常に機能することはないでしょう。もし、あるルールが機能するなら、聖杯が存在することになります。それが存在しない以上、ひとつのルールが機能し続けることはないといえます。

テクニカル分析をもとにしたルールは、ある場面では機能する、と考えてください。1日の中でほとんど機能しないにしても、**短期トレンドが発生した数十分から数時間は機能する**ということです。言い方を換えると、トレンド発生時に、本書のルールを守ると利益が残りやすい、ということです。決して必ず勝てるわけではなく、あくまでもそうなりやすいというだけです。

そして、スキャルピングに慣れてくると、おっしゃるとおり感覚でトレードできるようになります。ルール化はできないものの、トレンドがあればどこでもエントリーすることができるようになります。これは、値動きやチャート形成の感覚を身につけているからこそ可能といえます。つまり、相場観といえばいいでしょうか。

ただし、感覚とはいえ、相場の仕組みやテクニカル分析の基礎、時間帯の値動きの特性などを知り、**「こういう場面では上がりやすい、下がりやすい」という期待値を知っている**のです。それを言語化していないだけであり、勝ちパターンを習得しているのです。感覚の土台となるのはあくまでも基礎であり、それをもとにトレードしてきた経験値です。逆に、知識もなくやみくもにトレードを何年続けても、感覚でトレードできるようにはならないでしょう。適当なトレードを続けるだけになります。あくまでも、感覚でスキャルピングできるようになるための土台があるからできるものです。勘違いしないようにしてください。本書の手法は、「こういう場面で、こうすれば勝てる」というひとつの体験です。

そして、最終的には、感覚でスキャルピングできるようになってください。そこにトレンドさえあれば、ロングとショートのどちらでも勝てると思います。基本的なタイミングはルール化しておき、あとはそのときの値動きに応じてエントリーするか否かを、その場で決めればいいでしょう。ロングとショートを秒単位で切り替え、1分足の上下動を、1分間で何度も、ロングショートどちらも刈り取るのです。ロングして上げたらショート、ショートして下げたらロング、数pipsを数秒から数分で取り、何度も繰り返します。ローソク足の上げ方や下げ方がわかると、これができるようになります。本書で説明したスキャルピングができてこそ、感覚でできるようになります。あくまでも、**基礎が身についていることが前提です。そうでなければ相場観ではスキャルピングできません。**本書で徹底的に基礎を覚えてください。

私のトレード環境

Q32 1分足はどのくらいの時間分を表示すればいいでしょうか？

1分足は1時間で60本形成され、1日だと1440本形成されます。1日分の1分足をひとつの画面に表示することは不可能です。私はエントリーサインを待っているときは、だいたい2時間分、120本くらいを表示しています。1分足の他、5分足、15分足、1時間足、4時間足、日足を出しています。図6-13が私のチャート画面です。1分足は左上で、先に述べたように2時間分くらいの表示です。他の時間軸は、チャート分析用に出しており、常に見ています。**1分足スキャルピングとはいえ、上位足の流れがとても重要だからです。**

なお、このチャート設定はノートPCで1画面です。これからスキャルピングをはじめたい方は、まず1画面からはじめると思います。私と同じチャート設定にするのもおすすめです。チャート設定の詳細は私のブログに書いているのでのぞいてみてください。

トレンドが発生してスキャルピングをするときは、1分足を全画面表示にしたりします。また、1分足の左下にある通貨ペアをワンクリックすると、6つの時間軸がすべてその通貨ペアに変更できます。通貨ペアの切り替えはかんたんなので、1画面でも多くの通貨ペアを監視できるわけです。1分足を6通貨ペア表示することも可能ですし、チャートソフトはMT4が便利です。

図6-13　スキャルピング用の米ドル/円チャート設定

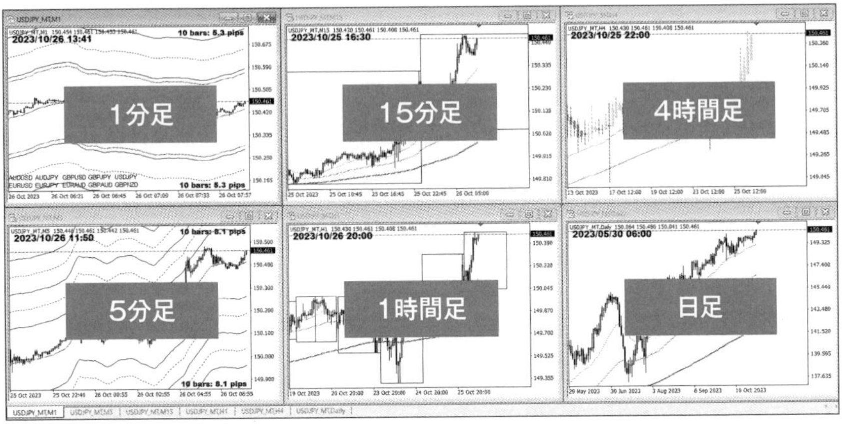

CHAPTER 7

最大限の利益を引き出す「方法」と「思考」

トレードは、チャートに基づいて淡々とルールどおりに実践することが基本です。大切なことは、何よりもまず期待値の高いルールです。そしてトレードルール以外にも、利益を最大限に引き出す方法があります。これは、チャートを見ているだけではわかりません。

FX で勝ち続けるには、あらゆる点において「勝つ行動」が必要です。たとえばプロのアスリートは、試合のときだけがんばるわけではありません。日々の練習に取り組む姿勢や食生活、メンタル維持など、さまざまなことに気を使っているはずです。まさに、日常生活のすべてにおいて、高度な意識レベルをキープしています。トレーダーも同じで、いいルールだけあれば勝てるわけではありません。本 CHAPTER では、こうしたルール以外の大事なことをお伝えします。

49 6つの通貨ペアと時間帯の使い分け

米ドル / 円以外でも問題なく勝てる

ここで、通貨ペアについて少し考えてみます。スプレッドも狭く、身近な円と基軸通貨であるドルの組み合わせは、一番取り組みやすい通貨ペアとして有名です。ただ、米ドル/円は主軸通貨ペアとしてトレードしますが、それ以外の通貨ペアも見ることをおすすめします。

その理由は、米ドル/円以外でも「手法が機能する」からです。もし米ドル/円だけにしか通用しないのなら、他の通貨ペアに応用しないほうがいいでしょう。しかし、「オーバーシュートからの反転」「トレンドに乗っていく」という逆張りと順張りの基本は、米ドル/円以外でも機能し、問題なく勝つことができます。

通貨ペアを増やすと、エントリーサインが増えるためトレードチャンスが多くなります。すなわち、利益が増えることを意味します。私は次の6通貨ペアをスキャルピングの対象にしています。

① USD/JPY（米ドル / 円）
② EUR/USD（ユーロ / 米ドル）
③ GBP/USD（ポンド / 米ドル）
④ EUR/JPY（ユーロ / 円）
⑤ GBP/JPY（ポンド / 円）
⑥ AUD/JPY（豪ドル / 円）

①〜③がドルストレート、④〜⑥がクロス円です。通貨ペアを増やすことで得られるメリットは、トレードチャンスが増えるだけではありません。それは、「時期により注目される通貨が変化する」ことに対応できる点です。

同じ通貨だけが注目されるわけではない

そもそも為替レートの変動は、売買が交錯するから起こるものです。売り買いしたいと思う人がいなければ価格変動は起こりません。では、世界中の通貨のうち、同じ通貨だけが常に注目され売買されるのでしょうか。そんなことはありません。**注目される通貨は時期により変わり、売買が激しくなる時期も異なります。**

たとえば、イギリスの金融政策が大幅に変更される場合、ポンドの注目度が急激に上がり、ボラティリティ（変動率）も急騰するでしょう。そうすると、ポンド/米ドルやポンド/円が乱高下しやすくなり、エンベロープのゾーンに入る回数も増えてトレードチャンスが増えます。一方、ポンド以外の通貨ペアは注目されていないため値動きが乏しく、トレードチャンスは少ないかもしれません。一定期間が経過し、次に違う通貨で材料が出ると、その通貨がからむ通貨ペアのボラティリティが高まります。マーケットでは、このように注目される通貨が変化していきます。

もし、米ドル/円でしかトレードしないなど、ひとつの通貨ペアだけに絞ると、ボラティリティが高く、トレードチャンスが多い時期は大丈夫ですが、米ドル/円に対する注目度が低くなるとどうでしょう。ボラティリティが低い時期が必ずやってきて、トレードチャンスは少なくなります。エントリーサインが出ないということは、お金が稼げる状態ではありません。トレードをして負けるならまだしも、トレードそのものができないのは、仕事がない状態と変わらないですよね。

そこで、たとえばポンドがらみの通貨ペアにチャンスが多いときは、ポンド/米ドルやポンド/円をトレードします。そして、マーケットの注目度がユーロに移れば、ユーロ/米ドルやユーロ/円のボラティリティが高くなり、ポンドよりトレードチャンスが増えるでしょう。

このように、**ボラティリティが高い通貨ペアを狙ってトレードする通貨ペアを変えていく**のがおすすめです。ひとつの通貨が注目されると、数か月から、長いときは1年以上続くことがあります。逆に、注目される材料が何もなく、「蚊帳の外」のようになると1年以上ボラティリティが低くなる通貨ペアもあります。そうならないために、ひとつの通貨ペアに絞らず、少なくとも3通貨ペアはトレードしたほうがいいでしょう。先ほどの①から⑥のうち、3つを選択してみてください。米ドル/円はトレードするとして、残り2つはどれでもいいと思います。

マイナー通貨ペアはスキャルピング向きではない

これら以外のマイナー通貨（トルコリラやメキシコペソなど）の場合、スプレッドが広くなる傾向があります。また、いつも値動きが乏しいなど、スキャルピングでは不利になります。そこまでして通貨ペアを増やす必要はないでしょう。ドル、円、ユーロ、ポンドという世界の主要通貨でトレードしていれば、十分な利益を出すことができます。**あえてマイナーな通貨ペアを選んでスキャルピングするメリットは少ない**のです。ですから、主要通貨ペアでトレードしてください。

ドルストレートとクロス円のトレードの変え方

クロス円は、ドルストレート2つの通貨ペアをかけ合わせたもので、いわば合成通貨と言えます。たとえばユーロ/円の場合、米ドル/円とユーロ/米ドルの価格をかけ算することで算出できます。米ドル/円の価格が140.00で、ユーロ/米ドルの価格が1.1000だとします。これをかけると154.00で、これがユーロ/円の価格になります。数pipsのズレはあるにしても、仕組みはドルストレートをかけ合わせたものです。クロス円の仕組みをご存じない場合は、現在の価格で計算してみてください。

スキャルピングで注意すべき点は、ドルストレートよりもクロス円の値幅が大きくなるときが多いことです。仮に米ドル/円とユーロ/米ドルが同時に下落すると、ユーロ/円は下落の値幅がとても大きくなります。ドルストレートをかけ算することと同じで、米ドル/円とユーロ/米ドルの下落幅を足した分だけ、ユーロ/円は下落します。

では、どのように対応すればいいでしょうか？　クロス円の場合は、**ドルストレートよりも値幅が出るものだと準備しておけば、これだけで安易な逆**

張りはしなくて済みます。逆張りでクロス円をトレードするときは、ゾーン①、②ではサインを見送ることが多いです。クロス円にエントリーサインが出るということは、ドルストレートもサインが出る可能性が高くなります。ゾーン①、②で同時にサインが出た場合は、ドルストレートを優先してトレードするなどします。米ドル/円とユーロ/円が同じゾーン①の場合、米ドル/円を優先してトレードします。なぜなら、米ドル/円のほうがスプレッドは狭く、ユーロ/円は値幅がさらに出る確率が少しでも多いからです。そうすると、逆張りは損切りが多くなります。

逆に、米ドル/円よりもユーロ/円の値幅がかなり広いとき、スプレッドを加味してもユーロ/円をトレードしたほうが有利なときがあります。たとえば、米ドル/円がゾーン①、ユーロ/円がゾーン③の場合、ユーロ/円を優先してトレードするイメージです。そして、ゾーン③、④、⑤に到達したときに、クロス円で仕留めるようにすると勝率が高くなります。また、反転する値幅も大きいので利幅も取れます。

勝てるトレードをイメージすると、ドルストレートはゾーン①、②、③、④、⑤のすべてで行ない、クロス円はゾーン③、④、⑤だけトレードすることです。こうするだけでも負けはかなり減り、勝率が上がります。これが成り立つのは、ドルストレートとクロス円は、同時にエントリーサインが出ることがほとんどだからです。ドルストレートとクロス円の仕組みをよく考えればわかることですが、トレードルールを踏まえて通貨ペアの仕組みを落とし込んでください。

一方、順張りの場合は、ドルストレートとクロス円で、トレードをどのように分けたらいいか、すでにお気づきの方もいるかもしれません。順張りは、トレンド方向へエントリーするので、値幅が出たほうが利幅は大きくなります。したがって、同じショートをする場合、ドルストレートよりクロス円のほうが値幅は出やすいため、**同時にシグナルが発生したらクロス円をエントリーすると利幅が稼げる**、ということです。逆張りと反対の考え方になります。

ドルストレートとクロス円の違いがわからない人は、両方のチャートを出してみて、実際にトレードをし、値動きを観察してみてください。

時間帯によって通貨ペアを変える

ひとつの通貨ペアでも、1日の中で動く時間とあまり動かない時間があります。時間帯によりボラティリティは変わるのです。通貨ペアごとに動きやすい時間帯があるので、あらかじめ把握しておくことで、効率よくトレードチャンスを得ることができます。

私は1日のトレード時間を8:00～25:00に絞っていて、この時間帯を3つの市場に分けてとらえています。アジアタイム、欧州タイム、ニューヨークタイムの3つの市場で通貨ペアを変えるようにしています。それぞれの市場で、おすすめの通貨ペアは次のとおりです。

■ アジア

時間帯：8:00～14:00

通貨ペア：AUD/USD、AUD/JPY、USD/JPY

■ 欧州

時間帯：14:00～21:00

通貨ペア：EUR/USD、EUR/JPY、GBP/USD、GBP/JPY

■ ニューヨーク

時間帯：21:00～25:00

通貨ペア：USD/JPY、EUR/USD、EUR/JPY、GBP/USD、GBP/JPY

どの通貨ペアでも、その国の午前中に取引が活発になる傾向が極めて強くあります。ユーロならユーロ圏の午前中、つまり日本時間では15:00～19:00の数時間です。米ドルならニューヨークの午前になるので、21:00～25:00です。このように、1日を3つの市場でとらえると、通貨ペアを選択しやすくなります。

図7-1のチャートは5分足で米ドル/円の1日の動きを3市場に分けたものです。こうして3つに分けて観察するだけでも、時間帯と通貨ペアごとの値動きの特徴がよくわかると思います。

図7-1　1日を3つの市場に分類しトレードする通貨ペアを変える

通貨ペアを米ドル/円なら米ドル/円だけに絞ってしまうと、仮に欧州時間帯しかトレードできない人は、アジア午後と欧州午前にあたるその時間帯は米ドル/円にとって休み時間のようなものなので、ほとんどトレードチャンスがない可能性が高くなってしまいます。

午前中にトレードする機会が多い人は、アジア時間に動きやすい豪ドル/米ドル、豪ドル/円、米ドル/円あたりを選択するといいでしょう。逆に、会社勤めのサラリーマンでニューヨーク時間しかトレードできない人は、豪ドルはトレードせずに米ドル/円、ユーロ/米ドル、ユーロ/円、ポンド/米ドル、ポンド/円を選択するといいでしょう。

このように、**自分の生活スタイルを考慮して通貨ペアを選択**してみてはいかがでしょうか。ちなみに、25:00～8:00にかけては、マーケットの参加者が極端に少なく、値動きも乏しくなるため、私はトレードを行ないません。どの業者もスプレッドが広がるのでスキャルピングには不向きで、睡眠時間にあてています。

ローソク足の連続性と値幅はトレンドごとに見極める

スキャルピングはトレンドが発生したときこそチャンスなのですが、そもそも1日の中でトレンドは何回発生するものでしょうか？　日足や4時間足などの中長期トレンドは別として、実際にトレードする1分足で考えてみましょう。

ひとつの通貨ペアで、短期トレンドは、まずアジア、欧州、ニューヨークの3つの市場でとらえると説明しました。たとえば、日本時間の午前に上昇トレンド、午後はレンジ相場になり、夕方から下降トレンドに転換、夜間（ニューヨーク午前）に下降トレンドを加速した、などです。

ニューヨーク時間にトレードするなら、**前の時間帯である欧州やアジアにどのような値動きがあったかを必ず見るようにします。**前の市場で50pips下落したなら、全戻しで50pips、倍の値幅を出すとさらに50pipsなど、おおまかに値幅をとらえることができますね。それを踏まえて、リアルタイムでトレンドが出はじめたら、ローソク足の連続性を見るようにします。

ローソク足の連続性とは、1分足の動き方です。突発的なファンダメンタルズでも出ない限り、**相場の流れは前のマーケットを引き継ぎます。**それは、1分足のローソク足の値動きも同じことです。たとえば、アジア時間に米ドル/円が乱高下して、ゾーン③、④、⑤が頻発したとします。12：00～16：00頃までレンジ相場になり、欧州時間で再びトレンドが出はじめたとします。このとき、アジア時間でゾーン③、④、⑤が出ているので、同じようにゾーン③、④、⑤が頻発する可能性があります。それは、前時間帯の流れを引き継ぐからです。これを意識できていれば、ゾーン①、②はいつもより注意してエントリーすることや、エントリーをスルーするなどといった対応をすることができます。

また、アジア時間のトレンドがゾーン②で止まっていれば、欧州時間もゾーン②で反転する可能性を考慮できます。仮にゾーン②を抜けてゾーン③まで到達したら、「アジア時間よりも一時的なトレンドは強そうだ」と構えることができます。そのあとも、ゾーン④、⑤まで到達した場合、ネックラインがどこにあるのか事前に探すなど、準備する姿勢を取ることができます。

ただ、すべての相場が、前の市場の流れを引き継ぐわけではありません。たとえばアジア時間でそのトレンドは完全に終わり、欧州時間の経済指標をきかっけに、まったく新しい相場ができることもあります。前の時間帯の値動きを見ることはあくまでも相場の流れを確認するためですが、これを行なうだけでも準備はできます。

このように、**トレンドごと、市場ごとに、流れをチェックする**ことをおすすめします。スキャルピングを行なう1分足が一番短い時間軸です。1分足から徐々に長くして1時間足、4時間足、そして1日ごと、週単位や月単位で、流れを把握しましょう。これを繰り返していくと、だんだん地合いを感じ取る力が身についてくると思います。前市場まで数日間にわたって乱高下し、トレードチャンスが多ければ、これからトレードする次の市場でも期待できます。そうすれば、スキャルピングで稼ぎ時だとわかりますし、逆の場合もあるでしょう。今の時期の地合いを認識し、心の準備を整えることは、思っているより重要です。

50 守りの資金管理

「1日に○%負けたらその日はトレードしない」は正解?

資金管理には、攻める資金管理もあれば、資産を守るための管理方法もあります。「攻めの資金管理」（トレード枚数など）については74ページで説明しました。ここでは、**守りの資金管理の考え方**を見ていきます。

たとえば、「運用資金の5%負けたらその日はトレードをやめる」というような資金管理方法を聞いたことがあるでしょうか。1日の負け額を増やさないためには、たしかに核心をついたルールです。しかし、人によってロット数や経験も、資産に対する運用資金も違います。

また、スキャルピングなのか、スイングトレードなのか、トレード手法も違いますし、そもそも5%という数値が正しいのかという疑問もわいてきます。ある人は、資金の3%も一度に負けたら、その後のトレードに恐怖を感じて躊躇するかもしれません。逆に、10%くらい減ったとしても、リスクとして受け入れてヘッチャラな人がいるかもしれません。その人の状況およびリスクのとらえ方により、正しいかどうか判断が分かれるところがあるのです。

このような、「1日に○%負けたらその日はトレードしない」というルールは間違っているとは思いませんが、正しいとも思いません。もし、その日のトレードをやめてしまったら、そのあと大きなチャンスがあってもトレードできません。スキャルピングは数をこなすことで期待値に収束していきます。「アジア時間で○%負けたから、欧州とニューヨーク時間のトレードをやめる」となると、数をこなすことができなくなり、必要な経験を積むまでに時間がかかってしまいます。

ですから、**ロット数や損切り幅で資金管理をすべきかもしれません。**資金に対して、1回の負け額が大きいからこそ、資金に対する損失割合が多くなっているのです。また、そもそも「○%負けたら……」というのは、相場とは無関係なので、自分の負けの都合を相場にあてはめているだけにすぎません。ただ、大損しないために、このような決めごとを持つことはいいことだと思います。自分の財産なので、どんな資金管理方法がいいかは、自身で考えることが何よりも大切です。

運用資金を10個に分ける

私が一番意識している「守りの資金管理」の方法は**「運用資金を10個に分ける」**ということです。よく、全財産のほとんどを運用口座に入れ、運用しているトレーダーがいます。資金が多ければ、少しくらい負けてもメンタルに影響しませんし、運用資金を多くすることで満足感を得ることもできます。しかしその反面、リスクもあります。

FXの最大のリスクは、運用資金を一度にすべて失うことです。運用口座に100万円を入れておけば、リスクは100万円を失うこと、1000万円を入れていれば、1000万円を失うリスクがあるということになります。「いやいや、自分のやり方なら1000万円を口座に入れておいても失うはずがないよ」と思う人がほとんどかもしれません。しかし、よく考えてください。口座に資金を入れてトレードしている時点で、口座資金をすべて失う可能性は0%ではないのです。100万円の口座で1000万円を失うリスクは、限りなく0%になるでしょう。しかし、1000万円を入れていれば、1000万円を失う可能性があります。

FXは証拠金取引ですから、拘束中の必要証拠金以上に損することは稀です。しかし、値が飛んだら証拠金以上に損することもあります。

重要なことは、可能性の問題です。**口座に入金すればするほど、そのぶん全額を失うリスクが「存在」することを認識してください。**

現在は、証拠金維持率が一定の割合になると、強制ロスカットされる制度があります。ですから、証拠金全額がなくなることはないと考えるかもしれません。しかし、強制ロスカットにあった瞬間は、冷静な判断ができない可能性が高いです。万が一、何かをきっかけにメンタルが崩壊して取り返したい気持ちが働き、同じポジションをフルロットで張り、また損切り、それを1日のうちに何度かやると、最初にあった資金はほぼなくなります。これは私の経験ですが、口座資金を失うときは、突然襲ってきます。
また、スイスショックのような何千pipsも値がぶっ飛ぶ可能性もないわけではありません。もし同じような大ショック相場があると、強制ロスカットが間に合わずに証拠金の何倍もの損切りになる可能性もあります。

そこで、口座資金をすべて失っても、再起できるようにしておきます。それも**1回や2回ではなく、10回再起できるようにしておくのです。**たとえば、FXにあてられる資金が100万円だとしたら、それを10個に分け、10万円を運用資金にあてるのです。仮にその10万円を失っても、あと9回もチャレンジできます。勝ち続けるために重要なのは、致命傷を負わないことです。1回口座を飛ばしても問題ありません。1回口座を飛ばせば、入金する手続きや、新たにポジションを取ったりする時間ができます。たった1日でもいいので、時間をあけることにより、人は冷静になるものです。
一方、口座に100万円を入れてしまっていると、冷静さを失うような10万円の負けトレードをしたとき、残りの90万円ですぐに取り返そうとし、数分後にめちゃくちゃなトレードをしているかもしれません。さらに傷口を広げることは、火を見るよりも明らかです。

証拠金を10個に分けるのは絶対ではありませんし、ちょっとやりすぎかもしれません。3回や5回など、何度か再起できるようにしておけばいいのでしょう。そのあたりは任意で決めてください。私は、とにかく退場するリスクをゼロに近づける資金管理をしたいので10個に分けています。スキルを身につければ、証拠金が少なくてもそれを何倍にでもできると信じ、取り組んでいます。証拠金が多いと、どうしても気がゆるんで無駄なポジションが増えてしまうのです。

1回のトレードではなく、ひとつのトレンドで損益をとらえる

FXでは、1回トレードをするたびに勝ち負けで一喜一憂していては、メンタルが持ちません。スキャルピングはトレード回数が莫大になります。数

秒間で勝つこともあれば、数秒後に損切りすることは多々あります。人間なら、誰しもすべてのトレードで勝ちたいと思うでしょう。できれば損切りはしたくないですね。勝つと思ってエントリーしているので、その気持ちは当然です。

ただし、トレードで勝ち続けたいなら、損益は長い目で考えなければなりません。たとえ1日や2日負けたとしても、週単位、月単位、年間を通して大きな利益が出ればいいのです。期待値の高いやり方なら、一時的に負けたとしても必ず期待値に収束していくので、トータルでは利益が出ます。それを信じてトレードを続けてください。1日の中で、**たった1回のトレードで負けを認めたくない感情を持ってしまうと、損切りが苦痛になり、必ずメンタルが崩れます**。10回トレードすれば、そのうちの数回は負けるもの、と考えておきましょう。

損切りが嫌にならない考えを持つために、トレンドごとに損益をとらえるのがおすすめです。1分足で短期トレンドが発生すると、しばらく続きますね。そのトレンドでどれくらいトレードできるかわかりませんが、レンジになるまで同じ波が続いていきます。勝ち負けを繰り返したとしても、**そのトレンドで利益が出ていれば、期待値の高いトレードを行なっている証拠**です。

たとえば、ニューヨーク時間の22：00にトレンドが発生してエントリーサインが出はじめたとします。25：00までトレンドが継続し、この3時間で20回トレードを行ない、14勝6敗でトータル利益が出たとします。結果的に利益が出ていますが、重要なのは、6敗をこなしたうえで利益のほうが上回っていることです。損切りを受け入れ、淡々とトレードを20回繰り返したから出た利益ですね。途中で1回の負けが受け入れられずナンピンをしていたら、大損をしている可能性もあります。6回ともすべてナンピンしていたら、大損の確率はぐんと上がることは歴然です。

1日でトレンドが3回発生すれば、その3回のトレンドごとに分析するようにしてください。3つの通貨ペアでそれぞれ3回トレンドが発生すれば、9回の舞台があったことになります。9回すべてをトレードできるわけではありませんが、トレンドごとに損益計算をします。もし負けたトレンドがあれば、どうすれば勝てたのか、復習や分析もしやすくなります。

相場の流れは、前の市場を引き継ぐと説明しましたが、これも考慮しています。相場を市場ごとに見るから、トレードも市場ごと、トレンドごとに見るのです。このようにすると、1回の勝ち負けでメンタルを崩すことが激減します。トータルで損益を考えようと思うようになるものです。それが、1か月、半年、1年と続けていく秘訣ではないかと思います。

私もたまには大きめの損を出して落ち込むことがあります。しかし、そのときにトレードをやめようとは思いません。「長年やっていればこんなこともあるだろう」と確率的に考えるようにしています。トータルで考え、**今までと同じようにこれからもトレードをすれば期待値に収束していく**と信じているからです。そして、実際にそうなっています。この記事を書いている今、本スキャルピング手法をはじめてトータル利益を更新しています。これからも一時的に負けることはあっても、継続していれば最高益を更新していく可能性が高いと信じています。損益は1回のトレードではなく、トレンドごとに考えるようにしましょう。

1回で退場するリスクをなくす

もうひとつ肝に銘じてほしいことがあります。たとえば運用資金を10万円にしたとき、たった10万円だからといって、適当にトレードをしないことです。1000万円を運用しているのと同じくらい本気で向き合うことです。むしろ、10万円を1000万円に増やそうと、気持ちを奮い立たせるくらいの心づもりがちょうどいいでしょう。そうすると、破産リスクは限りなくゼロに近い状態で、リターンだけに集中して取り組むことができます。このような状態なら、メンタルが崩れることはないでしょう。

私は、**1回で退場するリスクをなくすことが守りの資金管理のすべて**だと思っています。恥ずかしながら、私はリーマンショックでそのときの全財産1100万円をわずか1か月で失いました。1100万円もあれば、まず負けないだろうという考えがあったのです。しかし、1100万円を口座に入金した時点で、リスクにさらされていたわけです。20代でビギナーだった私には、数万円や数十万円などの少額で、トレードに慣れるべきだったのでしょう。

運用資金が多いほど、なぜか気が大きくなるのが人間です。含み損を数万円抱えたとき、1100万円あるのだから大した含み損ではない、と考えてしまいました。そうならないよう、少額からスタートするのがおすすめです。仮に10万円でスタートした場合、この10万円を、まず倍にしてみてはいかがでしょうか。次に、それを100万にするのです。100万円を稼ぐにしても、元手が1000万円の場合と10万円では、後者のほうがスキルが要求されます。とはいえ、最初から資金を10倍にするのではなく、まずは1万円を稼ぐことを達成してください。それを10回、100回繰り返すと、1万円が10万円に、10万円が100万円になります。スキャルピングで稼ぐとは、小さな利益の積み重ねであるということです。

勝つことが前提ではなく、負けることも考えておく

FXをはじめると、どうしても勝つことばかり考えてしまいます。会社員では達成できないような資産を築くことができるため、本当に夢がある世界だと思います。しかし、それは勝ち続けた場合の話です。もし負けたらどうなるでしょうか。考えると怖くなりますね。リスクとリターンは表裏一体です。リスクだけを減らしてリターンを増やすことは、絶対にできません。

期待値の高いルールで、ガンガン攻めてリターンを求めつつ、一方では、負けも想定しておくことが必要です。スキャルピングなら10連敗や20連敗もあるでしょう。普段なら、10回トレードすれば半分以上は勝てるのに、なぜか勝てない時期があります。こういうときに連戦連勝しかイメージしていないと、メンタルが崩れてしまいます。

トレードは「七転び八起き」です。七転びをしっかり受け入れることで、適切な損切りを淡々とできるようになります。勝つことばかり、負けることばかり考えるのではなく、両方をバランスよく考えることが重要です。

51 相場の流れはすぐに変わる

億を稼いでも退場するトレーダーは山ほどいる

私は、相場の流れはおおよそ3か月ごとに変わるものとして考えています。機関投資家が3か月ごとに四半期決算を迎えるように、相場も3か月を節目として考えています。その意味で、長い波だと上期下期に合わせ、相場の波も6か月、長くなると1年というイメージです。相場の流れが変わる要因として、機関投資家のアルゴリズム取引の戦略が、決算ごとに変わることも影響しているでしょう。

ですから、トレードの損益も1年という長い期間でようやく期待値に収束しているかどうかがわかるものです。数か月勝てないからといって結論を出すのではなく、長い目線で取り組むことが大切です。

トレードで勝ちはじめると、「やっと勝てるようになった、これからは安心だ」と思ってしまうものです。しかし、そのときの相場とたまたまかみ合っているだけかもしれません。数か月経つと相場が変わり、損益も変動するのはすでに述べたとおりです。一度勝ちはじめたら、「もう負けることはない」などと勘違いしてはいけません。たとえ勝ちはじめても調子に乗らず、勝てない時期に備えるようにしてください。**「相場は変わるもの」「損益は時期により変動するもの」**とあらかじめ頭に入れておくだけで、そうした状況になっても冷静にすごすことができます。

億を稼いでも退場するトレーダーは、山ほどいます。その要因のひとつとして相場が変わることや、負ける時期を想定していないことがあります。「自分はもう負けるはずはない」とスキルを過信し、負けを受け入れられずに損切りできず、挙句の果てにはフルレバレッジでナンピンして退場してしまうのです。こんなふうにならないよう、相場の流れは刻々と変わっていき、勝てる時期、勝てない時期があると十分理解してください。

どんな相場でも年中勝てれば理想ですが、そんな夢のようなトレードが続くことは現実にはありません。実際には、**勝てる時期に大金を稼ぎ、勝てない時期にいかに負けを減らすか**、ということが大事になります。

期待値に収束させるにはトレードに一貫性を持たせる

トレードにおける一貫性とは、エントリーからイグジットまで、判断が矛盾しないことです。たとえばAという判断でエントリーしたら、イグジットもAですべきです。1分足スキャルピングで、エンベロープのゾーン①とテクニカル分析のレジスタンスラインが同時にあたって、ショートエントリーをしたとします。仮に逆行したとき、本来ならすぐに損切りすべきです。しかし、「今日は上がりすぎたから、待っていれば下げてくるだろう」「ナンピンすればいずれ戻るだろう」というような考えに支配されてしまうと、エントリー時点の根拠とはまったく変わっています。

これは、**損切りしたくない理由を都合よくあてはめているだけ**です。エントリーしたときの損切り基準は、逆行したら数pipsで損切りすることでした。実際に逆行したら損切りしなければなりません。エントリーしてから根拠をコロコロ変えるようでは一貫性がなく、期待値に収束させることはできません。

1回のトレードは瞬間ではなく一連の作業

スキャルピングは数秒から数十秒でトレードが完結します。超短期売買だからといって、判断も「その場限り」になるのではなく、「一連」の作業になります。トレードは、ポジションを持っているときだけがトレードではありません。エントリーする前の、**戦略を立てるときからすでにスタートしています**。そして、タイミングをはかってエントリーし、イグジットしてはじめて1回のトレードが終了します。

スキャルピングなら、エンベロープのゾーンに到達する前から、トレードははじまっているということです。ゾーン①に入ってすぐエントリーするのか、それとも節目をブレイクしそうだから様子見をするのかなど、サインが出る前からチェックすべきことはたくさんあります。サインが出たから入りました、負けました、これではいつまでたっても上手になりません。サインが出る前の分析が考慮されていないからです。

トレードは事前準備で９割決まる！

トレードはエントリー前からスタートしていて、**勝敗はエントリー前に９割の確率で決まっている**と私は考えています。エントリーしてからトレードがスタートするのではなく、エントリーした時点で、トレードはほとんど終わっているということです。

勝てるトレーダーは、その１回のエントリーをするために、チャート分析をして戦略を立て、自信を持って、ようやくポジションを持ちます。ポジションを取るまでに労力を割いているということです。一方、勝てないトレーダーは、エントリーするまでに労力を使わず、ロクに分析もしません。そして、エントリーしてから右往左往し、含み損を抱えて心臓が締めつけられる思いでポジションを凝視します。こうなると、エントリーの根拠など、どうでもよくなっているでしょう。労力を使う場所を間違えています。

エントリー後に労力を使うのではなく、エントリー前にしっかり分析をして戦略を立てるようにしましょう。考え抜いたうえでエントリーするからこそ、根拠がブレず、利食いも損切りも淡々と行なえるのです。

52 上級者ほど投資思考が一番重要だと考える

勝てないときこそ自身の投資思考が試される

ここまで、スキャルピングのルールやテクニカル分析、相場の見方などについて説明してきました。どれも利益を出すために私が重要だと思っていることで、実際のトレードでは絶対に欠かせないものです。ここからは、勝ち続けるために不可欠な「投資思考」についてです。これはルールを構築したあと、利益を出し続ける土台となるものなので、参考にしてください。

投資思考は、チャートの設定方法やテクニカル分析のように、目に見えるものではありません。それだけに伝えにくいこともあり、重要視していない人が多いのではないでしょうか。結局のところ、勝てるルールがあれば、思考など関係ないと思う人もいるかもしれません。一時的に勝つのであればそれでいいかもしれませんが、この本を手に取ってくれたあなたには、驚くほどの利益を出してほしいと思っています。そして、そのためには、一時的ではなく継続して勝つ、「勝ち続ける」必要があるのです。

勝ち続けるには、それなりの年月を要します。年月がかかるということは、相場の移り変わりがあり、必然的に損益の浮き沈みがあります。勝っているときは、誰しもメンタルが崩れることがないため、投資思考の重要性はわからないでしょう。

しばらく調子よく勝っている状態を考えてみてください。このあと勝てなくなるから、今のうちからトレードを控えめにして負けに備えよう、などと考えるでしょうか。おそらく難しいですね。**調子がいいときは、このまま勝てると思うのが普通**です。私も例外ではありません。しかし、調子が悪い時期は必ずやってきます。

重要なのは、勝てない時期です。勝てないときこそ、自分自身の投資思考が試されるときです。ちょっとしたことでイライラする、自暴自棄になるなど、マインドがしっかりしていないと大損する機会はいくらでもあります。利益を積み上げ、退場しないトレーダーは、このことをよく理解しています。

1億円より先を稼げるトレーダーになるために

先述したように、1億円稼いだあとに驚くほど短期間で同じくらい負け、退場するトレーダーはあとを絶ちません。「1億円稼いだなら安泰」と思うでしょう。しかし、1億円稼いだからといって、その後も勝ち続けられる保証はありません。

もし、みんなが勝ち続けられるなら、短期間で10億円以上勝つ人が続出しているはずです。1億円はたくさんいても、5億円や10億円となってくると極端に減ってきます。

読者のみなさんは**1億円稼いでも、そのあとも勝ち続けられるトレーダーを目指してください**。まぐれではなく、なるべくして1億円を稼ぐ人になってください。人は、普段から意識している姿になるものです。

53 最終的にはロットを張るため集中して取り組もう

ロットが大きければ有利になる

あらためて、FXをスタートした目的を思い出してください。大きく稼ぐことですよね。月に数万円程度の副収入でいいという人もいると思いますが、数万円を安定して稼ぐことができるのであれば、ロットを上げるだけで、数十万や何百万単位で勝てるようになるでしょう。

目標額が少ないから勝ちやすいということはありません。たとえば、月に5万円勝つのを目標にするのと、100万円を目標にするのでは、5万円のほうがかんたんに感じるかもしれません。しかし、どちらがかんたんというのはないと思います。たとえば1万通貨のトレードで5万円勝つには、500pips必要です。100万通貨でトレードするなら、100万円勝つためには100pipsで十分なのです。500pipsを毎月安定して取るよりも、100pipsのほうが5倍かんたんですよね。かんたんというと語弊がありますが、必要な労力という意味です。

要するに、ロットが大きければ、稼ぐには有利になるということです。獲得pipsが少なくてもいいので、**期待値の高いポイントだけトレードしていればいいわけです**。したがって、目標金額が少ないから安定して勝てるわけではないのです。

大ロットを想定して真剣に、集中して取り組む

スキャルピングで億単位を稼ぐために最終的に必要なのは、ロットを大きく張ることです。どんなに優れたルールを持ち合わせようが、目を見張るほどのスキルがあろうが、ロットを張らなければ大きく稼げないのです。1万通貨でトレードしても、生計を立てることはできません。そのために、将来的に大ロットでトレードすることを見据えて、集中して取り組んでください。

最初は1万通貨などの小ロットでも、100万通貨でトレードしている想定で取り組むことです。そうすると、損切りをしないナンピンは怖くてできませんよね。小ロットだからといってルールを破っていると、その癖がついてしまい、ロットを上げたときに同じようなトレードをしがちです。もしくは、怖くてロットを上げることができないかもしれません。「ロットを上げたときにきちんとやればいいじゃないか」と思っていても、実際にはそんなに都合よく改善できません。**試行錯誤する今の段階から、大ロットを想定して真剣に、そして集中して取り組んでください。**そうすれば、自然にロットを上げていくことができます。「ロットを上げたとき、このようなトレードを行なっていて大丈夫だろうか」と常に自分に問いかけてください。

スキャルピングは、ロットを上げてこそ大きく稼ぐことができます。また、それが一番の醍醐味です。ロットを上げることを当然のごとく目指し、意識レベルを上げていきましょう。

54 過去の大損と大勝が弊害となる

焦らず 1 回のトレードを丁寧に行なう

もし準備不足のままトレードを開始すれば、初心者なら大損するのは自明です。そして、心の準備ができていないまま大損すると、これがトラウマになることがあります。突然大損するため、「また大損するのではないか」という恐怖に襲われてリスクを取れなくなるのです。過度なリスクはもちろん不要ですが、適切なリスクすら取れないため、まったくリターンが得られない状態が続きます。そして、何年トレードしても大して儲からないという結果になります。これは往々にしてあるパターンです。

逆に、大勝した場合も、それが弊害になることがあります。一度、甘い蜜を吸ってしまったがために、もう一度同じように勝ちたいとリスクをどんどん取るようになり、いずれ大損する場合があります。実力ではなく、まぐれで1発当てたトレーダーに多い考えです。実力ではないため、継続して勝つことができません。

しかし、**「過去にできたならもう一度できるはずだ」と勘違いし、やがて破滅していきます**。ギャンブル依存症に近いといえるでしょう。長期的に考えず、その日だけ勝ちたい、もう一度あの蜜を吸いたいと、期待値がないことに気づかずにトレードを繰り返してしまいます。冷静にトレードできず、検証や分析をしていても頭に入ってこない状態が続きます。

こうならないよう、毎日コツコツと努力を積み重ねることが必要です。どこかで歯車がかみ合わなくなったときは、焦らずに1回のトレードを丁寧に行なうようにしてください。

今できることに最善を尽くす

ちなみに、私が過去に経験したのは、大損のほうのパターンでした。先述したとおりリーマンショックで1100万円の大損をしたのですが、この恐怖感は昨日のことのように覚えています。損切りを躊躇したときなど、もしかしたらこれをきっかけに歯車が狂ってしまわないか、と思い詰めていた当時の記憶を鮮明に思い出すことができます。

大損はたった１回だけ損切りをためらうことで起こります。大損して以来、怖くて手が出ないという状態まではいかなかったのですが、嫌な記憶としてずっと残っています。今でも、もっと利益を出したいと思ってはいますが、心のどこかでブレーキをかけてしまっているのかもしれません。もし、この大損さえなければ、もしかしたら何億も利益を出せているかもしれないと思ったりします。しかし、過去には戻れないので、今できることに最善を尽くすだけです。

良くも悪くも、大損や大勝が弊害になる可能性も考えておきましょう。逆に、そのような経験をプラスにしていこうというマインドがあれば、勝ちにつながります。

55 失敗して自暴自棄になることだけは避けよう

「守りの資金管理」が我が身を助ける

これだけは絶対にやってはいけない、というものがあるとしたら、自暴自棄になることです。これは、私の経験上最も後悔する行動です。

私がリーマンショックでほとんどの財産を失ったのも、自暴自棄になり無限ナンピンをした結果です。幸い、再起してからは「守りの資金管理」をしっかり行なっているので、たとえ一度大損しようがそれほど痛手はありません。冷静に戻ったとき、もし全財産をかけてナンピンしていたら終わっていたな、と考えることがあります。

「守りの資金管理」のおかげで助けられたことが何度もあります。資金管理をしているために、そこまで自暴自棄にならないのかもしれません。どちらにしても、やけっぱちになることだけはやめましょう。俗にいう、キレるという行為です。**FXにおいて、冷静さを失ったときのトレードほど危険なことはありません。**キレて大ロットでエントリーしたり、ナンピンしたりしてはいけません。ここで仮に取り返せてしまったとしても、こうすればいいのだと記憶されてしまい、次も同じ行動を取ります。そしていつかは退場させられてしまいます。

自分1人だけだと、周りが見えなくなる

自暴自棄になる要因として、トレードが個人プレーである点が挙げられます。機関投資家のディーラーのように組織で売買するわけではなく、個人投資家はすべて自分の判断で売買しなければなりません。上司が見ているわけでもなく、誰かに指示されることもありません。そうなると、**何が正しくて何が間違っているのか、指摘できるのは自分だけ**です。レールを外れたことに気づかないと、そのまま進んでしまうので取り返しのつかないことになります。

また、FXという不確実性の高い市場で、資産変動が激しい取引をするので、冷静に判断できなくなるのは自明です。自分ではレールを外れていることに気づきにくいものです。そのため、パニック状態はいいすぎですが、メンタルを崩すことなどかんたんでしょう。会社の仕事でパニックになることはありませんよね。しかし、同じことをやっていても、ひとたび自分1人だけで判断しなければならなくなると、周りが見えなくなるものです。孤独だからこそ、自暴自棄になりやすいという点は覚えておきましょう。

56 攻めと守りの姿勢をバランスよく考える

短期的に利益を出そうとしない

勝つことばかりでなく負けることも想定すべき、ということは431ページで述べました。FXをはじめたばかりであったり、特に負けた経験がなかったりする人は、負けることなど考えないと思います。また、勝つためにトレードするので、最初から負けを想定するのは難しいですね。しかし経験を積むにつれ、勝つこともあれば負けることもあるとわかります。

連戦連勝など無理で、考えてみれば負けがあるのは当然です。そうした負けを大負けにしないコツは、短期的に利益を出そうとせず、長期的に考えることです。こう考えると焦りがなくなり、無茶なロットでドキドキするようなトレードをしなくなります。

また、トレードにかかわることすべてに対し、同時にバランスよく視点を置くようにします。「同時」というのがポイントです。たとえば、エントリーポイントを探すときは、イグジットポイントも同時に考えるのです。**エントリーポイントしか考えずにトレードすると、イグジットポイントを決めていないため、一貫性のあるトレードができません。**利食い幅を考えるときは、損切り幅も同時に考えます。1分足の細部だけ見るのではなく、15分足、1時間足、日足などの大局も必要でしょう。

また、取引口座も、狭いスプレッドがメリットだといって、ここだけに焦点をあてるのではなく、デメリットは何か同時に考えます。FX会社によるスリッページや約定力の違いもあります。リターンを得たいなら、さまざまなリスクも同時に考えます。

今がよくてもいずれ負けるときがくる

投資は「攻める」ことで大きな利益につながります。そして、「守る」ことで損失を防げます。**利益を出すためにやることと、損失を防ぐためにやること、これを同時に考える**ことで最大限の利益が追求できます。どちらかしか考えないと、もう片方が足を引っ張り、最大限の利益を引き出すことができません。バランスよく考える癖をつけましょう。そうすると、今が攻める時期なのか、それともトレードは控えめにして様子見を多くし、資金を減らさないことに徹して守る時期なのか、考えるようになります。バランスよく考えることで、他の面でも攻めと守りを天秤にかけ、「今どちらのほうがいいのか」と考えるようになります。

その一方で、長年トレードをしていると、目線を切り替える難しさも感じます。昨日まで攻める姿勢でロットを張っていたのが、今日になって突然ロットを落としたり様子見をしたりするなど、1日で切り替えるのは難しいことです。ただ、勝ち続ける思考になっていれば、「ちょっと昨日までの流れと変わった」「トレードがかみ合わない」などの異変に早い段階で気づくことができます。

ほとんどのトレーダーは、流れが変わったことに気づかず、毎日同じ感覚でトレードするから勝てなくなるのです。これは、スキルではなく考え方の問題なのです。

57 お金に執着しない

とにかく適切なプロセスを踏んでいく

投資の最終的な目的は、大きな利益です。これは紛れもない事実だと思います。しかしゴールだけを見てしまうとプロセスを大切にしなくなるので、ちょっと立ち止まってください。

ゴールは大切ですが、最も重要なのはプロセスです。なぜなら、適切なプロセスを歩まないと道を外れてしまい、ゴールにたどり着けないからです。ときには今取り組んでいることが、果たして適切なプロセスであるか、何のための学びなのかを立ち止まって考えることも必要です。

客観的に分析するには、「大金を手にしたい」という欲は、とりあえず考えないようにしましょう。お金のことを優先してしまうと、必ず見落としや焦りが出てきます。自分は大丈夫だと思っても、人間である以上、欲に勝てると思わないでください。また、**急いで稼ぎたい気持ちがあると、都合のよい情報だけを集め、不利な情報は見ない**ようにしてしまいます（これを「確証バイアス」といいます）。こうなると、途中で大損するなど、逆に遠回りすることになります。

まず、期待値の高いやり方を繰り返し、「トレードでコツをつかむ」感覚を得るようにしましょう。利益を考えるのは、そのあとで十分です。スキルを身につけ、ある程度の経験を積めば、利益はおのずとついてきます。こうなる状態までコツコツと努力できるかどうかも、トレーダーとしての資質が問われます。

「稼ぐ」よりも「スキルアップ」を優先する

「勝ち続ける投資思考」を意識していると、ある日突然、と言うとおかしいのですが、「最近予測が当たるようになってきた」「今までにはない利益を出すことができた」など、少し成長を感じるときが必ずやってきます。チャートの見方が深くなる感覚です。私もよく覚えているのですが、予測したとおりに価格が動くなど、手ごたえを感じる時期があります。同時に、チャートを見ていて、より多くの情報を引き出せるようになった感覚を持てるようにもなります。スキャルピングを確立する、という前提でチャートを見ていたのがよかったのだと思います。

コツをつかむまでは、チャートを見ていても、どこでブレイクするか、反転するか、事後的にしかわからなかったものです。それが、エンベロープのゾーンに入ると反転しやすいとか、ラインにぶつかると売買が交錯して値動きが変わるなど、予測ができるようになってくるのです。

スキャルピングに没頭してから3か月くらいだったと思います。会社から帰宅後、毎日数時間チャートを見ていたのですが、たしかに見方が変わりました。**お金を稼ぐというよりも、手法を構築したいという気持ちが強く、それがよかったのかもしれません**。手法を構築すれば、いくらでも稼げるから、今は検証や分析を徹底しようという気持ちでした。1分足スキャルピングのコツをつかむまでは、まずはデモトレードでスキルを磨き、自信がついてきた段階で実戦にチャレンジしていくという形でもいいでしょう。「稼ぐ」よりも「スキルアップ」を優先してください。

58 重要なのは修正するスキル

相場は常に変わるもの

ルールを構築し、勝てるようになった。果たして、ここが最終地点でしょうか？　そんなことはありません。

期待値の高いルールを構築し、ある程度の利益が出せたとします。仮に1億円勝てたとしましょう。しかし、明日からも勝てるかというと、そんな保証はいっさいありません。目指すべきものは、この先も「勝ち続ける」ことですよね。昨日までのことは過去に起こったことなのです。

相場は常に変わります。中長期のトレンドが変われば、1分足の値動きも大きく変化します。直近1年間は勝てたとしても、それは、その1年間の値動きに合わせたトレードをやっていたからです。もし、値動きの変化に気づかずに同じやり方を続けたら、勝てなくなりますね。**相場の変化を感じ取り、やり方を軌道修正していくことが絶対に必要なのです。**

相場の変化に限らず、手法そのものや投資思考なども、修正していく必要があります。今の状態がトレーダーとして完璧なら、修正する必要などないでしょう。完璧な状態が続くことなどありませんし、相場に聖杯は存在しません。完璧でないからこそ、より優れたトレーダーになるために、検証と実践を繰り返し、反省して次のトレードに活かします。ちょっと負けが続いたときなど、異変にいち早く気づき、何が間違っているのか、どうすれば勝てたのか、修正していきます。

完璧でないからこそ、誰でもレールから外れることがあります。気づくのが遅くなってレールから外れすぎてしまうと、修正に時間がかかってしまいます。その間、迷いがあったりメンタルを崩しやすくなったりして、大損するリスクが高まるので、レールを外れすぎない段階で修正することが必要でしょう。

過剰といえるくらい軌道修正する意識を持つ

そのために、毎日とはいわずとも、週に1回はトレード履歴とチャートを見返すなど、自分なりに検証してください。今やっていることが相場とずれていないか、確認するためです。私は週末に行なうようにしています。

相場が休みだと、かなり冷静に、そして客観的にチャートを見ることができます。週末以外行なわないのではなく、相場に動きがないときなど、平日でも軌道修正は行ないますが、やはり相場が動いていないときに考えると冷静な判断ができます。最低でも週1回はこの時間を設けています。**勝ち続けるトレーダーは、常に修正していく必要がある**と思っているからです。

修正は、レベルが高いトレーダーほど、無意識のうちに行なっていると思います。ただし、私も含めて、ほとんどのトレーダーは意識していないとレールから外れてしまうので、勝ち続けるためには、過剰といえるくらい軌道修正する意識は持ったほうがいいでしょう。

59 基本を覚えたら ルールを破ることも必要

守：ルールを「守り」、マネをする

「守破離」という言葉をご存知でしょうか。修行における、理想の師弟関係を表現したものです。「守破離」はトレードの上達プロセスにそのままあてはまり、この考え方が非常に参考になります。

「守」はマネをすることです。マネをするにあたり、期待値の高いルールがあることが前提です。勝てないやり方をマネしても、決して上達はしません。**期待値が高いルールをマネすることで、どのようにすれば勝てるのか、負けるパターンはどれかなど、トレードの基礎を全体的に身につけることができます**。それは、結果的に勝てるから（ルールそのものに期待値があるから）です。

基本を覚えつつ、同時に勝ち方も覚えられます。しかし、トレードをはじめたころは、期待値の高いルールをマネすることが上達につながると思わないかもしれません。本書がその役割を担えればうれしいです。まずはマネをして、次の「破」に進んでください。マネすることで、無意識のうちに基礎が叩き込まれます。

破：型を「破り」、あえて他のやり方も学んでみる

基本を覚え、ある程度トレードを繰り返したら、あえてそのルールを破ることです。私は、ここからが大事だと思います。仮に、本書の手法しか知らないとなると、とても狭い知識で相場と向き合うことになります。そうではなく、他の手法もいろいろ試してください。試行錯誤して本書の手法にたどり着くことと、最初から本手法しかやらないのは、大きな違いです。

また、ルールを破り、逆張りなどやらないで順張りに徹する時期があってもいいでしょう。そうすると、逆張りと順張りのメリットとデメリットの両

方を、早い段階で理解することができます。そのうえで、逆張りに戻るとか、順張りに路線変更するなどといったことができるようになります。他の手法が楽しく感じるのも、この段階でしょう。基礎が身につくと、いろいろな手法を操ることができるようなってきます。

ただし、「破る」といっても、期待値が高いやり方を学んだからこそ、破ることに意味があります。**ちょっと試してみただけで、他の手法に移るのは、破るとはいいません。**ここは勘違いしないようにしましょう。

離：もとのルールを完全に「離れる」

ここまで到達すると、トレーダーとして最高のレベルになります。最初はルールを守ってスキルの土台を作り、基本という枠組みをあえて外れ、試行錯誤して自分なりのやり方を見つける段階です。私のように、完全にオリジナルの手法を生み出すこともできるかと思います。

自分が構築したやり方だと、たとえ負けても納得できますし、負けてもそれを改善してさらによいものを作ろうというモチベーションが働きます。少し言いすぎかもしれませんが、**他人の手法はしょせん他人のやり方、思い入れがまったくありません。**自分が作り上げたものこそ、どんどんよくしていこうと思えるのです。本書の手法をそのまま継続するのではなく、いずれは自分なりのやり方を築き上げてください。トレードの土台を作る段階で本書が参考になれば、それはそれでうれしく思います。また、その程度でもいいと思っています。

マネしているだけでは成長しませんし、最終的には手法は自分で作るものだからです。本書では、どの項目も相場の仕組みを十二分に活用したやり方を紹介、説明しているので、基礎を築くには最適かと思います。本書を踏み台にし、勝ち組を目指してください。

「そういえば、ぶせなの本を読んだことあったけど内容はあまり覚えていないな」というレベルになっていれば、勝ち組の証拠でしょう。ぜひ、そうなってください。私もこれまでに100冊以上のFXに関する書籍を読んできましたが、内容を覚えている本は正直ありません。守破離の「守」をやっていた記憶はありますが、「破」と「離」の段階になると、自分のルールを作るのに夢中で、もとのルールは覚えていません。その当時は覚えていたはずですが、今となっては自分だけのルールを築いてきたという自負が大きいです。

ただ、基礎を築くことができたのは、まぎれもなく100冊以上の書籍のおかげです。無意識のうちに土台が出来上がっていたのだと思います。自分でもこのような経験があるので、ぜひ本書を踏み台にしてほしいと思っています。

自分だけのやり方を構築する

逆張りについて、エンベロープで5つのゾーンを表示したチャート設定は、「これを守ればまず負けない」というルールです。しかしこれは、ゾーンの到達をきっちり守れば、期待値が高いというだけであり、他にも勝ち方は無数にあります。ですから、本書の手法が逆張りの王道である、ということにはなりません。エンベロープが機能しているというより、「オーバーシュートからの反転を狙ったもの」で、この根本方針が正しいから勝てるわけです。決して、インジケーターのパラメーターが正しいから勝てるわけではない、と考えてください。移動平均線から乖離したら反転していくので、このタイミングをどうはかるか、という考えが正しいのです。

順張りにしても、トレンド回帰する局面を見つける方法は、本書のやり方以外にもたくさんあります。トレンドの乗り方は無数にあるわけで、そのうちのひとつとしてとらえてください。

そこで、この根本方針を活かしたまま、**ルールを逸脱していろいろと試してみることにも挑戦してほしい**と思っています。

ゾーン①に到達する回数が少なければ、ゾーン①の内側でもエントリーしてみる。そして、勝ち負けを早く経験して慣れるのもいいでしょう。あえてルールを破ることで、そのルールがどの程度正しいのかがわかるということもあります。

もちろん適当にトレードするのではなく、CHAPTER3のテクニカル分析を活用してください。チャンスが少ない時期なら、検証する期間にあてるとか、一時的にルールを逸脱して他の手法が構築できないか考えるなど、トレーダーとしてやるべきことはたくさんあるはずです。期待値が高いルールがあるからこそ逸脱しても、また戻ってこられます。期待値が低いルールを逸脱したところで、泥沼にはまっていくだけでしょう。エントリーサインが少ないことに嘆くのではなく、さらに視野を広げるチャンスだと思いましょう。

また相場が動き出せば、ルールに戻って勝てるわけです。視野が広くなった状態でもとのルールに戻れば、新しい気づきがあり、スキルもアップしていることでしょう。これを繰り返すことで、自信に満ちあふれて、いよいよロットも大きく張れるようになれます。

順張りについても、トレンド方向へ進むポイントでエントリーすればいいのであり、本書で示したポイントだけが勝てる方法ではありません。順張りスキャルピングで勝てる方法は、述べたように他にも数え切れないほどあります。

ですから、私がどのような着眼点を持っているのか、という参考にしていただければ幸いです。私はトレンド回帰するポイントやブレイクする箇所でエントリーするので、順張りの着眼点としては間違っていないと思います。その裏づけは、テクニカル分析や相場の規則性などです。**相場観や経験値といったあいまいな判断でトレードしているわけではありません。**スキャルピングの基礎を身につけるうえで、私が着目している点は参考にしていただけると思います。それをあなたなりに改善し、自分だけの手法を作ってください。

おわりに

最後までお読みいただき、ありがとうございます。あなたがFXで叶えたい夢を、今一度思い返してみてください。そして、FXで莫大な利益を出し、それを達成している未来を想像してみてください。スキャルピングは、コツをつかむと短期間でそれを達成できる投資法です。短期間であり得ないような利益が可能というだけで、ワクワクしてきませんか？　本気で取り組めば、すぐに成果が出る世界です。私もここに魅力を感じました。今でも心底そう思っています。

2008年に大損したときにFXをやめていたら今の生活はありませんし、トレードがない人生なんてちょっと想像できません。リスクは当然ありますが、それ以上に大きなリターンを得られます。私自身、これからも、今まで以上に利益を求めていくつもりです。ぜひ、一緒にがんばっていきましょう。

相場は、毎日変化しています。中長期トレンドやボラティリティが変われば、値動きも変わります。何も考えずにトレードしていては、相場に置いてきぼりにされるのは明らかです。重要なことは、ルールをそのまま相場にあてはめるのではなく、変化する相場に応じて、ルールも変化させる意識を持つことです。

相場が基準。これは、変えようのない事実です。そして、その日の相場に合わせて、臨機応変に対応してください。これが、最大限の利益を出すコツです。これまでのルールを最大限に活用してくださいね。未来のチャートを予測するためにできること、それは、過去のチャートをしっかり分析することです。スキャルピングは数秒から数十秒を予測するだけなので、どのトレードスタイルよりもイメージしやすいと思います。すべてお読みいただいたあなたはイメージできたと思います。難しく考えず、とにかくシンプルに考えることが長く続ける秘訣です。

日々の損益やトレードの感想などは、ブログに書いています。本書の手法で日々トレードしているので、参考にしてください。私もまだまだトレードを続けるつもりです。そのためには、これからも勝ち続けなければなりません。普段考えていることや実践していることをアウトプットすることで、私自身もためになっています。本書も然り、執筆させていただいたり、日々の戦略やトレード内容を配信したりすることで、みなさんのためになると同時に、私自身のスキルも磨けます。包み隠さず、すべてお伝えすることは、実はとても楽しいものです。トレードで勝ち続けることが前提ですが、私にとって、これがよいモチベーションになっています。

最後に、本書を最後までお読みくださり、ありがとうございます。本書をきっかけに、あなたのトレードが好転することを心より願っています。あきらめなければ、どこかで必ず一線を越えることは間違いありません。夢を実現できるよう、お互いがんばりましょう。

ぶせな
FX専業トレーダー。会社員時代の2005年にFXを開始。当初はスイングトレードで取引するも2008年のリーマンショック時の1100万円の損切りを機にスキャルピングへ転換し、成功する。累計利益は4年目で1億円、2024年1月現在は1億7000万円を超えるカリスマトレーダー。継続的に利益を上げ続けることを念頭に置いているため、リスクを抑えることに重点を置くトレードスタイルが特徴。独自に編み出したチャート設定に「ネックライン」を組み合わせて逆張りと順張りを併用し、年間損益で15年間負けなしの戦績を得ている。著書に『最強のFX 15分足デイトレード』『最強のFX 1分足スキャルピング エントリー&イグジット実践ノート』『最強のFX 15分足デイトレード 実践テクニック』(以上、すべて日本実業出版社)がある。

公式ブログ：FX億トレーダーぶせなブログ
https://busenablog.com
連絡先：fx_busena@yahoo.co.jp
X(旧Twitter)：@busena_fx

【究極進化版】最強のFX 1分足スキャルピング

2017年11月1日 初版発行
2024年4月20日 最新2版発行

著者 ぶせな
発行者 杉本淳一

発行所 株式会社日本実業出版社 東京都新宿区市谷本村町3-29 〒162-0845
編集部 ☎03-3268-5651
営業部 ☎03-3268-5161 振替 00170-1-25349
https://www.njg.co.jp/

印刷・製本／中央精版印刷

ISBN 978-4-534-06099-0 Printed in JAPAN